风险管理学

吕志勇　杜　鹃　主　编

中国财经出版传媒集团

经济科学出版社

Economic Science Press

图书在版编目（CIP）数据

风险管理学/吕志勇，杜鹃主编 . —北京：经济科学出版社，
2020.7（2023.1 重印）

ISBN 978 - 7 - 5218 - 1574 - 0

Ⅰ.①风…　Ⅱ.①吕…②杜…　Ⅲ.①风险管理 - 高等学校 - 教材
Ⅳ.①F272.35

中国版本图书馆 CIP 数据核字（2020）第 080379 号

责任编辑：于海汛
责任校对：靳玉环
责任印制：李　鹏

风险管理学

吕志勇　杜　鹃　主　编

经济科学出版社出版、发行　新华书店经销
社址：北京市海淀区阜成路甲 28 号　邮编：100142
总编部电话：010 - 88191217　发行部电话：010 - 88191522
网址：www. esp. com. cn
电子邮箱：esp@ esp. com. cn
天猫网店：经济科学出版社旗舰店
网址：http：//jjkxcbs. tmall. com
北京季蜂印刷有限公司印装
787 × 1092　16 开　30.25 印张　570000 字
2020 年 11 月第 1 版　2023 年 1 月第 2 次印刷
印数：2001—4000 册
ISBN 978 - 7 - 5218 - 1574 - 0　定价：75.00 元

前　言

随着全球经济一体化趋势的发展，特别是随着科技进步，技术创新和金融创新日新月异，市场竞争的日益激烈，无论是个人、家庭、企业、组织，乃至一个国家无时不受到不确定性的困扰，风险无处不在且处于不断发展变化中。为此，风险管理的理论和方法也必然不断处于演变创新之中。目前，风险管理已成为国家和企业管理的一项重要内容。降低风险发生的不确定性、减少事故损失的严重程度，不仅需要掌握风险管理的理论，科学、准确地估测和评价风险，而且还需要做出行之有效的风险管理决策。基于此，结合本人及其他同仁多年风险管理学课程的教学经验和相关研究成果，整理编写成本教材。

风险管理学是一门系统研究风险及其管理活动的基本理论、基本规律和基本方法的科学，是教育部规定的金融、保险专业的主干课程，是整个经济管理类专业的一门重要的专业基础课。因此，本教材的编写首先考虑应用性。在内容的组织上考虑到学生的易接受性，相关内容的叙述深入浅出，重点突出。其次，为了教学需要，在每章之前提出学习目标和内容提要，并以案例引导开启各章的讲授内容，各章内容中穿插一些专栏，加强理论与实际的练习，拓展学生的知识面，启迪学生思考。章后附有思考练习题，以巩固学生对本章知识的掌握。最后，注重学科的创新性，对风险管理理论和方法的叙述力图融入最新研究成果。

本教材的最大特点是与时俱进、力求实用、体系完整、内容全面。在编写过程中，我们参考了国内外几乎所有已出版发行的风险管理类教材，主要包括许谨良的《风险管理》（第五版），刘新立的《风险管理》（第二版），胡杰武、万里霜的《企业风险管理》，[美]詹姆斯等的《风险管理和保险》（第12版），也参考了2018年2月ISO发布的 ISO 31000《风险管理指南》标准和 2017 年 9 月 COSO 发布的更新版《企业风险管理框架》以及近年来国内外已发表的有关风险管理理论、方法和实践的最新研究成果。与国内外其他同仁主编的风险管理类教材相比较，本教材在体例和内容、逻辑上都有了较大改动，全书被分成风险管理理论、风险管理方法和风险管理实践三大部分。

　　本书由吕志勇教授负责总纂，第一章、第二章由范红丽副教授编写，第三章和第十章由王海萍副教授编写，第四章由王霞副教授编写，第五章、第七章由于新亮副教授编写，第六章由毕泗锋教授编写，第八章、第九章和第十三章由吕志勇教授编写，第十一章由杜鹃副教授编写，第十二章由山东大学经济学院的张芳洁副教授编写。

吕志勇

2019 年 7 月 30 日

目　　录

第一篇　风险管理理论

第一章　风险的基本理论 …………………………………………………… 3

引言 ………………………………………………………………………… 3

第一节　风险的含义 ……………………………………………………… 4

第二节　风险的度量 ……………………………………………………… 11

第三节　风险的构成要素 ………………………………………………… 15

第四节　风险的分类 ……………………………………………………… 19

第五节　企业的风险类型 ………………………………………………… 23

【思考与练习】 …………………………………………………………… 37

第二章　风险管理 …………………………………………………………… 39

引言 ………………………………………………………………………… 39

第一节　风险管理的含义 ………………………………………………… 40

第二节　风险管理理论与实践的发展演变 ……………………………… 57

第三节　风险成本及其对企业价值的影响 ……………………………… 66

第四节　企业风险管理的目标 …………………………………………… 69

【思考与练习】 …………………………………………………………… 72

第二篇　风险管理方法

第三章　风险识别 ·· 77

　引言 ·· 77

　第一节　风险识别的含义 ·· 79

　第二节　风险源 ·· 83

　第三节　风险识别的基本方法 ·· 88

　第四节　风险识别的辅助方法 ·· 97

　【思考与练习】 ·· 104

第四章　风险评估 ·· 105

　引言 ·· 105

　第一节　风险评估的含义 ·· 106

　第二节　风险评估的准备工作 ·· 112

　第三节　风险评估的指标 ·· 116

　第四节　风险评估的内容 ·· 128

　【思考与练习】 ·· 139

第五章　企业的财产风险分析 ·· 141

　引言 ·· 141

　第一节　企业财产的类型与权益 ·· 142

　第二节　企业财产损失的类型及其原因 ·· 148

　第三节　企业实质资产直接损失金额的评估 ·· 158

　第四节　企业实质资产间接损失金额的评估 ·· 162

　【思考与练习】 ·· 164

第六章　企业金融管理风险 ·· 165

　引言 ·· 165

第一节　企业金融风险的含义 ………………………………………… 168

第二节　企业金融风险的度量 ………………………………………… 170

第三节　企业金融风险的管理方法 …………………………………… 185

【思考与练习】 ………………………………………………………… 191

第七章　企业的法律责任风险分析 …………………………………… 192

引言 ……………………………………………………………………… 192

第一节　企业法律责任风险分析的含义 ……………………………… 194

第二节　企业的法律责任种类及其责任分摊 ………………………… 196

第三节　损害赔偿 ……………………………………………………… 212

第四节　企业的法律责任风险类型 …………………………………… 214

【思考与练习】 ………………………………………………………… 222

第八章　人力资本风险分析 …………………………………………… 224

引言 ……………………………………………………………………… 224

第一节　人力资本风险的含义 ………………………………………… 226

第二节　人力资本风险的估测 ………………………………………… 231

第三节　人力资本风险的管理 ………………………………………… 238

【思考与练习】 ………………………………………………………… 241

第九章　巨灾风险分析 ………………………………………………… 243

引言 ……………………………………………………………………… 243

第一节　巨灾风险的含义 ……………………………………………… 247

第二节　巨灾风险的评估 ……………………………………………… 251

第三节　巨灾风险损失的补偿机制 …………………………………… 259

第四节　三种巨灾保险模式的比较及其具体应用 …………………… 273

【思考与练习】 ………………………………………………………… 279

第十章　风险管理的技术选择 ………………………………………… 280

引言 ……………………………………………………………………… 280

第一节　控制型风险管理措施 ………………………………………… 281

第二节　融资型风险管理措施 ································ 285

第三节　保险 ·· 291

第四节　自保公司 ·· 299

第五节　整体化风险管理方法 ························· 306

【思考与练习】 ·· 331

第三篇　风险管理实践

第十一章　风险管理的组织 ································ 335

引言 ·· 335

第一节　风险管理组织与组织体系 ················· 337

第二节　风险管理的绩效评价 ························· 352

第三节　制订风险管理计划方案 ····················· 356

第四节　风险管理方针书的编制 ····················· 362

【思考与练习】 ·· 364

第十二章　风险管理决策 ································· 365

引言 ·· 365

第一节　风险管理决策概述 ··························· 366

第二节　期望损益决策模型 ··························· 368

第三节　期望效用决策模型 ··························· 379

第四节　马尔可夫风险决策模型 ····················· 391

第五节　随机模拟 ·· 396

第六节　风险管理决策效果评价 ····················· 402

【思考与练习】 ·· 406

第十三章　风险管理信息系统 ·························· 408

引言 ·· 408

第一节　风险管理信息系统概述 ····················· 412

第二节　企业建立风险管理信息系统的基本要求与构建原则 ······················ 419

第三节　风险管理信息系统的设计 ·································· 424

第四节　风险管理信息系统的实施及应用 ·························· 437

【思考与练习】 ·· 448

附录 I　中国人死亡率表（经验生命表，2010～2013 年） ············ 449

附录 II　致残程度等级标准 ·· 454

主要参考文献 ·· 468

风险管理理论

第一章　风险的基本理论

【本章概要】

　　风险，是一个与不确定性密切相关的概念。但是，长期以来，国内外对"风险"的概念都没有形成一个统一的认识，直到近年来，人们对风险的认知才趋于一致：风险是不确定性对目标的影响。

　　本章介绍了"风险"这一概念的形成与发展，阐释了风险的内涵、特征、度量和构成，提出了风险的一般分类及企业所面临的风险类型。通过本章的学习，可以对"风险"的基本知识有一个比较全面的认识。

【本章学习目标】

1. 了解"风险"一词的形成与发展；

2. 掌握风险的含义及特征；

3. 理解风险大小的度量指标；

4. 了解风险的一般分类和企业所面临的风险类型。

引　言

【导读案例】东南亚海啸

　　其可谓"天有不测风云，人有旦夕祸福"。各种不确定性让未来充满风险。

　　2004 年 12 月 26 日，位于印度洋板块与亚欧板块交界处的安达曼海发生里氏 9.0 级地震并引发海啸，波及肯尼亚、索马里、毛里求斯、法属留尼汪、塞舌尔、马尔代夫、印度、孟加拉国、斯里兰卡、缅甸、澳属科科斯（基林）群岛、印度尼西亚（西部）、泰国、马来西亚和新加坡等国家和地区，最终导致 22.6 万人死亡，经济损失超过 130 亿美元，且该地区的 10 多个国家的经济增长由此放缓。

据报道，此次地震和海啸之所以导致如此重大伤亡和经济损失，是由于事发地点位于旅游热点附近，加上正值圣诞节的旅游旺季，受灾地区聚集了大量的本地居民和游客，人们或聚集在海滩上唱歌、跳舞、嬉闹，或在大海里自由自在地畅游，所以，很多旅客成了这次灾难的受害者。地震引发巨大的海啸席卷了印度洋沿岸地区，但在太平洋沿岸，只看到海面的轻微起伏，没有任何地震和海啸的征兆，当地政府也没有发出任何预警。这是因为，当地人近百年都没遇到过海啸，对海啸缺乏认识，无法从各种先兆来预知海啸即将到来。因此，印度洋沿岸各国和地区至今并不重视海啸的威胁，也没有建立有效的海啸预警系统。

资料来源：《印尼强震引发海啸，2004 年印度洋海啸让人记忆深刻》，央视网，2018年 9 月 29 日，https：//www. 39. china. com/act/news/10000169120180929/34042287. html。

第一节　风险的含义

一、风险的定义

（一）"风险"一词的由来

风险自古有之，它随人类的发展而发展，随科学技术的进步而变化，特别是进入现代社会以后，国际和国内的大量事件使人们认识到"风险"是关系到国家、企业、家庭，直至个人的生存发展及前途命运的大问题。管理风险、应对风险，已成为组织管理、业务工作及个人生活中一项极其重要的内容。对一个企业来说，如何管控好风险，关系到企业的前途及命运。对一些重大风险如认识不清、措施不利、处理不好，可能会使企业毁灭，切不可粗心大意。那么，什么是风险？这个名词是怎么来的呢？

"风险"一词由来已久，相传在远古时期，以打鱼捕捞为生的渔民们，每次出海前都要祈祷，祈求神灵保佑自己能够平安归来，其中祈祷的主要内容就是让神灵保佑自己在出海时能风平浪静、满载而归。但是，一旦出现大风兴起大浪，就有可能造成船毁人亡。捕捞活动使他们深刻认识到"风"给他们带来的无法预测、无法确定的灾难性危险，有"风"就意味着有"险"。这就是"风险"一词的由来。可见，"风险"是一个与不确定性密切相关、对实现目标不"吉利"的事件。这一名词传承下来，并逐渐延伸到许多领域。例如，在投资方面，有可能不能收回本金，这就意味着有风险，称为"投资风险"；酒后驾车，由于酒精作用使司机反应迟钝，很容易酿成车祸，这就意味着酒后开车有风险；人吃东西不注意卫生，意味着有生病的危险（风险）。管理经济学中的风险，则是根据概率和概率分布的概念来定义，指一种特定的决策所带来的结果与期望的结果之间变动性的大小。系统工程学中的风险，是指用于度量在技术性能、成本进度方面达到某种目的的不确定性。而在指挥决策学中，风险则被理解为在不确定性的决策过程中，所面临的无法保证决策方案实施后一定能达到所期望效果的危险。还有医疗风险、安全风险、质量风险、战争风险、被盗风险、地震风险，等等。长期以来人们通常将可能出现的、影响目标实现的"威胁"等不利事件统称为"风险"，是一种未来的可能发生的不确定性事件对目标产生的影响，即"可能发生的事件对预期目标的影响"，影响程度越大，风险也就越大，反之风险就越小。

（二）风险概念的演变

人类通过实践活动对风险的认识与理解也在不断的深入与发展，通常从以下三个角度进行考察和衡量风险：一是风险与人有目的的活动有关，人类从事某项活动，总是希望能够趋利避害，获得一个好的结果；二是风险同行动方案的选择有关，对于一项活动，总是有多种行动方案可供选择，不同的行动方案所面临的潜在风险是不同的；三是风险与事物的未来变化有关，当客观环境或者人们的思想意识发生变化时，面临的风险也会发生变化，其活动的结果也会有所不同，如果世界永恒不变，人们也不会有风险的概念。

在一个较长时间里，学术界对风险的认识及定义的界定有多种说法，可归纳为两种观点三种学说：第一种是风险客观说。持该观点的学者认为风险是客观存在的损失的不确定性，因而风险是可以预测的。在对风险事故进行了足够观察的基础上，可以用客观概率对这种不确定性进行较为科学的描述和定义，并且用量（价值）来衡量各种结果。第二种是风险主观说。持该观点的学者，虽然承认风险的不确定性，但认为风险主要来自主观。因为个体对未来不确定性的认识与估计，同个人的知识、经验、精神和心理状态等主观因素的不同而有所差异，不同的人对同样的事物（风险）会做出不同的判断。如赌博中的"押宝"风险，股票选购风险，经常出现各种不同的猜测，到头来都是几家欢乐几家愁。因此，风险的所谓不确定性是来自主观。第三种是风险因素结合说。持该观点的学者着眼于风险产生的原因与结果，认为人类的行为是风险事件发生的重要原因之一，风险是个人和风险因素的结合体，风险事件的发生及其后果与人为因素有着极为复杂的互动关系。风险是客观存在的，而且在时机、条件成熟时才会发生"风险事件"，对目标带来影响，且这种影响程度也具有不确定性。

（三）国际标准化组织对"风险"的定义

2009 年 11 月 15 日，国际标准化组织（International Organization for Standardization, ISO）召开会议，有 130 多个国家代表参加，对经过 4 年多讨论、4 易其稿的"风险"概念进行投票表决，并正式发布了 ISO 31000 - 2009 标准《风险管理——原则与指南》等文件，明确指出"风险"是"不确定性对目标的影响"，是对风险主体目标的影响。该定义是人类对"风险"这一古老概念的最新认识和理解的总结与概括。这一风险术语的定义使得风险具有更丰富的、与以往不同的内涵，主要表现在以下几个方面：

（1）风险的未来性。之前《ISO Guide 73：2004 风险管理——术语》中曾将风险定义为"某一事件发生的概率和其后果的组合"，这一定义未能明确体现风险的未来属性。自 2009 年以来，ISO 每年发布的 ISO 31000 风险管理标准各版术语则都将"风险"的定义修正为"不确定性对目标的影响"。目标是对未来的计划和期望，因此，风险与未来是密切相关的。风险的未来属性决定了风险管理是一种预防性的方法。

（2）风险管理目标的多样性。《ISO 31000 - 2009 风险管理标准——术语和定义》中对"风险"的注 2 中提出，风险管理的目标可以有不同方面和类别（如财务、健康、安全、环境目标等），也可以应用在不同层次（如战略、组织、项目、产品和过程等）。

（3）对目标影响的两面性。影响是与预期目标的偏差，这个偏差可以是正面的也可能是负面的，或两者兼而有之，并且可以锁定、创造机遇或导致威胁。以往的风险管理更多关注的是风险的负面影响，如 ISO 2004 年版风险管理术语对风险的定义虽未直接明确风险的负面性，但其在定义下的注 1 中明确：风险通常仅应用于有可能产生负面结果的情况，而 2009 年之后对风险定义下的注 1 则是：影响是指偏离预期，可以是正面的和/或负面的。这一注释将风险中性化，使风险内涵具有了两重性——机会和威胁，彻底纠正了以往皆为负面的风险内涵，和当前流行的全面风险管理的目标——创造价值有了高度的契合。美国反欺诈财务报告委员会（The Committee of Sponsoring Organizations of the Treadway Commission，COSO）2017 年发布的《企业风险管理框架（第二版）》中也把"风险"定义为事件发生并影响战略和商业目标实现的可能性，兼顾了风险影响的"正面性"和"负面性"，同样纠正了其第一版中只强调风险"负面性"影响的偏差。

（4）风险的潜在性。风险是潜在的，在风险没有充分暴露出来时，对它难以肯定与否定，包括事件、发生的可能性及后果，或它们的结合。《ISO 31000 - 2009 风险管理标准——术语和定义》中对"风险"的注 3 指出，风险"通常用潜在事件、后果或者两者的组合来描述"。这表明了风险具有潜在性。它强调的是风险与潜在事件会不会发生、何时发生、事件后果如何紧密相关。风险的这一潜在属性告诉我们，人们要准确地识别和评估风险是十分困难的。

（5）风险的二维表示。《ISO 31000 - 2009 风险管理标准——术语和定义》中对"风险"的注 4 中写道：风险"通常用事件后果（包括情形的变化）和事件发生可能性的组合来表达"。这一注释说明了风险由两个要素构成，一个是事件发生的可能性，另一个是事件发生的后果，这是一个二维的组合，所以用二维来表示（见图 1 -1）。

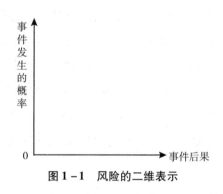

图 1 - 1　风险的二维表示

可见，风险的大小不只是由潜在事件的后果单独决定，而是由潜在事件发生的可能性和潜在事件的后果共同决定。以火灾风险为例，要评估一个单位面临的火灾风险，不仅要看它发生一次火灾造成的后果——损失的大小，还要看它在一定时期内火灾发生的次数——频率（概率的近似表示）。

通常，我们用可能性与后果构成的二维平面内的一个点或一个区域来表示某一特定的风险，这个点代表的风险通过在可能性和后果两个坐标轴上对应的数值来反映它的这两个参数：后果和可能性。进一步，可以将后果和可能性划分不同的等级，从而得到二维空间的不同区域，由此形象地反映风险的大小（见图 1 -2）。

由图 1 -2 可见，1 为风险最小的区域；2、4 为风险较小的区域；3、5、7 为中等风险区域；6、8、9 为高风险区域。

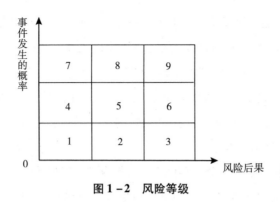

图 1-2　风险等级

（6）信息性。《ISO 31000-2009 风险管理标准——术语和定义》的关于"风险"的注 5 对不确定性也做了说明："不确定性是指对事件及其后果或可能性信息缺失或了解片面的状态。"这说明了不确定性的核心是信息的缺乏。依据信息理论，信息量越大，不确定性就越小；信息量越小，不确定性就越大。也就是说，信息量的大小与风险呈正相关关系，即信息量越大，越充分，风险就越小。决策者对风险事件及其后果或可能性信息了解得越少或不全面，他面临的不确定性就越大，风险也就越大。在目前的环境和信息技术条件下，缺乏信息使得我们对风险发生的后果和可能无法百分之百的把握，这给决策造成了困难。甚至可以说，就是因为我们今天对未来可能发生的事件缺乏足够的信息才存在风险。

自 ISO 31000-2009 风险管理标准正式文件发布以来，人们对"风险"的概念也逐渐趋于一致，即风险是指不确定性对目标的影响。2018 年 2 月 ISO 最新发布的 2018 版 ISO 31000《风险管理指南》标准重申了对"风险"的这一定义。

2017 年 9 月 COSO 正式发布的《企业风险管理框架（第二版）》中也把"风险"定义为事件发生并影响战略和商业目标实现的可能性。这一定义兼顾了风险影响的"正面性"和"负面性"，从而纠正了其第一版中只强调风险"负面性"影响的偏差。

实际上，早在 2006 年我国国务院国资委发布的《中央企业全面风险管理指引》文件中就提出，"本指引所称企业风险，指未来的不确定性对企业实现其经营目标的影响"[1]。我国风险管理标准《GB/T 24353-2009 风险管理——原则与实施指南》对"风

---

[1]　《中央企业全面风险管理指引》，http：//www.china.com.cn/finance/txt/2006-06/21/content_6249943.htm。

险"也做了相近的描述:"风险会影响组织目标的实现"①。这些表述都是与国际上近年来对"风险"的权威定义相一致的。

二、风险的特征

由上述风险的定义可以看出,风险具有以下六个方面的基本特征:

(一) 客观性

风险是一种不以人的意志为转移,独立于人的意识之外的客观存在。因为无论是自然界的物质运动,还是社会发展的规律都是由事物的内部因素所决定,都由超出人们主观意识所存在的客观规律所决定。人们只能在一定的时间和空间内改变风险存在和发生的条件,降低风险发生的频率和损失程度,但是,从总体上说,风险是不可能彻底消除的,也是无法完全避免的。

(二) 普遍性

风险是无时不有、无处不在的,时刻对人类的社会生产和人们的日常生活构成威胁。从时间维度来看,人类历史就是与各种风险相伴的历史。自从人类出现后,就面临着自然灾害、疾病、伤残、死亡、战争等多种多样的风险。随着经济社会的发展,尤其是科学技术的发展,新的风险应运而生,而且风险事故造成的损失也越来越大。从空间维度来看,整个社会面临战争、恐怖事件以及政治制度变动等风险;企业面临自然风险、市场风险、技术风险、政治风险等;个人则面临生、老、病、残、死、意外伤害等风险,这体现了风险的延续性和广泛性。

(三) 不确定性

风险虽然从整体上来说其发生具有必然性,但就个体而言,风险发生的概率、发生的具体时间、地点、对象以及造成的后果是难以准确预测的,具有不确定性。风险的不确定性主要体现在:一是风险是否发生具有不确定性。风险作为一种随机现象,其是否发生具有偶然性。二是风险的发生时间具有不确定性。尽管有些风险是必然要发生的,

---

① 中华人民共和国国家标准 GB/T 24353 – 2009《风险管理——原则与实施指南》,https://mp. weixin. qq. com/s? __biz = MjM5MzA3NzIwNg%3D%3D&idx = 1&mid = 405490248&sn = bda549e54b06b0f7962c2ae13385d18c。

但发生的时间是不确定的。三是风险发生的地点具有不确定性，也即风险具体是要发生在哪个国家，哪些地区都是无法确定的。四是事件发生后造成的风险后果（损失或收益）是不确定的，损益程度也具有不确定性，人们很难准确估计风险事件发生后给人们带来的是福还是祸，以及损益程度。

但是，不确定性并不等于风险，二者有着本质的区别。风险是指决策者面临的这样一种状态，即能够事先知道事件最终呈现的可能状态，并且可以根据经验知识或历史数据比较准确地预知可能状态出现的可能性的大小，即知道整个事件发生的概率分布。例如，一般状态下股票价格的波动就是一种风险，因为，在正常的市场条件下，根据某只股票交易的历史数据，我们就可以知道该股票价格变动的概率分布，从而知道下一期股票价格变动的可能状态及其概率分布。然而，在不确定性的状态下，决策者是不能预知事件发生最终结果的可能状态以及相应的可能性大小即概率分布。例如，由于公司突然宣布新的投资计划而引起股票价格的波动就是一种不确定性的表现，因为，决策者无法预知公司将要宣布的新投资计划的可能方案。或者即便知道了投资计划的可能方案也无法预知每一种方案被最终宣布的概率。可见，风险和不确定性的根本区别在于决策者能否预知事件发生最终结果的概率分布。实践中，某一事件处于风险状态还是不确定性状态并不是完全由事件本身的性质决定的，有时很大程度上取决于决策者的认知能力和所拥有的信息量。随着决策者的认知能力的提高和所掌握的信息量的增加，不确定性决策也可能演化为风险决策。因此，风险和不确定性的区别是建立在投资者的主观认知能力和认知条件（主要是信息量的拥有状况）的基础上的，具有明显的主观色彩。

（四）损益性

风险的损益性是指风险事件的后果具有损失或收益的双重可能性。既然风险是对组织目标的影响，那么，这种影响既可以是正面（积极）的，也可以是负面（消极）的。正面的后果表现为收益，负面的后果则为损失。当然，这种损益性也可以表示为潜在事件后果与期望目标之间的偏差：后果优于目标则为收益，后果不及目标则为损失。

（五）相对性

风险的相对性是指相同风险情况下的后果、事件发生率对不同的活动主体的影响是不一样的，也就是说，在一定的社会环境及自然环境下，无论是潜在事件发生的概率，还是潜在事件的后果，对不同主体、不同项目、不同时间（时期）都会有着不同的表现：有的事件发生概率高，有的则低；有的后果为正，有的则为负。

（六）可变性

风险并不是一成不变的，人类社会自身进步和发展也创造和发展了风险，使得风险的数量和内容都会发生变化。一方面，高科技的发展与应用衍生出新的风险，使得风险内容不断扩大，例如，向太空发射卫星，把风险拓展到外层空间；建立核电站则产生了核污染风险等。另一方面，经济社会的发展也使得风险的数量增加，例如，随着社会的进步、法制的健全和完善，人们面临的信用风险和责任风险也逐步加大。

第二节　风险的度量

在识别风险的存在之后需要进一步衡量风险的大小，测度风险发生的频率和风险造成的后果，以为后续选择合适的方法、采取有效的措施进行风险管理奠定基础。

如前一节所述，《ISO 31000 风险管理标准》提出，风险"通常用事件后果（包括情形的变化）和事件发生可能性的组合来表达"，即风险的大小可以由事件后果及其发生的概率两个维度来反映。

一、频率与概率

在考察的一组数据中，我们把每个对象出现的次数称为频数，而每个对象出现的次数与总次数的比值则称为频率。对于一个随机试验，假定 n 为重复试验的次数，m_A 为 n 次试验中事件 A 发生的次数（$0 \leq m_A \leq n$），则称：$\frac{m_A}{n}$ 为事件 A 发生的频率，记作，

$$f_n(A) = \frac{m_A}{n}, \quad (0 \leq f_n(A) \leq 1)。$$

随机事件在一次试验中是否发生虽然不能确定，但是在大量重复试验的情况下，它的发生会呈现出一定的规律性。

历史上，曾有几位数学家做过抛掷硬币的大量重复试验，包括英国的迪·摩根（Augustus de Morgan，1808 – 1871）、法国的蒲丰（Georges – Louis Leclerc, Comte de Buffon，1707 – 1788）、英国的皮尔逊（Karl Pearson，1857 – 1936）等人，他们的试验结果如表 1 – 1 所示。

表1－1   历史上一些著名数学家抛掷硬币的实验结果

试验者	试验次数（n）	频数（m_A）	频率 $\left(\frac{m_A}{n}\right)$
迪·摩根	2048	1061	0.5181
蒲丰	4040	2048	0.5069
费勒	10000	4979	0.4979
皮尔逊	12000	6019	0.5016
皮尔逊	24000	12012	0.5005
维尼	30000	14994	0.4998

表1－1的试验结果表明，在做大量的重复试验时，事件A发生的频率（m/n）会逐渐接近于某个常数（0.5），并在它附近摆动，这时就把这个常数称为A事件的概率（P(A)）。因此，只要n足够大，概率就可以通过频率来测量，或者说频率是概率的一个近似。因此，人们常用概率来表示事件A发生的可能性，它处于0和1之间，即$0 \leqslant P(A) \leqslant 1$。如果事件A的概率等于1，即P(A)=1，则为必然事件；如果事件A的概率等于0，即P(A)=0，则为不可能事件。

可见，频率是对事件发生概率的近似估计，而概率则是频率的稳定值。这时，事件A的概率（P(A)）是对事件A发生可能性大小的一个度量，它是一个确定的数值，其值大于0小于1，其与试验次数n无关。

在风险管理中，风险发生的频率就是对风险发生概率的近似估计，是指在一定时期内风险可能发生的次数。对风险发生概率的测定可以用某一风险单位在一定时期内（如1年、1个季度或1个月）因某种原因获得损益的频率（次数）来近似表示，如一幢（几幢）建筑物发生火灾的概率，某种保险产品发生赔付的概率，某项投资发生盈亏的概率，或者估算某一风险单位因多种损失原因受损的概率。一般来说，单个风险单位同时遭受几种损失的概率相对遭受一种损失的概率要低。在无法通过充分资料精确估计风险概率的情况下，可以粗略估计风险发生的概率，如分为几乎不会发生、不大可能发生、较大可能发生和肯定发生。

二、风险事件的后果

风险事件即风险事故，它是导致风险损益的直接原因。由于未来事件的发生是不确定的，因此，未来事件发生所产生的后果也是不确定的，表现为：一是其后果是双重的，既可能是收益（正面的），也可能是损失（负面的）；二是后果规模大小是不确定的，其损益规模（金额）的大小反映着风险事件后果的严重程度。

就未来事件的负面后果而言，每次未来事件发生后产生的损失规模，即损失程度，它的大小可以用每次事故造成的最大可信损失和每次事故造成的最大可能损失两个指标来反映。最大可信损失是估计在通常情况下未来事件发生所可能遭受的最大损失额，如考虑到配备消防设施等其他因素的火灾损失。最大可能损失是估计在最不利的情况下可能遭受的最大损失额，如不考虑消防设施等防范措施估计的火灾损失。因此，最大可信损失通常小于最大可能损失，但最大可信损失对风险的衡量更具有价值，也最难估计。

三、风险大小的衡量

如果事件发生的可能性用概率（P）来表示，风险后果为 X，则风险的大小可用其期望值（E(X)）来表示，即风险的大小为风险发生的概率与风险后果的乘积，即：

$$E(X) = P \cdot X$$

由上式可见，风险是一个二维概念，风险的大小是由事件发生的概率与事件后果两个因素共同作用的结果。一般来说，事件发生的频率和事件后果之间没有必然的联系，但是，在风险大小一定的情况下，事件发生的频率和事件后果之间呈反比关系，即事件发生的频率越高，其事件后果程度则越低。

风险管理人员必须估计每一种风险类型的发生频率及其后果程度，并按其重要性进行分类，以便根据事件发生的频率和事件后果的程度不同选择适当的风险处理方式。与事件发生的频率相比，事件发生所产生何种影响后果（是正的，还是负的）以及影响程度的估计往往更为重要。例如，地震、洪水等巨灾风险尽管发生的概率较小，但一旦发生就会带来灾难性后果，人员及财产损失巨大，从而影响到个人、企业乃至整个社会。相反，如运输工具的刮擦、碰撞等风险事件，虽然发生的频率较高，但每次事件的后果较轻微，损失金额相对要小。由事件发生的频率与事件后果（损益程度）的乘积计算得出的期望损益值能够为企业选择合理的风险管理方式提供依据。此外，在考虑事件发生的频率和事件后果的同时，还需要考虑损益发生的持续时间。损益发生的持续时间越长，意味着事件后果越严重，风险就越大。

四、风险偏好对衡量风险大小的影响

风险大小的衡量过程在一定程度上并不是完全客观的，对风险大小的衡量还要受到个体风险偏好的影响，其中，风险偏好（risk preference）是人们对风险种类、风险大小及风险容忍度等方面的喜好程度，也即风险态度。风险作为一种具有不确定性的客观存在，投资者面对不确定性所表现出来的态度和倾向便是风险偏好的具体体现。根据投资者对风险的偏好将其分为风险回避者、风险中立者和风险追求者。

风险回避者偏好于低风险的资产，当预期收益率相同时，偏好于具有低风险的资产；而对于具有同样风险的资产，则钟情于高预期收益率的资产。风险追求者则通常主动追求风险，喜欢收益的动荡胜于喜欢收益的稳定。他们选择资产的原则一般是当预期收益相同时，选择风险较大的，因为这会给他们带来更大的效用。风险中立者则既不回避风险，也不主动追求风险，他们选择资产考虑的是预期收益的大小，而不管风险状况如何。可见，具有不同风险偏好的个人对同一种风险的大小的估计和预测也是不完全一致的。

虽然风险回避者喜欢选择能减轻其风险的决策行为，而风险追求者更喜欢选择激进的冒险决策行为，但是，有研究发现，实际上，人们的风险态度并非直接影响其决策行为。这是因为，在风险偏好与决策行为之间，还存在一个"风险认知"问题，风险偏好需要通过风险认知来影响决策，风险认知在风险偏好与风险决策之间发挥着中介作用，从负向或正向两个方面对风险决策产生调节效应。一般来说，风险认知水平越高，其决策行为越趋于保守；风险认知水平越低，其决策行为越趋于冒险。因此，如果考虑到风险认知因素，决策者已经充分认识到某一事件的风险已经足够大，即使是风险追求者也会采取风险回避措施；如果没有充分认识到某一事件的危险程度，即使是风险回避者也可能做出冒险决策，即可谓"无知者无畏"。

还需要注意的是，投资者的风险偏好不是一成不变的，其"风险偏好"是多重因素综合作用的结果。这些因素主要包括：

（1）经济波动状况。一方面，从经济增长的角度来说，当经济飞速增长的时候，人们都感觉自己的钱袋子鼓了，手里可支配的钱也就多了起来。同时在欣欣向荣的环境下，人们的风险敏感程度和厌恶程度也都随之下降，反之亦反是。另一方面，从经济增长的波动性来看，在经济窄幅波动的情况下，投资者能够做到对于未来发生的事情"了如指掌"，那么在这样的情况下，风险就相对低得多。所以，当经济的波动率下降的时候，投资者整体风险偏好提升，反之亦反是。

（2）投资者结构的变化。这方面的影响一方面来自专业投资者规模的变化。当市场上的专业投资者快速增加的时候，投资者整体风险偏好提升，反之亦反是。另一方面的影响则来自企业部门的市场的参与，企业部门参与市场比例的提升，有利于市场整体风险偏好的提升，反之亦反是。

（3）政策变动。从汇率政策、货币政策（降准、降息、MFL等）到一系列监管政策（并购重组、借壳、定增、去杠杆），再到最为"牵动人心"的改革政策（供给侧改革、国企改革、金融改革等），这些政策变动在短期内会影响投资者的风险偏好。

（4）尾部风险。所谓尾部风险就是那些发生概率很小，但是一旦发生，就会带来致命打击的风险因素。从全球的经验来看，尾部风险的爆发，是造成风险偏好大起大落的直接原因（也可能是为数不多能让风险偏好剧烈波动的因素）。1997年和1998年遭遇亚洲金融危机同时打破刚兑的韩国，2007年金融危机时大部分国家的金融市场，都是在这些尾部风险爆发的时候，风险偏好出现大幅回落，而危机"出清"后又随即好转。

第三节　风险的构成要素

在了解"风险"的基本含义之后，我们需要进一步了解风险的构成要素，以便更加科学地管控风险。《ISO 31000－2018风险管理标准——术语和定义》中对"风险"定义的注3指出，风险通常以风险源、潜在事件、后果及其可能性表示。这里，风险源是指单独或组合在一起可能会导致风险的要素；事件是指一系列特殊状况的发生或变化，它可以是一次或多次事件，可以是预期不会发生的事情，也可以是没有预期一定会发生的事情；事件本身也可能是风险源。后果则是指事件影响目标的结果，它可能是确定的或不确定的，可能对目标产生正面或负面、直接或间接的影响，可以定性或定量表示，任何后果都可能通过连锁效应和累积效应而升级和扩大；可能性即是事件发生的概率。

例如，一起在雪后湿滑的路面上行驶所引发的车辆交通事故风险，其构成要素是：下雪致路面湿滑和在湿滑的路面驾车行驶都是风险源；交通事故是潜在事件；当然，如果是冰雪把人冻伤，下雪这一风险源同时也是潜在事件；事故导致人员伤亡和财产损失是后果。可能性则包括了下雪的可能性，雪后路面湿滑的可能性，在湿滑的路面上驾车的可能性，与其他物体发生碰撞的可能性，发生事故的时间和地点以及损失程度的可能性。事故后果的严重程度还要根据该交通事故引发的连锁效应（如因交通事故引发的火灾、冻灾、二次伤害等）和累积效应（如事故造成多车辆损毁、多人伤亡等）来确定。

如果我们充分了解了类似这起交通事故风险的构成要素，事前采取一些针对性的防范措施，就会减少类似交通事故风险的发生。因此，为了更好地管控风险，本节将对风险的构成要素进行分析。

一、风险源

风险源是指单独或组合在一起可能会导致风险的要素。这些要素就是风险因素，即促使某一特定风险事故发生或增加其发生的可能性或扩大其损益程度的原因或条件。它是风险事故发生的潜在原因，是造成事件后果（损益）的内在或间接原因。例如，对于车辆本身而言，风险因素是指其所使用的材料的质量、车辆结构的稳定性等；对于个人的健康而言，其年龄、职业、生活习惯等都是风险因素。

根据性质不同，风险因素可分为有形风险因素与无形风险因素两种类型。

（一）有形风险因素

有形风险因素也称实质风险因素，是指某一标的本身所具有的足以引起风险事件发生，或增加损益机会，或加重损益程度的物质方面的因素。如一个人的身体健康状况和生活习惯，建筑物所处的地理位置、所用材料的性质和用途，某一类汽车的刹车系统的可靠性、地壳的异常变化、恶劣的气候、疾病传染，等等。

人类对于这类风险因素，有些可以在一定程度上加以控制，有些在一定时期内还是无能为力的。

（二）无形风险因素

无形风险因素是与人的心理或行为有关的非物质形态的因素，通常包括道德风险因素和心理风险因素。由于道德风险因素与心理风险因素均与个人密切相关，因此，这两类风险因素合并称为人为风险因素。

道德风险因素是指与人的品德修养有关的无形因素，即由于人们不诚实、不正直或有不轨企图，故意促使风险事件发生，以致引起财产损失和人身伤亡的因素。心理风因素是与人的心理状态有关的无形因素，即由于人们疏忽或过失以及主观上不注意、不关心、心存侥幸，以致增加风险事故发生的机会或加大损失的严重性的因素。例如，企业或个人投保财产保险后产生了放松对财务安全管理的思想，引起物品乱堆乱放，吸烟后随意抛弃烟蒂等的心理或行为，都属于心理风险因素。

二、潜在事件

潜在事件是指造成风险后果的偶发事件，是导致风险后果的直接或外在的原因，是风险后果的媒介物，即风险只有通过潜在事件的发生才能产生损益。所以，潜在事件一般指风险事件。

潜在事件发生事故的主要来源包括三种：一是自然现象，如地震、台风、洪水等；二是社会政治、经济的变动，如战争、变革、暴乱等社会政治事件，以及通货膨胀、通货紧缩、金融危机等经济事件；三是意外事故，即由于人的疏忽过失行为，导致的损害事件，如汽车相撞、轮船倾覆，失足跌落等。

潜在事件使得风险的可能性转化成现实性。对于某一事件，在一定条件下，如果它是造成损益的直接原因，那么它就是风险事件；而在其他条件下，如果它是造成损益的间接原因，它便成为风险因素。例如，冰雹直接将行人砸成重伤，冰雹就是风险事件本身；而如果下冰雹使得路滑而发生车祸，造成人员伤亡，这时冰雹就是风险因素，车祸是风险事件。

三、后果

在风险管理中，后果是指事件影响目标的结果，它可能是确定的或不确定的，可能对目标产生正面（收益）或负面（损失）、直接或间接的影响。所以，作为后果的损益一般分为直接损失或直接收益和间接损失或间接收益两种形态。直接损失是指风险事件导致的财产本身损失和人身伤害，这类损失又称为实质损失；间接损失则是指由直接损失引起的其他损失，包括额外费用损失、收入损失和责任损失等。同样，直接收益则是指由于风险事件的发生直接导致的资产增值，如某新药品投资项目的顺利投产和产品上市直接增加了企业的利润和企业价值；间接收益是指因风险事件发生所导致的除了直接收益以外的其他额外收益，主要表现为社会效益，如新药品项目的投产和产品上市会增加税收、增加就业、为人民健康提供保障、树立良好的企业形象，等等。

后果的大小可以定性或定量来表示。如本章开篇所讲的 2004 年印度洋海啸，定性讲其后果属于巨灾损失，导致该地区的 10 多个国家的经济增长由此放缓；定量讲是导致 22.6 万人死亡，经济损失超过 130 亿美元。同时，任何后果都可能通过连锁和累积效应而升级和扩大。如发生在 2018 年 11 月 28 日的张家口爆炸事故，当天凌晨，一辆运输乙炔的车辆在进入海珀尔公司厂区过程中发生爆炸，爆炸燃烧影响到了海珀尔公司厂区和盛华公司大门周边，并引爆了路边停靠的多辆大型货车。事故中过火大货车 38 辆、小型车 12 辆；事故致使 23 人遇难，22 人受伤。其后果不仅仅包括累积的财产损失，而且还包括连锁产生的现场清理、环保监测、伤亡人员的赔偿以及受伤人员的后期治疗等系列费用。

四、风险源、潜在事件和后果之间的关系

由上分析可见，风险是由风险源、潜在事件和后果三者构成的统一体，三者是相互联系、密不可分的。风险源（风险因素）在一定条件下引发或增加潜在事件，潜在事件的发生（即事故）将导致一定的后果。

风险源（风险因素）是指引起或增加潜在事件发生的机会或影响后果严重程度的条件，是潜在事件发生的潜在原因；潜在事件是导致后果的偶发事件，是产生后果的直接或外在的原因，或者说，后果是潜在事件对目标影响的直接结果。但是，潜在事件会不会发生，何时发生，导致的后果是积极的还是消极的，事件后果的严重程度如何等都是不确定的。风险源、潜在事件和后果之间的关系，可以通过风险要素结构来加以说明（见图 1-3）。

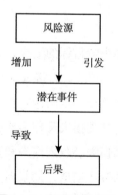

图 1-3　风险要素结构

从风险源和潜在事件之间的关系来看，风险源只是潜在事件发生并产生后果的可能

性，风险源只是引起后果的条件，并不会直接导致后果。风险源中各风险因素的变化过程有时是容易被人察觉的，有时则是不容易被人察觉的，风险因素增加到一定程度或者遇到某种特殊情况时，才会引发潜在事件，而潜在事件一旦发生就会产生后果（损失/收益）。由此可以说，风险源是产生后果的潜在原因，而潜在事故是导致后果的直接原因，后果是潜在事件发生所带来的最终结果。

第四节　风险的分类

风险分类就是根据风险分析的目的不同，按照一定的标准，对各种不同的风险进行区分的过程。

风险分类是为一定的目的服务的。对风险进行科学的分类，首先是不断加深对风险本质认识的需要。通过风险分类，可以使人们更好地把握风险的本质及变化的规律性。其次是对企业风险实行科学管理、确定科学控制手段的必要前提。由于对风险分析的目的不同，可以按照不同的标准，从不同的角度对风险进行分类。根据本书分析所涉及的范围，企业风险分类主要可以从以下几个方面来划分。

一、风险产生的原因

按照风险产生的原因不同，风险分为自然风险、社会风险、政治风险、经济风险与技术风险。

自然风险是指因自然力的不规则变化使社会生产和生活等遭受影响的不确定性。如地壳运动、风、浪、水、火等自然现象对人类生产、生活的影响。自然风险具有形成的不可控性、周期性和后果的共沾性的特点，在各类风险中，自然风险属于纯粹风险，是保险人承保最多的风险。

社会风险是指由于个人或团体的作为或不作为对社会生产以及人们生活产生影响的不确定性。如盗窃、抢劫、故意破坏及玩忽职守等行为可能对他人财产造成损失或人身造成伤害。

政治风险也称国家风险，是指在对外投资和贸易过程中，因政治原因或订立双方所不能控制的原因产生的风险。例如，进口国发生战争、内乱而中止货物进口；因进口国贸易政策或外汇管理制度变化等产生的风险。

经济风险是指在生产和销售等经营活动中由于受各种市场供求关系、经济贸易条件等因素变化的影响或经营者决策失误，对前景预期出现偏差等导致的不确定性。例如，企业生产规模的增减、价格的涨落和经营的盈亏，等等。

技术风险是指伴随着科学技术的发展、生产方式的改变对人们生产与生活产生的可能影响，如环境的变化、劳动生产率的变化、生产和生活成本的变化，等等。

二、风险的载体

按照风险的载体不同，风险可分为财产风险、人身风险、责任风险与信用风险。

财产风险是指因潜在事件发生而导致财产价值发生损益的可能性。例如，厂房、机器设备、家具等会因火灾、地震、爆炸等造成损失的风险；船舶在航行中，可能会遭受沉没、碰撞、搁浅等风险。

人身风险是指导致人身和生命本身及其相关收支发生变化的风险。例如，人因为生、老、病、死等生理规律和自然、社会、军事活动等原因所可能产生的早逝、伤残、丧失工作能力、就业或失业，等等。

责任风险是指由于个人或团体的违法和违约行为，造成他人财产损失或人身伤亡，依照法律、契约或道义应承担的民事法律责任的风险。责任风险的产生与发展是以经济社会的发展和法律制度的完善为基础和条件。

信用风险是指在经济交往中，权利人与义务人之间，由于一方违约或违法致使对方遭受经济损失的可能性。如进出口贸易中，出口方（或进口方）可能会因进口方（或出口方）不履约而遭受经济损失。银行借贷业务中，银行可能因为贷款人未及时还款而遭受经济损失。

三、风险的性质（后果）

按照风险的性质（后果）不同，风险可分为纯粹风险与投机风险。

纯粹风险是指只有损失机会而无获利可能的风险。比如房屋所有者面临的火灾风险、汽车主人面临的碰撞风险等，当火灾碰撞事故发生时，他们便会遭受经济利益上的损失。

投机风险是相对于纯粹风险而言的，是指既有损失机会又有获利可能的风险。投机风险的后果一般有三种：一是没有损失；二是有损失；三是盈利。比如在股票市场上买卖股票，就存在赚钱、赔钱、不赔不赚三种后果，因而属于投机风险。

四、产生风险的行为

按照产生风险的行为分类，风险可以分为基本风险与特定风险。

基本风险是其影响后果波及社会的风险。基本风险的起因及影响都不与特定的人有关，至少是个人所不能阻止的风险，与自然灾害、社会或政治有关的风险都属于基本风险，如地震、洪水、海啸、股市波动、经济周期等均属此类。

特定风险是与特定的人有因果关系的风险，即由特定的人所引起的，而且其后果仅涉及特定个人的风险。如火灾、爆炸、盗窃以及对他人财产损失或人身伤害所负的法律责任均属此类。

五、风险是否可以被抵消或分散

按照风险是否可以被抵消或分散，风险可以分为系统性风险和非系统性风险。

系统性风险是指由于政治、经济及社会环境等企业外部因素的冲击或内部因素的牵连而发生损益的不确定性。系统性风险包括政策风险、经济周期性波动风险、利率风险、购买力风险、汇率风险等。系统性风险存在于所有企业中，个别企业是无法控制的，也不能通过分散投资加以消除，因此又被称为不可分散风险。系统性风险包括：

（1）利率风险，指市场利率变动的不确定性给企业造成损益的可能性。利率变动会通过市场价格的变化和资金供求的变化对企业的生产经营产生有利或不利的影响。

（2）购买力风险，指由价格总水平变动对资产总购买力变动的影响。由于物价的上涨或下跌，同样金额的资金在市场上可能买到较过去更多或更少的商品，这种物价的变化导致了资金实际购买力的不确定性。在证券市场上，由于投资证券的回报是以货币的形式来支付的，物价的上下波动，也会导致货币购买力的相应变化，使得投资的实际收益发生变化，这一风险的后果可能使投资者获利或遭受损失。

非系统风险是指由于企业自身因素造成的风险，如企业的经营风险、技术风险、财务风险以及人力资本风险等。非系统性风险是随机发生、不可预期的，它只影响一个或少数公司，不会对整个市场产生太大的影响。这种风险可以通过多样化投资来分散，所以也称"可分散风险"。

六、保险公司是否承保

按照保险公司是否承保，风险可分为可保风险和不可保风险。

尽管风险的后果是双重的，可能是损失，也可能是收益，但对于面对风险的个人和企业来说，为了减少不确定性，特别是为了减少损失，他们需要把那些较大的风险转移给保险公司。而保险公司也不可能承保所有风险，它们需要从能否承保的角度对风险进行分类。在一定条件下保险公司可以承保的风险即是可保风险，而不予承保的风险即为不可保风险。

可保风险仅限于纯粹风险，但并非所有的纯粹风险都是可保风险。纯粹风险成为可保风险必须满足下列条件：

（1）损失程度较高。潜在损失不大的风险事件一旦发生，其后果完全在人们的承受限度以内，因此，对付这类风险无须采取应对措施，即使丢失或意外受损也不会给人们带来过大的经济困难和不便。但对于那些潜在损失程度较高的风险事件，如火灾、盗窃等，一旦发生，就会给人们造成极大的经济困难。对此类风险事件，保险便成为一种有效的风险管理手段。

（2）损失发生的概率较小。可保风险还要求损失发生的概率较小。这是因为损失发生概率很大意味着纯保费相应很高，加上附加保费，总保费与潜在损失将相差无几。如某地区车辆失窃率很高，有40%的新车会被盗，即每辆新车有40%的被盗概率，若附加营业费率为10%，则意味着总保费将达到新车重置价格的一半。显然，这样高的保费使投保人无法承受，而保险也失去了转移风险的意义。

（3）损失具有确定的概率分布。损失具有确定的概率分布是进行保费计算的首要前提。计算保费时，保险人对客观存在的损失分布要能做出正确的判断。保险人在经营中采用的风险事故发生率只是真实概率的一个近似估计，是靠经验数据统计、计算得出的。因此，正确选取经验数据对于保险人确定保费至关重要。有些统计概率，如人口死亡率等，具有一定的"时效性"，像这种经验数据，保险人必须不断做出相应的调整。

（4）存在大量具有同质风险的保险标的。保险的职能在于转移风险、分摊损失和提供经济补偿。所以，任何一种保险险种，必然要求存在大量保险标的。这样，一方面可积累足够的保险基金，使受险单位能获得十足的保障；另一方面根据"大数法则"，可使风险发生次数及损失值在预期值周围能有一个较小的波动范围。换句话说，大量的同质保险标的会保证风险发生的次数及损失值以较高的概率集中在一个较小的波动幅度内。显然，距预测值的偏差越小，就越有利于保险公司的稳定经营。这里所指的"大量"，并无绝对的数值规定，它随险种的不同而不同。一般的法则是：损失概率分布的方差越大，就要求有越多的保险标的。保险人为了保证自身经营的安全性，还常采用再保险方式，在保险人之间分散风险。这样，集中起来的巨额风险在全国甚至国际范围内得以分散，被保险人受到的保障度和保险人经营的安全性都得到提高。

（5）损失的发生必须是意外的。损失的发生必须是意外的和非故意的。所谓"意外"，是指风险的发生超出了投保人的控制范围，且与投保人的任何行为无关。如果由于投保人的故意行为而造成的损失也能获得赔偿，将会引起道德风险因素的大量增加，违背了保险的初衷。此外，要求损失发生具有偶然性（或称为随机性）也是"大数法则"得以应用的前提。

（6）损失是可以确定和测量的。损失是可以确定和测量的，是指损失发生的原因、时间、地点都可被确定以及损失金额可以测定。因为在保险合同中，对保险责任、保险期限等都作了明确规定，只有在保险期限内发生的、保险责任范围内的损失，保险人才负责赔偿，且赔偿额以实际损失金额为限，所以，损失的确定性和可测性尤为重要。

（7）损失不能同时发生。这是要求损失值的方差不能太大。如战争、地震、洪水等巨灾风险，发生的概率极小，由此计算的期望损失值与风险一旦发生所造成的实际损失值将相差很大。而且，保险标的到时势必同时受损，保险分摊损失的职能也随之丧失。这类风险一般被列为不可保风险。

但是，应该注意的是，可保风险与不可保风险间的区别并不是绝对的。例如，地震、洪水这类巨灾风险，在保险技术落后和保险公司财力不足、再保险市场规模较小时，保险公司根本无法承保这类风险，它的潜在损失一旦发生，就可能给保险公司带来毁灭性的打击。但随着保险公司资本日渐雄厚，保险新技术不断出现，以及再保险市场的扩大，这类原本不可保的风险已被一些保险公司列在保险责任范围之内。可以相信，随着保险业和保险市场的不断发展，保险提供的保障范围将越来越大。

第五节　企业的风险类型

根据 2006 年国务院国资委颁发的《中央企业全面风险管理指引》中对风险的定义，即风险是指未来的不确定性对企业实现其经营目标的影响，企业风险可按以下五种分类标准进行划分（详见表 1−2）。

表 1 – 2 企业风险分类

一级风险	二级风险	三级风险
战略风险	投资风险	投资决策风险
		投资实施风险
		投资中止退出风险
	政策风险	
	国际化经营风险	境外投资风险
		国际工程承包风险
		海外市场开拓风险
	战略管理风险	战略规划风险
		战略实施风险
		战略调整风险
	宏观经济风险	
	产业结构风险	
	改制风险	
	并购重组风险	估值与定价风险
		尽职调查风险
		执行与整合风险
	公司治理风险	
	组织结构风险	
	集团管控风险	
	社会责任风险	
	企业文化风险	企业文化建设风险
		廉政建设风险
		职业道德风险
	公共关系风险	政府关系风险
		媒体关系风险
		危机沟通风险
		社会舆情风险
	业务合作伙伴风险	业务合作伙伴关系风险
		业务合作伙伴信用风险

续表

一级风险	二级风险	三级风险
市场风险	竞争风险	
	价格风险	
	汇率和利率风险	
	市场供求风险	市场供应风险
		市场需求风险
	衍生品交易风险	
	市场营销风险	
	市场前景风险	
	客户风险	客户信用风险
		客户关系维护风险
		客户商业模式风险
	品牌与声誉风险	品牌策略风险
		品牌推广及维护风险
		声誉风险
财务风险	现金流风险	融资风险
		资金短缺风险
		债务风险
		应收/预付账款风险
	资金管理风险	资金使用风险
		资金安全风险
	预算管理风险	预算编制风险
		预算执行风险
		预算考核风险
	会计与报告风险	会计核算风险
		财务报告风险

续表

一级风险	二级风险	三级风险
财务风险	成本费用风险	
	担保风险	
	税务管理风险	税务操作风险
		税务筹划风险
		税金缴纳风险
	关联交易风险	
	资本运作风险	
法律风险	合同管理风险	
	法律纠纷风险	
	合规风险	
	知识产权风险	
	重大决策法律风险	
运营风险	监控安全环保风险	安全生产风险
		职业健康风险
		环境保护风险
		节能减排风险
	人力资源风险	人员配置风险
		关键人才流失风险
		人才储备风险
		培训与发展风险
		绩效考核风险
		薪酬与福利风险
		劳动关系管理风险
	一般项目管理风险	

续表

一级风险	二级风险	三级风险
运营风险	技术风险	技术变革风险
		技术停滞、落后风险
		技术引进风险
		技术应用风险
		技术创新风险
	产品风险	产品结构/规划风险
		产品生命周期风险
		产品质量风险
	资源保障风险	
	保密风险	
	研发与开发风险	产品研发风险
		技术研发风险
	存货风险	
	信息系统风险	信息系统安全风险
		信息系统规划风险
		信息系统架构风险
		信息系统运行风险
	运行控制风险	
	稳定风险	
	执行力风险	
	采购风险	
	业务伙伴风险	
	业务模式风险	
	业务协同风险	
	操作风险	

续表

一级风险	二级风险	三级风险
运营风险	业务转型风险	
	生产管理风险	
	销售风险	销售渠道消防
		产品交付风险
		退货风险
		销售实施风险
	供应链风险	
	物流管理风险	
	贸易风险	
	工程项目管理风险	工程设计风险
		工程造价风险
		工程概预算风险
		工程招投标风险
		工程分包风险
		工程进度风险
		工程质量风险
		工程安全风险
		工程竣工风险
	资产管理风险	有形资产风险
		无形资产风险
	审计监察风险	审计计划风险
		审计执行风险
		审计报告风险
	新业务开发风险	
	突发事件管理风险	
	退市风险	

资料来源：国务院国有资产管理委员会办公厅关于印发《2011 年度中央企业全面风险管理报告（模本）》的通知。

一、以对企业目标实现产生的影响为标准

针对企业制定的目标，可以根据对不同目标实现产生影响的因素，将企业风险分为战略风险、财务风险、市场风险、运营风险和法律风险。一般情况下对企业风险进行风险发生原因分析及风险管理策略制定时，参照此分类方法进行。

（1）战略风险，是指影响整个企业的发展方向、企业文化、信息和生存能力或企业效益的不确定性因素。

（2）财务风险，是指公司财务结构不合理、融资不当使公司可能丧失偿债能力而导致投资者预期收益下降的风险。

（3）市场风险，是指未来市场价格（利率、汇率、股票价格和商品价格）的不确定性对企业实现其既定目标的影响。

（4）运营风险，是指企业在运营过程中，由于外部环境的复杂性和变动性以及主体对环境的认知能力和适应能力的有限性，而导致的运营失败或使运营活动达不到预期的目标的可能性及其损失。

（5）法律风险，是指在法律实施过程中，由于企业外部的法律环境发生变化，或由于包括企业自身在内的各种主体未按照法律规定或合同约定行使权利、履行义务而对企业造成负面法律后果的可能性。

【专栏 1 - 1】"摩托罗拉陷入战略迷途"

摩托罗拉在中国的市场占有率由 1995 年的 60% 以上跌至 2007 年的 12%！2011 年 8 月 15 日，摩托罗拉移动业务被谷歌公司以 125 亿美元价格收购。2014 年 1 月 30 日摩托罗拉公司在中国的手机业务被中国联想集团以 29 亿美元收购，其移动业务全面退出中国市场。尽管 2015 年 1 月摩托罗拉宣布正式重返中国市场，但其中国的移动业务市场占有率已今非昔比。

20 多年前，摩托罗拉还一直是引领尖端技术和卓越典范的代表，享有着全球最受尊敬公司之一的尊崇地位。它一度前无古人地每隔 10 年便开创一个工业领域，有的 10 年还开创两个。成立 90 年来，发明过车载收音机、彩电显像管、全晶体管彩色电视机、半导体微处理器、对讲机、寻呼机、大哥大（蜂窝电话）以及"六西格玛"质量管理体系认证，它先后开创了汽车电子、晶体管彩电、集群通信、半导体、移动通信、手机等多个产业，并长时间在各个领域中找不到对手。

但是这样一家有着煊赫历史的企业，在 2003 年手机的品牌竞争力排在第一位，2004 年被诺基亚超过排在了第二位，而到了 2005 年，则又被三星超过，排到了第三位。

而在 2008 年 5 月，市场调研厂商 IDC 和战略分析公司战略分析师表示，摩托罗拉可能在 2008 年底之前失去北美市场占有率第一的位置。摩托罗拉的当季报告也显示，2008 年第一季度全球手机销量下降 39%，手机部门亏损 4.18 亿美元，与上年同期相比亏损额增加了 80%。

总结摩托罗拉公司失败的原因，主要是战略风险的管控出了问题：

1. 败于"铱星计划"

为了夺得对世界移动通信市场的主动权，并实现在世界任何地方使用无线手机通信，以摩托罗拉为首的美国一些公司在政府的帮助下，于 1987 年提出新一代卫星移动通信星座系统——铱星。

铱星系统技术上的先进性在目前的卫星通信系统中处于领先地位。铱星系统卫星之间可通过星际链路直接传送信息，这使得铱星系统用户可以不依赖地面网而直接通信，但这也恰恰造成了系统风险大、成本过高、维护成本相对于地面网也高出许多。整个卫星系统的维护费一年就需几亿美元之巨。

谁也不能否认铱星的高科技含量，但用 66 颗高技术卫星编织起来的世纪末科技童话在商用之初却将自己定位在了"贵族科技"。铱星手机价格每部高达 3000 美元，加上高昂的通话费用，它开业的前两个季度，在全球只发展了 1 万用户，这使得铱星公司前两个季度的亏损即达 10 亿美元。尽管铱星手机后来降低了收费，但仍未能扭转颓势。

2. 营销战略失误

——迷失了产品开发方向。不考虑手机的细分发展，3 年时间仅依赖 V3 一个机型。没有人会否认 V3 作为一款经典手机的地位，正是依靠 V3，摩托罗拉 2005 年全年利润提高了 102%，手机发货量增长 40%，摩托罗拉品牌也重焕生机。尽管 V3 让摩托罗拉重新复苏，更让摩托罗拉看到了夺回市场老大的希望。然而，摩托罗拉过分陶醉于 V3 带来的市场成功。赛迪顾问研究显示，2005 年以前是明星机型的天下，一款明星手机平均可以畅销 2~3 年，而过了 2005 年，手机市场已成了细分市场的天下，手机行业已经朝着智能化、专业拍照、娱乐等方向极度细分，而摩托罗拉似乎对此视而不见。在中国市场，2007 年摩托罗拉仅仅推出 13 款新机型，而其竞争对手三星推出了 54 款机型，诺基亚也有 37 款。

——价格跳水快，自毁品牌形象。在新品跟不上的情况下，降价成了摩托罗拉提高销量不得不采取的手段。许多摩托罗拉的忠实用户把摩托罗拉的手机称为"（价格）跳水冠军"。以 V3 为例，从刚上市时的 6000 多元的高端时尚机型跌入 4000 多元的白领消费群，再到 2000 多元的普通时尚消费群，直到停产前的 1200 多元。短期的大幅降价让不少高端用户无法接受，同时也对 V3 的定位产生了质疑，后果就是对摩托罗拉品牌彻底失去信任。

——推广没有突出卖点的产品。手机消费者在手机厂商的培育和自发发展下，需求变化日益飘忽不定。消费者对手机的要求已经不仅仅局限在外观方面，苛刻的消费者更多地开始关注手机的配置、功能特色等内在技术因素。以技术见长的摩托罗拉本不应在技术方面让消费者失望，但现实还是让消费者失望了。从手机零售卖场那些列出来的一目了然的参数中，摩托罗拉的像素、屏幕分辨率、内存几乎都落后于诺基亚等竞争对手的同类机型。自从推出 V3 之后，摩托罗拉发布的绝大部分新品手机无论是 U 系还是 L 系，甚至是 K 系就再也抹不去 V3 的影子，尤其是其金属激光蚀刻键盘设计。V3 的键盘设计的确是经典，但再经典的东西被反反复复无数次拿出来用，也会引起消费者的视觉疲劳，甚至产生抵触情绪，尤其是对于那些换机用户。

3. 组织结构不能支持战略的发展需要

摩托罗拉是一个很重视产品规划的公司，此前摩托罗拉每开发一款新产品，通常先提前数月预测消费趋势。但在快速升级换代的手机行业中，制造商们试图提前数月预测消费者需求是非常困难的。

再加上摩托罗拉是一家技术主导型的公司，工程师文化非常浓厚，这种公司通常以自我为中心，唯"技术论"，从而导致摩托罗拉虽然有市场部门专门负责收集消费者需求的信息，但在技术导向型的企业文化里，消费者的需求很难被研发部门真正倾听，研发部门更愿意花费大量精力在那些复杂系统的开发上，从而导致研发与市场需求的脱节。

另外，摩托罗拉内部产品规划战略上的不统一、不稳定，还使得上游的元器件采购成本一直降不下来。摩托罗拉每一个型号都有一个全新的平台，平台之间大多不通用，这就带来生产、采购、规划上的难度。对于全球顶级通信设备商而言，同时运营好系统设备和手机终端两块业务，似乎是一项"不可能完成的任务"。

摩托罗拉资深副总裁吉尔莫曾说："摩托罗拉内部有一种亟须改变的'孤岛传统'，外界环境的变化如此迅捷，用户的需求越来越苛刻，现在你需要成为整个反应系统的一个环节。"

4. 滥用福利

当外部环境使得摩托罗拉进入战略收缩期，盈利空间不再，高福利的企业传统便有些不合时宜。

据了解,美国摩托罗拉公司在每年的薪资福利调整前,都对市场价格因素及相关的、有代表性企业的薪资福利状况进行比较调查,以便使公司在制定薪资福利政策时,与其他企业相比能保持优势和具有竞争力。摩托罗拉员工享受政府规定的医疗、养老、失业等保障。在中国,为员工提供免费午餐、班车,并成为向员工提供住房的外资企业之一。

资料来源:《财务风险管理失败案例:摩托罗拉陷入战略迷途》,高顿网校,2014年7月11日,https://www.gaodun.com/cima/151432.html。

二、以风险的来源为标准

根据风险的来源可以将企业风险分为内部风险和外部风险,如图1-4所示。一般在进行风险初始信息收集及风险识别时,采取此分类方法。

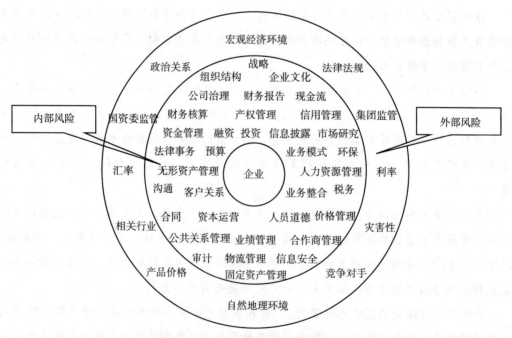

图1-4 企业内部风险与外部风险列示

（一）外部风险

外部风险主要包括政治风险、法律风险与合规风险、社会文化风险、技术风险、自然环境风险、市场风险、产业风险、信用风险等。

1. 政治风险

政治风险是指完全或部分由政府官员行使权力和政府组织的行为而产生的不确定性。政府的不作为或直接干预也可能产生政治风险。政治风险也指企业因一国政府或人民的举动而遭受损失的风险。政治风险通常分为宏观政治风险和微观政治风险两大类。

宏观政治风险是指对一国之内的所有企业都有潜在影响的风险，如"恐怖活动""内战""军事政变"等。

微观政治风险是指仅对特定企业、产业或投资类型产生影响的风险，如设立新的监管机构或对本国内的特殊企业征税。另外，当地业务合作伙伴如果被政府发现有不当行为，也会对本企业产生不利的影响。

政治风险产生的源头主要包括政府推行有关外汇管制，进口配额和进口关税，当地投资人的最低持股比例和组织结构等的规定，对外国企业征收额外税收，在当地银行借款受到限制，没收资产，等等。

2. 法律风险与合规风险

法律风险是指企业在经营过程中因自身经营行为的不规范或者外部法律环境发生重大变化而造成的不利法律后果的可能性。合规风险是指因违反法律或监管要求而受到制裁、遭受金融损失以及因未能遵守所有适用法律、法规、行为准则或相关标准而给企业信誉带来损失的可能性。

法律风险通常包括以下三方面：

（1）法律环境因素，包括立法不完备、执法不公正等；

（2）市场主体自身法律意识淡薄，在经营活动中不考虑法律因素等；

（3）交易对方的失信、违约或欺诈等。

法律风险与合规风险的区别在于：合规风险侧重于行政责任和道德责任的承担，而法律风险则侧重于民事责任的承担，例如，企业面临可能违反反垄断法律规定的风险；面临可能违反市场管理方面的法律规定的风险；收购后的经营中也可能会涉及劳动法问题；环境责任承担的法律风险；知识产权保护中的法律风险。

3. 社会文化风险

文化风险是指文化这一不确定性因素的影响给企业经营活动带来损失的可能。

从文化风险的成因来看，文化风险存在并作用于企业经营的更深领域，主要有以下方面：

（1）跨国经营活动引发的文化风险；

（2）企业并购活动引发的文化风险；

（3）组织内部因素引发的文化风险。

社会文化风险主要存在于跨国并购中。由于东西方文化差异而导致其对公司的很多管理方式持不同观点。例如，个人主义与集体主义的区别就导致了公司管理员工的方式不同，组织结构设计不同；对权利、官僚的不同认识也导致了他们对经理人角色的不同理解。不同文化观念的人很难真正沟通、融合，因而看待公司治理也不同。企业要进行全球化经营，在公司治理乃至人力资源整合中，必须考虑到文化整合的问题。

4. 技术风险

技术风险就是技术在创新过程中，由于技术本身的复杂性和其他相关因素变化产生的不确定性而导致技术创新遭遇失败的可能性，包括纯技术风险及其他过程中由于技术方面的因素所造成的风险。

从技术活动过程所处的不同阶段考察，技术风险可以划分为技术设计风险、技术研发风险和技术应用风险。

5. 自然环境风险

自然环境风险是指企业由于其自身或影响其业务的其他方造成的自然环境破坏而承担损失的风险。

自然环境风险的类型主要有企业自身对自然环境造成的直接影响的不确定性；企业与客户和供应商之间的联系而对自然环境造成的间接影响的不确定性。

6. 市场风险

市场风险是指未来市场价格（利率、汇率、股票价格和商品价格）的不确定性对企业实现其既定目标的不利影响。依据《中央企业全面风险管理指引》，企业的市场风险主要包括：

（1）产品或服务的价格及供需变化带来的风险。

（2）能源、原材料、配件等物资供应的充足性、稳定性和价格的变化带来的风险。

（3）主要客户、主要供应商的信用风险。

（4）税收政策和利率、汇率、股票价格指数的变化带来的风险。其包含税收风险（由于税收政策变化使企业税后利润发生变化产生的风险）；利率风险（因利率提高或降低而产生预期之外损失的风险）；汇率风险或货币风险（由汇率变动的可能性，以及一种货币对另一种货币的价值发生变动的可能性导致的风险）；股票价格风险（影响企业股票或其他资产的投资者的风险）；竞争带来的风险（即潜在进入者、竞争者与替代品的竞争带来的风险）。

7. 产业风险

产业风险是指在特定产业中与经营相关的风险。这一风险与企业选择在哪个产业中经营直接相关。在考虑企业可能面对的产业风险时，如下因素非常关键：产业（产品）生命周期阶段、产业波动性、产业集中程度。

8. 信用风险

企业生产产品或提供劳务，并将其提供给客户，同时企业会允许客户一定时间内付款，这一过程被称为赊欠。赊欠会产生不予支付的风险，因而，客户信用风险主要体现为对方在账款到期时不予支付的风险。而企业的生产经营需要各种生产要素的提供，如果供应商不能按照双方合同或协议的要求按时、保质、保量地提供这些生产要素，就产生了供应商的信用风险。

（二）内部风险

内部风险主要包括战略风险、操作风险、运营风险、财务风险等。

1. 战略风险

战略风险是指未来的不确定性对企业实现其战略目标的影响。这一定义的内涵可以从以下两个方面展开：

（1）从战略风险可能导致的结果来看，有整体性损失和战略目标无法实现两种结果；

（2）从战略风险产生的原因来看，战略风险产生于外部环境和战略管理行为和战略成功必要条件。

战略风险是在制定与实施发展战略时需要关注的主要风险。这是因为，如果缺乏明确的发展战略或发展战略实施不到位，就可能导致企业盲目发展，难以形成竞争优势，丧失发展机遇和动力；如果发展战略过于激进，脱离企业实际能力或偏离主业，就可能导致企业过度扩张，甚至经营失败；如果发展战略因主观原因频繁变动，就可能导致资源浪费，甚至危及企业的生存和持续发展。

2. 操作风险

操作风险是指由于信息系统或内部控制缺陷导致意外损失的风险。引起操作风险的原因包括人为错误、电脑系统故障、工作程序和内部控制不当，等等。

在许多企业尤其是一些金融机构中，操作风险导致的损失已经明显大于市场风险和信用风险。因此，相关行业和监管组织已经开始致力于操作风险管理技术、方法和组织框架的探索与构建，并取得了明显的进展。

3. 运营风险

运营风险是指企业在运营过程中，由于外部环境的复杂性和变动性以及主体对环境的认知能力和适应能力的有限性，而导致的运营失败或使运营活动达不到预期目标的可能性及其损失。

运营风险包含一系列具体的风险。依据《中央企业全面风险管理指引》，运营风险至少存在于以下几个方面：

（1）企业产品结构、新产品研发方面可能引发的风险；

（2）企业新市场开发、市场营销策略（包括产品或服务定价与销售渠道、市场营销环境状况等）方面可能引发的风险；

（3）企业组织效能、管理现状、企业文化，高、中层管理人员和重要业务流程中专业人员的知识结构、专业经验等方面可能引发的风险；

（4）期货等衍生产品业务中发生失误带来的风险；

（5）质量、安全、环保、信息安全等管理中发生失误导致的风险；

（6）因企业内、外部人员的道德风险或业务控制系统失灵导致的风险；

（7）给企业造成损失的自然灾害等风险；

（8）企业现有业务流程和信息系统操作运行情况的监管、运行评价及持续改进能力方面引发的风险。

4. 财务风险

财务风险是指公司财务结构不合理、融资不当使公司可能丧失偿债能力而导致投资者预期收益下降和陷入财务困境甚至破产的风险。财务风险是客观存在的，企业管理者对财务风险只有采取有效措施来降低，而不可能完全消除。

企业财务风险有着"双刃剑"的作用：管理失误和公司治理的不完善在公司破产中所扮演的主要角色，通常被强调为公司破产的直接导火索。如果破产归因于治理公司行为的程序设计的局限，那么债务违约可能迫使管理者降低产能，并重新考虑公司的运营政策和战略决策。从这个角度来看，债务违约及财务困境也能创造价值。因此，债务违约及破产机制能够帮助财务上陷入困境，但经济上可行的公司继续经营，同时也促使无效率公司的退出。

尽管财务困境和破产存在拥有尚未得到经验量化的潜在好处的可能性，但是财务困境和破产程序涉及大量直接的（法律、行政和咨询费用）和间接（机会）的成本，这些成本会消耗公司及其利益相关者的真实资源。

三、以是否为企业带来盈利为标准

以能否为企业带来盈利等机会为标志，可以将风险分为纯粹风险（只有带来损失一种可能性）和投机风险（既有带来损失的可能，又有带来盈利的机会）。一般对企业风险进行初步定性分析时，采取此分类方法。

四、以应对风险的层面为标准

根据对风险做出应对策略所在层面的不同，可以将风险分为流程层面风险和公司层面风险。一般情况下，编制《内部控制手册》，主要针对流程层面风险进行分析和控制，而对公司层面风险，要制定专项风险管理策略。

【思考与练习】

1. 什么是风险？如何理解风险的概念？

2. 风险具有哪些特征？

3. 风险是如何构成的？

4. 风险是如何进行分类的？对风险进行分类的目的是什么？

5. 企业面临的风险有哪些？

6. 假如你是一家企业新聘任的风险经理，你上任的第一件工作就是准确估计来自财产、责任、生命、健康和收入损失风险的最大可能损失。你认为，哪些损失比较容易被估计？哪些损失估计起来比较困难？为什么？

第二章　风险管理

【本章概要】

有风险，就要对风险进行管控。风险管理的意识由来已久，但直到 20 世纪以来，风险管理的概念才开始广为传播。最初的风险管理主要出于安全考虑仅对危害性风险进行管控，20 世纪 90 年代之后，风险管理才逐渐发展为包含了危害性风险管理和金融风险管理在内的全面风险管理，并形成独立的风险管理理论体系。

本章阐释了风险管理的含义，介绍了风险管理理论及其实践的发展过程，提出了实施风险管理的原则和程序。通过本章的学习，可以对风险管理的起源与发展有一个概括性的了解，并了解实践中的风险管理组织架构以及风险管理程序。

【本章学习目标】

1. 了解风险管理的起源与发展；

2. 理解风险管理的含义；

3. 熟悉风险管理的组织；

4. 掌握实施风险管理的原则及程序。

引　言

【导读案例】 中航油事件

2004 年 12 月初，全球的财经媒体都在错愕中将注意力聚焦在一起爆炸性的事件：一家被誉为新加坡最具透明度的上市公司，却因从事投机行为造成 5.54 亿美元的巨额亏损；一个在层层光环笼罩之下的海外国企"经营奇才"，却沦为千夫所指的罪魁祸首。

分析人士认为，中国航空油料集团公司（简称"中航油"）的巨额亏损，有可能是其投机过度、监督不力、内控失效后落入了国际投机商设下的"陷阱"。中航油新加坡事件是一个内部控制缺失的典型案例。监控机制形同虚设，导致其违规操作一年多无人知晓。

中航油是经我国政府批准于2003年开始从事油品套期保值业务的，以后擅自扩大了业务范围，从事石油衍生品交易。相比套期保值业务，衍生品期权交易风险极大，且不易控制。不论是中航油内部，还是中航油集团，在内部控制和风险管理上都暴露出重大缺陷。

根据中航油内部规定，损失20万美元以上的交易，要提交公司风险管理委员会评估；累计损失超过35万美元的交易，必须得到总裁同意才能继续；任何将导致50万美元以上损失的交易，将自动平仓。然而，在累计多达5亿多美元的损失之后，中航油才向集团公司报告，而作为中航油总裁同时也是中航油集团副总经理的陈久霖个人对衍生品业务并不是特别熟悉，并且刚开始的亏损数额是隐瞒的。因此，事先公司管理层对此事件没有做出任何反应，从而错过多达110次的斩仓止损的机会。

和所有在衍生工具市场上发生的巨额亏损一样，中航油事件的根本原因在于其内部控制缺陷。不仅在衍生金融市场，在企业经营的其他领域也不乏其例。千里之堤，溃于蚁穴。无数的事实一再证明，缺乏有效的风险管控将会使一个个名噪一时的"企业帝国"崩塌于旦夕之间。

正如某分析人士指出的，缺乏国内专业化期货公司的支持，缺乏中国本土期货人才的服务，再加上风险管理意识不足，中航油如何不败？

资料来源：《5.5亿美元巨亏的中航油事件，根源是什么，我们得到什么启示？》，搜狐网，2018年3月15日，https：//www.sohu.com/a/225646482_100127782。

第一节 风险管理的含义

正是由于在人类的生产、生活活动中充满了风险，所以，包括企业在内的任何组织的所有活动也都涉及风险。有风险，就要对风险进行管控，以期更好地管理好本身面临的风险已达成其目标，避免经营失败。那么，什么是风险管理？依据什么样的原则和程序进行风险管理呢？

一、风险管理的概念

2006 年 6 月，基于 ISO 31000 风险管理标准以及在此基础上发布的国家风险管理标准 GB/T 24353，我国国务院国资委发布的《中央企业全面风险管理指引》指出，风险管理是指企业围绕总体经营目标，通过在企业管理的各个环节和经营过程中执行风险管理的基本流程，培育良好的风险管理文化，建立健全全面风险管理体系，包括风险管理策略、风险理财措施、风险管理的组织职能体系、风险管理信息系统和内部控制系统，从而为实现风险管理的总体目标提供合理保证的过程和方法。

与我国《中央企业全面风险管理指引》中对风险管理的定义基本一致，COSO – 2017 版《企业风险管理框架》（第二版）对企业风险管理的定义是，组织在创造、保持和实现价值的过程中，结合战略制定和执行，赖以进行管理风险的文化、能力和实践。

COSO – 2017 版关于企业风险管理的这一定义直接抛弃了其第一版（COSO – 1992）中将风险管理和内部控制相混淆的模糊定义，将风险管理工作直接从"一个流程或程序"提升到"一种文化、能力和实践"，用以实现组织创造、保持和实现价值。

在上述关于风险管理定义的基础上，2018 版《ISO 31000 风险管理标准》则提出了更为宽泛的风险管理定义，即风险管理（risk management）是针对组织所面临的风险进行指导和控制的协调活动。该版《风险管理标准》还指出，风险管理可以在组织多个领域和层次、任何时间，应用到整个组织，以及具体职能、项目和活动；风险管理是反复优化的，有助于组织制定战略、实现目标和做出明智的决策。

分析上述风险管理的定义，我们可以从以下几个方面进行理解：

（一）风险管理的主体

风险管理的主体是风险管理单位，其可以是个人、家庭、组织（包括营利性组织和非营利性组织）、政府，还可以是跨国集团或国际联合组织等。不论风险管理单位的所有制性质、组织结构有何不同，风险管理所依据的管理理念、管理技术和管理方法等方面却是相同的，都是寻求以最小的成本来获得最佳的处理风险事故的方案。但是，不容忽视的是，风险管理的主体不同，风险管理的侧重点也会有所不同。例如，按照主体的不同，风险管理可以分为个人家庭风险管理、企业风险管理和公共风险管理。个人家庭风险管理是对人身风险、家庭财产风险和责任风险的管理；企业风险管理则是对企业生产风险、销售风险、财务风险、技术风险、信用风险和人事风险的管理；公共风险管理主要是指政府的风险管理，以维护政府机构业务活动和人民生活安定为出发点，是对整个社会生命、财产和责任的风险管理。本书所述风险管理的主体主要指的是企业。

（二）风险管理的对象

风险管理的对象是风险。传统的风险管理理论认为，风险管理的对象限于纯粹风险，也即只有损失机会而不可能获利的风险。但是从现代风险管理实践看，风险管理的对象不应该局限于纯粹风险，还应该包括投机风险。若就风险管理的具体内容而言，由于风险管理主体不同、环境不同，以及要求目标不同，现代风险管理的内容非常丰富，任何组织都可以树立风险管理的思想，运用风险管理的基础理论对其活动进行风险管理。

（三）风险管理的核心

风险管理的核心是企业的价值创造和保护。不管是营利性的、非营利性的，还是政府机构，抑或个人，所有的主体都面临不确定性，对于风险管理者来说，其挑战在于确定在追求增加利益相关者价值的同时，准备承受多少不确定性。不确定性潜藏着对价值的破坏或增进，既代表风险，也代表机会。企业风险管理使管理当局能够有效地处理不确定性以及由此带来的风险和机会，从而提高主体创造价值的能力。在企业经营所处的环境中，诸如全球化、技术、重组、变化中的市场、竞争和管制等因素都会导致不确定性。不确定性来源于不能准确地确定事项发生的可能性以及所带来的影响。不确定性也是主体的战略选择所带来和导致的。举例来说，一个主体采取基于向其他国家拓展业务的增长战略，所选择的这个战略带来了与该国政治环境的稳定性、资源、市场、渠道、劳动力技能和成本相关的风险和机会。从战略指定到企业的日常经营，在所有活动中，管理当局的决策都会创造、保持或破坏价值。通过把资源，包括人、资本、技术和品牌，调配到能够产生比过去更多的利益的地方，就会发生价值创造。当创造的价值通过更高的产品质量、生产能力和顾客满意度以及其他方式得以维持时，就会发生价值保持。当由于糟糕的战略或执行导致这些目标不能达成时，价值就会被破坏。决策中伴生着对风险和机会的认识，要求管理当局考虑有关内部和外部环境的信息，调配宝贵的资源，并针对变化的环境重新校准行动。当管理当局制定战略和目标去追求增长和报酬以及相关的风险之间的最优平衡，并且为了主体的目标而高效率和有效地配置资源时，价值得以最大化。所以，ISO 31000 强调，风险管理工作要聚焦在组织的价值创造活动，支持或协助组织更好地进行价值创造和保护，COSO 组织发布的新版企业风险管理框架也将企业的风险管理工作聚焦到企业价值的创造、保护和实现。

（四）风险管理的过程

风险管理的过程包括风险识别、风险评估、风险应对、风险管理效果评价等。这一系列过程都是为了认识、评价风险管理单位的风险状况，解决风险管理中的各种问题，制订风险管理的决策方案。

二、风险管理的意义和作用

（一）风险管理具有重要意义

1. 经济资源的集中使风险因素的关联性增强

经济发展意味着专业化程度的提高和经济资源的集中。乡村可以变成城镇然后成为城市，家庭小作坊经过努力也可以变成地方性企业，而后变成大的全国性公司；跨国企业凭借相互关联而又彼此依存的全球经营在世界贸易中占据着越来越重要的地位。集中不仅体现在价值方面，而且还体现在企业关联上，譬如对原材料、设备、服务和技术供应商的依赖。风险因素关联性提高的结果是巨灾损失的概率大大增加，最终结果可能是营业中断，不仅影响到单个企业还会波及顾客和供货商，使得影响波及一个国家甚至是整个全球范围内的多个国家。风险因素的纵向和横向的关联性增强，使得风险管理的重要性随之增强。

2. 发展中国家和转型经济国家面临的风险增加

随着全球经济的发展，发展中国家正致力于其国内的经济发展和经济转型。由于发展中国家近年来进行大规模的土木工程和生产制造，相关的巨额资金运用加大了整个国家的损失风险，一次损失就可能使实业界甚至整个国民经济陷入困境，这也使得风险管理的意义越来越突出。

3. 技术变革风险和自然灾害后果的加重

应用最新科技处理危险材料、产品和生产过程是非常复杂而又高度一体化的工作。这些活动在当今世界越来越普遍，也造成了大量的潜在危险，在有些情况下，这些存在的风险甚至超出了本地专家和政府机关的管理经验，从而加大了给工人、商业界乃至国民经济带来严重损害的可能。因此，良好的风险管理手段比任何时候都更为重要。

4. 公众对风险的态度和期望的变化

许多国家的公众开始树立起风险观念，对高科技和污染产生的危险更加敏感，而且经济发展带来的空气、水源、土地污染的外部性也受到世界的广泛关注。因此，越来越多的消费者对现实社会本身产生损害的可能性更为敏感，也就更为迫切地需要进行风险管理。

随着风险管理范围的扩大，其作用也在不断增加。风险管理最初仅被应用在生产和营销等操作问题上，现如今它也被用于降低企业的金融风险和解决政府公共政策等问题。同时，传统的风险管理主要涉及纯粹风险的管理，但是随着企业管理者和政府官员意识的转变，他们认识到同对一个组织可能面临的所有风险进行系统的管理相比，零散的风险管理缺乏效率和效能。运用整体性的方法管理企业所面临的全部风险能够使得企业从多个层面、多个角度规划风险管理方法，进而实现以最小的成本减少损失。

（二）风险管理在促进经济发展中发挥重要的作用

（1）有利于企业在面对风险时做出正确的决策，提高企业应对能力。在经济日益全球化的今天，企业所面临的环境越来越复杂，不确定因素越来越多，科学决策的难度大大增加，企业只有建立起有效的风险管理机制、实施有效的风险管理，才能在变幻莫测的市场环境中做出正确的决策。

（2）有利于企业经营目标的实现，增强企业经济效益。企业经营活动的目标是追求股东价值最大化、利润最大化，但在实现这一目标的过程中，难免会遇到各种各样的不确定性因素的影响，从而影响到企业经营活动目标的实现。因此，企业有必要进行风险管理，化解各种不利因素的影响，以保证企业经营目标的实现。

（3）有利于促进整个国民经济的健康发展。企业是国民经济的基础，企业的兴衰与国民经济的发展息息相关。因此通过实施有效的风险管理，降低企业的各种风险，提高企业应对风险的能力和市场竞争能力，以企业的健康发展促进整个国民经济的良性发展。

风险管理还能给个人带来其他一些隐性的益处。例如，它能够降低企业的生产成本，反过来使消费者可以按照较低的价格购买商品和服务。此外，人身风险的管理还可以减轻家庭的负担，乃至整个社会的福利损失。

三、风险管理应遵循的原则

既然风险是不确定性对目标的影响，而企业的终极目标应该是价值创造，因此，风险管理工作就要聚焦在企业的价值创造活动，支持或协助企业更好地进行价值创造和保护。围绕这一核心，国际上一些国家和国际组织提出了许多风险管理的基本原则，例如，英国的 BS 3110，中国的 GB/T 24353，美国的 COSO - 2017，国际标准化组织的 ISO 31000。本书基于目前被广泛认可的 ISO 31000 国际通行标准（2018 版）的内容，对相关原则进行简要阐述（见图 2 - 1），以期企业在各个层次上遵循，让风险管理工作取得好的效果。

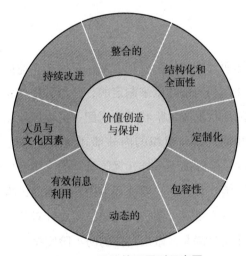

图 2 - 1 风险管理原则示意图

（一）整 合

"整合"是风险管理工作的第一原则。风险管理是与组织相关的所有活动的组成部分，不是一项独立于其他管理和业务活动的工作。孤立的风险管理工作并无实际意义，风险管理工作应该与组织的所有管理活动整合，成为任何管理经营活动的一部分，包括但不限于战略和规划、公司治理、人力资源、合规、质量、健康与安全、业务连续性、危机管理与安全管理、组织抗风险能力、IT，等等。在 2018 版 ISO 31000 标准中，原则轮和框架轮都将"整合"作为第一个要素，可见其重要性。

新版 ISO 31000 标准希望能够将"整合"的思想传递得更加清晰和明确，促使人们去整合资源，形成合力，解决风险问题。此处整合的概念与 2006 年 6 月国务院国资委发布的《中央企业全面风险管理指引》中全面风险管理有异曲同工之妙。COSO 最新版风险管理框架出台后，也将其征求意见稿中的"协调一致"改为"整合"，并强调风险管理对于战略计划和嵌入整个组织的重要性。

（二）结构化和全面性

作为一个权变的企业系统，风险管理同样与企业的多种结构性有关。对企业结构特性和业务行为进行双重分析，才能使企业的风险管理更有针对性。同时，企业还应将风险管理理念传达给其各层级人员，确保风险控制贯穿业务全过程，覆盖企业所有战略环节、业务环节和操作环节。风险管理的结构化和全面性有助于获得一致和可比较的结果。

（三）定制化

不存在一个放之四海而皆准的风险管理方案，每一个企业的风险管理框架和流程都是根据企业与其目标的外部和内部背景来制定的，并与其密切相关，也就是说，风险管理必须与组织的外部和内部状况及风险状况相匹配。虽说风险无处不在，但具体落实到每个过程，却又是不尽相同，其与组织的内外部环境有关，也与组织所承担的风险有关，不同的组织所制定的风险标准不一样，风险管理的决策和风险实施就不一样。需要真正掌握了具体情况，再结合其外部、内部环境的和具体的风险标准进行风险管理，才能发挥其有效性。例如，对于建筑大楼防火问题，需要针对每幢房屋的具体结构，以及其内部设施摆设和外部环境等情况，做出具体的防火险安排。

（四）包容性

风险管理活动需要考虑利益相关方的适当和及时参与，融入他们的知识、观点和看法。这可以使相关方提高风险管理意识并智慧地管理风险。风险管理应包括利益相关者，尤其组织的各级决策者，要和风险管理过程的人员进行充分的沟通，在风险标准的确定中应考虑他们的意见。例如，银行在给客户理财时，就要充分了解客户的需求，客户的底线、现状和目标是什么。这样才可能为客户制定出可行的理财方案，如果仅乐观地设定收益目标，那么在出现风险状况时，客户将很难接受和认同。保持风险管理的包容性以确保各方的观点被采纳，各方的利益得到保障，同时也确保了决策的有效性和针对性。

（五）动态性

风险管理是适应环境变化的、复杂的、不断变化的动态过程，随着组织内部和外部环境的不断变化，人员背景和知识的不断改变，监控和审查制度的出现，都会产生新的风险；有些风险会发生变化，还有一些风险会消失。因此，组织应持续不断地对各种变化保持风险敏感性并做出恰当反应，以适当和及时的方式预测、监控、掌握和响应这些变化和事件，并且通过绩效测量、检查和调整等手段保证风险管理的持续改进，这样才能更好地应对风险。

（六）有效信息利用

风险管理过程要以有效的信息为基础，所需的信息来源于如历史数据、经验、利益相关方的反馈、观察、预测和专家的判断等。但是，在利用收集到的各种信息时，决策者应考虑到数据、模型和专家判断的局限性。因此，风险管理者在风险管理过程中一方面要收集大量的信息，另一方面也不能盲目全部相信，应充分考虑各种信息来源的局限性，并且对此加以分析，以确保信息对决策的有效支持。

（七）人员与文化因素

由于企业的人员行为和文化都会明显地影响风险管理在不同层面和阶段的各个方面，因此，风险管理者必须认识到可以促进或阻碍组织目标实现的内部和外部人员的能力、观念和意图。我们知道，风险管理意识是可以促进或阻碍组织目标的实现的内部和外部人员的能量、观念和意图，它是一把"双刃剑"，既可以促进也可以阻碍组织目标的实现。如果不加以重视和培养的话，由于个人知识、素养、成长环境、教育经历、工作背景等因素的影响，我们的思维可能会出现各种偏差，这就有可能导致错误的决策及风险的产生。反之，如果在内部营造一种具有风险意识的企业文化，培养大家的风险管理意识，则将促进企业建立系统、规范、高效的风险管理机制。例如，每年政府都会强调要加强防火防灾的教育并进行各种演习，其目的就是要增强大家在这方面的防范和应对知识，降低其风险。

（八）持续改进

持续改进是整个风险管理的核心宗旨，也是风险管理的精髓。我们知道，风险管理过程是组织管理过程之一。任何一个组织的管理过程均是一个持续改进、动态更新的过程。持续改进就是组织今天比昨天做得好，明天又比今天做得好，不需要组织横向比较，只需要组织自己和自己纵向比较。持续改进是增强满足要求能力的循环活动，是一种螺旋上升的 PDCA 循环活动①，强调持续是指"PDCA"循环后又开始新的一轮"PD-CA"，如此"循环不断"，永无止境。持续改进是组织为达到其环境方针和目标，致力于不断提高组织的有效性的过程。通过对过程的改进实现改进，包括提高环境管理水平、提高资源利用率、减少浪费和提高效率。因此可以说持续改进是组织管理体系的动力，旨在达到新水平，不断创新记录，达到新的控制水平，而不是在原有水平上周而复始。将持续改进作为一种制度加以实施，把持续改进作为每个员工的目标，在工作中寻求改进的机会，逐步建立起一套规范化并且能够持续改进的过程和管理循环，通过学习和经验积累，不断提高风险管理的质量和效率。

上述对风险管理基本原则的阐述与风险管理的本质特征相关。这些原则指出了有效和高效地进行风险管理的工作特点，并为其提供指导，同时传达了风险管理的价值以及风险管理所需要达成的目标的相关信息。这些原则是风险管理的基础，在建立组织的风险管理框架和流程时应予以考虑。组织可使用这些原则来选择最为恰当的风险管理措施，管控不确定性对其目标的影响。

四、风险管理的架构

风险管理的成功取决于风险管理框架的有效性。所谓风险管理框架（risk management framework），是指全组织内为设计、实验、检测、评审和持续性改进风险管理提供基础和安排的一组构成。风险管理框架为组织提供了基础和安排，这些基础和安排将风险管理框架嵌入到全组织的所有层次。这个框架通过在组织特定的环境和不同层次中应用风险管理过程，而有助于组织有效的管理风险。

而风险管理的有效性取决于是否将其纳入企业治理和决策中，这就需要利益相关方，特别是企业最高管理层的支持。因此，为了强化领导层的职责和整合的重要性，2018 版 ISO 31000 中更新了 2009 版的风险管理框架，将领导力与承诺视为风险管理框架的核心，明确要求高级管理层和监督机构应确保风险管理融入组织所有活动。这是新

---

① PDCA 循环是美国质量管理专家戴明博士首先提出的，又称戴明环。全面质量管理的思想基础和方法依据就是 PDCA 循环。PDCA 循环的含义是将质量管理分为四个阶段，即计划（plan）、执行（do）、检查（check）、处理（action）。在质量管理活动中，要求把各项工作按照如下程序进行：制定计划、计划实施、检查实施效果，然后将成功的纳入标准，不成功的留待下一循环解决。这是质量管理的基本方法，也是企业管理各项工作的一般规律。

版风险管理框架与旧版框架的另一重大区别。这个新框架体现为五个步骤：整合、设计、实施、评价、改进，并前后有序（见图2-2）。

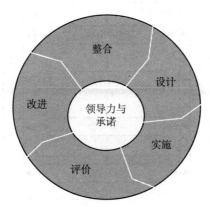

图2-2　风险管理框架示意图

此框架并不试图描述一个管理体系，而是协助组织将风险管理整合入组织的所有管理体系之中。因此，组织应将框架的组成部分应用于他们的特有需求。

风险管理整合是一个动态和反复优化的过程，应该根据组织的需求和文化进行定制。风险管理应该成为组织目的、治理、领导力和承诺、战略、目标和运营的一部分。设计风险管理框架时，高级管理层和监督机构应通过政策、声明或其他形式向利益相关方明确表达组织的目标以及对风险管理的持续承诺，确保分配和传达有关风险管理的权限和职责，分配适当的资源，建立沟通和咨询方式以支持框架和促进风险管理的有效应用。

五、风险管理的流程

风险管理的流程是指系统地将政策、程序和实践应用于沟通和咨询，建立环境和评估、处理、监测、审查、记录和报告风险的系列活动。根据 ISO 31000-2009 风险管理标准的描述，风险管理的基本流程应当包括沟通与协商、确定环境状况、风险评估、风险处理、监控与审查等五项活动，如图2-3所示。

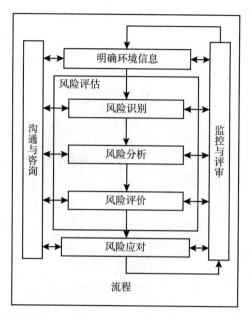

图 2 - 3　ISO 31000 - 2009 风险管理流程示意图

但是，2018 年最新版 ISO 31000 风险管理标准提出的风险管理流程部分则强调了范围与标准，突出了记录和报告，包含：（1）范围、背景和标准；（2）风险评估的经典流程——风险识别、风险分析、风险评价；（3）风险应对；（4）风险记录与报告；（5）沟通与咨询；（6）监控与审查等六个部分（或要素）。以上六大要素贯穿于整个风险管理过程（见图 2 - 4）。

图 2 - 4　ISO 31000 - 2018 风险管理流程示意图

在 ISO 31000 - 2018 风险管理流程中，"记录与报告"是风险管理的基础工作；"范围、背景、标准"是风险评估和风险应对的前提；包括风险识别、风险分析、风险评价在内的"风险评估"是风险管理的核心；"风险应对"是风险管理的关键；"沟通与咨询"和"监控与评审"则贯穿于风险管理全过程。尽管风险管理流程通常表现为一定的顺序性，但在实践中流程步骤可以是循环反复的。

为了便于理解，下面我们对风险管理流程的六大要素做一简单阐述：

（一）范围、背景和标准

确定范围、背景和标准的目的是有针对性地设置风险管理流程，从而实现有效的风险评估和恰当的风险应对。

这里的范围是指组织应确定其风险管理活动的范围。由于风险管理过程可能适用于不同的级别（如战略、方案、项目或其他活动），因此，必须要清楚考虑的范围、要考虑的相关目标以及它们与组织目标的一致性。

此处的背景是指组织运营的内外部环境。风险管理流程的背景应该建立在对组织运营的内部和外部环境的理解之上，并应反映风险管理流程中试用活动的具体环境。理解组织的运营背景非常重要，这是因为：一是风险管理在组织的目标和活动范围内进行；二是组织因素可能是风险来源；三是风险管理流程的目的和范围可能与整个组织的目标相互关联。

组织不仅要明确与目标相关的可能发生或不发生的风险的数量和类型，还要定义评估风险重要性和支持决策过程的标准。风险标准应与风险管理框架保持一致，并根据相应活动的具体目标和范围进行定制；风险标准还应反映组织的价值观、目标和资源，并与风险管理的政策和声明保持一致；标准的确定也应该考虑到组织的义务和利益相关方的观点。此外，还要注意，风险标准虽然是在风险评估过程开始时已经确定，但要清楚风险标准是动态的，应不断加以审查和修订。

在制定风险标准时，组织应考虑以下因素：

（1）可能影响结果和目标（有形和无形）的不确定性的性质和类型；

（2）如何定义和度量后果（正面和负面）和可能性；

（3）有关时间因素；

（4）测量方法使用的一致性；

（5）如何确定风险等级，如何考虑多重风险的组合和顺序；

（6）组织能力，即开展组织工作的能力。

（二）沟通与咨询

沟通和咨询的目的是为了帮助利益相关方理解风险、明确决策的基础以及需要采取特定行动的原因。沟通包括与目标受众共享信息；咨询包括参与者期望对决策或其他活动做出贡献，以便更好决策的反馈信息。沟通旨在提高对风险的认识和理解，而咨询涉及获得反馈和信息以支持决策。两者之间的密切协调应促成真实、及时、相关、准确和可理解的信息交流，同时考虑到信息的保密性和完整性以及个人的隐私权。

在风险管理流程的所有步骤以及整个过程中，都应与适当的外部和内部利益相关方进行沟通和咨询，沟通和咨询的方法和内容也必须反映利益相关方的期望。这是因为，沟通和咨询可以发挥如下作用：一是为风险管理过程的每个步骤提供不同领域的专业知识；二是在定义风险标准和评估风险时，确保适当考虑不同的观点；三是提供足够的信息以促进风险监督和决策。

沟通和咨询也必须及时进行，确保相关信息的收集、整理、汇总和共享，并提供反馈以期改进。

（三）风险评估

风险评估是风险识别、风险分析和风险评价的整个过程。风险评估时应该借鉴利益相关方的知识和观点，以系统的、迭代的且协作的方式进行，应使用现有的最佳资料，并在必要时辅以进一步调查。

1. 风险识别

风险识别是对风险的感知和发现。风险识别的目的是发现、识别和描述可能有助于或妨碍组织实现目标的风险。相关的、适当的和最新的信息对于识别风险很重要。对于风险识别而言，准确的最新风险管理信息是非常重要的。

组织可以使用一系列技术来识别可能影响一个或多个目标的不确定性，应考虑以下因素以及这些因素之间的关系：有形和无形的风险源；原因和事件；威胁和机遇；漏洞和能力；外部和内部环境的变化；新出现的风险指标；资产和资源的性质和价值；后果及其对目标的影响；认知和信息的可靠性的限制；与时间有关的因素；参与人员的偏见、假设和信仰。组织识别风险，无论其来源是否在其控制之下，应考虑到可能存在多种类型的结果，这可能导致各种有形或无形的后果。

2. 风险分析

风险分析的目的是理解包括适当的风险水平在内的风险性质及其特征。风险分析涉及对不确定性、风险来源、后果、可能性、事件、场景、控制及其有效性的详细考虑。一个事件可能有多种原因和后果，并可能影响多个目标。

可以根据分析的目的、信息的可用性和可靠性以及可用的资源，以不同程度的详细度和复杂度进行风险分析。根据具体情况和预期用途，分析技术可以是定性的、定量的，也可以两者兼而有之。风险分析应考虑以下因素：事件和后果的可能性；后果的性质和严重程度；复杂性和连通性；与时间相关的因素和波动性；现有控制措施的有效性；敏感性和信心水平。

风险分析可能受到任何意见分歧、偏见、对风险的看法和判断的影响。其他影响因素包括所使用信息的质量、所做的假设和排除、技术的任何限制以及执行方式。应该考虑这些影响，并将其记录传达给决策者。

高度不确定的事件很难量化。在分析具有严重后果的事件时，这将会是个难点。在这种情况下，使用技术组合通常会提高分析者的洞察力。风险分析为风险评估、风险是否需要处理、如何处理以及最适合的风险应对策略和方法的决策提供了参考。对不同类型和不同级别的风险应在何时做出选择的决策制定，分析结果提高了决策者的洞察力。

3. 风险评价

风险评价的目的是支持决策。风险评价涉及将风险分析的结果与已确定的风险标准进行比较，以确定需要采取什么样的行动：什么都不做；或者采取某一种风险处理方案；或者进行进一步的分析，以更好地了解风险；抑或维持现有风险控制方案；抑或重新考虑企业目标。

当然，决策时还应考虑到更广泛的背景，以及外部和内部利益相关方的事迹及预期后果。同时，应在组织的适当级别记录、传达和验证风险评估的结果。

（四）风险应对

风险应对的目的在于选择和实施应对风险的方案。风险应对涉及以下迭代应对过程：一是制定和选择风险应对方案；二是风险应对方案的规划和实施；三是评估应对的有效性；四是决定剩余风险①是否可接受，若不能接受，则需采取进一步的应对方案。

1. 风险应对方案的选择

选择最适合的风险应对方案，涉及为实现目标实施此方案所带来的潜在收益，与实施成本或由此带来的不利因素之间的权衡。

下列风险处理方案不一定是相互排斥的或是完全适用的：

（1）通过不做或停止继续做某些（或某一）风险的活动以避免风险；

（2）为了寻求机会而愿意承担或增加风险；

（3）消除风险源；

（4）改变事件发生的可能性；

（5）改变事件发生的后果；

（6）分担风险（如通过合同、购买保险）；

（7）以明智的决策来自留风险。

选择什么样的风险应对方案不仅限于经济方面的考虑，还应考虑到组织的所有义务、自愿承诺和利益相关方的诉求。应该根据组织的目标、风险标准和现有资源来选择风险应对的方案。

在选择风险应对方案时，组织应考虑到利益相关方的价值观、理念和参与意识，以及与他们进行沟通和咨询的最适合的方式。这是因为，与其他人相比，一些利益相关方更容易接受某些风险应对方案。

风险应对即使经过精心设计和实施，也可能不会产生预期的结果，并有可能产生意想不到的后果。因此，必须将监测和审查作为风险应对方案实施的一个必要部分，以确保不同形式的风险应对方案的有效性。

同时，也必须意识到，风险应对方案的实施还可能会带来新的风险，因而需要对这一新出现的风险加以管控。

如果没有可用的应对方案或应对方案没有充分降低风险，则应记录该风险并对其进行持续监测，直到找到适用的风险应对方案。

决策者和其他利益相关者也应该意识到风险处理后剩余风险的性质和程度。对于剩余风险应记录在案，并接受监测、审查，酌情考虑进一步的应对处理。

---

① 剩余风险是指在风险处理后余留下来的风险，包括未被识别的风险和自留风险。

2. 准备和实施风险应对计划

制定风险应对计划的目的是具体说明如何实施所选择的处理方案，以便有关人员了解安排，并监测计划的进展情况。应对计划应明确确定实施风险应对方案的顺序。

制定风险应对计划时应与适当的利益相关方协商，将应对计划纳入组织的管理计划和流程中。

风险应对计划应包含以下信息：一是选择风险应对计划的理由，包括可获得的预期收益；二是负责批准和实施计划的人员；三是拟议的行动；四是所需资源，包括意外情况；五是结果的计量；六是风险应对计划实施的限制条件；七是所需的报告和监测；八是开始采取行动和计划完成的时间。

（五）监督和审查

监督和审查的目的在于保证和提高流程设计、实施和结果的质量和有效性。对风险管理过程及其结果的持续监控和定期审查必须成为风险管理流程中计划的一部分，这一职责必须明确界定。

风险管理流程的所有阶段均应被监督和审查。监督和审查包括计划、收集和分析信息、记录结果并提供反馈。

监督和审查的结果也需要纳入整个组织的绩效管理、计量和报告活动中。

（六）记录和报告

风险管理活动应通过适当的机制来记录和报告风险管理的流程和结果。记录和报告的目的在于：一是在整个组织内传达风险管理活动和成果；二是为决策提供信息；三是改进风险管理活动；四是协助包括对风险管理活动负责的人在内的与利益相关方的互动。

在创建、保留和处理有记录的信息时应考虑如下因素：一是对信息的使用；二是信息的敏感性；三是外部和内部环境的变化。

报告机制是组织治理的一个组成部分，这一机制应该有利于提高与利益相关方的对话质量，并支持最高管理层和监管机构履行其职责。报告需要考虑的因素主要包括不同的利益相关方及其特定的信息需求和要求；报告的成本、频率和及时性；报告的方法；信息与组织目标和决策的相关性。

六、风险管理的原则、框架和流程的关系

风险管理的原则、框架和流程是一个相互联系、相互制约的集合体，三者共同构成了整个 ISO 31000 风险管理标准的所有内容。原则指明了风险管理活动的目的是什么，什么样的风险管理才能行之有效。它为风险管理活动指明了方向，对风险管理框架的构建和流程的运转起着引导作用。框架指明风险管理活动应该如何组织实施，为组织提供了基础和安排，从而保证将风险管理原则贯彻到全组织的所有层次，并通过在组织特定的环境和不同层次中应用风险管理过程，明确流程责任，进而有助于组织有效的管理风险。流程则指明了风险管理过程的具体活动内容，在流程的各个环节和整个风险管理过程中贯彻落实风险管理的原则和框架安排。

新版 ISO 31000 风险管理标准中以三个圆形图分别表示风险管理的原则、框架和流程（见图 2 - 5），充分体现出风险管理原则、框架、流程三者之间的相互作用关系，标准的内容也是围绕这个三轮车图来展开论述。

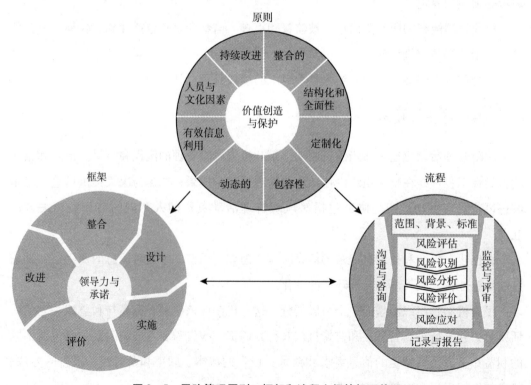

图 2 - 5 风险管理原则、框架和流程之间的相互关系

第二节 风险管理理论与实践的发展演变

企业风险管理的理论与实践自 20 世纪中期在美国诞生至今，经历了"企业可保风险管理""企业纯风险管理"和"企业风险管理"三个发展阶段（见图 2-6）。本节将从现代工业生产的起源和现代经济发展的背景出发，阐述企业风险管理理论与实践的发展。其目的是为了正确揭示"企业风险管理"的"理论与实践来源"，为我国企业科学、正确地开展全面风险管理提供可供选择的指导。

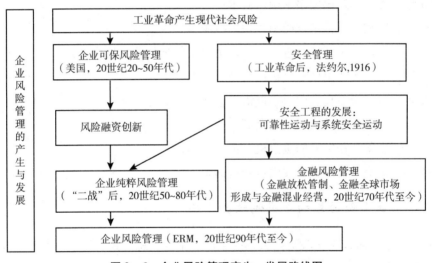

图 2-6 企业风险管理产生、发展路线图

一、工业革命与风险管理职能雏形的出现

说起风险管理的产生，不得不谈到开始于 18 世纪 60 年代的工业革命。工业革命是由一系列技术革命引起的从手工劳动向动力机器生产转变的重大飞跃，工厂代替了手工工场。它使得资本主义发展实现了从传统农业社会转向现代工业社会的重要变革，生产的社会化程度得到迅速提高。同时，它也带来了严重的环境污染问题和阶级矛盾，民主进程得以加速推进。为了解决生产和社会生活中的安全问题，工业革命后（1916 年），现代组织管理之父——法国管理学者亨利·法约尔（Henri Fayol）在其企业管理名著

《工业管理和一般管理》（*General and Industrial Management*）中首次提出"安全管理职能"（现代风险管理职能的雏形），并描述了安全管理职能的作用。

（一）工业革命前后的重要发明

工业革命是从一系列技术发明、创造开始的，特别是其中一些重要发明及其应用彻底改变了人们的生产方式和生活方式。工业革命中的重要发明有：

1712 年，英国人汤姆斯·钮考门获得了稍加改进的蒸汽机的专利权；

1733 年，约翰·凯伊发明飞梭；

1764 年，詹姆斯·哈格里夫斯发明珍妮纺纱机（揭开了工业革命的序幕）；

1778 年，约瑟夫·勃拉姆发明抽水马桶；

1796 年，塞尼菲尔德发明平版印刷术；

1797 年，亨利·莫兹莱发明螺丝切削机床；

1781 年，詹姆斯·瓦特改进了钮考门蒸汽机，现代蒸汽机成型；

1807 年，富尔顿造出用蒸汽机做动力的轮船；

1812 年，特列维雪克发明科尔尼锅炉；

1815 年，汉·戴维发明矿用安全灯；

1825 年，史蒂芬孙发明的蒸汽机车试车成功；

1844 年，威廉·费阿柏恩发明兰开夏锅炉。

（二）工业革命的影响与现代社会风险

如前所述，工业革命的发展给人们的生产、生活、思想观念带来一系列变化，也引起了社会结构的变化，进而产生了一系列的社会风险。

1. 工业革命的影响

（1）工业革命引起生产组织形式的变化，使用机器为主的工厂取代了手工工厂。

（2）工业革命也带来了城市化和人口向城市的转移。

（3）工业革命给人们的日常生活和思想观念乃至整个人类文明带来了巨大的变化。突如其来的工业革命，使人们仿佛是从"蛹"中脱离出来，进入从未梦想过的工业天地。这样的生活方式突然加到人类身上，不能不对和平与战争产生巨大的影响。这场工业革命也引起了宗教导师的革命。"机械学成了新宗教，给世界带来了一个新的救世主：

机器;"至少可以说,"一个新的摩西要领导野蛮的人类进入天堂。"① 工业革命还使得城市文明代替了农业文明。城市变成商业中心以后,它们的文化价值也就逐渐地下降了。

(4)工业化和城市化也产生了新的社会问题,如贫富分化、城市人口膨胀、住房拥挤、环境污染等弊端。

(5)工业革命最重要的社会后果,就是引起了社会结构的改变,即出现了永久性领取工资的阶层,即工业无产阶级,并且与工业资产阶级的矛盾变得越来越不可调和,形成两大阶级的对立,从而推动了国际共产主义运动的兴起。

2. 工业革命的直接产物——现代社会风险

工业革命使人类跨入了机器时代,带来了生产力的巨大发展,故产生各种机器、技术和产品风险,以及环境和经济风险;社会阶级结构的变化,形成近代工业资产阶级和无产阶级两大对立阶级,故产生各种社会风险。完成了工业革命的西方国家,拉大了东西方社会进步的距离,打开了亚、非、拉落后国家的大门,把整个世界纳入了资本主义的商品经济体系,从而产生了国家之间的政治风险。

(三)法约尔企业管理思想与安全管理职能

工业革命后,现代化大生产催生了法约尔(Henri Fayol)的组织管理理论。作为最早的一般管理理论家、管理理论之父的法约尔,在1916年出版的《工业管理和一般管理》一书中,他把企业的全部活动分为技术活动、商业活动、财务活动、安全活动、会计活动、管理活动等6项基本活动(见图2-7),这些企业活动需要通过"管理"来完成。而他把"管理"定义为实行计划、组织、指挥、协调和控制的过程。

其中,企业的安全活动,即对企业财产和员工人身的安全保障是法约尔工业企业经营管理的重要内容,也是法约尔"早期风险管理职能"的主要内容。法约尔对管理"安全职能"的描述是,安全活动的目的是预防盗窃、火灾和洪水给财产和人身造成损失,防止危及企业发展甚至生存的罢工、重大犯罪以及所有社会和自然干扰。它是雇主的眼睛,是个人独资企业的守门人,在国家意义上说,就是警察或军队。一般来说,它是使企业得到安全保障和员工获得内心必要宁静的所有措施的总和。

---

① [美]刘易斯·芒福德:《技术与文明》,中国建筑工业出版社2009年版,第45、58页。

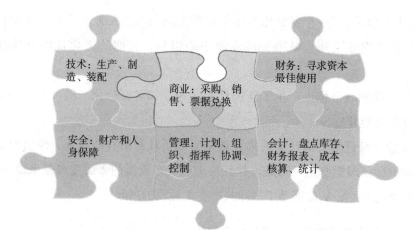

图 2-7 法约尔工业企业经营管理的"六个基本活动"框架

法约尔的组织管理思想和理论影响了包括美国在内的所有管理理论的发展，他在 100 多年前提出的企业风险管理职能的损失控制思想，为现代企业风险管理的控制对策的发展奠定了历史的基础。

二、企业风险管理理论与实践的发展进程

企业风险管理的理论与实践在 20 世纪 50~60 年代产生于美国（Snider，1991；Vaughan，1997）。究竟是学界的研究促成了企业风险管理的发展，还是业界的实践激发了学界的思考，目前尚有争论。但可以肯定的是，生产力的发展和生产关系的相应调整，仍是其中的决定性因素。"二战"后美国经济和世界经济的迅猛发展，科学技术的进步，产业结构的调整与规模的增大，市场结构的变化和市场竞争的加剧，消费者保护主义的兴起，工业化和城市化使财产和人口高度集中，以及社会政治和法律结构的不断变化等，使各种变数不断增多，变数之间的联系更加错综复杂，各种不确定因素大大增加，导致组织面临的风险日益增多，损失后果日益严重（陈伟，1990，1993）。因此，企业这个独立靠环境生存并对环境变化反映最为敏感的经济组织对上述发展的反应，以及学界的同步研究，是现代企业风险管理理论和实践得以产生的直接原因。

（一）美国企业风险管理职能的产生

企业风险管理职能传承于保险管理职能：从现代组织管理发展的角度看，风险管理职能像大多数管理职能一样，是一个继承性的管理职能。现代风险管理的实践最初产生

于企业的保险管理职能，其理论研究也是如此（Williams，Smith and Young，1995）。

（1）保险管理职能的起源。早在 20 世纪初，现代企业就开始用保险来处理其面临的纯粹风险，当时在美国铁路和钢铁行业的一些大企业开始出现"保险经理"的职位。随着其他行业生产规模的扩大，保险在企业预算中逐渐成为重要的项目。此后，保险购买和相应的管理便成为企业一项专门的管理职责。

（2）保险管理职能"业界组织"发展。1931 年美国管理协会（American Management Association，AMA）成立保险分会，其目的是在其成员中交换信息并向企业保险采购员发布有关新闻和信息；1932 年，"纽约保险采购员协会"（Insurance Buyers of New York）成立，后更名为"风险研究协会"（Risk Research Institute）；1950 年，"全美保险采购员协会"（National Insurance Buyers Association）成立，后更名为"美国保险管理协会"（American Society of Insurance Management，ASIM）（Vaughan，1997）。

与此同时，1932 年创立的"美国大学保险教师学会"（American Association of University Teachers of Insurance，AAUTI）于 1961 年更名为"美国风险与保险学会"（American Risk and Insurance Association，ARIA），其著名的期刊"*Journal of Insurance*"也于 1964 年更名为"*Journal of Risk and Insurance*"；业界也开始广泛用"风险经理"的职衔来代替"保险经理"的职衔（Williams et al.，1995；Vaughan，1997）。

（3）保险管理职能职责扩张。"二战"后早期，随着政治、经济和社会的发展，企业面临的风险不断增多，其保险项目开始多元化，同时与保险购买有关的问题也日益复杂化，加之保险市场存在的问题和管理人员对此不断做出能动性反应，最终导致企业保险管理职能从保险组合及有关职责的传统领域开始扩张。

（4）现代风险管理思想的诞生。20 世纪 50 年代中期，"风险管理"这个术语出现在美国，学术界也开始关注风险管理。美国学者加拉格尔（Gallagher）1956 年 9 月在《哈佛商业评论》上发表的论文《风险管理：成本控制的新阶段》（*Risk Management：A New Phase of Cost Control*）中最早使用了"风险管理"一词（Vaughan，1997），他提出："组织中应该有专门负责管理纯粹风险的人，即在一定程度上应将风险交给专门人员处理，在大公司里这样的人应该被称为全职风险经理"，这在当时是一个具有革命性意义的观点。当时，一些大公司已经有诸如保险经理这样的职位，这个职位通常需要确定为维护企业利益而购买一揽子保险单。随着企业规模的扩大，保险购买职能就逐渐成为企业内部一项具体工作。60 年代初，学界和业界开始了"定义风险管理"的过程（这通常是任何学科发展的第一阶段）。这一时期是风险管理研究取得成果最为丰硕的时期（Crokford，1982）。

需要指出的是，这时的风险管理概念和实践仍属于"可保风险管理"的范畴。可保风险是指保险业愿意承保的风险。理想的可保风险条件主要包括：（1）风险单位的大量性、同质性和独立性；（2）损失的意外性和非故意性；（3）损失在原因、时间和数量上的可确定性与可测量性；（4）损失机会的可计算性；（5）保费在经济上的可行性。

20世纪60年代，美国学者罗伯特·梅尔（Robert Mehr）和鲍勃·赫奇斯（Bob Hedges）总结了"可保风险管理"理论与实践的框架，并提出了该框架下风险管理的对策组合。（1）风险可以通过保险或金融对冲的方法转移（transfer）给其他组织和个人。（2）风险可以主动或被动方式自留（retain or retention）。即不购买保险而简单自留风险；或者可模仿保险过程，在内部对风险定价，提取风险补偿基金，对损失进行处理。（3）风险可通过投资自动消防系统、监控系统或其他安全措施而得以减少（reduction）。（4）风险可通过不承担有风险的活动或替代以风险较小的活动而得以规避（avoidance）。

虽然这个风险对策体系今天看显得还很粗糙，但在当时已经基本反映了企业对可保风险管理的实践。不仅如此，"可保风险管理"理论和实践的框架对后来的风险管理发展起到了承上启下的作用。

（二）企业纯粹风险管理理论与实践的产生

1. 风险控制理论与实践的不断完善

20世纪60年代以后，企业风险管理最重要的进展表现为企业不再完全依赖保险作为风险管理的唯一手段。这其中的原因主要有三个：一是企业发现它们的某些风险是不可保的；二是保险无法满足组织特定的需要；三是企业可以通过内部的管理活动控制风险和不确定性对组织的影响。例如，大企业可以像保险人那样预测某些类型的损失；其他企业则可以运用损失预防（loss prevention）手段来有效处理特定的风险问题。这导致了企业"自我保护"（self-protection）风险管理模式的产生及其相应的理论研究（Ehrlich and Becker，1972）。60年代和70年代，随着"安全工程"（safety engineering）逐步整合进企业风险管理职能（Grose，1992），完整的"风险控制"（risk control）观念（改变损失发生的概率或减少损失的严重程度）及其策略体系成为现代风险管理的重要组成部分（Head，1995）。

为适应美国国内风险管理运动形势发展的需要，ASIM 于 1975 年更名为"风险和保险管理协会"（Risk and Insurance Management Society，RIMS），并开始出版在实务操作方面国际上最著名的《风险管理》杂志。

2. 风险融资理论与实践的创新

在 20 世纪 70 年代和 80 年代，风险管理的实践得到了企业界广泛的认可，并日益向着复杂化的方向发展。风险管理在这一期间的另一个重要发展，是非保险"风险融资"（risk financing）活动的兴起。这其中重要的背景，一是在有了较多的管理科学知识和运筹学、计量经济学、统计学等工具以后，学术界不仅开始怀疑传统理论赋予保险的中心作用，而且也开始发展一些理论来支持这个挑战。一些企业用资产组合理论作指导，来分散企业在投资中所面临的风险。资产组合理论主要是说如果把钱投资于一个资产组合也可以有效地降低风险；二是这一时期美国商业保险市场出现了两次严重萎缩，尤其是发生在 80 年代中期的最严重的美国商业保险市场的萎缩，导致了非传统保险的其他风险融资手段的创新，如专属自保险公司（Captive Insurance Companies）和风险自留集群（Risk Retention Group）等（Williams，1983；Williams，Smith and Young，1995）。这样，风险控制和风险融资便成为现代风险管理理论与实践中研究和操作的两大对策组合（Head，Elliott and Blinn，1996）。

3. 风险管理的国际化与"101 风险管理准则"

20 世纪 70 年代中期以后，风险管理开始步入国际化的阶段（Williams et al.，1995）。此时，风险管理和保险在欧洲、亚洲、拉丁美洲等一些国家获得了广泛的传播，促成了全球范围内许多国家和地区风险管理的专业性协会的建立（Snider，1991），如德国、法国、日本、新加坡、澳大利亚和我国的台湾地区等都在此时先后成立了风险管理的专业性协会（陈伟，1993）。

1970 年，联邦德国引入美国风险管理理论，并形成了自己独特的理论体系。20 世纪 70 年代以后，法国引入了风险管理理论，并在国内广泛传播开来。1978 年，法国经济学家考夫出版了《风险控制学》，将控制意外风险事故作为企业经营管理的核心，开展了经营管理型的风险管理研究，形成了独立的风险管理理论体系。1986 年，欧洲 11 个国家共同成立了"欧洲风险研究会"，进一步将风险研究扩大到国际交流的范围，英国因此也成立了"工商企业风险管理与保护协会"（AIR – MIC）。

20 世纪 70 年代初期，风险管理的理念也开始传入日本和中国台湾地区，但是，风险管理的实务在亚洲的发展却比较缓慢。相比较而言，菲律宾与新加坡则不同，风险管理实务在这两个国家最先获得了广泛的发展。为适应风险管理实务的需要，风险管理理论方面的研究也随之发展起来。

中国大陆对风险管理的研究则始于 20 世纪 80 年代后期，一些企业引进了风险管理和安全系统工程管理的理论，运用风险管理的经验对风险进行识别、衡量和估计，取得了较好的效果。企业的风险管理实践推动了风险管理理论的研究，为适应经济发展的要求，我国高等院校普遍开设了风险管理的课程。目前，风险管理理论和实务在我国还仅仅处于初步发展的阶段，有关风险管理方面的论文和教材也比较少。随着科学技术发展带来的负效应逐步加大，政府对风险管理的重视，企业发展的深化，以及个人风险管理意识的增强，风险管理的理论和实务必将在我国获得较大的发展。

1983 年，RIMS 在洛杉矶首届世界风险管理年会上发布了"101 条风险管理准则"（宋明哲，1993），标志着企业风险管理理论与实践进入了一个新阶段。不过，此时学界和业界对风险管理学科和管理范围的认识仍主要限于"纯风险"的范畴。其中美国学者沃恩（Vaughan，1997）将风险管理定义为："一种处理纯风险的科学方法，这种方法通过预先识别可能的潜在损失，并设计和实施各种措施来减少损失的发生或减少所发生损失的财务影响"，并认为由于管理的对象和技术非常不同，所以风险管理在可预见的将来主要是对纯粹风险进行管理，对投机风险的管理则仍是一般管理的职责。这是一种颇具代表性的观点。

（三）企业全面风险管理时代

到了 20 世纪 80 年代后期，人们不仅希望预防风险损失，而且还想从风险管理中获益，以风险为基础的资源配置与绩效考核便应运而生，以使经济损失尽量最小。

特别是 2008 年由美国次贷危机引发的全球金融危机以来，企业面临的风险越来越多，风险的影响也越来越大，而且严重性和发生频率也增加了。风险管理的流程和程序的缺陷，造成了多起巨大的金融损失和许多企业倒闭，而其中最主要的原因就是风险管理不够全面，所以，企业全面风险管理开始进入公众的视野（孙班军、郝建新，2006）。

全面风险管理就是企业董事会及经理层面在为实现未来战略目标的过程中，将市场不确定因素产生的影响控制在可接受范围内的过程。全面风险管理是管理当局建立的风险管理制度，是对企业生产经营和财务报告产生过程的控制，属于内部管理层面的问题。

2006 年 6 月，国务院国有资产监督管理委员会颁发《中央企业全面风险管理指引》，要求中央企业加强全面风险管理工作，拉开了中国企业全面风险管理的序幕。文件指出，中央企业要以科学发展观为指导，充分认识到当前和今后一段时期内市场环境变化对企业经营管理的持续影响，积极主动地应对各种风险，把全面风险管理工作摆在企业日常经营管理的重要位置。要本着从实际出发、务求实效的原则，以解决企业经营管理中存在的突出问题为重点，加强对重大风险、重大决策、重大事件的管理和重要流程的内部控制，不断完善企业内部控制系统，逐步建立、健全企业全面风险管理体系，切实提高企业风险防范和应对能力。同时，还应在集团及所属企业范围内逐级明确风险管理职责，加强风险管理组织体系建设，重视风险管理文化培育工作，稳步提高企业全面风险管理工作水平。

全面风险管理指企业围绕总体经营目标，通过在企业管理的各个环节和经营过程中执行风险管理的基本流程，培育良好的风险管理文化，建立健全全面风险管理体系，包括风险管理策略、风险理财措施、风险管理的组织职能体系、风险管理信息系统和内部控制系统，从而为实现风险管理的总体目标提供合理保证的过程和方法。[①]

为了推动全面风险管理，指导各国的风险管理活动，国际标准化组织（ISO）自 2009 年发布了全球第一版风险管理指南，也得到了全球各个国家的积极支持和响应。截至目前，已经有 57 个国家采纳了 ISO 31000 风险管理标准并在此基础上发布了其国家风险管理标准，如中国的 GB/T 24353。时隔 9 年，国际标准组织（ISO）于 2018 年 2 月 15 日更新发布 ISO 31000《风险管理指南》这一关键标准。相信下一步世界各国都将会按照最新版 ISO 31000 修订本国的风险管理标准。

随着 ISO 31000 的更新和发展，将会有更多的国家重视风险管理工作，加入 ISO 31000 的大家庭中。正如 ISO 风险管理技术委员会现任主席詹森·布朗（Jason Brown）先生所言，任何的组织都应该重视风险管理，更好地管理好本身面临的风险以达成其目标，因为"风险管理的失败即是承受着经营失败的风险"（failure to manage risks is inherently risking failure）。

---

① 国务院国有资产监督管理委员会：《中央企业全面风险管理指引》，http：//www.china.com.cn/finance/txt/2006－06/21/content_6249943.htm。

第三节　风险成本及其对企业价值的影响

一、风险成本及其构成

(一) 风险成本的定义

风险管理的目标是以最小的管理成本获得最大的安全保障，以减少风险事故造成的损失和对环境产生的不利影响。风险管理会产生相应的成本，即在管理风险的过程中需要支付相应的费用，这样就会面临预期利润的减少。风险管理成本是指政府、企业或个人为规避各类风险进行投资、融资的货币成本总和。

(二) 风险成本的构成

风险成本一般分为风险损失的实际成本、风险损失的无形成本和风险损失的预防和控制成本。实际成本是指风险造成的直接损失成本和间接损失成本；无形成本是指风险对社会经济福利、社会生产率、社会资源配置以及社会再生产等诸方面的破坏后果；而预防和控制成本即为预防和控制风险损失，必须采取各种措施而支付的费用。风险成本具体又包括以下几种成本。

(1) 预防风险成本。该成本是指公司为降低损失频率和损失程度，采取一定手段来提高预防损失的能力、减少风险行为所发生的损失控制成本。例如，某单位根据国家规定，采取改善生产环境的措施，分发职工防毒面罩等方面的费用，就是预防风险成本。

(2) 损失融资成本，主要包括风险管理单位的自保成本、保险费用支出，以及拟定、协商和实施套期合约和其他合约化风险转移合同过程中的交易成本。例如，某企业投保企业财产保险，需要支付的保险费就是风险管理的损失融资成本。

(3) 内部风险抑制成本。该成本包括与实现分散经营相关的成本以及与管理这些分散行为相关的成本，也包括收集、分析相关数据及其他类型的信息以进行更精确的损失预测而产生的成本。

(4) 期望损失成本，即损失发生后产生的直接损失期望成本和间接损失期望成本。

直接损失期望成本主要包括对损毁资产进行修理或重置的成本，对遭受伤害的员工提出的赔偿、诉讼的支付成本，以及对其他法律诉讼进行辩护和赔偿的成本；间接损失期望成本包括所有因发生直接损失而导致的净利润的减少，以及遭遇风险事故造成的风险管理单位资金紧张，难以继续发展等财务危机成本。

（5）心理成本，该成本是指风险管理单位在进行风险管理时会担心投入的风险管理费用不会产生预期效果的心理成本，这种心理成本是复杂的，也是难以衡量的。一般来说，风险管理单位在计算风险管理成本时，暂时不考虑风险管理措施不会产生预期效果方面的心理成本。

（三）风险成本间的关系

风险成本的各组成部分之间存在着一定的替代关系，此消彼长。

（1）期望损失成本和损失控制成本之间的替代。期望损失成本和损失控制成本之间可以互相替代。在割草机公司的例子中，投入更多的资金研制一种安全性更高的割草机可以使得责任诉讼的期望成本降低。当我们暂不考虑损失控制对风险成本的其他组成部分的影响时，损失控制方面投入资金的最佳数量就是使得其边际成本与边际收益相等时的数量，这样会使得风险成本最小化。

由于风险管理的目标是风险成本最小化，因此，将损失风险完全降为零的风险控制措施并不是最佳的选择，也就是说，实现风险成本最小化时的损失控制通常并不能使得风险最小化。这主要是因为，要把损失发生的可能性降到零的代价是非常昂贵的，当损失控制超过一定的程度后，在损失控制方面增加的成本会超过期望损失减少的部分，即边际成本超过了边际收益。这时，损失控制方面增加的成本反而会增加风险成本。所以，通常将损失风险降为零，对于企业和社会而言并不会达到风险成本最小化的目的。人们一般更愿意冒一定的伤害风险，也不愿意为降低风险而花更多的钱。

（2）损失融资的成本和内部风险抑制的成本与间接损失的期望成本之间的替代。如果在包括保险在内的损失融资措施和内部风险抑制方面增加支出，那么就会减少公司现金流的变动，企业发生破产的可能性以及由于发生了巨额的未保险损失而放弃回报丰厚的投资机会的可能性就都会随之降低，这就相当于降低了间接损失的期望成本。

（3）损失融资的成本和内部风险抑制的成本与残余不确定性成本之间的替代。这种替代关系是很明显的，如企业在购买保险时增加保险费以提高保险金额的支出，会降低残余的不确定性，使得企业未来的成本和损失更好预测。

二、风险成本对企业价值的影响

（一）影响企业价值的因素

企业价值是由公司未来净现金流的期望值、时间及变动决定的。净现金流中的现金流入主要来自产品与服务的出售，现金流出主要来自产品与服务的生产，如原材料的成本、工人的薪水、借贷的利息以及责任损失等。

在这三个因素中，当其他因素不变时，期望净现金流的大小和企业价值成正比关系，期望净现金流增加，股东投资的回报增加，企业价值也就增加。同样的现金流，今天发生就比以后发生更值钱，因为这些钱可以立即用于消费或投资，从而在将来收回更多的钱。公司现金流的变动会导致公司股票的价格随之波动，由于绝大多数投资者都是风险规避型，当他们无法通过投资分散化来消除风险时，这种波动就会使得他们在购买公司股票时愿意支付的价格降低，这也就减少了企业的价值。

此外，影响企业价值的因素还包括其他内部和外部环境因素，如企业全部资产价值。在一定条件下，企业所拥有的资产数额越多，企业的价值就较高。企业的获利能力也是影响企业价值的一项非常重要的指标，在分析确定企业的获利能力时要考虑企业所属行业的收益、市场竞争因素、企业的资产结构和负债比例、企业的经营管理水平等。同时，企业所处的外部环境也会影响企业价值。在企业收益额一定的情况下，企业自身收益率超过行业平均收益率，该企业的价值就高；反之则低。

（二）风险成本将减少企业价值

从企业价值最大化的角度考虑，企业风险是通过风险损失成本和风险管理成本两种方式来影响企业现金流的期望值和变动水平，从而影响企业价值。一般来看，企业风险成本越大，企业价值则越小。损失融资成本、损失控制成本、内部风险抑制成本等都会增加公司未来预期的现金流出。因此，这些风险成本的增加势必会提高企业商品的价格，进而减少其需求，这就会减少公司未来预期的现金流入。两方面的结果使公司未来净现金流减少，企业价值降低。

第四节　企业风险管理的目标

一、企业风险管理的总目标

根据 COSO 2017 正式版《企业风险管理框架》（第二版）对企业风险管理的定义，风险管理是指企业组织在创造、保持和实现价值的过程中，结合战略制定和执行，赖以进行管理风险的文化、能力和实践。这一定义突出了风险管理的目的是价值创造而不只是防止损失。2018 年最新修订的 ISO 31000 也将风险管理原则的核心定位为价值的创造和保护，可见国际主流的思想是趋于一致的，企业风险管理工作的总目标就是为了更好地帮助企业创造价值。

如果说风险管理聚焦到了价值的创造和保护，那么，这个目标就需要组织通过做出一系列的决策而达到价值实现的。风险管理让我们可以更好地管理不确定性，从而为更好地做出决策，应对不确定性提供支持。这样的观点同样在 COSO 新版风险管理框架中被强调和突出。企业实践界也应该考虑如何加快构建决策过程中的风险考量政策和程序。

二、企业风险管理的具体目标

围绕企业风险管理的总目标，还必须制定企业风险管理的具体目标。确定企业风险管理的目标是一项综合性的工作，需要从风险管理的各个环节、各个方面来加以考虑。但总的来说可以分为两类：损前目标和损后目标，这两个目标还可以继续分解，如表 2-1 所示。

表 2-1　　　　　　　　　　　企业风险管理目标分类

损前目标	损后目标
1. 经济性目标	1. 生存目标
2. 合理合法性目标	2. 持续经营目标

损前目标	损后目标
3. 降低潜在损失性目标	3. 稳定的盈利目标
4. 社会责任目标	4. 发展目标
	5. 社会责任目标

（一）损前目标

1. 经济性目标

企业风险管理必须经济，就是要尽量减少不必要的费用支出和损失。在决定对风险采取措施以前，应综合衡量所花的成本以及由此而取得的收益或对企业的好处，即风险处理在经济上必须可行。

2. 合理合法性目标

采取适当的方法去处理风险损失时要符合法律规定。如公司董事会在不通知股东的情况下，挪用公司的盈余公积金去应对风险损失，即使结果是好的，其过程也是不符合法律规定的。

3. 安全系数目标

安全系数目标就是将风险控制在可承受的范围内。风险的存在及其造成的严重后果，不仅可能引起财产物资的损毁和人身伤害，同时还会给人们带来种种忧虑和恐惧，这种心理上的障碍无疑会严重影响人们的工作积极性和主动性，从而造成低效率甚至无效率的状况。风险管理者必须使人们意识到风险的存在，而不是隐瞒风险，这样有利于人们提高安全意识，防范风险并主动配合风险管理计划的实施。实施风险管理措施，可以尽量减少人们心理上的恐惧和忧虑，消除后顾之忧，使个人产生安全感。因此，形成一种安定可靠、轻松的环境也是风险主体开展风险管理活动应达到的一个重要目标。

4. 社会责任目标

社会责任目标既是损前目标又是损后目标。损前的社会责任目标是指企业与员工、企业与其他利益相关者和整个社会的关系而面临的各种社会义务。作为风险管理的手段，预防损失和控制损失能够使资产避免遭受破坏，避免了社会损失，产生社会利益。而且，当一个公司破产时，公司的所有者和员工都会遭受损失。如果采取适当的风险管理策略来保护企业，使之免于灾难性的损失，就可以避免破产和由破产所导致的破坏。

（二）损后目标

1. 生存目标

俗话说，"留得青山在，不怕没柴烧"。毫无疑问，无论企业的目标是什么，只有当企业继续生存时才有可能实现这些目标，如果企业不再存在，则任何目标都是无法实现的。由此可见，风险损失后的首要目标就是要努力使企业生存下来，即企业在经济社会中作为一个经营实体继续存在。

2. 持续经营目标

企业生存下来，怎样让它运转下去并实现既定目标就是接下来的问题。损失发生后实施风险管理的第二个目标就是保证生产经营等活动迅速恢复正常，尽快使企业的各项经济指标达到受损之前的水平。对于企业风险管理来说，保证生产服务这一目标有时带有强制性或义务性，如连续不断地为公众设施提供服务就是一种义务。

3. 稳定的盈利目标

股东更喜欢稳定的收益，而不是剧烈波动的收益。减少风险可能带来的收益变化，就能提升公司的总体绩效，而且其本身也是公司的目标。在成本费用不增加的情况下，通过持续的生产经营活动，或通过提供资金以补偿由于生产经营的中断而造成的收入损失，均能达到实现稳定收入这一目标。收入的稳定与生产经营的持续两者是不同的，它们是风险管理的不同目标。

4. 发展目标

利润最大化并不总是企业的主要目标。对一个有强劲增长势头的企业来说，持续增长的能力是它最重要的目标之一。当发展成为组织的主要目标时，使其免于增长的威胁便成了风险管理人员的一个重要目标。执行和实施风险管理计划和方案，及时、有效地处理各种损失，并不断根据可能出现的新情况拟订新的风险管理计划和方案，周而复始地进行计划，从而使企业实现持续、稳定的增长，这是风险管理应达到的最高层次目标。

5. 社会责任目标

履行企业的社会责任，如法律规定企业赔偿员工因工受伤的损失，并要求企业为员工提供保险等。正如损前目标强调企业应承担社会责任一样，有效地处理风险事故所带来的损失，减少因损失所造成的种种不利影响，可以使企业更好地、更加充分地承担社会责任，履行应尽的义务，从而树立良好的公众形象。

三、企业风险管理目标间的冲突及协调

企业的风险管理目标之间相互联系、相互作用，目标层次不同，反映和决定了风险管理水平的高低。以维持风险主体生存和稳定收益为目标的风险管理计划，与实现持续发展为目标的风险管理计划相比，前者表现为"保守"和"谨慎"，而后者则更倾向于"积极"和"冒险"。此外，在风险管理的实践中，一个企业难以完全达到所有的目标，有时可能会出现各个目标不一致，甚至冲突的现象。要想达到任何一个损后目标都必将支出一定的费用，这就与损前目标中强调经济的目标相冲突，而且损后目标定得越高，费用越大，这种冲突就越厉害。同样，合理合法的目标和承担社会责任的目标也可能与经济的目标有冲突，承担社会责任在短期内是会增加成本的，但从长期来看是会带来诸多收益的。

【思考与练习】

1. 什么是风险管理？

2. 简述风险管理理论与实践的发展过程。

3. 风险管理的目标任务有哪些？

4. 企业面临的纯粹风险有哪些类型？

5. 风险管理人员如何选择合适的风险管理办法？

6. 2001 年的美国"9·11"事件、2015 年"8·12"天津滨海新区爆炸事故以及 2019 年 4 月 2 日四川凉山火灾等一连串的天灾抑或人祸，均造成大量的人员伤亡和财产损失，不得不令我们反思：人类的风险意识和风险管理水平一直在增强，但是面对危机，人们为何表现得如此脆弱？风险真能被管理和控制吗？你认为呢？

7. 根据下列资料，讨论问题：

2007 年财报将至，一直被亏损困扰的夏新电子再度设法为自己"输血"。夏新电子公告称，公司在 2008 年 3 月 14 日召开的 2008 年度第一次临时股东大会审议并通过"夏新上海科研大楼"交易事宜外，此前表示出售"厦门夏新工程塑胶有限公司"70% 股权的议案也获得了通过，但目前该公司股权仍在挂牌公开出让阶段。

夏新电子公告称，随着经营业绩下滑，公司的流动资金较为紧张，通过出售上海科研大楼资产，扣除应缴税金 2000 万元左右，公司可获得 8000 万元左右，获得非经营性利润 3800 万元左右。

厦门夏新工程塑胶有限公司属于夏新旗下正在赢利的部分，截至 2007 年 10 月 31 日，该公司总资产为 9358 万元，净利润为 1275 万元。对于两处资产的转让套现，夏新方面坦言系经营业绩下滑，公司的流动资金紧张的"无奈之举"。

手机行业咨询机构战国策资深分析师杨群告诉记者，夏新数年来为了增强抗风险能力开展了平板电视、笔记本电脑等多项业务，逐步实现多元化经营。但目前夏新电子的手机业务仍是主营业务，占 70% 左右，其他业务仅占 30% 左右，且大都处于亏损状态，"连手机业务也出现亏损，资金链吃紧是很正常的事情"。

资料来源：载于《南方都市报》2008 年 3 月 19 日。

讨论题：

(1) 夏新电子公司经营面临的突出风险是什么？分析其来源。

(2) 从管理流程方面说明夏新电子公司风险管理的改善措施。

风险管理方法

第三章 风险识别

【本章概要】

要进行风险管理，首先要找出风险源，这就是风险识别。风险识别是否正确与全面，是决定风险管理能否成功的关键环节之一。风险识别有很多方法，在实践中，这些方法经常配合使用。本章主要讲解风险识别的含义、风险识别的原则和意义、风险源与风险识别的主要方法。

【本章学习目标】

1. 了解风险识别的概念、原则与意义；

2. 了解风险源的分类；

3. 掌握常用的风险识别方法并了解其适用性与局限性。

引 言

【导读案例】"9·11"恐怖袭击事件

2001 年 9 月 11 日上午，两架被恐怖分子劫持的民航客机分别撞向美国纽约世界贸易中心一号楼和世界贸易中心二号楼，两座建筑在遭到攻击后相继倒塌，世界贸易中心其余 5 座建筑物也受震而坍塌损毁；9 时许，另一架被劫持的客机撞向位于美国华盛顿的美国国防部五角大楼，五角大楼局部结构损坏并坍塌。

事件发生后，全美各地的军队均进入最高戒备状态。虽然塔利班发表声明称恐怖事件与本·拉登无关，但美国政府仍然认定本·拉登是恐怖袭击事件头号嫌犯。作为对这次袭击的回应，美国发动了"反恐战争"，入侵阿富汗以消灭藏匿基地组织恐怖分子的塔利班，并通过了美国爱国者法案。2001 年 10 月 7 日美国总统乔治·沃克·布什宣布开始对阿富汗发动军事进攻。

"9·11"事件是发生在美国本土的最为严重的恐怖攻击行动，遇难者总数高达2996人。对于此次事件的财产损失各方统计不一，联合国发表报告称此次恐怖袭击对美国经济损失达2000亿美元，相当于当年生产总值的2%。此次事件对全球经济所造成的损害甚至达到1万亿美元左右。

资料来源：安高乐：《9·11事件后美国国家安全观与反恐》，时事出版社2017年版。

事件发生后，美国政府成立了专门的调查委员会对"9·11"事件的原因进行调查。经过20个月的独立调查，该委员会于2004年7月22日公布了最终调查报告。报告指出了美国政府在应对恐怖威胁这一风险识别上存在的不足，他们认为，"最大的失误是某种基于推测的想象。我们的领导人不理解威胁的严重性"。并列举了美国政府在这个问题上存在的五大失误[①]：

（1）中央情报局忽视了"指示信号"的重要性。1998年12月4日，美国情报部门在给克林顿政府的一份《总统每日简报》中曾经警告"基地"组织可能计划劫机袭击美国。

（2）飞机挟持者在入境文件不具备的情况下能够进入美国。劫机者进入美国时提供的护照中有明显的伪造和改动之处，但是并未引起美国移民和入境部门的重视；恐怖分子在申请签证时提供的一些声明和证明文件也是假的；在袭击的当天，一些人因为行动可疑而被挡住后，最后还是通过了安全检查，登上了飞机，其中两名劫持者已经列在政府恐怖主义者监视的名单上，但因为联邦航空管理局和航空公司并不知情，所以他们被准许上了飞机。

（3）政府总体上是通过外交手段而非军事手段打击基地组织的威胁，错过了几次杀死基地组织头目本·拉登的机会。

（4）在袭击发生的当天，联邦航空管理局和军事官员在沟通上发生了混乱。联邦航空管理局的任务是应对通常的飞机劫持，而不是自杀性的袭击，因此他们没有及时向军事官员发出警报，而一些战斗机驾驶员不知道他们为什么要驾机升空。

（5）纽约的911电话系统出现致命的错误。这种错误没有向世贸大楼中的工作人员通报可能救生的消息。接线员和调度员并不知道，消防人员正从大楼中撤离人员。由于

---

① 《9·11最终调查报告公布美政府存在五大失误》，搜狐新闻，2004年7月23日，http：//news. sohu. com/20040723/n221152844. shtml。

大楼中的公共地址系统出了毛病，因此大楼工作人员向911发出呼救，但得到的回答是不要撤离，从而让大楼内的工作人员错失了逃生的机会。

除了发生在2001年美国的"9·11"恐袭事件外，还有发生在2004年12月26日波及十几个国家致近30万人罹难的印度洋海啸，2012年10月4日导致19人遇难的我国云南彝良的山体滑坡等事件，都是由于"事前没有任何先兆"而未能采取任何防范措施所致。

由此可以看出，无论是对于政府、组织还是个人来说，风险识别在整个风险管理的过程中都占有举足轻重的地位。对于一个企业来说，风险识别工作是风险管理中最重要也是最困难的部分。首先，如果不能识别企业所面临的所有风险，就谈不上设计应付风险的方法。某一种风险没有被识别出来，尤其是重大风险被忽略，那么一旦这类风险事件发生，企业可能措手不及，进而造成不可估量的损失，甚至可能导致企业的破产和倒闭。其次，因为企业及其运作的环境随时都在变化，例如，企业本身可能进入新的商业渠道，或从某个渠道中撤出，发生企业收购或者企业破产等；又如，企业卷入法律纠纷，政府的法令和行政管理条例变化等。所以，面对不断变化的风险，如果不搞清楚这些问题，就不可能制定出恰当的风险管理决策。

风险识别的方法有很多，实践中大多是几种方法配合使用，扬长避短。本章首先分析风险的来源，然后介绍常用的风险识别方法，并讨论这些方法的局限性和适用性。

第一节　风险识别的含义

一、风险识别的概念

风险识别，是指通过运用各种知识与方法，系统、连续、全面地认识风险单位所面临的各种风险，判断、分析与确定出风险事故发生可能导致损失的潜在原因或影响因素。风险识别是风险管理过程中的最重要的一步，只有在正确地识别出自身所面临风险的基础上，才能够主动选择适当有效的方法对风险进行管理。

风险识别过程包含感知风险和分析风险两个环节。

感知风险，即了解客观存在的各种风险，是风险识别的基础。只有通过感知风险，才能进一步在此基础上进行分析，寻找导致风险事故发生的条件因素，为拟定风险处理方案进行风险管理决策服务。

分析风险，即分析引起风险事故的各种因素，它是风险识别的关键。

对于上述风险识别的含义，我们可以做如下进一步深入理解：

（1）风险识别是用感知、判断或归类的方式对现实的和潜在的风险性质进行鉴别的过程。

（2）存在于人们周围的风险是多样的，既有当前的也有潜在于未来的，既有内部的也有外部的，既有静态的也有动态的，等等。风险识别的任务就是要从错综复杂的环境中找出经济主体所面临的主要风险。

（3）风险识别一方面可以通过感性认识和历史经验来判断，另一方面也可通过对各种客观的资料和风险事故的记录来分析、归纳和整理，以及必要的专家访问，从而找出各种现实和潜在的风险及其损失规律。因为风险具有可变性，因而风险识别是一项持续性和系统性的工作，要求风险管理者密切注意原有风险的变化，并随时发现新的风险。

二、风险识别的原则

经济主体的每一环节、每一项业务都可能带来一种或多种风险。有的风险容易识别，有的则不容易被察觉，对其中任何一个环节的忽视都可能导致风险管理的失败。除了对经济主体经济活动的每一环节、每一项业务进行独立分析外，还应特别注意各个环节、各项业务之间的紧密联系。经济主体面临的整体金融风险可能大于也可能小于其单个金融风险的总和。风险管理部门应根据实际情况及时调整资产结构，以充分分散风险，将整体风险控制在可接受的范围之内。以下是风险识别时通常遵循的四项原则。

（一）全面系统性原则

全面系统性原则要求识别风险应该对风险进行全面系统的考察和了解，不能局限在某个部门、某个环节中，而要研究一个经济主体的全部风险，包括对各种风险因素的分析，对风险事故发生的可能性或概率的判断，以及对风险发生所致损失的概率与严重程度进行衡量，等等。不同的经济活动有着不同的风险，经济活动过程本身所蕴含的风险有着发生、发展、产生后果的内在流程、顺序以及不同部分间存在的内在联系，无论是经济活动的每一个环节还是每一项业务都有可能存在风险。如果不了解风险发生的规律性，不能系统全面地把握风险，就不能提供完整恰当的信息帮助经济主体进行风险管理决策。

（二）连续性原则

连续性原则是指风险识别是一个连续不断、制度化的过程。因为世界总是在不断变化，任何事物都在变化，风险的质和量都在变化，还可能出现前所未有的风险，若非连续考察，较难发现经济单位所面临的潜在风险。如生产经营活动的主体可能在经营过程中面临资金缺乏、商品卖不出去、投资失败等各种风险，每一次决策都要考虑到潜在的风险，随时处理可能出现的危机，将风险控制过程加以程序化、制度化，以形成风险管理的长效机制，将有助于经济主体提高应对和处置风险的能力。

（三）实时性原则

实时性原则是指对风险的识别要实时进行，因为导致风险的各种因素常处于变化之中。当风险产生的环境发生变化时，风险的性质、发生概率、发生时间、发生地点、致损程度等都可能发生变化。如金融风险中的利率风险、企业经营中的市场风险等，会随时发生变化。实时性原则要求风险管理者要根据风险产生环境中的实时信息监测风险的变化，识别潜在风险，及时调整风险管理策略。

（四）重要与经济性原则

重要与经济性原则是指在识别各种潜在风险时要根据重要性对风险进行区别对待或处理，达到以最小的成本支出获取最大安全保障的目的。因为考虑投入产出效益与资源的有限性，风险管理者要根据自身的实际与财务承受能力选择不同的风险处理方法，对于影响较小的风险可以忽略，不必花费较多的时间、人力与财力，对于有着重要影响的风险，要投入足够的时间、人力与财力重点识别风险。如何判断风险的重要性则取决于风险管理者对风险的认识，可以从量与质上分析，如对于那些期望损失较大的风险和对经营成败起决定性作用的风险都要重点关注。

三、风险识别的意义

如前所述，风险识别就是在风险事故发生之前，管理者能够运用各种方法对尚未发生的、潜在的及现实的各种风险进行系统归类，总结出项目所面临的风险以及分析风险事故发生的潜在原因。其目的在于防患于未然。通过调查和了解，识别风险的存在；通过归类分析，掌握与分析风险产生的原因和条件，以及风险所具有的性质，为风险管理奠定重要基础。因此，风险识别的意义在于：

首先，没有风险识别，就不能对风险进行管理。只有识别出存在的风险，才能采取各种有效的方法应对风险。这是因为，由于项目施工或企业经营都存在着不确定性和所处发展环境动态性的特点，所以其风险的存在不言而喻。如企业并购扩张、渠道多元化、政府政策变化、陷入法律纠纷，等等。为了尽量减小不确定性对目标的影响，企业首先要做的就是对各种风险进行识别，为项目或企业提供一个稳定、安全的经营环境，确保项目或企业经营在一个风险可控的环境下运行。

其次，风险识别成果将会直接影响以后阶段的风险管理工作，否则即使估计、评价做得再细致，也可能因为主要风险识别错误，误列、漏列而前功尽弃。在实践中，因为风险识别的结果与实际不符而风险决策错误进而造成更大损失的案例枚不胜数。例如，发生在2015年的天津港"8·12"危化品仓库爆炸事件。在这场爆炸事故中，之所以造成超百亿元的财产损失和上百名消防员牺牲的惨重后果，很重要的一个原因就是："消防力量对事故企业储存的危险货物底数不清、情况不明，致使先期处置的一些措施针对性、有效性不强。事故发生后，到场的指挥员立即向企业现场人员了解有关着火物质情况，但企业人员未能提供准确信息，尤其是没有告知货场内存有大量硝酸铵，致使指挥员难以对火场状况做出危险预估。"[1]

最后，正确的风险识别还有利于资源的最优配置。执行人员根据风险识别选择最优的实现方式，用最高的效率组织人员和物品的投入，避免浪费，这将大大提高项目和企业运行的效率，节省时间、人力、财力和物质资源。例如，企业只有发现经营中存在的潜在风险，才能采取预防措施，避免一旦风险发生导致的严重后果。

风险识别具有系统性、动态性、全员性、信息性和综合性的特点。对其实施的要求是要做到及时、客观、准确、全面地分析项目的各种风险。在分析中不可漏列和误列，因为风险识别环环相扣，一个步骤出现问题都会导致不可挽回的损失。

无论是在生活还是工作中，只有充分识别风险，才能有效地控制风险。某一种风险，尤其是重大风险，如果没有被识别出来将可能导致灭顶之灾。项目执行和企业经营首先要建立风险管理，而风险识别在风险管理中占有举足轻重的地位，它是最重要也是

---

[1] 《天津港"8·12"特大火灾爆炸事故调查报告公布》，新华社，2016年2月5日18：15，http：//news. si-na. com. cn/c/2016－02－05/doc-ifxpftya4356289. shtml。

最困难的部分。风险管理人员若不能准确地识别项目面临的所有潜在风险，就失去了处理这些风险的最佳时机，将无意识地被动地自留这些风险。风险识别并非一蹴而就的事情，应当在项目和企业经营运行的全过程中自始至终反复进行。一旦风险被识别，就可以在风险评估的基础上制订甚至实施简单有效的风险应对措施。

第二节　风　险　源

【专栏 3–1】"8·12" 天津港爆炸事故

2015 年 8 月 12 日 23：30 左右，位于天津市滨海新区天津港的瑞海公司危险品仓库发生火灾爆炸事故，本次事故中爆炸总能量约为 450 吨 TNT 当量。事故造成 165 人遇难（其中参与救援处置的公安现役消防人员 24 人、天津港消防人员 75 人、公安民警 11 人，事故企业、周边企业员工和居民 55 人）、8 人失踪（其中天津消防人员 5 人，周边企业员工、天津港消防人员家属 3 人），798 人受伤（伤情重及较重的伤员 58 人、轻伤员 740 人），304 幢建筑物、12428 辆商品汽车、7533 个集装箱受损。

截至 2015 年 12 月 10 日，依据《企业职工伤亡事故经济损失统计标准》等标准和规定统计，事故已核定的直接经济损失 68.66 亿元。经国务院调查组认定，8·12 天津滨海新区爆炸事故是一起特别重大生产安全责任事故。

2016 年 11 月 7 日至 9 日，"8·12" 天津滨海新区爆炸事故所涉 27 件刑事案件一审分别由天津市第二中级人民法院和 9 家基层法院公开开庭进行了审理，并于 9 日对上述案件涉及的被告单位及 24 名直接责任人员和 25 名相关职务犯罪被告人进行了公开宣判，包括天津交通运输委员会主任武岱等在内的 25 名国家机关工作人员分别被以玩忽职守罪或滥用职权罪判处 3～7 年不等的有期徒刑。

资料来源：《天津港爆炸事故反思》，http：//www.xuexila.com/fwn/fansi/2766127.html。

风险源与风险密不可分。风险是指事件发生带来的不确定性后果，而风险源则是指可能导致风险后果的因素或条件。风险源可以是人或物，又或是事件。根据对风险源是否存在主观认知，可以将风险源分为主观风险源与客观风险源。

一、主观风险源

主观风险源指的是风险源自人的主观判断与客观现实的偏差，即认知环境（cognitive environment）。由于掌握信息有限、理解问题存在偏颇等因素的存在，使得人们对事件发生导致后果的认识和判断与实际情况存在差异，这种差异就是导致主观风险的来源。如巴林银行的倒闭，源于人为判断的失误，而诺基亚的成功则源于一场火灾。

【专栏 3 – 2】诺基亚的成功源于一场大火

爱立信公司与诺基亚公司在 21 世纪初均是大的手机生产商，在世界市场都具有较大影响力，市场份额相差不大，但是在 2000 年的一场大火之后，爱立信公司就与诺基亚公司拉开了距离，丧失了很大一部分市场。

2000 年 3 月 17 日晚上 8 点，美国新墨西哥州大雨滂沱，电闪雷鸣。雷电引起电压陡然增高，迸出的火花点燃了飞利浦公司第 22 号芯片厂的车间，工人们虽然奋力扑灭了大火，却无法挽回火灾带来的损失。塑料晶体格被扔得满地都是，足够生产数千个手机的 8 排晶元被烧得黏在电炉上动弹不得，从消防栓喷射出来的水布满了车间，车间里烟雾弥漫，烟尘落到了要求非常严格的净化间，破坏了正在准备生产的数百万个芯片。这场持续了 10 分钟的火灾影响到了远在万里之外欧洲两个世界上最大的移动电话生产商。因为这家工厂 40% 的芯片都由诺基亚和爱立信订购，此外还有 30 多家小厂也从这家芯片厂订货。更令人意想不到的是，火灾成全了诺基亚，害苦了爱立信。因为火灾发生以后，处理无线电信号的 RFC 芯片一下子失去了来源。

诺基亚火线突围挽残局

大火发生之后，飞利浦公司需要几星期才能使工厂恢复生产，但是诺基亚和爱立信谁也等不起。39 岁的诺基亚负责零部件供应的官员名叫高亨（Korhonen），是诺基亚公司处理零部件供应问题的能手。在大火发生以后的两个星期，诺基亚公司动员了 30 多名欧洲、亚洲和美国各地的经理与工程师一起讨论解决方案。他们在飞行旅途中重新设计了芯片，并想方设法提高生产速度。他们尽了最大努力寻找任何一点可以腾出来的生产能力，争取了所有可能的供应商。

在火灾发生后的几天内，诺基亚的官员在芬兰就发现订货数量上不去，似乎感到事情有一点不对。3 月 20 日诺基亚公司接到来自飞利浦方面的通知，飞利浦方面尽量把事情淡化，只是简单地说火灾引起某些晶元出了问题，只要一个星期就能恢复生产。这个信息传到高亨那里，高亨决定派两位诺基亚工程师到飞利浦的工厂去看看。但是飞利浦公司怕造成误会，婉言拒绝了诺基亚的要求。高亨随即就把飞利浦公司供应的这几种芯片列在了特别需要监控的名单上，这种情况在诺基亚公司每年会出现十几次，当时也没有人太在意。

在随后的一个星期里，诺基亚开始每天询问飞利浦公司工厂恢复的情况，而得到的答复都含糊其词。情况迅速反映到了诺基亚公司高层，诺基亚手机分部总裁马蒂·奥拉库塔（Matti Alahuhta）在赫尔辛基会见飞利浦方面有关官员的时候，把原来的议题抛在一边，专门谈火灾问题，他还特别说了一句话："现在是我们需要下很大的决心来处理这个问题的时候了。"

一位曾经在场的飞利浦公司官员回忆说，可以很明显地看出来，诺基亚方面非常生气，这种感觉就好像是在"生死之间作选择一样"。3月31日，也就是火灾两个星期以后，飞利浦公司正式通知诺基亚公司，可能需要更多的时间才能恢复生产。高亨听到这个消息后，就不停地用计算器算来算去：他发现这可能影响到诺基亚400万台手机的生产，这个数字足以影响整个诺基亚公司5%的销售额，而且当时手机市场的需求非常旺盛。

高亨发现由飞利浦公司生产的5种芯片当中，有一种在世界各地都能找到供应商，但是其他4种芯片只有飞利浦公司和飞利浦的一家承包商生产。在得到这个坏消息几小时之后，高亨召集了中国、芬兰和美国诺基亚分公司负责采购的服务工程师、芯片设计师和高层经理共同商讨怎样处理这个棘手的问题。

高亨专门飞到飞利浦公司总部，十分激动地对飞利浦公司的CEO科尔·本斯特（Cor Boonstra）说："诺基亚非常非常需要那些芯片，诺基亚公司不能接受目前的这种状况，即使是掘地三尺也要找出一个方案来。"经过高亨的不懈努力，他们找到了日本和美国的供应商，承担生产几百万个芯片的任务，从接单到生产只有5天准备时间。

诺基亚还要求飞利浦公司把工厂的生产计划全部拿出来，尽一切努力寻找可以挖掘的潜力，并要求飞利浦公司改变生产计划。飞利浦公司迅速地见缝插针，安排了1000万个Asic芯片，生产芯片的飞利浦工厂一家在荷兰，另一家在上海。为了应急，诺基亚还迅速地改变了芯片的设计，以便寻找其他的芯片制造厂生产。诺基亚公司还专门设计了一个快速生产方案，准备一旦飞利浦新墨西哥州的工厂恢复正常以后，就可快速地生产芯片，把火灾造成的200万个芯片的损失补回来。

爱立信反应迟缓失良机

与诺基亚形成鲜明对照的是，爱立信的行动相当迟缓。爱立信几乎是和诺基亚公司同时收到火灾消息，但是爱立信公司投资人关系部门的经理说，当时对爱立信来说，火灾就是火灾，没有人想到它会带来这么大的危害。爱立信公司负责海外手机部门的华而比先生直到 4 月初还没有发现问题的严重性。他承认说："我们发现问题太迟了。"

爱立信没有其他公司生产可替代的芯片，在市场需求最旺盛的时候，爱立信公司由于短缺数百万个芯片，一种非常重要的新型手机无法推出，眼睁睁地失去了市场。据爱立信公司的官员透露，火灾可能导致公司损失了 4 亿美元的销售额，爱立信公司主管市场营销的总裁简·奥沃柏林（Jan Ahrenbring）说："可惜的是，我们当时没有第二个可选择方案。"

据爱立信方面的消息透露，由于零件供应短缺，错误的产品组合以及营销方面的问题，去年爱立信手机部门总共损失了 16.8 亿美元，整个爱立信公司损失 15 亿瑞典克朗。而爱立信公司宣布重组手机部门，还需要 80 亿克朗的支持，消息传出后，爱立信的股票价格下跌了 13.5%。2000 年 7 月，当爱立信公司宣布由于火灾影响所受的损失以后，几个小时以后它的股票就下跌了 14%。从那以后股票就一直在下跌，2002 年比火灾发生以前已经下跌了 50%。

3% 市场份额大转移

高亨的努力没有白费，诺基亚的手机生产赶上了市场需求的高潮，诺基亚预测近两年手机的需求还将快速地增长。

但是爱立信公司的生产跟不上了。飞利浦公司的官员告诉人们：实在没有办法生产爱立信所急需的芯片，"已经尽了最大努力"。几个非常重要的零件，包括 Asic 芯片一下子断了来源。在 20 世纪 90 年代中期，爱立信公司为了节省成本简化了它的供应链，基本上排除了后备供应商。此外，当火灾发生的时候，很多高级经理们刚刚坐上新的位置，还不知道火灾会造成多大的影响。

诺基亚的生产按期完成，到上星期五为止，股票价格比火灾发生前仅降低了 18%。诺基亚公司成功地利用火灾给爱立信公司带来的困难，奠定了在欧洲的主导地位，扩大了在全球手机市场的市场份额。诺基亚的市场份额现在已经达到 30%，而一年以前还只是 27%，诺基亚从爱立信的手中抢夺了 3% 的市场份额，爱立信目前的市场份额为 9%，一年以前则是 12%。

根据《华尔街日报》的分析，爱立信公司之所以选择退出，原因有飞利浦芯片厂火灾引起的损失、市场营销不力和产品设计等方面的问题，其中在飞利浦芯片厂火灾之后，没有迅速做出反应，是爱立信和诺基亚拉开距离的主要原因。

资料来源：南方网，http://www.sina.com.cn，2001 年 2 月 1 日 16：19。

二、客观风险源

客观风险源指的是源自自然环境和人为环境的风险源，前者如洪水、地震、海啸、干旱、滑坡、泥石流等自然界的现象；后者指存在人为因素影响的风险源，如政府的政策、市场的价格、企业的经营行为等人为环境。具体可以分为以下几类。

（一）物质环境

物质环境（physical environment）是最基本的风险源，它是指由于自然环境和实物条件的变化导致的损失可能因素的出现。物质环境既可能带来损失也可能带来收益。例如，2008 年 1 月中下旬中国南方广大地区受到极端气象影响发生的冰冻灾害，导致我国南方大部分地区交通中断，电力、供水设施遭受重创，春运受阻，日常生活受到严重影响。对于物质环境风险源的识别尤其是自然环境风险源的识别，应该强化对自然环境现状调查，包括地理地质概况、地形地貌、气候与气象、水文、土壤、水土流失、生态等调查，并做好分析工作。

（二）政治环境

政治环境（political environment）风险源是指政府的货币政策、经济政策、行政命令、政权更替等对经济主体产生影响的政治环境。经济主体的行为一方面要在国家的法律法规的约束与限制内，另一方面要受到政府政策调整的影响，如 2016 年实施"营改增"的税收政策对保险公司的经营就产生了影响。如果经济主体进行跨国经营，则会受到国外政治环境的影响，如出口国战争、内乱、罢工等的爆发导致无法收到货款。对于经济主体的风险管理者来说，识别这些政治环境对进行有效的风险管理决策是非常必要的。

（三）经济环境

经济环境（economic environment）风险源指的是产生市场风险、金融风险等影响经济主体经营的经济环境，如消费者的收入水平、消费者支出模式和消费结构、消费者储蓄和信贷、经济发展水平、经济体制、地区和行业发展状况、城市化程度等因素。随着全球经济一体化的发展，各国的金融业务和客户相互渗入和交叉，国与国之间的风险相关性加强，金融风险交叉"传染"的可能性上升。

（四）社会环境

社会环境（social environment）风险源指的是风险源自人们的道德信仰、价值观、生活方式、社会结构与社会制度构成的社会环境。社会环境的复杂多变会导致经济主体的行为面临风险，如企业跨国经营过程中可能面临不同于本国的文化传统、信仰与价值观，如果销售的商品蕴含的信息与之相抵触，在国外的经营可能就会受挫，难以进入或打开当地的市场，因此社会环境引致的不确定性也会产生风险。

（五）法律环境

法律环境（legal environment）风险源指的是经济主体行为中所涉及的各种法律制度一旦违反所导致的不利后果。一个国家的法律体系处于不断完善中，如果行为中没能遵守各种法律制度，则可能导致产生法律纠纷为经济主体带来不利影响，这种风险来源即法律环境。如企业的活动可能对环境造成危害而受到环境保护法律的惩罚。

（六）操作环境

操作环境（operation environment）风险源指的是风险源自经济主体的操作过程中，如企业运作过程中的内部操作过程、人员、系统或外部事件的不完善或存在问题而导致风险产生。如果银行经营过程中存在内部欺诈、外部欺诈，在聘用员工流程和工作场所安全性，客户、产品及业务操作中存在的问题，实物资产损坏，业务中断和系统失灵，交割及流程管理中存在问题等就会产生操作风险。

第三节　风险识别的基本方法

【专栏 3-3】巴林银行破产的根本原因在哪里？

1995 年 2 月 26 日，新加坡巴林银行期货经理尼克·里森投资日经 225 股指期货失利，导致巴林银行遭受巨额损失，合计损失达 14 亿美元，最终无力继续经营而宣布破产。从此，这个有着 233 年经营史和良好业绩的老牌商业银行在伦敦城乃至全球金融界消失。目前该行已由荷兰国际银行保险集团接管。

巴林银行集团曾经是英国伦敦城内历史最久、名声显赫的商业银行集团，素以发展稳健、信誉良好而驰名，其客户也多为显贵阶层，英国女王伊丽莎白二世也曾经是它的顾客之一。巴林银行集团的业务专长是企业融资和投资管理，业务网点主要在亚洲及拉美新兴国家和地区。1994 年巴林银行的税前利润仍然高达 1.5 亿美元，银行曾经一度希望在中国拓展业务。然而，次年的一次金融投机彻底粉碎了该行的所有发展计划。

巴林银行破产的直接原因是新加坡巴林公司期货经理尼克·里森错误地判断了日本股市的走向。1995 年 1 月份，日本经济呈现复苏势头，里森看好日本股市，于是，分别在东京和大阪等地买进大量期货合同，希望在日经指数上升时赚取大额利润。但是，天有不测风云，1995 年 1 月 17 日突发的日本阪神地震打击了日本股市的回升势头，股价持续下跌。巴林银行因此损失金额高达 14 亿美元，这几乎是巴林银行当时的所有资产，这座曾经辉煌的金融大厦就此倒塌。巴林银行集团破产的消息震动了国际金融市场，各地股市受到不同程度的冲击，英镑汇率急剧下跌，对马克的汇率跌至历史最低水平。巴林银行事件对于欧美金融业的隐性影响不可估量。

事情表面看起来很简单，里森的判断失误是整个事件的导火线。然而，正是这次事件引起了全世界密切关注，金融衍生工具的高风险被广泛认识。从里森个人的判断失误到整个巴林银行的倒闭，伴随着金融衍生工具成倍放大的投资回报率的是同样成倍放大的投资风险。这是金融衍生工具本身的"杠杆"特性决定的。

资料来源：《巴林银行倒闭的原因及教训》，https：//wenku. baidu. com/view/67ef 2008ba1aa8114431d93b. html。

识别风险是风险管理过程中最重要的一步，风险管理决策就是建立在风险识别基础上的，由于企业的经营、资源和环境一直都在变化中，所以企业面临的风险也相应地发生变化。因此，识别和分析风险的工作必须坚持不懈，某一时刻识别出来的风险，就像一卷胶卷中的一张，只是企业全部风险识别和分析中的一个画面。因为没有哪一个风险管理人员能够独自识别出企业在某一时刻所面临的全部风险，所以他必须与他人合作形成一个团队，至少部分地参考他人或其他部门对风险的识别和分析结果。识别和分析风险的方法有很多，本章主要介绍以下三种风险识别的基本方法。

一、风险分析调查表法

风险分析调查表法是指利用保险公司或专业机构编制的风险分析调查表识别风险管理单位面临的各种风险源的方法。风险分析调查表又称为标准调查表或问卷调查表，是根据有关的风险损失价值的科目进行分类编制而成，可以是一页或两页，也可以是多达几百页的与企业有关的基本问题。美国使用最广泛的调查表是由美国管理协会首先制定、风险与保险管理学会和国际风险管理研究所修改分别编制的。表3-1和表3-2是美国管理学会编制的风险分析调查表样表的表头和第五部分——财产明细表。风险分析调查表的优点是具有普遍适用性，涵盖了所有的纯粹风险，大多数有关损失风险的问题可以为企业投保商业保险提供参考。其缺点是不能解释某一个行业所特有的风险。此外，使用这种风险分析调查表容易导致风险管理人员不再寻找其他风险，而事实上在回答完表内提出的问题后仍然可能存在其他的该企业特有的风险。

表 3 - 1   **风险分析调查表**

公司名称	
部门	
通讯地址	电话
收到的信息来自	
信息接收者	
会见日期	报告日期
这份调查表包括：	
基本情况 I	忠诚度表
基本情况 II：金融机构	犯罪部分
基本情况 III：工厂管理	公司运营中断表
建筑物与位置表	公司运营中断损失
财产明细表	确定所需额外保险花费指南
火灾与保险表	运输表
工厂玻璃	船只和飞行器暴露表
电梯	索赔与损失表
锅炉与机器设备	关键人员福利表

资料来源：Daenzer, B. J., *Fact-finding Techniques in Risk Analysis*, America: American Management Association, Inc., 1970.

表 3 - 2 风险分析调查表之财产明细表

1. 机器、设备、工具
（a）重置成本_____
（b）实际现金价值_____评价基础_____
（c）抵押情形：名称_____
地址_____
2. 家具、器具、用品
（a）重置成本_____
（b）实际现金价值_____评价基础_____
（c）抵押情形：名称_____
地址_____
3. 投资和改良物
（a）安装日期_____
（b）原始成本_____
（c）重置成本_____
（d）实际现金价值_____
（e）性质和内容_____
（f）评价基础_____
4. 存货（原料、在制品、成品）
（a）最高成本_____销售价_____
（b）最低成本_____销售价_____
（c）平均成本_____销售价_____
（d）现行成本_____销售价_____
5. 因修理、制造、寄销而存放于公司的他人财物：_____
6. 有无上述财物之保管责任契约？_____
7. 受让人之财产_____委托人_____
8. 员工所有物_____

9. 重要文件和图纸

（a）价值_____复制成本_____

（b）存放地点_____

（c）性质内容_____

10. 展销部门的价值_____

11. 重要标志图记的价值、样式和规格

（a）位于室内者_____

（b）位于其他地方者_____

12. 照看、保管或控制问题

托管财产_____

仓库管理人须负责任吗？_____

监管人员须负责任吗？_____

13. 水渍和自动沥水器系统的价值_____

14. 地震防护_____

15. 特殊照相器材、科技设备和昂贵用具_____

16. 有价值的艺术品_____

17. 电子资料处理设备

（a）如果是自己拥有，价值多少？_____

（b）如果是租赁的，租赁合同副本_____

（c）如果是租赁的，由谁负毁损的责任？_____

（d）受损资料的重置成本_____

（e）磁带有保存副本吗？_____

存放地点？

（f）有潜在的营业中断情况吗？_____

（g）他人使用情形使用人资格_____

（h）有关合同责任问题的副本_____

续表

18. 存货受损情形
（a）间接损失＿＿＿＿＿＿＿＿＿＿＿＿＿＿＿＿＿＿＿＿＿＿＿＿＿＿＿＿＿＿＿＿＿＿
（b）盗窃损失＿＿＿＿＿＿＿＿＿＿＿＿＿＿＿＿＿＿＿＿＿＿＿＿＿＿＿＿＿＿＿＿＿＿
（c）受冷受热导致的损失＿＿＿＿＿＿＿＿＿＿＿＿＿＿＿＿＿＿＿＿＿＿＿＿＿＿＿＿
19. 牲畜，如果有＿＿＿＿＿＿＿＿＿＿＿＿＿＿＿＿＿＿＿＿＿＿＿＿＿＿＿＿＿＿＿＿
20. 农作物，如果有＿＿＿＿＿＿＿＿＿＿＿＿＿＿＿＿＿＿＿＿＿＿＿＿＿＿＿＿＿＿＿

资料来源：Daenzer, B. J., *Fact-finding Techniques in Risk Analysis*, California：American Management Association, Inc., 1970.

二、保单检视表法

保单检视表法是指采用标准调查表的内容与保险公司出售的保险单所列出的风险综合起来形成的问卷式表格识别风险的方法。保单检视表的优点体现在它突出调查了企业所面临的可保风险，而它的缺点则是没有对不可保风险进行识别。此外，使用保单检视表时要求使用者能够具有一定的保险知识并对保单性质和内容有较深的了解。表3-3是美国埃特纳意外保险公司（Aetna Casualty and Surety Company）设计的保单检视表（部分内容从略）。

表3-3　　　　　　　　　　　　　　　　保单检视表

对于那些要投保的风险，下面的每一项都应该在由风险分析调查表得出的事实基础上仔细考虑。对任何一个问题的确定答案都意味着在保单覆盖范围或费率上可能需要改进。
A. 财产损失风险
1. 有需要保护财产损毁的基本防护但未执行的情况吗？
（1）自有建筑物和财物的直接损毁
（2）由财产损毁导致的间接损失
（3）他人财产直接损毁
（4）运送中财产的直接损毁

2. 被保险的风险保障足够吗？

自有的建筑物和财物

（1）如果保单附有共保条款，保额少于共保条款之要求吗？

（2）任何一项财产的所有保额少于其可保价值吗？

（3）财物价值波动剧烈吗？

（4）其他地点之财物有未投保之情形吗？

（5）有任何违反保单条款和保证的情形吗？

（6）基本的火灾保险范围可扩大到包含其他危险事故吗？

（7）在任何一个房屋内有自动沥水系统吗？

（8）有易遭受水溃损的财产吗？

（9）有冷冻、空调、锅炉、机器和压缩设备吗？

（10）"噪声公害"保险有必要吗？

（11）建筑物内有带有核辐射的物品吗？

（12）有正在建造或计划建造的建筑物吗？

（13）现有建筑物有增建或改良的情形吗？

（14）因建筑法令变更所致建造成本的增加有必要投保吗？

（15）重置成本保险有必要吗？

（16）有厚玻璃板类的财物吗？

（17）像铸模、样品、印模等财物有未投保的情形吗？

（18）改良物有未保障的情形吗？

（19）办公室财物特别保障适合吗？

（20）商业财产保障适合吗？

（21）流动财产保单为财物提供了更好的保障吗？

（22）有期货销售、分期付款销售和特殊契约销售的商品吗？

（23）一种"售价"条款应该附上吗？

（24）品牌和标签条款必要吗？

（25）有附加任何其他批单可改变保障的情形吗？

续表

间接损失（从略）
他人财产（从略）
运送中财产（从略）
3. 财产保单的签订有不恰当的情形吗？（从略）
A. 犯罪损失暴露（从略）
B. 机动车暴露（从略）
C. 其他法律责任与员工赔偿暴露（从略）

资料来源：原创力文档，《企业内部控制基本规范解读及应用指南》第八讲，https：//max. book118. com/html/ 2016/1217/73464675. shtm。

三、资产—暴露分析表法

资产—暴露分析表是另一种风险损失清单的形式。美国管理学会在设计了标准调查表之后，又编制了资产—暴露分析表供企业使用。该表是按照资产、直接损失风险、间接损失风险与责任损失风险四个部分的顺序编制的。资产部分包括实物资产和无形资产，损失暴露部分包括直接损失暴露与间接损失暴露以及第三者责任损失暴露。表3-4是一个资产—暴露分析表的框架。

表3-4　　　　　　　　　资产—暴露分析表（框架）

资产
A. 实物资产
1. 不动产
2. 动产
3. 其他资产
B. 无形资产（不一定在企业的资产负债表和损益表中出现的资产）
1. 外部资产
2. 内部资产

损失暴露

A. 直接损失暴露

1. 不可控制和不可预测的一般损失暴露

2. 可控制或可预测的一般损失暴露

3. 一般的财务风险

B. 间接的或引致的损失暴露

1. 所有直接损失暴露对下列各种人的影响（从略）

2. 额外费用——租金、通信、产品

3. 资产集中

4. 风格、味道和期望的变化

5. 破产——雇员、管理人员、供应商、消费者、顾问

6. 教育系统的破坏——民族的、政治的、经济的

7. 经济波动——通货膨胀、衰退、萧条

8. 流行病、疾病、瘟疫

9. 替代成本上升，折旧

10. 版权或专利权遭到侵犯

11. 成套、成双、成组部件的遗失

12. 档案受损造成的权力丧失

13. 管理上的失误

14. 产品取消

15. 废品

C. 第三方责任（补偿性和惩罚性损失）

1. 飞行责任

2. 运动——运动队的赞助关系、娱乐设施

3. 广告商和出版商的责任

4. 机动车责任

5. 合同责任

续表

6. 董事长和高级职员的责任
7. 地役权
8. 业主的责任
9. 受托人和额外福利计划责任
10. 玩忽职守责任——失误与疏忽
11. 普通的玩忽职守责任
12. 非所有权责任
13. 业主责任
14. 产品责任
15. 保护责任
16. 铁路责任
17. 董事长和高级职员的责任（股东的派生责任）
18. 水上交通责任

资料来源：原创力文档，《企业内部控制基本规范解读及应用指南》第八讲，https：//max. book118. com/html/ 2016/1217/73464675. shtm。

　　资产—暴露风险表涵盖的风险相比风险分析调查表较详细和全面，既包含可保风险，还包含不可保风险，利用该表可以避免遗漏重要的风险源。如果逐项现场调查风险源，会耗费大量的时间、人力与物力，因此利用资产—暴露风险表可以降低企业的风险管理成本。

第四节　风险识别的辅助方法

　　在经济主体的运营中，除了运用上节所讲的风险分析调查表、风险检视表与资产—暴露分析表等主要方法外，还需要配合其他的辅助方法作为补充，因为主要的方法仍然不足以识别出经济主体面临的所有风险，如经济主体的特殊风险。风险识别的辅助方法有很多，常用的有流程图法、财务报表分析法、事故树法、现场检查法等。在实践中，由于各种方法均有其优点与不足，常见的是各种方法相互补充使用。

一、流 程 图 法

流程图法是指利用流程图识别经济主体风险的方法。流程图是按照经济主体的生产经营过程和日常活动所涉及各个方面的逻辑关系绘制制成的图形，能够很形象地反映生产与分配的过程。通过对流程图的分析，风险管理人员可以发现整个生产过程中的关键环节或瓶颈，一旦这些关键活动受到损失，企业的整个生产过程可能因此被迫中断。如原材料的唯一供应商断绝供给或者道路塌陷等情况将会严重影响到企业的生产。

流程图有很多类型，按流程的复杂程度划分，可分为简单流程图与复杂流程图；按照流程的内容划分，可分为内部流程图和外部流程图；按流程的表现形式划分，可分为实物流程图和价值流程图。

（一）简单流程图与复杂流程图

简单流程图是用一条直线将经济主体的活动按照主要流程进行描述勾画出来，如图 3-1 所示的某公司劳保用品的发放流程。复杂流程图是用多条连线将经济主体的活动过程中的主要程序和主要环节勾画出来，如图 3-2 所示的某公司产品返修流程。

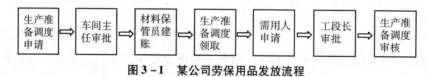

图 3-1　某公司劳保用品发放流程

资料来源：谢非编著：《风险管理与方法》，重庆大学出版社 2013 年版，第 56 页。

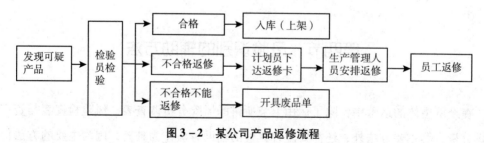

图 3-2　某公司产品返修流程

资料来源：谢非编著：《风险管理与方法》，重庆大学出版社 2013 年版，第 56 页。

（二）内部流程图与外部流程图

内部流程图是只包含生产制造过程的流程图，外部流程图是包含供货与销售环节的流程图，图 3－3 和图 3－4 所示的某货物生产公司的内部流程图与外部流程。

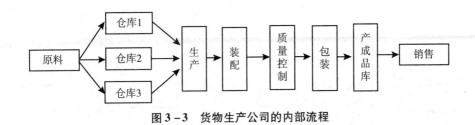

图 3－3　货物生产公司的内部流程

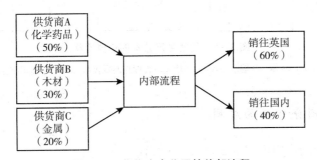

图 3－4　货物生产公司的外部流程

由图 3－3 可以看出，原料进入 1 号、2 号与 3 号仓库后，开始进行生产与装配，经过质量控制后，进行包装，然后送至产成品库，开始销售。

图 3－4 描述的是外部流程图，它将内部流程简略，突出体现外部流程。从图中可以看出货物生产有 A、B 与 C 三家供货商公司，其供应的原料分别为化学药品、木材与金属。该公司销往英国的货物占比 60%，销往国内的货物占比 40%。

（三）实物流程图与价值流程图

实物流程图是反映产品生产全过程的流程图，以带箭头的连线将各个生产环节含产品从原材料供应到制成成品的过程连接起来，每个环节（如供货商 A、供货商 B 与供货商 C）中标出所供原材料的名称，连线上标出原材料的使用量。据此可以直观分析企业可能存在的问题，如原材料的供货商如果中断供货，其他环节会受到什么样的影响就可以推断出来。

价值流程图是在实物流程图中以价值额度标注各环节反映生产经营过程中的内在联系形成的流程图。一般用括号内的数字表示生产环节的新增价值，箭头连线的数字表示转移到下一生产环节的迁移值，单位为某货币单位。图3－5是货物生产公司的粗略价值流程，其中，括号内的数字为各环节使用的数量与价值。一般来说，风险主体的规模越大、业务活动越复杂，流程图的分析就越有优势。

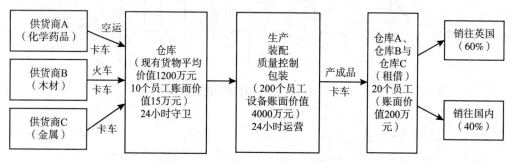

图3－5 货物生产公司的价值流程

资料来源：Mark S. Dorfman 著，齐瑞宗等译：《当代风险管理与保险教程》，清华大学出版社 2002 年版，第 45 页。

（四）流程图分析法的应用

流程图分析法的应用步骤主要包括四个方面：

1. 分析业务活动之间的逻辑关系

即依据生产流程，将公司运作分成各个相互关联的环节，再逐一分析这些环节和环节之间的关系。这样更有助于识别关键环节，并可进行初步的风险评估。

2. 绘制流程图

如果分析主体涉及多个子流程时，可以先绘制各个子流程，再综合汇总成总的流程图。

3. 解释流程图

流程图本身只能反映生产、经营过程的逻辑关系，在实际应用时还应对流程图进一步解释、剖析，并编制流程图解释表。

4. 识别风险

风险管理者通过查看流程图与解释表，进行静态与动态分析，识别流程中各个环节可能发生的风险以及导致风险的原因和后果。

静态分析指对流程图中的每个环节逐一调查，找出潜在的风险，并分析风险可能造成的损失后果。如对图3-3进行分析时，要考虑：三个原料仓库是否有发生火灾的风险？产成品仓库是否有人随时看守以免发生被盗？有没有采取必要的安全措施防止产成品仓库爆炸的发生？等等。

动态分析是指对各个环节之间的关系进行分析，以找出那些关键环节。如图3-5所示，50%的原材料来自于供货商A，如果该供货商不能如期供货，就可能导致公司的连带营业中断（contingent business interruption）；该货物生产公司60%的货物销往英国，如果当地政府的政策减少进口该类货物，则可能导致销售减少，继而影响到生产，可能导致连带营业中断。

（五）流程图法的优点与缺点

流程图法的优点在于清晰、形象、较全面地揭示出所有生产运营环节中的风险，而且对于营业中断和连带营业中断风险的识别极为有效。但流程图只强调事故的结果，并不关注损失的原因，因此，要想分析风险因素，就要和其他方法配合使用。

二、财务报表分析法

财务报表分析法是指以企业的财务报表等会计资料为依据，采用专门的方法，分析和评价企业的财务状况、经营成果与现金流量等信息，以识别企业可能面临的风险的方法。

财务报表是企业对外提供的反映某一特定日期的财务状况和某一会计期间经营成果、现金流量等会计信息的文件。财务报表主要包含资产负债表、利润表、现金流量表与所有者权益变动表等，还包含其他应当在财务会计报告中披露的相关信息和资料。

通过资产负债表，可以了解企业的资产、负债的增减变动情况，如因为意外事故而减少的资产，或者增加的负债，以及不论发生意外与否都将存在的负债，如抵押贷款和长期租赁，以得到损失暴露的信息。利润表体现了公司经营成果面临盈亏风险的来源，对于识别影响净利润的损失风险很有帮助，如某公司的利润表表明该公司存在两种收入来源：500000 元的销售收入与 10000 元的租金收入，这些信息表明风险存在于该公司的销售场所与租借给别人的场所中，在两个场所中任一个发生意外事故，都将减少收入增加费用。此外，还要对收入和费用中每一个具体项目进行具体分析，以确定意外损失是否能带来不利影响。现金流量表则反映了公司在会计期间内的经营活动、投资活动和筹资活动等对现金及现金等价物产生的影响。通过现金流量表，可以分析公司的财务状况，识别现金流量存在的风险，判断其偿付能力等；所有者权益变动表反映公司构成所有者权益的各组成部分当期增减变动的情况。通过所有者权益变动表，可以了解公司所有者权益变动的原因、所有者权益变动的结构与公司的发展战略。此外，其他的资料如记录与文件，甚至是日常书信与内部备注，都可能包含了关于风险管理单位的损失风险的重要信息。如一家企业内的风险管理部门应定期接收、浏览董事会、执行委员会或其他高层管理人员的会议记录。因为这些会议记录可以帮助管理人员迅速了解企业的计划，识别出执行计划中可能存在的问题。风险管理人员还应了解所有大宗购买或销售合同，据此可以迅速了解财产所有权的变化情况，以及与供应商或客户的交易情况。还有诸如建筑物的设计图纸、工作流程、营销计划等也应由风险管理人员知悉。这些信息都可能反映出损失风险的变化。

财务报表分析可以采用比率分析法、趋势分析法、结构分析法、因素分析法等，以了解和评价公司的偿债能力、盈利能力、资产管理能力与发展能力，减少决策的不确定性。

克里德尔（A. H. Criddle）于 1962 年提出财务报表法（financial statement method）。他使用这种方法的初衷是用来分析私营企业的资产状况，但是财务报表中的很多概念也能用于公共部门的管理。克里德尔认为，分析资产负债表、营业报表与相关的支持文件，风险管理者可以识别风险管理单位的财产风险、责任风险与人力资本风险。

财务报表分析法的优点是：（1）利用财务报表的分析非常可靠和客观，因为财务报表基于企业的经营活动编制，反映其真实的财务状况，所以能够识别风险；（2）利用财务报表分析不需要像现场调查法或流程图法那样花费大量的时间、实地采集资料和绘制特别的图表，节省成本；（3）风险识别的结果易于理解与接受，因为最终分析结果用财务术语的形式表达，所以企业管理人员和银行等外部机构人员能够理解与接受；（4）财务报表分析法也可以用来识别企业的金融风险，风险管理单位的资金、风险融资的数额等信息的积累有助于风险管理单位预测风险管理投资后获得的安全保障水平，可以为风险投资决策和风险融资提供依据。

财务报表分析法的缺点是：（1）利用财务报表进行风险识别，财务报表的真实性是前提，如果财务报表的真实性受到质疑，则不能据以识别风险；（2）不能反映以非货币形式存在的问题，如人员素质、创新能力、其他经济因素等的变化。因此要辅以其他的风险识别方法进行分析。

三、事故树分析法

事故树分析法（fault tree analysis）又称故障树分析法，是安全系统工程的重要分析方法之一，是一种演绎的安全系统分析方法。该方法由美国贝尔电话实验室于1962年在从事空间项目研究时首先提出，后来得到广泛使用，并不断改进，用来分析可能产生风险的事件。事故树分析法是从某一事故的结果开始，运用逻辑推理的方法，寻找可能引起事故的各种原因，即从结果推导出引发事故的原因的方法。

事故树以树状图的形式表示所有可能引起主要事件发生的次要事件（见图3-6），揭示风险因素引发风险事故的作用机制和个别风险事件组合可能形成的潜在风险事件。事故树由结点和连线组成，结点表示某一具体环节，连线表示这些环节之间的关系。与流程图相比，事故树关注的是事故的原因，而流程图关注的是风险的结果。事故树是一种逻辑分析过程，遵循逻辑演绎的分析原则。它的理论基础是，任何风险事故的发生，必定是一系列事件按照时间顺序相继出现的结果，前一事件的出现是随后事件发生的条件。在事件发展过程中，每一事件呈现两种可能的状态：成功或失败。

事故树法的优点，一是既可以进行定量分析，也可以进行定性分析，既可以求出事故发生的概率，也可以识别系统的风险因素；二是能够有效识别风险，判断系统内部发生变化的敏感度，可以确定消除风险事故的措施；三是事故树简单、形象，逻辑性强，应用广泛。事故树法的缺点，一是其绘制需要专门的技术；二是其识别风险的管理成本较高；三是相关概率的准确程度直接影响风险识别的结果。

事故树分析方法可用于洲际导弹（核电站）等复杂系统和其他各类系统的可靠性及安全性分析、各种生产的安全管理可靠性分析和伤亡事故分析。它同时也可向成功树进行转换。

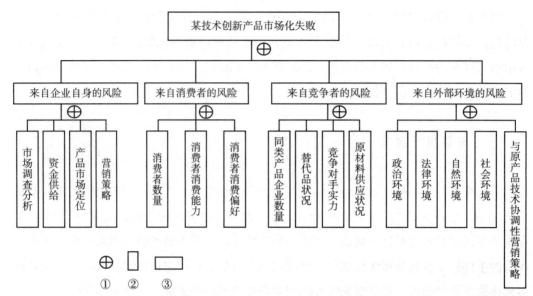

注：符号①表示逻辑门，表示下面的事件中有一个发生，就能使上面的事件发生；

符号②表示顶上事件或中间事件；

符号③表示风险来源。

图3-6 识别技术创新市场风险的事故树

资料来源：谢非编著：《风险管理原理与方法》，重庆大学出版社2013年版，第83页。

【思考与练习】

1. 什么是风险识别？说明其在风险管理中的作用。

2. 识别风险有哪些方法？

3. 风险识别时应遵循哪些原则？

4. 举例说明某种风险的来源，如何识别？

第四章 风 险 评 估

【本章概要】

风险评估是在风险识别的基础上,通过对所收集的大量资料进行分析,利用概率统计理论,对风险发生的概率、损失程度,结合其他因素进行全面考虑,评估发生风险的可能性及其危害程度,并与公认的安全指标相比较,以衡量风险的程度,并决定是否需要采取相应的措施。本章主要讲述风险评估的基本要素,风险评估的理论基础,风险评估的准备工作、指标、内容。

【本章学习目标】

1. 理解风险评估的理论基础;
2. 掌握风险评估的准备工作;
3. 掌握风险评估的各项指标;
4. 掌握风险评估的内容。

引 言

【导读案例】

上海一家中型纺织企业,在纺织行业处于结构大调整的萧条时期,坚持以市场为导向。它通过对各类项目投资进行风险评估后,选择了短中期更新改造、保持目前产品结构和生产规模稳定增长的投资策略。由于坚持不扩张投资规模,把财务风险控制在低水平区域,结果该企业在行业不景气的环境中经营业绩稳中有升。

与此同时,另一家大型纺织企业没有对融资成本随着通货膨胀步步走高的趋势和高档次产品市场需求的变动进行客观准确的风险评估和风险控制,却选择了开发高档次产品的大规模设备投资。结果,高档次产品投放市场没有销路,企业经营和财务状况却因此迅速恶化，最后不得不宣告破产，被前者兼并。

资料来源：朱平芳：《新增项目投资的风险评估》，载于《商讯》2018 年 7 月 5 日，第 23 ~ 24 页。

从中我们可以看到，企业投资成败的关键在于以市场为中心，对新增项目投资进行风险评估。

第一节　风险评估的含义

一、风险评估的概念

风险评估是在风险识别的基础上，通过对所收集的大量资料进行分析，利用概率统计理论，对风险发生的概率、损失程度，结合其他因素进行全面考虑，评估发生风险的可能性及其危害程度，并与公认的安全指标相比较，以衡量风险的程度，并决定是否需要采取相应的措施。

二、风险评估的意义

风险评估可以估算损失概率和损失严重程度，减少损失发生的不确定性，降低企业风险。通过风险评估，能够使风险管理者有可能分辨出主要风险和次要风险，在风险识别的基础上，风险管理者能够较好地选择最恰当的风险管理手段，建立损失概率分布，确定损失概率和损失期望值的预测值，为风险管理者进行决策提供依据。

三、风险评估的基本要素

风险评估工作是围绕其基本要素展开的：

（一）业务战略

企业业务战略是指把企业拥有的一切资产通过剥离、出售、转让、兼并、收购等方式进行有效的运营，以实现最大的资本增值。业务战略涉及企业的整个经营管理体系，从企业管理和市场的角度对企业业务战略进行评估并协助实施。

（二）资产价值

企业的总资产价值是指一个企业的流动资产、长期投资、固定资产、无形资产和其他资产的总价值。其中流动资产是指可以在 1 年或者超过 1 年的一个营业周期内变现或者耗用的资产，构成流动资产的项目主要包括货币资金、短期投资、应收及预付款项、待摊费用、存货等。长期投资是指除短期投资以外的投资，包括持有时间超过 1 年（不含 1 年）的各种股权性质的投资、不能变现或不准备随时变现的债券、长期债权投资等。固定资产是指使用期限较长，单位价值较高，并且在使用过程中保持原有实物形态的资产，它是企业从事施工生产活动的主要劳动资料。固定资产的价值随着使用的磨损程度，逐渐地、部分地转化为受益期间的费用。无形资产是指企业为生产商品、提供劳务、出租给他人，或为管理目的而持有的，没有实物形态的非货币性长期资产。无形资产主要包括专利权、商标权、著作权、土地使用权、非专利技术、特许权、商誉等。

（三）安全事件

企业的安全事件，是对安全策略的违反或防护措施的失效，或未预知的不安全状况。

（四）残余风险

残余风险是指采取了安全措施后，仍然可能存在的风险。

（五）各个要素之间的关系

业务战略依赖资产去实现；资产是有价值的，组织的业务战略对资产的依赖度越高，资产价值就越大；资产价值越大则其面临的风险越大；风险是由威胁引发的，资产面临的威胁越多则风险越大，并可能演变成安全事件；弱点越多，威胁利用脆弱性导致安全事件的可能性越大；脆弱性是未被满足的安全需求，威胁要通过利用脆弱性来危害资产，从而形成风险；风险的存在及对风险的认识导出安全需求；安全需求可通过安全措施得以满足，需要结合资产价值考虑实施成本；安全措施可抵御威胁，降低安全事件发生的可能性，并减少影响；风险不可能也没有必要降为零，在实施了安全措施后还会有残留下来的风险。有些残余风险来自安全措施可能不当或无效，在以后需要继续控制，而有些残余风险则是在综合考虑了安全成本与效益后未控制的风险，是可以被接受的。

四、风险评估过程中应注意的事项

风险评估的过程是评估风险大小的过程，也就是度量每一个风险源对应的风险水平，这个过程也就是对风险源进行分级的过程。因此，在风险评估过程中必须把握好一些关键问题，并充分考虑到它们之间的对应关系。

（一）在风险评估过程中，应该注意的一些关键问题

（1）要确定保护的对象（或者资产）是什么？它的直接和间接价值如何？

（2）资产面临哪些潜在风险？导致风险事故发生的问题所在？风险发生的可能性有多大？

（3）资产中存在哪些弱点可能会被风险所利用？利用的容易程度又如何？

（4）一旦风险事件发生，组织会遭受怎样的损失或者面临怎样的负面影响？

（5）组织应该采取怎样的安全措施才能将风险带来的损失降低到最低程度？

解决以上问题的过程，就是风险评估的过程。

（二）进行风险评估时，要考虑的对应关系

（1）每项资产可能面临多种风险；

（2）风险源可能不止一个；

（3）每种风险可能利用一个或多个弱点。

五、风险评估的理论基础

（一）货币的时间价值

1. 货币时间价值的概念

货币时间价值是指一定量货币在不同时点上的价值量差额。即资金经历一定时间的投资和再投资所增加的价值，也称为"货币的时间价值"。投资者进行投资就必须推迟

消费，对投资者推迟消费的耐心应给予报酬。这种报酬的量应与推迟的时间成正比。因此，单位时间的这种报酬对投资的百分率，称为时间价值。

2. 货币时间价值的实质

货币时间价值其实质是"在没有风险和通货膨胀条件下的投资报酬率"。货币的所有权与使用权的分离，是货币时间价值产生的根源和存在的条件。货币要具有时间价值需要一个条件，就是必须将货币有目的地进行投资，即将货币直接或间接地作为资本投入生产过程，因为时间价值是在生产经营过程中产生的。对于货币的所有者来说，就是货币的"时间价值"；对于货币的使用者而言，就是"资本成本"。其关系如图 4 - 1所示。

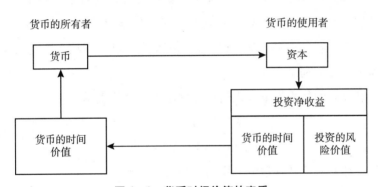

图 4 - 1　货币时间价值的实质

任何企业的财务管理都是在特定的时空中进行的。离开了时间价值因素，就无法正确计算不同时期的财务收支，也无法正确评价企业盈亏。时间价值原理正确提示了不同时点上资本之间的换算关系，是财务决策的基本依据。

3. 货币时间价值的表现形式

货币的时间价值，可以用绝对数和相对数来表示。前者就是利息，即时间价值额，是指资金与时间价值率的乘积；后者就是利率，即时间价值率，是指扣除风险收益和通货膨胀贴水后的平均资金利润率或平均报酬率。

银行存款利率、贷款利率、各种债券利率、股票的股利率等都可以看作投资收益率，但它们与时间价值都是有区别的，只有在没有风险与通货膨胀的情况下，时间价值才与上述收益率相等。

4. 货币时间价值的基本参数

影响货币时间价值的基本参数有四个，包括货币的现值、货币的终值、时间和利率。

（1）现值。即货币现在的价值，也即期间发生的现金流在期初的价值。它是投资者现在投入的本金，通常用 P 表示。

（2）终值。即货币在未来某个时间点上的价值，也即期间发生的现金流在期末的价值。它是投资者期初投入的本金与某一期间内所得的利息之和，即"本利和"，通常用 F 表示。

（3）时间。即货币被占用的时间，通常用 t 表示。

（4）利率（或报酬率、折现率）。利率是影响货币时间价值的重要因素，通常用 i 表示。它有单利和复利之分。单利就是利不生利，即本金固定，到期后一次性结算利息，而本金所产生的利息不再计算利息；复利则是利滚利，即把上一期的本金和利息作为下一期的本金来计算利息。

因此，单利计算的货币终值和现值可分别用下列公式表示：

$$终值\ F = P + P \times i \times t$$
$$现值\ P = F / (1 + i \times t)$$

而以复利计算的终值和现值则分别用下列公式表示：

$$终值公式\ F = P(1 + i)^t\ 或\ F = P(F/P,\ i,\ t)$$
$$现值公式\ P = F / (1 + i)^t\ 或\ P = F(P/F,\ i,\ t)$$

（二）概率

"概率是频率的稳定值"。设 A 是试验 E 的一个事件，若在 n 次重复试验中事件 A 发生了 m 次，则称 m 为事件 A 发生的频数，比值 m/n 为事件 A 发生的频率。在相同的条件下，重复进行 n 次试验，当 n 充分大时，事件 A 发生的频率 m/n 稳定在某一常数 p 附近摆动，且 n 越大，摆动幅度越小，称这个频率的稳定值 p 为事件 A 的概率，即 P(A) = p，这个概率称为统计概率。运用此原理，可以由风险事故发生的频率计算其发生的概率。

（三）大数定律

任何一次实验的结果都表现出随机性，但大量重复实验的平均结果、事件发生的频率和大量观察值的平均值实际上是稳定的，几乎是非随机的，大数定律就是说明大量重复实验的平均结果的稳定性的一系列数学定理的总称，也称大数定理。如：掷钱币时，每次出现正面或反面是偶然的，但大量重复投掷后，出现正面（或反面）的次数与总次数之比却必然接近常数 0.5。

大数定律包括切比雪夫大数定理、辛钦大数定律以及伯努利大数定律。其中伯努利大数定律指出在试验条件不变的情况下，重复进行多次试验时，任何事件 A 发生的频率将依概率收敛于其概率 p。大数定律在风险评估中的应用是可以通过对众多风险单位的观测，衡量风险发生的概率和严重程度。

大数法则为风险衡量奠定了理论基础，即只要被观察的风险单位数量足够多，就可以衡量损失发生的概率、损失的严重程度。例如：就一个城市而言，其每年发生火灾的频数、每件火灾事故的平均损失、年度火灾的总损失额及造成火灾的原因等，都有其规律可循。经验证明，被观察的同类单位数目越多，这种规律性就越明显。这时，可以看出风险事故的发生呈现出一种统计的规律性。

大数法则是近代保险业赖以建立的数理基础。风险单位数量越多，实际损失的结果会越接近从无限单位数量得出的预期损失可能的结果。保险公司正是利用在个别情形下存在的不确定性将在大数中消失的这种规则性，来分析承保标的发生损失的相对稳定性。保险公司可以比较精确的预测危险，合理地厘定保险费率，使在保险期限内收取的保险费和损失赔偿及其他费用开支相平衡。

（四）概率推断

单个风险事故是随机事件，它发生的时间、空间、损失严重程度都是不确定的。但就总体而言，风险事故的发生又呈现出某种统计的规律性。因此，采用概率论和数理统计方法，可以求出风险事故出现状态的各种概率。如运用二项分布、泊松分布来衡量风险事故发生次数的概率。

（五）类推原理

数理统计学为从部分去推断总体，提供了非常成熟的理论和众多有效的方法。利用类推原理衡量风险的优点在于，能弥补事故统计资料不足的缺陷。

在实务上，进行风险衡量时，往往没有足够的损失统计资料，且由于时间、经费等许多条件的限制，很难甚至不可能取得所需足够数量的损失资料。因此，根据事件的相似关系，从已掌握的实际资料出发，运用科学的衡量方法而得到的数据，可以基本符合实际情况，满足预测的需要。

第二节 风险评估的准备工作

一、收集资料

收集的资料包括损失金额的历史数据，此项目的特性，核对表，流量表，与项目相关负责人的一些面谈等。

在收集资料时必须做到以下几点：

第一，完整性。要了解事故损失的金额，要了解损失的环境情况，要分析损失发生的原因，要分析可能的遗漏资料。也即要收集足够的损失数据以及形成损失原因的外部信息，若有重要数据遗漏，需以风险管理者的敏锐洞察力和判断力重新获取数据内容。

第二，一致性。损失数据的收集基础要保持一致，价格水平差异需做调整。

第三，相关性。损失金额的确定必须以与风险管理相关性最大为基础；财务损失应以修复或重置财产的费用作为损失值；责任损失既要包括责任赔偿，也包括调查、辩护、解决责任纠纷的费用；营业中断损失包括停工收入损失以及努力恢复正常经营的额外费用等。

第四，系统性。要求搜集的数据至少包括以下三个方面的信息：财务风险方面的信息、市场风险方面的信息、营运风险方面的信息，且收集来的原始数据必须根据风险管理的目标与要求进行整理，使之系统化。

二、整理数据

（一）数据排列

数据排列是将原始数据按数值大小进行升序或降序排列，判断数据的简单特征。例如，表4-1是某保险公司一个月内的理赔金额，请按照从小到大的顺序排列。

表 4 -1　　　　　　　　　　　**某保险公司一个月内的理赔金额**　　　　　单位：万元

0.5	7.2	3.3	15.6	0.4	11.9
26.2	27.5	4.8	6.2	8.1	10.3
12.2	0.3	8.5	4.7	1.9	5
6.6	0.9	2.8	19.2	21.8	7.7
0.8	14	24	18	3.7	5.6

解：升序排列后的数据如表 4 -2 所示。

表 4 -2　　　　　　　**升序排列后某保险公司一个月内的理赔金额**　　　　单位：万元

0.3	1.9	4.8	7.2	11.9	19.2
0.4	2.8	5	7.7	12.2	21.8
0.5	3.3	5.6	8.1	14	24
0.8	3.7	6.2	8.5	15.6	26.2
0.9	4.7	6.6	10.3	18	27.5

从表 4 -2 可以看出，此保险公司这个月的最低理赔额为 0.3 万元，最高理赔额为 27.5 万元，1 万元以下的理赔额占 1/6，20 万元以上的理赔额占 2/15，此外还可以计算此保险公司这一个月的平均理赔为 9.32 万元等。

（二）资料分组

为减缩资料，需要对数据进一步分组。分组时一般采用组距相等的方法。一般情况下，数据个数大于 50，可分 10 ~ 20 组；小于 50，可分 5 组或 6 组；但要注意组数少，组距（每组数据之间的间隔）就大，不能充分揭示损失数据中内涵的信息；组数大，组距就小，分析工作量大。

这里注意几个概念：第一，组界，每组的两端值；其中，最大值为组的上限，最小值为组的下限；起始点可以在小于等于观察值的范围内任意决定。如表 4 -1 可以分组为 [0.25 ~ 5.75]、[5.75 ~ 11.25] 等。第二，组距，每组上下限之间的间距。组距 = 上限 - 下限，如 [0.25 ~ 5.75]、[5.75 ~ 11.25] 的组距为 5.5。第三，组中值，两个组界的中点。组中值=(上限+下限)/2，如［0.25~5.75］的组中值为3.0。第四，频数，组内损失数据的个数。如在表4-1中［0.25~5.75］组内频数为13。第五，频率，频数与总个数之比。频率=组内频数/总个数×100%，如表4-1中［0.25~5.75］组的频率=13/30×100%=43.3%。

（三）频数分布

用组距（用组界或组中值表示）和相应组的频数结合起来得到的表叫频数分布表。通过频数分布表，可以大致判断损失数据的特征。

表4-1的频数分布如表4-3所示。

表4-3　　　　　　　　　　　**某保险公司一个月内理赔金额的频数分布**

组号	分组	频数	频率（%）	组中值
1	0.25~5.75	13	43.33	3
2	5.75~11.25	7	23.33	8.5
3	11.25~16.75	4	13.33	14
4	16.75~22.25	3	10	19.5
5	22.25~27.75	3	10	25
合计		30	100	

由表4-3可见，此保险公司一个月的理赔额大都集中在5.75万元以下，大额理赔（在22.25万元以上的理赔）仅占10%。

三、用图形表示损失资料

对损失数据进行整理后，可以用图形直观地给出损失资料的特征，这些图形包括条形图、圆形图、直方图、频率多边形图等。

1. 条形图

条形图的特点为长度与频率成正比；主要用于比较不同时期的损失状况或不同类型之间的某些变动数量。

2. 圆形图

圆形图是先把百分率转化为度数，是用来比较整个组成部分的相对量，一个圆被分成若干部分，每个面积代表一个组成部分。

3. 直方图

直方图是没有间隔的条形图。水平轴表示损失的大小，用组界注明；两个连续的组界值的差异用组距的宽度来描述，长方形底的宽度与组距的宽度相等。纵轴表示各组的频数或者频率。直方图的一个重要特征是，每个长方形的面积与相应的频数成比例。

【例 4 – 1】保险公司家庭财产保险保单中某 100 件由于管道渗漏引起的索赔额 X 的分组数据如表 4 – 4 所示，试做出频数直方图。

表 4 – 4 保单索赔额的分组频率

组号	分组（元）	频数	频率（%）	累积频率（%）
1	5000 ~ 9900	1	1	1
2	10000 ~ 14900	5	5	6
3	15000 ~ 19900	4	4	10
4	20000 ~ 24900	14	14	24
5	25000 ~ 29900	22	22	46
6	30000 ~ 34900	20	20	66
7	35000 ~ 39900	14	14	80
8	40000 ~ 44900	13	13	93
9	45000 ~ 49900	6	6	99
10	50000 ~ 54900	1	1	100

解：用 Excel 可得频率直方图如图 4 – 2 所示。

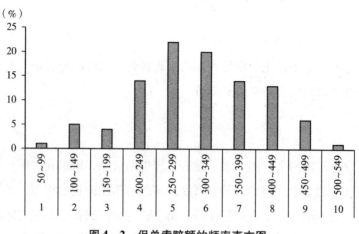

图 4-2　保单索赔额的频率直方图

4. 频数多边形图

频数多边形是由直方图顶端的中点连接而得到的光滑曲线，是用来表达这些数据的整体规律或趋势，从而分析这些数据的分布情况。

第三节　风险评估的指标

一、中心趋势测量指标

平均指标是从个别标志值加以抽象概括而计算出来的，它是由个别标志值组成的变量数列的代表。对大多数风险事故来说，其变量数列中的标志值接近平均值的多，远离平均值的少，形成以平均值为中心，左右分布大体相等的分布形式。这反映了总体上的集中趋势。在风险分析中，事故损失的平均指标能提供很多有用的信息：利用损失平均指标与同类型企业进行比较，以了解本企业在风险管理方面的水平，找出差距，决定对策；与国家或部门颁布的有关标准比较，为风险评价提供依据；风险管理者可利用本单位不同时期的损失平均指标的变化，来分析损失的发展趋势和通过发展趋势归纳出损失发生的规律；利用平均指标还可以分析与事故发生的有关因素的影响程度。

常用的平均指标包括算术平均数、位置平均数。

(一) 算术平均数

算术平均数是一种最常用的平均数，它是将总体各单位的标志值相加，求得标志总量后除以总体单位总数得到的平均数，其计算公式为：

算数平均数 = 总体标志总量 / 总体单位总量

按掌握资料的不同，它可分为简单算数平均数和加权算数平均数两种。

1. 简单算术平均数

简单算术平均数是掌握总体各单位标志值时，将总体各单位的标志值直接相加，得到总体标志总量，然后除以总体单位数量。其计算公式如下：

简单算术平均数 = 总体各单位某一标志值之和 / 总体单位总数

用符号表示为：

$$\bar{X} = \frac{1}{n} \sum_{i=1}^{n} X_i$$

式中，$\bar{X}$ 表示算术平均数，X_i 为第 i 个单位的标志值，$i = 1, 2, \cdots, n$，n 为总体单位总数。

2. 加权算术平均数

加权算术平均数是根据分组资料加工整理形成的单项数列和组距数列计算的算术平均数。其计算公式如下：

$$加权算术平均数 = \frac{\sum 各组变量值 \times 各组单位数}{\sum 各组单位数}$$

用符号表示为：

$$\bar{X} = \frac{\sum_{i=1}^{n} f_i X_i}{\sum_{i=1}^{n} f_i}$$

式中，$\bar{X}$ 表示加权算术平均数，X_i 为第 i 组的标志值，f_i 为第 i 组的单位数，$f_i X_i$ 为第 i 组的标志值总和，$i = 1, 2, \cdots, n$，n 为组数。

（二）位置平均数

1. 众数

众数是总体中出现次数最多的标志值，能够鲜明地反映总体数据分布的集中趋势。

不同的资料采用不同的方法来计算众数。对于单项数列的众数，可以直接观察到；数列中出现次数最多的组即为众数组，该组的变量值就是众数。由组距数列计算众数分两步进行：先确定众数所在的组，然后再利用与众数相邻的两组的频数，用比例插值法推断众数的上限公式或下限公式计算众数。

【例4-2】给出数列1、2、2、3、5的众数。

解：此数列的众数为2。

【例4-3】某险种一年内的理赔金额和理赔次数如表4-5所示。

表4-5   某险种一年内的理赔金额和理赔次数

理赔金融	理赔次数	累计次数	
		向上累计	向下累计
1000 元以下	40	40	500
1000~1300 元	90	130	460
1300~1600 元	110	240	370
1600~1900 元	105	345	260
1900~2200 元	70	415	155
2200~2500 元	50	465	85
2500 元以上	35	500	35

计算其众数。

解：从表4-5中不难看出，在500次理赔中，理赔额在1300~1600元之间的人数出现的次数最多，即为众数所在组，众数的计算有两种方法：

第一，众数=（众数组的上限+众数组的下限）/2，也即为1450元。

第二，利用上限公式和下限公式。

下限公式为：

$$众数组的下限 + \frac{众数组的次数 - 其前一组的次数}{(众数组的次数 - 其前一组的次数) + (众数组的次数 - 其后一组的次数)} \times 组距$$

利用下限公式，可得众数为 1540 元。

上限公式为：

$$众数组的上限 - \frac{众数组的次数 - 其后一组的次数}{(众数组的次数 - 其前一组的次数) + (众数组的次数 - 其后一组的次数)} \times 组距$$

利用上限公式，可得众数为 1540 元。

2. 中位数

中位数是将总体各单位的某一标志值按大小顺序排列后，位于中点位置的那个标志值。它把总体位置的标志值分成两等份，比它大的和比它小的各占一半。中位数是位置平均数，它不受极大值和极小值的影响，具有稳健性特点。当次数呈 U 型、J 型分布时，中位数比算数平均数更具有代表性。

中位数的计算分两步：先确定中位数的位次，然后求出中位数位次所对应的标志值，即中位数。

（1）根据单项式数列确定中位数。

【例 4 - 4】有 5 名工人，日产零件数按大小顺序排列如下：15、17、18、20、22，求其中位数。

解：其中位数的位次：

$$\frac{N + 1}{2} = 3$$

中位数的位次在数列的第三项，第三名工人的产量 18 件即为中位数。

【例 4 - 5】有 6 名工人，日产零件数按大小顺序排列如下：15、17、18、20、22、23，求其中位数。

解：其中位数的位次：

$$\frac{N + 1}{2} = 3.5$$

中位数的位置在数列的第三名和第四名工人之间，相邻两个变量值的简单算数平均值即为中位数，也即 $\frac{18 + 20}{2} = 19$（件）。

（2）根据组距数列计算中位数。

【例 4 - 6】某险种一年内的理赔金额和理赔次数如表 4 - 6 所示，求其中位数。

表 4 - 6 　　　　　　　　　　某险种一年内的理赔金额和理赔次数

理赔金融	理赔次数	累计次数	
		向上累计	向下累计
1000 元以下	40	40	500
1000 ~ 1300 元	90	130	460
1300 ~ 1600 元	110	240	370
1600 ~ 1900 元	105	345	260
1900 ~ 2200 元	70	415	155
2200 ~ 2500 元	50	465	85
2500 元以上	35	500	35

解：第一步，求出中位数的位次。

$$\frac{总理赔次数}{2} = \frac{500}{2} = 250$$

即中位数的位次为该数列的第 250 次理赔，从表 4 - 6 可以看出，中位数在 1600 ~ 1900 元这一组里。

第二步，利用下限或上限公式求中位数。

用下限公式计算：

$$中位数 = 中位数所在组的下限 + \frac{\dfrac{数列总次数}{2} - 中位数所在组以前各组的累计次数}{中位数所在组的次数} \times 组距$$

$$= 1600 + \frac{\dfrac{500}{2} - 240}{105} \times 300 = 1628.57 （元）$$

用上限公式计算：

$$中位数 = 中位数所在组的上限 - \frac{\dfrac{数列总次数}{2} - 中位数所在组以后各组的累计次数}{中位数所在组的次数} \times 组距$$

$$= 1900 - \frac{\dfrac{500}{2} - 155}{105} \times 300 = 1628.57 （元）$$

二、变异程度测度指标

变异程度测度指标反映总体各单位标志值的变异程度，亦即反映变量数列中各标志值的变动范围或离散程度。平均指标只能综合反映整体中各单位或某一数量标志的共性，而不能反映它们之间的差异性。因此，平均指标仅能从一个侧面去描述总体标志值的分布特征。变异程度测度指标则从另一侧面，即标志值的差异来描述总体的特征。常用的变异程度测度指标有全距、平均差和离散系数。

（一）全距

全距又称极差，是指总体单位标志值中最大值和最小值之差，表明标志值的变动幅度或范围，是测定标志变动最简单的方法。

在闭口分组的资料中，全距 = 末组上限 − 首组下限；开口分组的资料不予计算。全距能反映总体中两极的差异，衡量平均数代表性的大小。实际工作中，全距用于检查产品质量的稳定性，进行产品质量控制，使质量指标误差控制在一定范围内。一旦超过控制范围，立即采取措施，以保证产品的质量。但全距只从两端数值考察，忽略了中间数据的变动情况，受极端值的影响很大，不能准确且综合地反映总体单位间标志值的实际差异。

（二）平均差

平均差是总体各单位标志值对其算术平均数的绝对离差的算术平均数。如前所述，总体各单位的标志值与其算术平均数的离差之和等于零，即：

$$\sum_{i=1}^{n} (X_i - \bar{X}) = 0$$

所以，计算平均差，采用离差的绝对值（$|X - \bar{X}|$），以消除离差的正负方向。

平均差计算简便，意义明确。平均差能反映总体中所有单位标志值的差异情况和平均数的代表性大小。平均差越大，总体各单位标志值越离散，平均数代表性越小；反之，则平均数代表性越大。

根据掌握资料的不同，平均差有两种不同的计算方法。

（1）简单平均式平均差计算方法，公式为：

$$AD = \frac{\sum_{i=1}^{n} |X_i - \bar{X}|}{n}$$

（2）加权平均式平均差的计算方法，公式为：

$$AD = \frac{\sum_{i=1}^{n} |X_i - \bar{X}| f_i}{\sum_{i=1}^{n} f_i}$$

式中，$\bar{X}$ 表示加权算术平均数，X_i 为第 i 组的标志值，f_i 为第 i 组的单位数。

（三）标准差

标准差是总体中各单位标志值与算术平均数离差平方和的算术平均数的平方根，又称为均方差。均方差的平方称为方差。标准差是测定标志变动程度最重要、最常用的指标。这个指标考虑了总体各单位标志值变动的影响，还能将总体中各单位标志值的差异程度全部包括在内，可以准确地反映总体的离差程度，同时又避免计算平均差时处理过程中的缺陷。根据掌握资料的不同，标准差有两种不同的计算方法。

（1）简单平均式单项资料，采用简单式计算方法，公式为：

$$\sigma = \sqrt{\frac{\sum_{i=1}^{n} (x_i - \bar{X})^2}{n}}$$

（2）加权平均式资料，采用加权方式计算，公式为：

$$\sigma = \sqrt{\frac{\sum_{i=1}^{n} (x_i - \bar{X})^2 f_i}{\sum_{i=1}^{n} f_i}}$$

【例4-7】某厂某车间甲、乙两组生产的某产品的产量如表4-7所示。

表4-7 　　　　　　　　某厂某车间甲、乙两组生产的某产品的产量

甲组			乙组		
产量（千克）	离差	离差平方	产量（千克）	离差	离差平方
55	-15	225	64	-6	36
60	-10	100	66	-4	16
65	-5	25	68	-2	4

续表

甲组			乙组		
产量（千克）	离差	离差平方	产量（千克）	离差	离差平方
70	0	0	70	0	0
75	5	25	72	2	4
80	10	100	74	4	16
85	15	225	76	6	36
合计	0	700	合计	0	112

计算甲、乙两组的平均差及标准差。

解：甲组的平均差为：

$$AD = \frac{\sum_{i=1}^{n_1} |x_{1,i} - \overline{X_1}|}{n_1} = \frac{60}{7} = 8.57 \text{（千克）}$$

甲组的标准差为：

$$\sigma = \sqrt{\frac{\sum_{i=1}^{n_1} (x_{1,i} - \overline{X_1})^2}{n_1}} = \sqrt{\frac{700}{7}} = 10 \text{（千克）}$$

乙组的平均差为：

$$AD = \frac{\sum_{i=1}^{n_2} |x_{2,i} - \overline{X_2}|}{n_2} = \frac{24}{7} = 3.43 \text{（千克）}$$

乙组的标准差为：

$$\sigma = \sqrt{\frac{\sum_{i=1}^{n_2} (x_{2,i} - \overline{X_2})^2}{n_2}} = \sqrt{\frac{112}{7}} = 4 \text{（千克）}$$

计算结果表明，甲组的平均差比乙组大，说明甲组日平均产量（70 千克）的代表性比乙组日平均产量（70 千克）的代表性小，则乙组工人的技术水平比甲组均衡。甲组的标准差（10 千克）比乙组的标准差（4 千克）大，说明甲组的平均数比乙组的平均数代表性小。可见，标准差越大，平均数代表性越小，总体各单位标志值离散程度也越大；反之，标准差越小，平均数代表性越大，总体各单位标志值离散程度越小。

（四）标志变异系数（离散系数）

全距、平均差，标准差等标志变异指标相同之处是均反映同一个总体内各单位标志值变异程度，不同之处是其具体表现形式，用绝对数或平均数表示，都有计量单位，因此，无法在不同的总体之间进行对比，如要对不同总体之间各单位的标志变异程度作对比分析，必须采用标志变异系数，以消除平均数影响后的变异指标，形成相对数。常用的离散系数有全距系数、平均差系数和标准差系数三种。

1. 全距系数

全距系数是用全距与其相应的算术平均数相比所得的比值，公式为：

$$V_R = \frac{R}{\overline{X}} \times 100\%$$

2. 平均差系数

平均差系数是用平均差与其相应的算术平均数相比所得的比值，公式为：

$$V_{AD} = \frac{AD}{\overline{X}} \times 100\%$$

3. 标准差系数

标准差系数是用标准差与其相应的算术平均数相比求得的相对数，公式为：

$$V_{\sigma} = \frac{\sigma}{\overline{X}} \times 100\%$$

【例4-8】 某企业进口某种电子元器件，从日本进口的平均单价为98元，均方差为8元。从美国进口的平均单价为70元，均方差为7元，计算其标准差系数。

$$V_{\sigma日} = \frac{\sigma_日}{\overline{X}_日} \times 100\% = 8.16\%$$

$$V_{\sigma美} = \frac{\sigma_美}{\overline{X}_美} \times 100\% = 10\%$$

由此可以看出，虽然从日本进口的电子元器件平均单价标准差都比从美国进口大，但从两者的均方差系数分析，从日本进口比从美国进口单位成本更有代表性、更稳定。

当市场上进口商品价格波动较大时，以均方差系数比较不同市场的价格，有助于在以后进货时做出明智的决策。

标准差系数是统计中最常用、最重要的分析指标之一。它能对比不同水平总体之间和不同总体的标志变异程度。标准差是用平均指标表示，其数值大小受不同总体单位标志值水平高低的影响。因此要对比不同总体之间平均数代表性大小，应采用标准差系数。

由表4-8可见，甲组的平均差、标准差都比乙组大，但并不能说明甲组工人日产量异性比乙组大，甲组工人平均日产量代表性比乙组差。相反，从两个组的标志变异系数看，乙组的平均差系数和标准差系数都比甲组大，说明乙组工人日产量差异大，其平均数代表性比甲组小。

表4-8　　　　　某厂甲、乙两个生产小组生产不同产品平均日产量的特征数

组别	平均数（台）	平均差	标准差	平均差系数（%）	标准差系数（%）
甲	70	6.0	7.07	8.571	10.10
乙	7	2.8	3.41	40.00	48.7

三、概率分布函数

（一）损失事故发生次数的分布

损失事故发生次数的概率估计用到两种分布：二项分布和泊松分布。

1. 二项分布

若随机变量 X 的概率分布函数为 $P(X=k) = C_n^k p^k q^{n-k}$，$k=0$，1，2，…，n，其中，$0<p<1$，$q=1-p$，则称 X 服从参数为 n，p 的二项分布，记为 $X \sim B(n,p)$。

二项分布表示 n 重伯努利实验中事件 A 发生的次数，其中 n 重伯努利实验满足：每次试验只有两种可能结果，要么 A 发生要么 A 不发生；试验可以在同样条件下重复进行；n 次试验的结果相互独立；每次实验中事件 A 发生的概率为 p。

二项分布的期望是 np，方差是 $np(1-p)$。

【例4-9】某保单承保了 n 个学生为期一周的团体意外伤害保险，保险责任是死

亡。假设这 n 个学生是独立同分布的风险个体，死亡率是 p，则这个团体的总理赔次数是什么分布？

解：理赔次数 X 服从参数为 n，p 的二项分布。

【例 4 - 10】 在机动车辆保险中，根据以往的统计资料，已知每辆机动车在一年内出现事故的概率为 0.005，今年参加保险的机动车辆有 1000 辆，问：

（1）明年有 10 辆机动车出现事故的概率是多少？

（2）明年出现事故的平均车辆数是多少，均方差是多少？

解：10 辆车出现事故的概率为：

$$p\{x = 10\} = C_{1000}^{10} 0.005^{10} (1 - 0.005)^{1000 - 10}$$

$$C_{1000}^{10} = \frac{1000!}{10! (1000 - 10)!} = \frac{1000 \times 999 \times 998 \times \cdots \times 1}{(10 \times 9 \times \cdots \times 1)(990 \times \cdots \times 1)}$$

明年出现事故的平均车辆为：

$$np = 0.005 \times 1000 = 5$$

均方差为：

$$\sqrt{npq} = \sqrt{0.005 \times 1000 \times (1 - 0.005)} = 2.23$$

2. 泊松分布

若随机变量 X 的概率分布函数为 $P(X = k) = \frac{\lambda^k}{k!} e^{-\lambda}$，$k = 0，1，2，\cdots$，其中，$\lambda$ 为常数，则称随机变量 X 服从参数为 λ 的泊松分布，简记为 $X \sim p(\lambda)$。

在实际事例中，当一个随机事件，例如某电话交换台收到的呼叫、来到某公共汽车站的乘客、某放射性物质发射出的粒子、显微镜下某区域中的白细胞等，以固定的平均瞬时速率 λ（或称密度）随机且独立地出现时，那么这个事件在单位时间（面积或体积）内出现的次数或个数就近似地服从泊松分布。因此，泊松分布在管理科学、运筹学以及自然科学的某些问题中都占有重要的地位。

泊松分布的期望和方差都是 λ。当二项分布的 n 很大，p 很小，一般 $n \geqslant 50$，$p \leqslant 0.1$ 时，可以用参数为 np 的泊松分布来近似二项分布。故对**【例 4 - 10】** 重新求解：$p\{x = 10\} = \frac{5^{10} e^{-5}}{10!}$，均值为 5，均方差为 $\sqrt{5}$。

（二）每次事故的损失金额估计

估计的任务是平均损失额和超过某损失额的可能性大小（概率）。用到的分布：正态分布、对数正态分布、帕累托分布。后两个分布概率密度函数具有右偏斜性，即小额损失发生概率大，大额损失发生概率小。

1. 正态分布

若连续随机变量 X 的概率密度函数为 $\varphi(x) = \dfrac{1}{\sqrt{2\pi}\sigma} e^{-\frac{(x-\mu)^2}{2\sigma^2}}$，其中，$\mu$、$\sigma$ 为常数，且 $\sigma > 0$，则称 X 服从参数为 μ 和 σ^2 的正态分布，记为 $X \sim N(\mu, \sigma^2)$。

正态分布又名高斯分布，是一个在数学、物理及工程等领域都非常重要的概率分布，在统计学的许多方面有着重大的影响力。正态分布是一个连续性随机变量，其概率密度函数具有以下几个特征：一是集中性，正态曲线的高峰位于正中央，即均值所在的位置；二是对称性，正态曲线以均值为中心，左右对称，曲线两端永远不与横轴相交；三是均匀变动性，正态曲线由均值所在处开始，分别向左右两侧逐渐均匀下降；四是正态分布的两个参数，即均值 μ 和标准差 σ，均值 μ 决定正态曲线的中心位置，标准差 σ 决定正态曲线的陡峭程度，标准差 σ 越小曲线越陡峭。

标准化正态分布，就是把正态分布化为均值为 0、均方差为 1 的标准正态分布的过程。一般正态分布标准化方法为：把随机变量 X 化为标准变量：$X_0 = \dfrac{X - \mu}{\sigma}$。如果某一变量服从 $N(\mu, \sigma^2)$，则 $p(X < m) = \Phi_0\left(\dfrac{m-\mu}{\sigma}\right)$；$p(X > m) = 1 - \Phi_0\left(\dfrac{m-\mu}{\sigma}\right)$，其中 $\Phi(x)$ 是标准正态分布的分布函数。

【例 4 – 11】某保险公司一年内赔款支付服从 $N(50, 10^2)$。求以下情况的概率：

（1）赔款在 50 万 ~ 60 万元之间。

（2）赔款超出 70 万元。

解：设赔款为 X，首先对之进行标准化处理，其次通过查表求出其概率值。

（1）$P\{50 < X < 60\} = P\left\{\dfrac{50-50}{10} < \dfrac{X-50}{10} < \dfrac{60-50}{10}\right\} = \Phi_0(1) - \Phi_0(0)$

（2）$P\{X > 70\} = P\left\{\dfrac{X-50}{10} > \dfrac{70-50}{10}\right\} = 1 - \Phi_0(2)$

2. 对数正态分布

对数正态分布即为观察值取对数后得到的数据服从正态分布。

$$E(X) = \exp\left(\mu + \frac{\sigma^2}{2}\right), \ Var(X) = (e^{\sigma^2} - 1)\exp\{2\mu + \sigma^2\}$$

$$p(X < m) = \Phi_0\left(\frac{\ln m - \mu}{\sigma}\right)$$

第四节 风险评估的内容

风险评估主要是在对过去损失资料分析的基础上，运用概率和数理统计的方法对某一个（或某几个）特定风险的事故发生概率（或频数）和风险事故发生后可能造成损失的严重程度作定量分析，因此包括估计损失概率、估计损失程度、估计风险水平等。

一、估计损失概率

（一）损失概率的定义

损失概率是指一定时间和范围内的风险事件，即损失发生的可能性。损失概率有两种说法：一是空间性说法。既要考虑本单位的过去损失情况，又要参考不同经济单位损失情况的经验数据。如：设有 n 个相互独立的相似风险单位，在一定时期内（如 1 年）有 m 个单位遭受损失，则损失频率为 P = m/n。二是时间性说法。损失概率估计所使用的观测值和估计结果应具有一定的时间限定，如：以月为单位还是以年为单位。如：某风险单位在 n 个单位时间内（如 n 年）有 m 次遭受损失，则损失频率为 P = m/n。

（二）损失概率估计的内容

损失概率估计的内容包括：（1）风险单位遭受单一风险事故所致单一损失形态的损失概率；（2）一个风险单位同时遭受多种风险事故所致单一损失形态的损失概率；（3）一个风险单位，不同时遭受多种风险事故所致单一损失形态的损失概率；（4）一个风险单位，遭受单一风险事故所致多种损失形态的损失概率；（5）多个风险单位，遭受单一风险事故所致单一损失形态的损失概率。

（三）损失概率估计的方法

损失概率的估计包括客观概率估计和主观概率估计。

1. 客观概率估计

客观概率是根据事件发展的客观性统计出来的一种概率。客观概率可以根据历史数据或大量的试验来推定：可以将一个事件分解为若干子事件，通过计算子事件的概率来获得主要事件的概率；也可通过足够量的试验，统计出事件的概率。其最大缺陷是需要足够的信息，但通常是不可得的。客观概率只能用于完全可重复事件，因而并不适用于大部分现实事件。客观概率估计常用的两种方法为概率树方法和蒙特卡洛模拟方法。

概率树方法是假定风险变量之间是相互独立的，在构造概率树的基础上，将每个风险变量的各种状态取值组合计算，分别计算每种组合状态下的评价指标值及相应的概率，得到评价指标的概率分布，并统计出评价指标低于或高于基准值的累计概率，计算评价指标的期望值、方差、标准差和离散系数。可以绘制以评价指标为横轴，累计概率为纵轴的累计概率曲线。

蒙特卡洛模拟方法的使用条件：当在项目评价中输入的随机变量个数多于 3 个，每个输入变量可能出现三种以上以致无限多种状态时（如连续随机变量），就不能用理论计算法进行风险分析，这时就必须采用蒙特卡洛模拟技术。

蒙特卡洛模拟方法的原理是：用随机抽样的方法抽取一组输入变量的数值，并根据这组输入变量的数值计算项目评价指标，抽样计算足够多的次数可获得评价指标的概率分布，并计算出累计概率分布、期望值、方差、标准差，计算项目由可行转变为不可行的概率，从而估计项目投资所承担的风险。

【例 4 – 12】假设某单位有四栋仓库，互相独立，每栋仓库遭受火灾的概率均为 1/20，遭受水灾的概率均为 1/10，遭受地震的概率均为 1/50。计算：

（1）某栋仓库同时遭受火灾和地震的概率。

（2）某栋仓库一年内遭受火灾或水灾损失的概率。

（3）至少有一栋仓库发生火灾的概率。

解：（1）某栋仓库同时遭受火灾和地震的概率为：

$$\frac{1}{20} \times \frac{1}{50} = 1/1000 = 0.1\%$$

（2）某栋仓库一年内遭受火灾或水灾损失的概率为：

$$\frac{1}{20} + \frac{1}{10} - \frac{1}{20} \times \frac{1}{10} = \frac{29}{200} = 14.5\%$$

（3）四栋仓库中发生火灾的个数 X 服从二项分布，参数为 4 和 1/20，至少有一栋仓库发生火灾的概率为：

$$p(X \geqslant 1) = 1 - p(X = 0) = 1 - C_4^0 \left(\frac{1}{20}\right)^0 \left(\frac{19}{20}\right)^{20} = 64.15\%$$

【例 4 - 13】某企业近 5 年的损失金额及损失次数如表 4 - 9 所示。

表 4 - 9　　　　　　　　　某企业近 5 年的损失金额及损失次数

损失金额（万元）	5 ~ 15	15 ~ 25	25 ~ 35	35 ~ 45	45 ~ 55	55 ~ 65	65 ~ 75
次数（次）	2	9	28	30	21	5	1

计算：（1）每次损失 45 万 ~ 60 万元的概率；（2）损失在 75 万元以上的概率。

解：根据数据作频数直方图，发现与正态分布的概率密度函数图存在很强的相似性。根据数据进行整理，计算期望和标准差，分别为 38.125 和 11.575。将随机变量 X 转变为标准正态分布随机变量 Z，$Z = (X - \mu)/\sigma = (X - 38.125)/11.575$。用标准正态分布进行计算：每次损失 45 万 ~ 60 万元的概率为 $P(45 < X < 60) = 0.24822$；损失在 75 万元以上的概率为 $P(75 < X < \infty) = 0.0007$。

2. 主观概率估计

主观概率是基于个人经验、预感或直觉而估算出来的概率，是一种个人的主观判断。主观概率估计是基于经验、知识或类似事件比较的专家推断概率。主观概率具有最大的灵活性，决策者可以根据任何有效证据并结合自己对情况的感觉对概率进行调整，是一种心理评价，对同一事件，不同人对其发生的概率判断是不同的。注意：当有效统计数据不足或是不可能进行试验时，主观概率是唯一选择。主观概率专家估计的具体步骤：

第一，根据需要调查问题的性质组成专家组。专家组成员由熟悉该风险因素的现状和发展趋势的专家、有经验的工作人员组成。

第二，查某一变量可能出现的状态数或状态范围和各种状态出现的概率或变量发生在状态范围内的概率，由每个专家独立使用书面形式反映出来。

第三，整理专家组成员意见，计算专家意见的期望值和意见分歧情况，反馈给专家组。

第四，专家组讨论并分析意见分歧的原因。重新独立填写变量可能出现的状态或状态范围和各种状态出现的概率或变量发生在状态范围内的概率，如此重复进行，直至专家意见分歧程度满足要求值为止。这个过程最多经历三个循环，否则不利于获得专家们的真实意见。

二、估计损失程度

（一）损失程度的定义

损失程度是衡量损失严重程度的一个量，指在一定时期内某一次事故发生时，可能造成的最大损失数值。

（二）损失幅度估测需考虑的几个问题

（1）同一风险事故所致的各种损失形态，不仅要考虑潜在的直接损失，还要考虑潜在的间接损失。不仅要考虑潜在的财产损失，还要考虑潜在的责任损失和潜在的人身伤亡损失。如房屋坍塌可能有各种损失后果，房屋自身损失、人员伤亡损失、危及第三者的责任事故损失等。

（2）一个风险事故涉及的风险单位数目，如某一建筑同时遭受火灾、爆炸、倒塌等情况下的损失。

（3）考虑损失和总损失的时间效应。

（三）损失幅度估测的途径

1. 一个风险单位在某一风险事故中的最大潜在损失

最大潜在损失可以通过以下几个指标反映：

第一，最大可能损失。最大可能损失指某一风险单位在其整个生存期间，由单一事故引起的可能的最坏情况下的损失。如一个被保险标的价值是 100 元，可能全部损毁的概率是 1%，那么它的预期损失就是 1 元，而最大可能损失是 100 元。

第二，最大可信损失。最大可信损失是指某一风险单位，在一定时期内（不是企业的生命生存期），由单一事故所引起的可能遭受的最大损失。

第三，年度预期损失。年度预期损失是指在客观条件不变的情况下，经过长期观察而计算的年平均损失，等于年平均事故发生次数乘以每次事故所造成的平均损失。

2. 一个风险单位遭受单一风险事故所致实质性损失

在其他条件相同而防护设施不同的情况下，一次事故所造成的最大损失是不同的。以火灾为例，根据建筑物防护设施情况，损失幅度可分为四种：

第一，正常损失预期值。正常损失预期值是指建筑物在最佳防护系统下，一次火灾发生的最大损失。最佳防护系统是指当火灾发生时，建筑物自身和外部的消防系统和消防设施都能正常操作，且都能发挥预期功能。

第二，可能最大损失。可能最大损失是指建筑物自身和外部环境虽然都有良好的消防系统和消防设施，但当发生火灾时，建筑物自身或外部的防护设备有部分因供水不足，或其他原因所致，而无法发挥其预期功能。这种情况下所造成的最大损失为可能最大损失。

第三，最大可预期损失。最大可预期损失指当火灾发生时，建筑物自身的消防设施无法发挥其预期功能，致使火灾蔓延，直烧至防火墙才隔绝了火势；或将所有可燃物燃尽；或者直至公共消防队至现场进行灭火，把火熄灭为止。其所造成的最大损失，称为最大可预期损失。

第四，最大可能潜在损失。最大可能潜在损失是指建筑物自身和外部的消防设施和防护系统，在火灾发生时，均无法正常操作，从而失去了其预期功能的情况下的最大损失。

四种损失发生的概率依次递减，而损失金额却依次递增。

3. 一年内，一个或多个风险单位遭受一种或多种风险事故所致总损失额

年度最大可能总损失是指在一特定年度中，单一或多个风险单位可能遭受一种或多种风险事故，其所造成的最大总损失。

衡量损失程度的注意事项：第一，损失程度常以货币价值进行体现；第二，损失程度不仅与损失的类型有关，且与遭受损失的风险单位个数有关；单位越多，损失越大；第三，度量损失程度要考虑损失金额及其货币时间价值，一年50万元损失与10年中每年损失5万元，前者更严重；第四，损失程度与损失时间有关。风险事件发生的时间越长，发生的概率越大，损失程度越大。

三、估计风险水平

在采用一系列方法估算出损失概率和损失程度后，可以利用风险单位数计算总损失，也可以构建风险矩阵和风险评估坐标图进行直观反映。

（一）风险矩阵

1. 风险矩阵的定义

风险矩阵是通过定性分析和定量分析综合考虑风险影响和风险概率两方面的因素，对风险因素对项目的影响进行评估的方法。它出现于 20 世纪 90 年代中后期，由美国空军电子系统中心最先提出，并在美国军方武器系统研制项目风险管理中得到广泛的推广应用。

2. 风险矩阵法的步骤

（1）识别企业（项目）的所有潜在风险。根据前述风险识别方法，识别企业或者一个项目的所有潜在风险。

（2）确定风险影响等级。估计这些潜在风险发生后对整个企业（项目）的影响，可按低、中、高或赋值 0～10 的方法给出，如表 4－10 所示。

表 4－10　　　　　　　　　　风险影响等级及其定义或说明

风险影响等级	定义或说明
关键	一旦风险事件发生，将导致项目失败
严重	一旦风险事件发生，会导致经费大幅增加，项目周期延长，可能无法满足项目的二级需求
一般	一旦风险事件发生，会导致经费一般程度的增加，项目周期一般性延长，但仍能满足项目一些重要的要求
微小	一旦风险事件发生，经费只有小幅增加，项目周期延长不大，项目需求的各项指标仍能保证
可忽略	一旦风险事件发生，对项目没有影响

（3）确定风险概率。估计这些潜在风险发生的可能性，具体赋值方法如表 4－11

所示。

表 4 – 11　　　　　　　　　　　　　风险概率范围及其解释说明

风险概率范围（%）	解释说明
0 ~ 10	非常不可能发生
11 ~ 40	不可能发生
41 ~ 60	可能在项目中期发生
61 ~ 90	可能发生
91 ~ 100	极可能发生

（4）确定风险等级。利用前面给定的风险影响等级和风险概率，可以将风险等级划分为高、中、低三档，如表 4 – 12 所示。

表 4 – 12　　　　　　　　　　　　　风险影响等级和风险概率

风险概率范围（%）	可忽略	微小	一般	严重	关键
0 ~ 10	低	低	低	中	中
11 ~ 40	低	低	中	中	高
41 ~ 60	低	中	中	中	高
61 ~ 90	中	中	中	中	高
91 ~ 100	中	高	高	高	高

也可以利用 Borda 序值等方法，确定更详细的风险等级。

Borda 计数法是由法国数学家让 – 查理斯·波达（Jean – Charles de Borda）提出的一种经典的投票表决法，即排序式的投票制度。其方法是在投票时不仅要让投票人表达最希望哪些人当选，还应当让投票者给这些心目中合格的候选人进行排序。即投票人通过投票表达出对各候选人的偏好次序。然后对候选人从高到低进行评分并累加，得分最高者最终获胜。将投票理论的 Borda 方法引入到风险矩阵中，即是 Borda 序值方法。

3. 风险矩阵法的优点

风险矩阵作为一种简单、易用的结构性风险管理方法，在项目管理实践中具有以下优点：可识别哪一种风险是对项目影响最为关键的风险；加强项目要求、技术和风险之间相互关系的分析；允许工业部门在项目风险管理前期就加入进来；风险矩阵方法是在项目全周期过程中评估和管理风险的直接方法；为项目风险和风险管理提供了详细的可供进一步研究的历史纪录。

（二）风险评估坐标图

1. 风险评估坐标图的定义

风险评估坐标图是把风险发生可能性的高低、风险发生后对目标的影响程度，作为两个维度绘制在同一个平面上（即绘制成直角坐标系）。对风险发生可能性的高低、风险对目标影响程度的评估有定性、定量等方法。定性方法是直接用文字描述风险发生可能性的高低、风险对目标的影响程度，如"极低""低""中等""高""极高"等。定量方法是对风险发生可能性的高低、风险对目标影响程度用具有实际意义的数量描述，如对风险发生可能性的高低用概率来表示，对目标影响程度用损失金额来表示。

2. 风险评估坐标图的制作步骤

（1）对风险发生可能性的高低和风险对目标影响程度进行定性或定量评估

根据前面所讲的方法评估一个企业或者项目的风险概率和风险影响程度。下表列出某公司对风险发生可能性的定性、定量评估标准及其相互对应关系（见表4－13），供实际操作中参考。

表4－13　某公司对风险发生可能性的定性、定量评估标准及其相互对应关系

定量方法一	评分	1	2	3	4	5
定量方法二	一定时期发生的概率	10%以下	10%~30%	31%~70%	71%~90%	90%以上
定性方法	文字描述一	极低	低	中等	高	极高
	文字描述二	一般情况下不会发生	极少情况下才发生	某些情况下发生	较多情况下发生	常常会发生
	文字描述三	今后10年内发生的可能少于1次	今后5~10年内可能发生1次	今后2~5年内可能发生1次	今后1年内可能发生1次	今后1年内至少发生1次

表4－14列出某公司关于风险发生后对目标影响程度的定性、定量评估标准及其相互对应关系，供实际操作中参考。

表4－14　　　　　　　　　**某公司风险发生后对目标影响程度的定性、**
定量评估标准及其相互对应关系

定量方法一		评分	1	2	3	4	5
定量方法二		企业财务损失占税前利润的百分比（%）	1%以下	1%～5%	6%～10%	11%～20%	20%以上
适用于所有行业	定性方法	文字描述一	极轻微的	轻微的	中等的	重大的	灾难性的
		文字描述二	极低	低	中等	高	极高
		文字描述三 企业日常运行	不受影响	轻度影响（造成轻微的人身伤害，情况立刻受到控制）	中度影响（造成一定人身伤害，需要医疗救援，情况需要外部支持才能得到控制）	严重影响（企业失去一些业务能力，造成严重人身伤害，情况失控，但无致命影响）	重大影响（重大业务失误，造成重大人身伤亡，情况失控，给企业致命影响）
		文字描述三 财务损失	较低的财务损失	轻微的财务损失	中等的财务损失	重大的财务损失	极大的财务损失
		文字描述三 企业声誉	负面消息在企业内部流传，企业声誉没有受损	负面消息在当地局部流传，对企业声誉造成轻微损害	负面消息在某区域流传，对企业声誉造成中等损害	负面消息在全国各地流传，对企业声誉造成重大损害	负面消息流传世界各地，政府或监管机构进行调查，引起公众关注，对企业声誉造成无法弥补的损害

适用于开采业、制造业	定性与定量结合	安全	短暂影响职工或公民的健康	严重影响一位职工或公民健康	严重影响多位职工或公民健康	导致一位职工或公民死亡	引致多位职工或公民死亡
		营运	（1）对营运影响微弱；（2）在时间、人力或成本方面不超出预算1%	（1）对营运影响轻微；（2）受到监管者责难；（3）在时间、人力或成本方面超出预算1%～5%	（1）减慢营业运作；（2）受到法规惩罚或被罚款等；（3）在时间、人力或成本方面超出预算6%～10%	（1）无法达到部分营运目标或关键业绩指标；（2）受到监管者的限制；（3）在时间、人力或成本方面超出预算11%～20%	（1）无法达到所有的营运目标或关键业绩指标；（2）违规操作使业务受到中止；（3）时间、人力或成本方面超出预算20%
		环境	（1）对环境或社会造成短暂的影响；（2）可不采取行动	（1）对环境或社会造成一定的影响；（2）应通知政府有关部门	（1）对环境造成中等影响；（2）需要一定时间才能恢复；（3）出现个别投诉事件；（4）应执行一定程度的补救措施	（1）造成主要环境损害；（2）需要相当长的时间来恢复；（3）大规模的公众投诉；（4）应执行重大的补救措施	（1）无法弥补的灾难性环境损害；（2）激起公众的愤怒；（3）潜在的大规模的公众法律投诉

（2）绘制风险坐标图。对风险发生可能性的高低和风险对目标影响程度进行定性或定量评估后，依据评估结果绘制风险坐标图。例如，某公司对9项风险进行了定性评估，风险①发生的可能性为"低"，风险发生后对目标的影响程度为"极低"……风险⑨发生的可能性为"极低"，对目标的影响程度为"高"，则绘制风险坐标（见图4-3）。

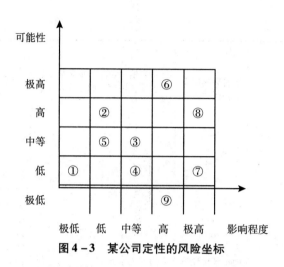

图 4 - 3　某公司定性的风险坐标

　　例如，某公司对 7 项风险进行定量评估，其中：风险①发生的可能性为 83%，发生后对企业造成的损失为 2100 万元；风险②发生的可能性为 40%，发生后对企业造成的损失为 3800 万元……而风险⑦发生的可能性在 55% ~ 62% 之间，发生后对企业造成的损失在 7500 万 ~ 9100 万元之间，在风险坐标图上用一个区域来表示，则绘制风险坐标（见图 4 - 4）。

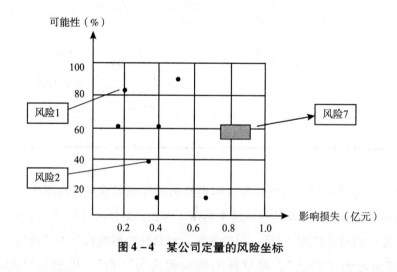

图 4 - 4　某公司定量的风险坐标

　　绘制风险坐标图的目的在于对多项风险进行直观的比较，从而确定各风险管理的优先顺序和策略。例如，某公司绘制了如下风险坐标（见图 4 - 5），并将该图划分为 A、B、C 三个区域，公司决定承担 A 区域中的各项风险且不再增加控制措施；严格控制 B

区域中的各项风险且专门补充制定各项控制措施；确保规避和转移 C 区域中的各项风险且优先安排实施各项防范措施。

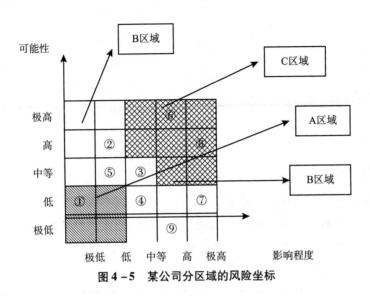

图 4 - 5 某公司分区域的风险坐标

【思考与练习】

1. 计算以下样本的平均绝对差、方差和标准差及变异系数。

12　73　59　31　19　28　73　　65

57　62　81　46　37　95　103　87

2. 计算以下分组资料的变异系数。

组别	分组	频数 f_2
1	11.2 ~ 14.2	2
2	14.2 ~ 17.2	15
3	17.2 ~ 20.2	7

3. 某保险在不同地区的理赔额差异很大，现将其有关资料整理如下表所示。

理赔额（元）	理赔次数	理赔额（元）	理赔次数
1100～1200	128	1600～1700	196
1200～1300	239	1700～1800	131
1300～1400	768	1800～1900	13
1400～1500	486	合计	2162
1500～1600	201		

要求：

（1）计算平均理赔额。

（2）计算理赔额的众数、中位数。

（3）根据理赔额的算数平均值、众数、中位数的关系，判断其价格分布的特点。

4. 整理下表的数据，并画出频率直方图。

0.1	0.3	18	10
9	0.5	0.8	22
7	6	3	25
8	17	22	27

第五章　企业的财产风险分析

【本章概要】

在风险管理发展初期，企业风险管理者的主要工作就是对企业财产所面临的风险进行管理，如今，这仍然是企业风险管理工作的重要部分。风险经理每天都要对企业财产所面临的各种风险进行识别，并制定相关的风险管理决策。在这一过程中，要了解这些财产的权益、价值以及潜在风险的性质。企业财产风险分析包括两个方面：一是对财产的权益和价值等进行评估；二是对可能导致财产损失的原因进行分析。本章将对财产的权益、财产价值的评估方法和可能导致企业财产损失的几类主要原因进行介绍。

【本章学习目标】

1. 了解企业财产的权益；

2. 熟悉企业财产面临的风险类型及其基本形成原因；

3. 学会运用重置成本法对财产价值进行评估。

引　言

【导读案例】天津港"8·12"爆炸事故致直接经济损失超 68 亿元人民币

2015 年 8 月 12 日 22 时许，位于天津滨海新区天津港的瑞海公司危险品仓库发生火灾，并随后引发两次剧烈的爆炸，事故造成 165 人遇难，8 人失踪，重伤 58 人，轻伤 740 人，直接经济损失 68.66 亿元人民币，并造成周边局部区域空气、水和土壤等环境不同程度污染。

天津港"8·12"特大爆炸事故将天津这个多年没有负面大新闻的城市突兀地推到了世界面前，一时间，天津处于舆论的风口浪尖。多年的积累让天津经济的成就靓丽抢眼，然而，大爆炸让"天津品牌"遭遇了前所未有的危机。爆炸发生后，德国财经网按 2015 年 8 月 24 日 1 欧元兑 7.3232 元人民币的汇率计算，爆炸造成的全部经济损失达 730 亿元人民币。其中，汽车行业的损失最大是显而易见的。由于目前中国进口汽车中约 40% 通过天津港，集中在天津的汽车公司在爆炸中遭受了严重损失。相关统计显示，2014 年经天津港进口汽车超过 50 万辆。此次爆炸，数千辆新车被炸毁，全球相关汽车制造商不得不评估其损失。

在保险方面，由于此次事故涉及六大保险类型（汽车保险、企业财产保险、家庭保险、意外健康保险、责任保险和货物运输保险），故保险业为此支付了巨额赔偿。一些业内人士估计，赔偿金额超过了以往保险史上海力士火灾案 9 亿美元的赔偿金额，估计赔偿金额超过 100 亿美元（按当日中国银行公布的外汇牌价中间价 1：6.3862 计算)①。

对企业财产所面临的风险进行管理，是企业风险管理理论和实践产生和发展的起点，100 多年来，它一直是企业风险管理者的一项主要工作。天津港"8·12"爆炸事故更是警醒世人，随着经济社会的发展、财富的积累、企业规模的扩大、法律法规体系的健全以及保险业服务体系的日趋完善，企业所面临的财产及其相关风险种类越来越多，规模越来越大，加强对企业财产所面临的风险的管理，仍然是企业风险管理工作的重要部分。

企业财产风险分析包括两个方面：一是对财产的权益和价值等进行评估；二是对可能导致财产损失的原因进行分析。

第一节　企业财产的类型与权益

一、企业财产类型

企业财产（property rights）是企业所拥有的由经济价值的权利所构成的集合体。它通常可以分为有形财产（又称"有体物""实物资产"），如金钱、物资；无形财产（又称"无体物""非实物资产"），如债权、知识产权、虚拟财产权等；也可以分为积极财

---

① 《天津港"8·12"爆炸经济损失或达 730 亿，保险赔付或创历史新高》，搜狐新闻，2015 年 8 月 31 日，http：//news.sohu.com/20150831/n420151651.shtml。

产，如金钱、物资及各种财产权利，消极财产，如债务。

有形财产包括不动产和动产两大类：

（一）不动产

所谓不动产是指"土地以及在土地上生长、建造或固定的任何实物"。具体包括两类：

1. 未改良的土地

这类土地尚未被使用，但因其将来会被使用而具有市场价值，可以通过地役权来获得其财产所有权。不动产价值难以确定，因为这种土地包含了以下几个方面：

（1）湖泊、泉水、河流、地下水等水资源；

（2）煤、铜、铁、沙石等矿藏；

（3）山洞、温泉、古迹等景观；

（4）生长中的植物；

（5）野生动物。

另外，这类土地所在的地理位置也是影响其市场价值的重要因素。

未改良的土地遭受损失的主要原因有森林火灾、旱灾、虫灾、土壤侵蚀等。

2. 建筑物和其他建筑

建筑物和其他建筑的损失风险主要由它们的建筑结构、占用性质、防损措施和危险单位等决定。正在建设中的建筑物会有一些特殊的危险因素，如尚未安装防损装置、工地上堆放易燃物资、同一工程项目中可能有数个分包商在施工。

（二）动产

动产是指"除不动产之外任何被拥有的财产"，它包括除不动产之外的所有有形财产和无形财产两类。

1. 有形财产

有形财产是指具有一定实物形态的资产。具体来说，包括以下几种：

（1）货币和证券。它包括现金、银行存款、票据、存款单、汇票、证券、债务凭证等所有货币资产，其损失风险程度因企业不同而有所差异。例如，商店一般会持有大量现金和支票，而一家大型生产厂家却持有少量现金，但二者都会面临遭受巨额贪污损失的风险。造成货币和证券损失的主要原因是内部员工的贪污、挪用和外部的盗窃。

（2）应收账款记录。这些记录会遭受损毁或盗窃，一般难以复制，或者要花相当大的费用去复制。化解这一损失风险的合理控制措施是在其他地方保存这些记录的复印件。

（3）存货。它包括原材料、在制品、制成品、待售货物等。存货的价值时常在变动因而难以估计，且使其遭受损失的原因很多，特别是在运输过程中容易遭受损毁。

（4）办公用具、用品和设备。这类动产的主要特点是：种类繁多，单位价值较低，而且其总价值难以精确估计。

（5）机器。它们一般具有较高价值，但通常会迅速折旧。机器除了会遭受普通的损失之外，还会遭受一些特殊原因导致的损失。例如，由于不当使用或疏于养护引起的机器故障、内在缺陷、电器故障、锈损、过热，以及技术进步引起的设备落后。

（6）数据处理的硬件、软件和媒体。许多企业已经配备了电子数据处理设备，因此也将其作为一类有形财产。由于计算机的特性及其环境风险，使计算机可能遭受某些特殊损失，诸如由于电子脉冲导致的损坏、解调器失灵导致的数据损失、计算机犯罪等。有些计算机为用户所有，有些则是用户租赁来的。租赁协议一般会规定出租人承担计算机及其设备遭受意外损失的责任和保养的责任，但情况并非都是如此，因此需要仔细审阅租赁协议以明确双方的责任。由于新型、快速、小型、廉价的计算机不断投入市场，较之大多数其他设备，计算机会很快过时，所以重置原有旧型号计算机几乎不可能的，因此要使用"功能重置成本"来对其估价。

（7）重要文件。它包括财务、会计、统计资料、照片、影片、地图等。这类财产难以确定其价值，容易损毁或遗失，通常也难以复制。

（8）运输工具。飞机、汽车、船舶等运输工具，其特点是价值一般较高，发生碰撞的风险最大。

2. 无形财产

无形财产通常是指企业拥有或者控制的没有实物形态的可辨认非货币性财产。它包括商誉、商标、专利权、版权、租赁权益、营业执照、商业秘密等。其主要特点是难以确定价值，一般只能根据比拥有相同金额有形财产的同类企业持续获得更多的利润额来加以评估，把这部分利润看作由无形财产产生的。

二、企业财产中的合法权益拥有者

财产与相应的权益对应，只有享有合法财产权益的个人或组织才可能因财产损毁遭受一定的经济损失。在识别和评估企业商业活动中所涉及的财产风险暴露时，必须了解与财产有关的各种权益，这样才能对潜在的财产损失进行合理评价。

财产合法权益的拥有者主要有以下几类：

(一) 所有者

所有者对财产的拥有可分为两种：独家所有和部分所有。所有者要承受财产遭受的直接损失、间接损失和时间因素损失。最清晰的财产权益就是独家所有，如果企业某项财产属于共有，即单个所有者只拥有其部分财产权益，那么该所有者就只承担该项财产相应比例的部分损失。

(二) 持有担保品的债权人

持有担保品的债权人包括：抵押品的受押者；留置权限制下的制造商；因存储费用或运输费用而拥有货物留置权的仓储公司或运输公司；在有条件的销售合同中，因未付清购买货款而留置不动产的卖主等。

持有担保品的债权人对于用作贷款保证的财产具有担保权益，因为这项财产的损毁会影响债权人向债务人索赔的能力。如果担保品损毁，债权人承担的潜在损失并不是这项担保品的价值，而是未偿贷款余额。另外，从信贷中得到的收益就是潜在收益。

(三) 卖方和买方

同一财产在所有权转移前后属于不同的所有者，财产发生损毁时，损失的承担者也不同。在无条件销售合同中，当财产损毁或灭失时，拥有法定所有权的一方就会承担损失。另外，其潜在的收益就是销售利润。很多情况下，买卖合同会对什么时间将财产权益进行转移做出规定。例如，在以离岸价格、成本加运费价或到岸价格成交的合同中，当货物越过船舷或装上船只，所有权即由卖方转移至买方。在以装运港船边交货价成交的合同中，当货物由卖方运送至停泊于装货港的载货船船边时、达到其装货用具所能达到的范围内或搬入码头仓库时，货物所有权即由卖方转移至买方。在以目的港船边交货价成交的合同中，当卖方将货物运送到目的港，在船边交给买方时，货物的所有权即由卖方转移至买方。

（四）承租人

财产所有可以将财产出租给承租人并从中取得租金。承租人并不拥有其所承租的财产，但享有在承租期内继续使用该财产的合法权益，同时也有在期满后归还该财产的义务。承租人的这些权利和义务一般都在租赁协议中有所规定。由于承租人对于财产的这种特殊的角色，他一般不会面临财产风险暴露，但有三种例外情况值得注意：

第一，由于承租人的过失而造成的财产损失应由承租人自己负责。例如，因为使用、维修保养或保管不当而造成租用财产损坏、灭失，承租人要负责修复或赔偿；不经同意而擅自拆改房屋、设备等财产，其造成的损失承租人也要负责赔偿。

第二，承租人有时也要负责在因意外事故造成的财产损失。例如，某些租赁合同中规定，当承租人将财产归还给出租人时，除正常损耗外，其财产状况应与承租人接收时的财产状况一样好。这就意味着承租人不仅既对因自己疏忽造成的损失负有责任，也对因意外事件造成的损失负有责任。当然，承租人也可以通过合同条款将这些责任转移给出租人。

第三，承租人可能会在使用租赁财物时对其进行改善以获取某种利益。例如，餐馆承租人可能会将承租场所装修成多个小房间，商场承租人可能会在承租场所内安装玻璃橱窗。大多数租约都规定，出租人对承租人所进行的改善不负责任。租赁期内承租人对承租财产具有所有权权益。如果这些改善是可以搬迁的，改善发生损失后则损失视同承租人在租赁场所放置的其他动产；如果这些改善不能搬迁，一旦发生损毁，承租人的损失由这些改善在租约剩余期限内的价值决定。此外，如果租约可以展期，还可以采用重置成本法来评估承租人的损失。

（五）受托人

受托人是指按照委托合同从另一方（委托人）那里取得财产的人。受托人可以暂时拥有属于他人的财产，对属于他人的财产进行清洗、保管和维修，如洗衣店、仓库、修理厂等。受托人对财产损失所承担的责任通常由受托物的性质决定。通常情况下，受托人对所保管的财产负有合理注意的责任，对于由自己的疏忽引起的损失，受托人要负责。因此，对于受托人来说，托管他人财产所面临的风险实际上是一种责任风险，只是因为承担这一责任的代价恰好与财产的重置成本相等，因此在评估受托人所面临的风险时，风险管理人员会视同为受托人拥有这些财产。

（六）所有者代理人

如果受托人愿意承担所托财产因意外事故所产生的损失，则受托人就成为所托财物的所有者的代理人。当受托人成为所有者代理人后，他既要对因自身疏忽造成的损失负责，还要对因意外事故造成的损失负责。同时，所有者代理人对所托财物也享有某些权益。

三、企业财产的风险暴露后果

企业财产面临着各种各样的风险，这些财产风险暴露的后果虽然可能是收益，也可能是损失。后果的严重程度通常由以下三个因素共同决定：

（一）直接后果

直接后果是指风险直接作用于企业财产本身，导致企业财产经济价值的变化。如，在一次爆炸事故中，企业的某一台机器设备被损毁，直接后果（损失）就是修复这台设备的费用，或者这台设备被损毁前的价值减去现存价值的差额。又如，股市波动，致使企业在出售其所持有的某一股票时价格高于或低于购买时的价格，其价差就是直接后果（获得收益或遭受损失）。

可见，风险暴露的直接后果既可能是损失，也可能是收益。但对企业来说，它们往往更多地关注风险暴露所带来的损失后果。

（二）间接后果

间接后果是指在风险因素对企业财产发生直接作用，导致直接后果之后由直接后果进一步衍生出来的后果。与直接后果一样，间接后果既可以是收益，也可以是损失。例如，一场火灾烧毁了某一饭店的设备、桌椅和装饰，导致饭店停业。被损毁的设备、桌椅和装饰装费用就是直接后果（损失），饭店停业使得企业丧失了本可获得的营业收入，这部分应得未得的营业收入就是间接后果（损失）。同时，间接后果还应包括：为了恢复营业，需要对过火店面进行清理、整修而支付的费用；停业期间的雇员薪水、租金；借款利息，等等。

（三）时间因素后果

时间因素后果实际上也是一种间接后果。但与一般的间接后果不同的是，它的大小和持续时间有很大关系。

一般地，在风险因素作用下，风险暴露使财产产生一定的直接后果和间接后果（收益或损失）。其直接后果的大小容易确定，但间接后果的大小却因受到时间因素的影响而不同。时间因素延续的越长，间接后果将会越大。如上例所说的饭店因火灾而停业的问题，停业的时间越长给企业财产造成的间接后果——损失就越大。

第二节　企业财产损失的类型及其原因

一、企业财产损失的类型

企业财产损失是指企业在生产经营过程中，由于自然灾害和意外事故或其他原因，造成的资产的短缺、毁损、盘亏、被盗等损失（不包括企业发生的合理损耗）。企业财产损失包括固定资产损失和流动资产损失。对于企业的各项财产损失，按照不同的标准可以进行如下分类。

（1）按财产的性质分为货币资金损失、坏账损失、存货损失、投资转让或清算损失、固定资产损失、在建工程和工程物资损失、无形资产损失和其他资产损失。

①货币资产损失，包括现金损失，应收、预付账款损失。

②非货币性资产损失，包括存货损失（指有关商品、产成品、半成品、在产品以及各类材料、燃料、包装物、低值易耗品等发生的盘亏、变质、淘汰、毁损、报废、被盗等造成的净损失），固定资产损失（指企业房屋建筑物、机器设备、运输设备、工具器具等发生盘亏、淘汰、毁损、报废、丢失、被盗等造成的净损失），在建工程和工程物资损失（指企业已经发生的因停建、废弃和报废、拆除在建工程项目以及因此而引起的相应工程物资报废或削价处理等发生的损失）。

③坏账损失指企业未收回的应收账款按照有关规定列入损失的部分。

④其他特殊财产损失，包括因政府规划搬迁、征用等发生的财产损失，企业间因销售发生的商业信用损失，抵押资产损失，等等。

（2）按损失原因分为正常损失（包括正常转让、报废、清理等）、非正常损失（包括因战争、自然灾害等不可抗力造成损失，因人为管理责任毁损、被盗造成损失，政策因素造成损失等）、发生改组等评估损失，等等。

二、企业财产损失的原因

（一）财产损失的原因分类

企业财产损失的原因主要有以下三个方面：

1. 自然原因

自然原因是指由自然力造成的财产损失的原因，如水灾、干旱、风灾、地震、雷击、虫灾、高温、严寒，等等（见表 5 - 1），这类原因的发生频率和损失程度人类难以控制，但可以采取有效措施来减小其损失程度。

表 5 - 1　　　　　　　　　　　企业财产损失的自然原因

自然原因				
地震	火灾	风暴	洪水	腐蚀
倒塌	蒸发	梅雨	海啸	侵蚀
塌方	干旱	严寒	潮汐	腐烂
山崩	火山爆发	狂风	波浪	霉变
沉降	高温	雷击	暗礁	生锈
沙洲	严寒	流星	流冰	泥石流
杂草	虫灾	风灾	水灾	真菌
土壤性质	辐射	静电		

2. 社会原因

社会原因即包括个人违反行为准则，也包括群体的越轨行为（见表 5 - 2），这类原因的发生概率和损失程度有时能通过人为干预加以控制。

表 5-2　　　　　　　　　　　企业财产损失的社会原因

社会原因				
纵火	爆炸	化学品泄漏	声震	污染
电力中断	灰尘	故意破坏	超负荷	贪污
盗窃	伪造	欺诈	失误	玷污
变色	串味	震动	融化物质	超负荷
皱缩	歧视	恐怖行为	暴乱	

3. 经济原因

经济原因指的是经济萧条、衰退等方面的原因，一般是由众多的人或政府行为造成的（见表 5-3）。这类原因不像自然原因和社会原因那样有着直接明显的影响，它对财产的致损作用更加复杂和隐蔽，造成的损失也一般不由风险管理人员进行处理。

表 5-3　　　　　　　　　　　企业财产损失的经济原因

经济原因				
通货膨胀	股市下跌	币值波动	技术进步	征用没收
消费者嗜好	过时	战争	罢工	萧条

（二）地震

地震是由移动的地壳板块之间的摩擦造成的。这些板块的边界或断层是地震的发源处，它使某些地壳更容易因这一间歇性的活动而受到破坏性影响。而大陆和海洋板块交界处常常靠近自然海岸线，所以沿海地区容易发生地震。

地震的频率很难预测。尽管人们已经投入了大量的时间和精力，但基于过去的事件仍然不能对损失发生频率做出确切的估计。

1. 时空分布

从世界范围来看，环太平洋地区是地震较频发的地区之一，因为太平洋板块较为薄弱，它被挤压在较厚的大陆板块之下，一旦发生板块运动，板块位置稍微变化，原有的平衡就会被打破。著名的"火环"就是一条长约 40000 公里的地震带,这一地震带自南美和北美的西海岸,跨过阿拉斯加以及阿留申群岛、日本和中国东部,一直到菲律宾、印度尼西亚和澳大利亚地区。在过去的几个世纪,这一环带发生的地震及地震所引起的次生灾害已经夺走了数百万人的生命。

中国地处环太平洋地震带与欧亚地震带之间,结构复杂,地壳活跃,地震频发,是世界上大陆地震最多的国家。据统计,中国在 20 世纪发生的震级 M≥6 级破坏性地震高达 650 多次。其中,7~7.9 级地震 98 次,8 级以上 9 次。1949~1998 年期间,7 级及 7 级以上地震共 49 次,死于地震的人数达 28 万人,倒塌房屋 700 余万间,每年平均经济损失约为 16 亿元。全国地震基本烈度Ⅶ度以上地区占总国土面积的32.5%,有 46% 的城市和许多重大工业设施、水利工程、矿区位于受地震严重危害的地区。[①] 表 5-4 为 1949~1998 年死亡人数较多的地震。

表 5-4　　　　　　　　1949 年以来在中国导致死亡超千人的地震

日期	地点	里氏震级	震中烈度	死亡人数
1950.08.15	西藏自治区察隅县、墨脱县	8.6	Ⅶ	3300
1966.03.22	河北省邢台市(宁晋)	7.2	Ⅹ	8064
1970.01.05	云南省通海县	7.7	Ⅹ	15621
1973.02.06	四川省炉霍县(雅德)	7.6	Ⅹ	2199
1974.05.11	云南省昭通市(大关北)	7.1	Ⅸ	1541
1975.02.04	辽宁省海城市	7.3	Ⅸ	1328
1976.07.28	河北省唐山市	7.8	Ⅺ	242000
2008.05.12	四川省汶川县	8.0	Ⅺ	90000
2010.04.14	青海玉树县	7.1	Ⅸ	2700

资料来源:《埃菲社:百年来中国 12 次大地震死亡均超千人》,中国网,http://www.china.com.cn/international/txt/2013-04/22/content_28619078.htm。

2. 损失程度的表示

地震强度可以用多种方法衡量。媒体上通常用里氏级(Richter scale)来表示地震

[①] 刘新立:《风险管理》,北京大学出版社 2016 年版,第 74 页。

的大小。里氏级所反映的是震源的地震能量，震源就是断层上突然发生断裂的区域。里氏级是一个无限对数数列，整数数字每增加一个，地震能量就增加 10 倍。

修正梅氏强度等级（modified Mercalli intensity scale）是衡量地震强度的另一个指标，也就是常说的地震烈度，它描述了地面晃动对人、建筑及地貌影响的强弱程度（见表 5-5）。在风险管理方面，采用地震烈度来衡量地震的严重程度和损失程度比里氏级更有意义，因为我们更容易据此评价地震对人及财产的影响。

表 5-5 修正梅氏强度等级

等级	描述
Ⅰ	无感：仅仪器能记录到
Ⅱ	微有感：个别敏感的人在完全静止中有感
Ⅲ	少有感：室内少数人在静止中有感，悬挂物轻微摆动
Ⅳ	多有感：室内大多数人，室外少数人有感，悬挂物摆动，不稳器皿作响
Ⅴ	惊醒：室外大多数人有感，家畜不宁，门窗作响，墙壁表面出现裂纹
Ⅵ	惊慌：人站立不稳，家畜外逃，器皿翻落，简陋棚舍损坏，陡坎滑坡
Ⅶ	房屋损坏：房屋轻微损坏，牌坊、烟囱损坏，地表出现裂缝及喷沙冒水
Ⅷ	建筑物破坏：房屋多有损坏，少数破坏，路基塌方，地下管道破裂
Ⅸ	建筑物普遍破坏：房屋大多数破坏，少数倾倒，牌坊、烟囱等崩塌，铁轨弯曲
Ⅹ	建筑物普遍摧毁：房屋倾倒，道路毁坏，山石大量崩塌，水面大浪扑岸
Ⅺ	毁灭：房屋大量倒塌，路基堤岸大段崩毁，地表产生很大变化
Ⅻ	山川易景：一切建筑物普遍毁坏，地形剧烈变化动植物遭毁灭

资料来源：中国地震烈度表（GB/T 17742-2008）。

【专栏 5-1】"5·12" 汶川大地震

汶川地震发生于北京时间 2008 年 5 月 12 日 14 时 28 分 04 秒，根据中华人民共和国地震局的数据，此次地震的面波震级达 8.0Ms、矩震级达 8.3Mw（根据美国地质调查局的数据，矩震级为 7.9Mw），地震烈度达到 11 度。地震波及大半个中国及亚洲多个国家和地区，北至辽宁，东至上海，南至香港、澳门、泰国、越南，西至巴基斯坦均有震感。"5·12" 汶川地震严重破坏地区超过 10 万平方千米，其中，极重灾区共 10 个县（市），较重灾区共 41 个县（市），一般灾区共 186 个县（市）。截至 2008 年 9 月 18 日

12 时，5·12 汶川地震共造成 69227 人死亡，374643 人受伤，17923 人失踪，直接经济损失 8452 亿元人民币。

资料来源：卢麒元：《汶川大地震的经济影响》，载于《浙商》2008 年第 12 期。

（三）风暴

风暴风险会带来许多灾难性的事件。在一些国家，如美国，风暴是所有自然风险中最严重的风险。图 5－1 描述了美国自 1992～2017 年以来飓风所造成的损失情况，每年造成的损失都在 200 亿美元以上。2018 年"怪兽级"佛罗伦斯（Florence）飓风给美国带来有史以来最严重的经济损失，据评级机构估计，这场飓风使美国损失 380 亿美元至 500 亿美元。

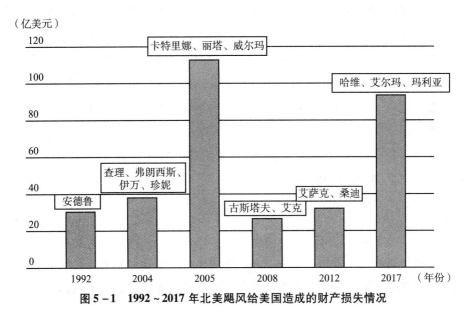

图 5－1　1992～2017 年北美飓风给美国造成的财产损失情况

资料来源：《飓风"佛罗伦斯"或成美国历史上损失最惨重的飓风之一》，中国新闻网，2018 年 9 月 12 日 07：49，http：//www.chinanews.com/gj/2018/09－12/8624937.shtml。

中国是世界上少数几个受风暴影响较严重的国家之一，影响范围主要在太行山—武陵山以东，特别是东南沿海地区及海域。台风是风暴中最严重的一种类型。据统计，中国平均每年约有 8 个台风登陆，沿海地区从海南、广西、广东、台湾、福建、浙江、上海、江苏、山东、河北、天津一直到辽宁等省（自治区、直辖市）以及我国中部地区，均可能受到台风活动的影响。每次台风登陆都会造成巨大经济损失，特别是随着沿海地区的开发和发展，损失逐年上升。1990~2009 年，我国大陆平均每年台风造成的经济损失就达 314 亿元，死亡 443 人；2001~2013 年，平均每年台风造成的直接经济损失为 461.4 亿元，死亡 783 人。2013 年台风"菲特"造成浙江、福建、江苏、上海 4 省（市）11 人死亡，直接经济损失高达 631 亿元，为 21 世纪直接经济损失最严重的台风。2013 年全年台风给我国造成的直接经济损失达 1260.3 亿元，为 1990 年以来最多。

【专栏 5 - 2】台风"菲特"袭击浙闽等地

2013 年 9 月 30 日下午 5 时，编号为 22W 的热带风暴"菲特"在西北太平洋洋面生成。

2013 年 10 月 7 日上午 1 时 15 分，台风"菲特"在中国福建福鼎沙埕镇登陆。台风"菲特"登陆时，最大风力达到 12 级，局部瞬时极大风速达 14~17 级，并且 10 级以上大风持续时间超过 20 小时。截至 10 月 8 日，"菲特"先后袭击了我国福建、浙江、上海、江苏、江西、安徽等省，给过境省份的农林牧渔业、工业交通运输业、水利设施等带来严重损失。"菲特"带来了狂风、暴雨，致使 8 条 10 千伏线路停电，停电用户达 15524 户，77 对动车组停运；受台风影响，共转移人员 42 多万人；台风"菲特"造成浙江、福建、江苏、上海 4 省（市）11 死亡，对我国造成的经济损失超过 631 亿元人民币。

资料来源：《台风"菲特"袭击浙闽》，人民网，2013 年 10 月 8 日，http://society.people.com.cn/GB/8217/369666/。

（四）洪水

洪水是指超过江河、湖泊、水库、海洋等容水场所的承纳能力，造成水量剧增或水位急涨的水文现象。从洪涝灾害的发生机制来看，洪水灾害具有明显的季节性、区域性和可重复性。

我国是世界上洪水灾害发生最频繁的国家。洪水主要集中在东部，目前约 1/10 的国土面积、5 亿人口、5 亿亩耕地、100 多座大中城市、全国 7% 的工农业总产值受到洪水风险的威胁。时间上，我国的洪水大多发生在 4~9 月；地区上，洪水主要发生在我国七大江河及其支流的中下游地区。

1. 长江

长江水灾的主要特点是：

（1）发生频率高。一般性水灾年年发生，大水灾 3~5 年发生一次，特大水灾 10~20 年发生一次。

（2）水灾范围广。

（3）汛期长，洪水峰高量大。长江干流实测最大洪水流量 92600 米/秒（大通，1954 年），调查最大洪水流量 110000 米/秒（枝城，1870 年）。一次特大洪水过程历时常常超过 50 天，1998 年特大洪水自 6 月中旬到 8 月底，历时两个多月。

（4）洪水年际变化较小。

（5）伴随暴雨洪水，中上游地区常发生数以万计的崩塌、滑坡、泥石流，因此进一步加剧了灾害的破坏损失程度。

（6）泥沙淤积比较严重，江湖行洪、蓄洪能力逐渐下降，洪水水位不断升高，洪水灾害趋于严重，防洪抗灾难度越来越大。

（7）主要洪灾区人口、城镇、财产密集，经济比较发达，洪灾破坏损失严重。

2. 淮河

1991 年淮河流域发生较大洪水，淮河正阳关、蚌埠水位分别为 26.51 米和 27.98 米，居新中国成立后的第二位。由于当时淮河干流洪水位长期居高不下，加上沿淮两岸地势低洼和严重的雨情水情，形成"关门淹"。这次洪水使全流域受灾面积达 8000 多万亩，直接经济损失 340 亿元，京沪、淮南等铁路交通几度中断，损失十分严重。

3. 黄河

黄河下游洪水分为暴雨洪水和冰凌洪水两种类型。暴雨洪水由暴雨形成，一般发生在 6 月下旬至 10 月中旬，7 月和 8 月最大。洪水主要来源于中游地区，黄河下游东坝头以下，黄河流向转为东北方向，由于纬度的变化，温度的差异，容易形成冰凌洪水。黄河下游属于不稳定封河和开河，凌洪灾害在 12 月至来年 3 月上旬之间时有发生。治黄以来的两次堤防决口都发生在凌汛季节。

4. 海河

海河流域主要分布在我国华北地区，沿渤海湾向西扇形打开。海河流域洪水由暴雨形成，故洪水发生的时间和分布与暴雨基本一致。洪水发生时间一般都在 6~9 月。特大洪水多出现在 7 月和 8 月。

5. 珠江

珠江流域洪水灾害频繁，尤以中下游和三角洲为甚。近年来，洪水出现的概率日渐增大，洪灾造成的损失也随着人口的增加和经济的发展而日益加重。据广东、广西两省（自治区）1988～1998 年 10 年来的统计，直接经济损失达 1873 亿元，平均每年损失187 亿元。

6. 辽河

辽河流域暴雨多集中在 7～8 月，暴雨历时一般在 3 天以内，主要雨量集中在 24 小时内。由于暴雨历时短，雨量集中，主要产流区为山区、丘陵，产流速度快，故洪水峰高量小，陡涨陡落。

7. 松花江

松花江洪水主要发生在 7～9 月，尤以 8 月为多，洪水主要来自嫩江和第二松花江的上游山区及广大区间。由于河槽的调蓄影响，洪水传播时间较长，涨落较慢。

（五）火灾

火灾指的是一种异常的燃烧，并且其火势有蔓延扩大能力的危险状态。

1. 燃烧的类型

（1）闪燃。闪燃是指易燃与可燃液体挥发的蒸气与空气混合达到一定浓度，遇明火发生一闪即灭的燃烧现象。易燃与可燃液体发生闪燃时的最低温度称为闪点。可燃液体闪点的高低，是评定液体火灾危险性的主要依据。闪点越低，火灾危险性就越大。

（2）着火。可燃物受到外界火源的直接作用而开始的持续燃烧现象称为着火。一种物质开始着火所需要的最低温度，称作该物质的燃点。

（3）自燃。可燃物在没有外部火花、火焰等火源的作用下，由于受热或自身发热并蓄热所产生的自然燃烧现象称为自燃。在规定条件下，可燃物质产生自燃的最低温度称为自燃点。

（4）爆炸。爆炸是指由于物质急剧氧化或分解反应产生的温度、压力增加或者两者同时增加的现象。可燃气体、蒸气或粉尘与空气混合后，遇火产生爆炸的最低和最高浓度，称为爆炸浓度极限。

2. 火灾的风险因素

只有对火灾的风险因素有足够的认识和了解，企业的风险管理者才能对本企业面临的火灾风险有正确的判断，才能有效地对火灾风险进行防范和控制。

火灾风险因素分为有形风险因素和无形风险因素。有形风险因素包括可燃物、助燃物和点火源，其危险评价指标如图 5-2 所示。

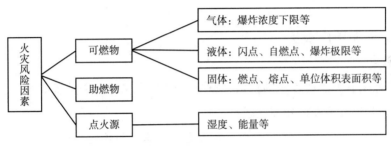

图 5-2 火灾的风险因素及其危险性评价指标

道德风险因素和心理风险因素这些无形风险因素对火灾风险的影响也不容忽视，特别是心理风险因素，如对火灾的不关心、侥幸心理、疏忽大意等是火灾发生的主要风险因素。

【专栏 5-3】新疆克拉玛依友谊馆"12·8"特大火灾

1994 年 12 月 7 日，新疆维吾尔自治区教委组织义务教育和扫盲教育检查验收团一行 25 人，到克拉玛依市检查工作。

12 月 8 日 16 时，克拉玛依市组织 7 所中学、8 所小学校共 15 个规范班及部分教师、家长和自治区评估验收团成员和市局有关领导等 796 人，在友谊馆进行文艺汇报演出。

16 时 20 分，舞台上方的照明灯烤燃幕布蔓延成灾。人们正在向场外疏散时，场内突然断电。而该馆的疏散门被锁（9 个疏散出口仅有 1 个开启），楼梯口又堆放有可燃物，吊顶内部分电气线路也未穿阻燃管，无应急照明设施，这使得本来就混乱的局面雪上加霜。

这起火灾共烧死 323 人，烧伤 130 人，其中重伤 68 人。死难者中有 8~14 岁的中、小学生 284 人，教师 17 人，其他人员 22 名。火灾烧毁馆内装修及音响、电气设施等，直接经济损失约 211 万元。

资料来源：《新疆克拉玛依友谊馆"12·8"特大火灾》，安全管理网，2009 年 12 月 27 日，http：//www. safehoo. com/Case/Case/Blaze/200912/35616. shtml。

第三节　企业实质资产直接损失金额的评估

一、完全重置成本法

利用重置成本法评估资产的价值，就是用资产的现时完全重置成本（简称"重置全价"）与应扣损耗或贬值相减，即：

$$被评估资产的价值 = 重置全价 - 本应扣损耗或贬值$$

（一）重置成本的估算

1. 加和法

加和法根据资产成本的构成，按现行市价计算被评估资产的重置全价。首先，根据成本将资产分为若干组成部分，再以现行市价确定各部分的现时价格，最后加总求得待评估资产的重置全价，即：

$$重置全价 = 直接成本 + 间接成本$$

其中，直接成本是指用于购置全新资产的全部支出中可直接计入购置成本的那部分支出。假如是自制资产，直接成本包括生产过程的各项费用、安装费用和根据成本利润率计算而得的利润；假如是外购资产，直接成本则包括该资产按现行市价的购置费用、安装设备所需的材料费和人工成本等。

间接成本指的是用于购置全新资产的全部支出中不能直接计入成本的支出，例如管理费用、设计制图费用等。在实际应用中，为了简化间接成本的估算，通常按照直接成本的一定比例对间接成本进行估算，或是将人工成本乘以一定的分配率，这里的分配率是指一元人工成本应分摊多少间接成本，一般可以利用历史数据进行统计分析得到，即：

$$间接成本 = 直接成本 \times 间接成本占直接成本的百分率$$

或

$$间接成本 = 人工成本总额 \times 分配率$$

【例 5 - 1】重新购置新的机器设备一台，进价为 6 万元，运杂费 800 元，直接安装成本 1000 元，其中原材料费 400 元，人工成本 600 元。根据统计分析求得安装成本中的间接成本为每元人工成本 0.80 元，求该机器的重置全价。

直接成本：$60000 + 1000 + 800 = 61800$（元）

间接成本：$600 \times 0.8 = 480$（元）

则重置全价：$61800 + 480 = 62280$（元）

2. 功能价值法

资产功能与资产成本之间一般都存在着线性关系或指数关系，功能价值法就是基于这种关系，选择与被评估资产具有相同或相似用途、性质的参照资产，根据被评估资产与参照资产的生产能力之比估算被评估资产的重置全价，即：

重置全价 = 参照物成交价格 × 评估对象生产能力/参照物生产能力

【例 5 - 2】重置全新机器设备一台，价值 6 万元，年产量 5000 件。已知被评估的资产年产量为 4000 件，求被评估资产的重置全价。

被评估资产的重置全价 = $(4000/5000) \times 60000 = 48000$（元）

3. 物价指数法

物价指数法也叫价格趋势法，它利用统计预测方法，根据价格变化趋势等指标，对被评估资产的账面价值进行相应调整，使之变为估算资产的重置全价。物价指数法的计算公式为：

重置成本 = 历史成本 × （评估基准日价格指数/原购置日价格指数）

【例 5 - 3】被评估设备于 2016 年购进，账面原值为 10 万元，2018 年进行评估，已知 2018 年与 2016 年该类产品定基物价指数分别为 150% 与 120%，求被评估设备的重置全价。

重置全价 = $100000 \times (150\%/120\%) = 125000$（元）

（二）各种贬值及其估算

1. 实体性贬值及其估算

实体性贬值也称有形损耗贬值，是指由于自然力作用而引起的损耗，进而造成的贬值。对于一般的固定资产，通常是根据该资产的使用寿命及其使用和保养的具体情况来对其实体性贬值进行估算；对于某些特殊的固定资产，如大型稀有机器设备、飞机、船舶等可以根据其工作时间、工作量、行驶里程等进行估算，而对于原材料、产成品等资产，则应视其理化状态估算实体性贬值。具体地，估算实体性贬值的方法主要有以下几种：

（1）成新率法。成新率法是指由具有丰富经验和专业知识的工程技术人员对被评估资产的主要实体部位进行技术鉴定，并综合分析资产的设计、制造、使用、磨损、维护、修理、改造情况和物理寿命等因素，确定资产的实际损耗程度，并与同类或相似全新资产进行对比，得出被评估资产的成新率，从而估算其实体贬值的一种方法。其计算公式为：

$$实体贬值 = 重置全价 \times (1 - 成新率)$$

（2）使用年限法。资产实体性贬值产生的直接原因是资产的使用和自然力的作用，而这两者又与时间息息相关。随着使用时间的增长，资产的实体性贬值不断增加。使用年限法就是利用了资产的有形损耗程度与其使用时间之间的这种关系。其计算公式为：

$$实体贬值 = (重置成本 - 残值) / 预计使用年限$$

其中，残值是指被评估资产在报废时净收回的金额。

2. 功能性贬值及其估算

功能性贬值属于一种无形损耗所造成的贬值，贬值的主要原因是科技进步。要确定资产的功能性贬值，首先，要选取比待估资产更新、效率更高、更能节约原材料或能源的资产作为可比资产。其次，计算在一年中待估资产较可比资产的营运损失，即计算在一年的营运中可比资产比待估资产多节约的费用或是多增加的产出量的价值，这可视为待估资产在尚可使用年限内每年超额支出的产品生产成本或是功能性贬值的数额。最后，估测出待估资产的剩余使用年限，从而计算出待估资产在剩余年限内年功能性贬值的折现值。其计算公式为：

$$功能性贬值 = 年超额营运成本 \times (1 - 所得税税率) \times 年金现值系数$$

【例 5 - 4】已知新型同类设备比原有陈旧设备的生产效率高，可节约工资费用，具体数额如表 5 - 6 所示。

表 5 - 6　　　　　　　　　　　新型设备与陈旧设备对比

指标	新型设备	陈旧设备
月产量	20000 件	20000 件
单件工资	0.80 元	1.20 元

已知所得税税率为33%，资产剩余使用年限4年，折现率10%。计算其功能性贬值。

新型设备和陈旧设备的月工资成本分别为16000元和24000元。

月差异额：24000 − 16000 = 8000（元）

年工资成本超支额：8000 × 12 = 96000（元）

所得税（25%）：96000 × 0.25 = 24000（元）

扣除所得税后：96000 − 24000 = 72000（元）

4年折现系数：3.1699

功能性陈旧贬值额：72000 × 3.1699 = 228232.8（元）

3. 经济性贬值及其估算

经济性贬值是指因资产的外部环境变化所导致的资产贬值。引起外部环境变化的原因主要有：宏观经济衰退导致社会总需求不足进而影响对资产或资产所生产产品的需求，国家调整产业政策对资产所在行业的冲击，国家环保政策对资产或资产所生产产品的限制，经济地理位置变化或污染问题对不动产价值的影响。

经济性贬值一般表现为两种形式：一种是资产利用率的下降，如设备利用率下降、房屋出租率下降等；另一种是资产年收益额的损失。因此，经济性贬值的计量也存在两个途径。具体的计算公式为：

（1）资产利用率下降所导致的经济性贬值：

经济性贬值额 =（重置全价 − 实体性贬值 − 功能性贬值）× 经济性贬值率

（2）收益额减少所导致的经济性贬值：

经济性贬值额 = 年收益损失额 ×（1 − 所得税税率）× 年金现值系数

需要注意的是，并非每个被评估资产都需要计算经济性损耗，一般来说只有能够单独计算收益的资产，如一个企业、一个车间、一条生产线、一宗房地产等需要考虑在评估基准日之后、资产的寿命期以内是否存在利用率降低或收益额减少的问题。

二、收益现值法

收益现值法又称收益资本金化法、收益还原法，是指通过估算被评估资产的未来预期收益并折算成现值，借以确定被评估资产价值的一种资产评估方法。从资产购买者的角度出发，购买一项资产所付的代价不应高于该项资产或具有相似风险因素的同类资产未来收益的现值。收益现值法对企业资产进行评估的实质是，将资产未来收益转换成资产现值，而将其现值作为待评估资产的重估价值。收益现值法的基本理论公式为：

$$资产的重估价值 = \sum 该资产预期各年收益折成现值$$

三、市场价格法

市场价格法是通过比较评估资产与可参照交易资产的异同，并据此对可参照交易资产的市场价格进行调整，从而确定被评估资产价值的方法。市场法以均衡价值论为理论基础，即认为资产的价值是由在公开市场上买卖双方力量达成一致时的均衡价格所决定的。市场法以与被评估资产相类似的交易案例为参照，来确定被评估资产的评估值，这说明市场价格法是基于资产定价的替代原则，即一项资产的价值等于为获得同等满足的替代品所花费的成本。

市场法评估的基本思路是：首先在资产市场上寻找与被评估资产相类似的参照物的成交价（又称交易案例），然后对被评估资产与参照物之间的差异进行调整，将参照物的成交价调整成被评估资产的评估值。由于市场法是通过被评估资产（或者说与被评估资产相类似资产）的市场行情来确定被评估资产的评估值，因此需要多个交易案例才能反映市场行情。市场法的计算公式为：

$$被评估资产评估值 = \sum (参照物成交价 \times 各项因素调整系数)/参照物数$$

第四节 企业实质资产间接损失金额的评估

一、营运收入的减少

（一）营业中断

造成企业营业中断的原因通常是其生产经营场所遭到损毁。营业中断期间是从企业部分或全部停业开始到企业恢复到正常营业额时为止。有时商场在重新开张时并不能恢复到其正常营业额，这是因为有些老顾客尚未再来购物。非营利单位同样面临营业中断和其他净收入损失风险，只是在财务名称上要做些调整，首先要把利润和亏损改为盈余和赤字，其次非营利单位一般不缴纳所得税，还可以免缴其他一些税。

（二）间接营业中断

间接营业中断损失是由于其他企业发生损失或停业事故，而使本企业遭受的净收入损失。间接营业中断损失的金额也是用利润减少加上继续开支的费用的方式来计算。例如，原材料主要供应商的厂房或一个重要客户的设施遭到损毁，依赖他们供应或销售的企业的正常生产就会中断，造成企业收入减少。如果间接营业中断损失风险来自供应商场所的损失，这被称为供应商间接营业中断风险，如果来自销售商场所的损失，则被称为销售商间接营业中断风险。

上述直接和间接营业中断损失也可能不是由于本企业或外企业的场所遭受损坏所造成的，例如，罢工、外界电力供应中断、市政修路等都能造成直接和间接营业中断损失。

（三）制成品利润损失

当商品或制成品遭受损失时，销售商或制造商不仅遭受财产损失，同时也会遭受净收入损失。对销售商来说，这一净收入损失是其销售价与购买成本的差额。对制造商来说，这一净收入损失是其销售价与生产成本的差额。

（四）租金收入减少

当出租给他人的不动产或动产遭受损失时，如果租约规定这种情况下承租人可以不继续支付租金。那么，出租人就会遭受租金收入损失。

（五）应收账款减少

企业应收账款记录损毁一般会减少其应收账款，因为有些客户不收到发票不会支付货款，另一些则会拖欠货款。这一减少的应收款项超过其正常的坏账损失也是一种净收入损失。这一净收入损失还会导致因借入资金而发生的利息支出，但这一净收入损失有别于复制应收账款记录的费用，后者属于一种财产损失。

二、额外费用的增加

（一）租赁价值损失

租赁的生产经营场所、机器设备等遭到破坏后，企业需要租用临时的场所和设备，这就会发生额外的租金支出。为了尽快恢复营业，企业还会发生抢修、设备快运等费用。

（二）额外费用损失

有些企业即使发生生产或营业中断事故，也仍需继续经营，如报社、银行、牛奶厂等，这就发生了超过其正常经营的费用。这些额外费用包括租借临时替代场所和设备的租金、交通费、广告费等。

（三）租权利益损失

企业所租赁的生产经营场所等遭到破坏和损毁后，出租人往往会因修复成本过高等放弃修复进而终止所有租约，而此时可能企业会面临一个新的问题，租赁新的场所需要花费更多的租金。

【思考与练习】

1. 简述企业财产的类型。
2. 概述企业财产损失的类型及原因。
3. 简述评估实体性贬值的几种方法。
4. 造成营运收入损失的原因有哪些？
5. 重置全价都有哪些估算方法？
6. 怎样估算有形损耗和功能性损耗？
7. 在我国，企业财产面临哪些自然风险？
8. 举例说明火灾有哪些风险因素。

第六章 企业金融管理风险

【本章概要】

企业在经营过程中会遇到各类金融风险。如何科学度量和管理金融风险是每一个企业必须要面对的现实问题。本章基于企业视角讨论金融风险中的三个大类——市场风险、流动性风险和信用风险，介绍金融领域中度量金融风险的通用方法，并基于这些方法介绍管理金融风险的各类工具和模型。通过本章的学习，你可以对企业金融风险有一个全面且深入的了解。

【本章学习目标】

1. 理解企业金融风险的概念、基本类型及其形成原因。
2. 了解企业金融风险管理的重要性。
3. 理解企业金融风险度量的方法。
4. 掌握企业金融风险管理的通用方法。

引　言

【导读案例】雷曼兄弟公司破产

2008 年 9 月 15 日，拥有 158 年历史的美国第四大投资银行雷曼兄弟公司按照美国公司破产法案的相关规定提交了破产申请，成为美国有史以来倒闭的最大金融公司。

根据 2007 年年报显示，雷曼兄弟公司当年的净利润高达 42 亿美元，总资产近 7000 亿美元，这在世界 500 强中排名第 132 位。然而，从 2008 年 9 月 9 日，雷曼公司股票一周内股价暴跌 77%，公司市值从 112 亿美元大幅缩水至 25 亿美元。第一个季度中，雷曼卖掉了 1/5 的杠杆贷款，同时又用公司的资产作抵押，大量借贷现金为客户交易其他固定收益产品。第二个季度变卖了 1470 亿美元的资产，并连续多次进行大规模裁员来压缩开支。然而雷曼的自救并没有把自己带出困境。华尔街的"信心危机"，金融投机者操纵市场，一些有收购意向的公司则因为政府拒绝担保没有出手。雷曼最终还是没能逃离破产的厄运。

雷曼兄弟公司的破产既有外部的原因，也有其自身的内部原因。

（一）雷曼兄弟公司破产的外部原因

1. 破产前特殊的市场状况

雷曼兄弟公司破产前，市场陷入严重恐慌，交易对手终止了和雷曼兄弟的交易，客户对雷曼兄弟的前景产生怀疑，取消和终结了与雷曼兄弟的业务，将资金往别处大规模转移，导致在雷曼兄弟公司发生了事实上的挤兑。而主要交易对手停止和雷曼兄弟的交易，实际上给了雷曼兄弟致命一击。

2. 华尔街谋而不救

一家企业的危机和困难往往意味着他人的机会。对于雷曼兄弟这样的投资银行，如果做空致使其垮掉，其资产必定会打折大甩卖。不少华尔街的投资者基于这种判断，大量卖空雷曼兄弟公司的股票和一切能从雷曼兄弟的败落中获利的金融衍生工具。在这种强大的卖空打压之下，一天之内，雷曼兄弟的股价就下跌了一半。

3. 评级机构落井下石

在次贷危机爆发前，评级机构给雷曼兄弟公司约 3.2 万亿美元的不良信用房贷支持的债券产品以最高品级，而随着次贷危机的爆发，他们则把债券产品评级大幅下调。评级机构的这种不负责任的做法在危机发生前一定程度上掩盖了金融风险的存在，而在危机出现后又恶化了危机的状况。正是由于评级机构不断下调雷曼兄弟公司的评级而被迫缴纳更多的资金作为衍生品交易的抵押，最终导致其流动性过度紧缩，资金链出现断裂，最后不得不申请破产保护。

4. 美国政府"见死不救"

大型金融机构在市场中的深度参与，使其倒闭产生连锁反应，为了阻断这种多米诺骨牌效应，政府往往不得不介入，同时这也会使道德风险加剧。出于对道德风险的忌惮，美联储不愿过多地耗费政府的资金来加剧市场的"道德危机"，从而选择放弃了雷曼兄弟。

（二）雷曼兄弟公司破产的自身内部原因

1. 业务过于集中，所持有的不良资产太多，损失巨大

雷曼兄弟的业务过于集中于固定收益部分。近年来，雷曼兄弟次级按揭贷款业务的发行量和销售量排名第一。相应地，雷曼兄弟的资产中证券投资和抵押短期合约占比超

过80%以上。雷曼兄弟的证券投资和金融工具中，按揭贷款及房地产相关的资产占比最大，在2007年次贷危机爆发的时候仍高达35.5%。当市场崩溃时，房价下跌，资金匮乏，流动性紧张，巨大的系统风险直接引发了雷曼兄弟的危机。

2. 财务结构不合理，杠杆率太高且过度依赖短期融资

雷曼兄弟自身资本有限，而其业务又需要大量的资金，于是它迫于盈利压力，其采取了高杠杆的盈利模式。这种模式虽然提高了盈利能力，但同时也使风险成倍增加。雷曼兄弟短期债务占比较高，其经营对短期的流动性要求较高，危机发生后其所持有的房地产抵押贷款等资产大幅减值难以变现，致使公司短期流动性出现了严重的问题，也是致使其最终破产的重要原因之一。

3. 风险控制过度依赖数理化模型技术分析，未能有效控制风险

雷曼兄弟一直以先进的信用衍生品模型分析技术著称，但在次贷危机中，雷曼兄弟的模型技术未能起到应有的预测作用，信用衍生品的损失远超过预期，最终导致风险完全失控而破产。

4. 管理层的风险意识和处理危机的能力不足

公司管理层的盲目乐观导致其风险控制意识和理念没有得到彻底的贯彻。在次贷危机发生时，公司管理层优柔寡断，错失良机。在同韩国开发银行的收购谈判中要价过高，错失了紧急融资、渡过难关的良机，也导致了投资者信心的进一步丧失。

资料来源：涂永红：《巨人之死：雷曼兄弟》，中国金融出版社2009年版，第108～135页。

雷曼兄弟公司破产案例带给我们诸多启示，其中最重要的是企业必须要有金融风险意识。雷曼兄弟的大规模次级债券是导致其破产的主要原因，在次贷危机爆发前，次级债券占了公司资产负债表的很大比重，公司员工曾向管理层提出了雷曼兄弟过多的次级债券将会导致公司面临巨大的金融风险，而当时的次级债券市场一片火热，管理层完全没有理会这些中肯的意见，而在次贷危机爆发时，由于雷曼兄弟过度使用财务杠杆，面对大规模的"挤兑"，自有资金周转不足，借钱无门，致使其资金链条的断裂，不得不宣布破产。因此，企业在经营活动中必须强化金融风险意识，分析形成各类金融风险的诱因，并对这些金融风险进行科学评估，在此基础上采取可行的方案，防范企业金融风险的发生。

第一节　企业金融风险的含义

一、企业金融风险的定义与特征

企业金融风险是企业在从事各类经营或投融资活动中面临的一类特殊风险。企业金融风险涉及市场因素导致的资产价值变动、价格变化、融资流动性变化以及这些不利变动给企业带来的各种损失。与企业的经营风险不同，金融风险主要是一种资金价值方面的风险，而非业务不确定性造成的风险。每家企业经营的项目不同，面临的金融风险也会有所差异。例如，一家外贸企业因为与美国有进出口业务，所以汇率风险是无法避免的。但另外一家没有进出口业务的公司就不会涉及这种风险。所以，我们在分析企业的金融风险过程中，只能是在较为一般的意义上讨论金融风险的管理。比如，大多数企业都会涉及融资活动，有部分企业可能会涉及金融投资活动，所以我们会就企业在投融资活动中的相关市场风险、信用风险进行分析。

与企业经营风险相比较，企业金融风险具有如下几方面的特征：

（1）不确定性。影响金融风险的因素难以事前完全把握。

（2）相关性。企业所面临的金融风险通常与企业的经营业务息息相关，有的风险就直接产生于经营业务之中。金融机构所经营的商品——货币的特殊性决定了金融机构同经济和社会是紧密相关的。

（3）传染性。企业面临的金融风险涉及资金的运动，而这些资金流动与金融机构有着千丝万缕的联系。一家企业的金融风险极有可能通过金融中介机构而传染给其他企业。可以说，这一中介网络中的任何一方出现风险，都有可能对其他方面产生影响，甚至发生行业的、区域的金融风险，导致金融危机。

二、企业金融风险的基本类型

目前金融风险的分类标准有多种。在金融领域，按照风险的来源，金融风险分为市场风险、信用风险、流动性风险和操作风险等四大类。但是对于一般的企业而言，较少涉及操作风险，因此，我们在本章重点介绍与企业经营过程较为相关的前三类风险。

（一）市场风险

当金融市场发生剧烈波动引起资产价格的变化时，可能会给企业带来不利的影响。比如，对于上市公司而言，其股票价格可能会下降，公众可能会对该上市公司的经营情况产生一种负面印象，这对于这家企业的业绩可能会造成实际的负面影响。如果一家企业是进出口企业，产品主要出口至国外而非国内，那么当外汇市场的汇率剧烈波动时，这家企业的进口成本会随着汇率变化而影响出口销售。金融市场的风险变化会通过这些渠道最终影响到企业的业务风险变化。

（二）信用风险

信用风险是指违约风险，是企业到期不能还本付息的一类金融风险，它也是企业面临的更为常见的一类金融风险。企业在向银行等金融机构融资过程中，由于自身经营环境的变化造成还款能力的下降，是一种典型的信用风险的表现。如果企业作为提供融资的一方，那么同样会面临对方违约的信用风险。现代企业从金融机构获得融资是常规业务。企业需要时刻关注自身信用风险状态的变化，避免发生实质违约。因此，企业必须妥善处理自己的信用义务，以确保它始终有足够的现金流，及时归还到期债务和支付应付账款。否则，金融机构和供应商可能会停止向该公司提供信贷，甚至完全停止与该公司的业务往来，这将给公司进一步的发展带来困难。

（三）流动性风险

企业面临的流动性风险与金融市场流动性风险所涵盖的范围有所差异。后者主要是指投资者手头持有的金融资产如股票、债券等迅速变现的风险。就企业来说，它所面临的流动性风险主要包括资产流动性风险和营运资金流动性风险。资产流动性是指当企业突然需要大量现金流时，将资产转换为现金的难易程度。营运资金流动性是指企业每天获得现金流量的难易程度。如果企业突然发现手头没有足够的现金来支付维持运营所必需的基本开支，那么一般或季节性的收入下降可能会带来巨大的风险。这就是现金流管理对企业成功至关重要的原因所在，也是分析师和投资者在评估公司股权投资时，关注自由现金流等指标的重要原因。

第二节　企业金融风险的度量

企业要妥善处理经营过程中面临的金融风险，第一要务是对相关金融风险进行科学量度。本节将按照第一节中提到的风险类型，分别介绍通用的风险度量方法。

一、市场风险的度量方法

当金融市场发生波动时，企业需要科学评估金融市场风险的大小以及给企业造成的影响程度。在金融市场中，我们已经有一套较为成熟的方法来检测金融市场风险，例如市场风险的灵敏度分析法，波动性度量以及 VaR 方法。这些都是一些较为定量化的度量方法，我们将尽量从企业的角度去处理。

（一）灵敏度分析法

灵敏度分析法，是指利用金融资产价值对其市场因子的灵敏性来计量金融资产市场风险的方法。通俗来讲，灵敏度方法就是观察市场中标的资产价值、市场利率、市场风险等因素发生变化时，整个金融资产组合的价值变化情况。因为资产价值变化要受到很多因素影响，所以要通过剥离其他因素的影响才可以判断某个我们关心的因素的影响效应。通过数学上导数和偏导数的概念，我们可以实现对偏效应的估计。通常而言，我们需要对金融资产的投资组合的价值有一个较为明确的数学刻画，做偏导数或导数的偏效应测度才可以实现。历史上，金融领域的学者通过不懈努力，对远期产品、期权等金融产品已经提出一些数学上的价值表达，因而灵敏度分析也就在这些领域较为普遍和流行。对于一家企业而言，如果其业务直接涉及金融资产的风险度量，那么就可以借用金融领域的这一种方法进行度量。如果企业的业务不直接涉及金融产品的投资，那么也可以借鉴灵敏度方法的思路来对风险进行测度。接下来，我们将对灵敏度分析法中的几个重要方法进行简单介绍。

1. 固定收益证券的灵敏度分析法——久期和凸度

固定收益证券是指在特定时间支付预定现金流的金融资产（比如：政府债券、企业债券等）。如果一家企业投资于固定收益类债券，或者它本身要通过发行债务的方式来融资，那么，这家企业就比较关心：当利率发生变化的时候，债券的价值会怎样变化？对这个问题的回答，可以通过计算久期和凸度来进行准确的度量。

所谓久期，就是以债券未来每期现金流的现值与各期现金流现值之和的比值为权重计算的债券加权平均到期日。从其定义看，久期就是一个经过加权的期限，用以衡量回收全部资金加权平均的时间长短。因为通过这个公式计算而得的久期，恰好等于债券价格对利率的偏导，因而，久期也就可以用来度量债券价格对利率的敏感度。麦考莱（Macaulay）久期的计算公式如下：

$$D = \sum_{t=1}^{T} t \cdot W_t = \sum_{t=1}^{T} t \cdot \frac{\dfrac{CF_t}{(1+r)^t}}{\sum \dfrac{CF_t}{(1+r)^t}}$$

式中，t 代表资金流回收的期限，w_t 代表权重。

修正久期是对传统麦考莱久期的一种修正。从数学上来看，修正久期可以更为直观地表达利率变化对债券价格变化的影响效应。如果我们求债券价格对利率的偏导数，所得到的结果是含有久期 D 的一个表达式，但如果定义 $D^* = \dfrac{D}{1+y}$，那么债券价格对利率的偏导数就是 $\dfrac{dP}{P} = -D^* \cdot dy$，这是一个非常简洁易读的结果。实践中，我们通常更多地使用修正久期来测量固定收益证券价格对利率的敏感性。

如果说久期和修正久期是对利率敏感性的度量，那么凸性（convexity）就是对敏感度本身的度量，也就是考察敏感度本身会随着利率的变化情况。从数学的角度看，就是对修正久期进一步求导数，用公式表达为：

$$C = -\frac{dD^*}{dy} = \frac{1}{p} \frac{d^2 P}{dy^2}$$

2. 衍生证券市场风险的灵敏度分析

金融衍生品例如远期金融产品、股票期权、互换等。金融领域的学者已经创造了很多定量化的方法测度金融产品价格、市场利率、风险变化对于投资资产组合价值的影响效应。我们接下来仅仅以较为出名的股票期权为例，介绍衍生品市场风险的敏感度分析。企业可以借鉴这一思路度量类似情景下的市场风险。

根据期权的定价公式，欧氏看涨期权的定价为：

$$F_t = S_t N(d_1) - X e^{-r(T-t)} N(d_2)$$

其中，

$$d_2 = \frac{\ln(S_t/X) + (r - 0.5\sigma_s^2)(T - t)}{\sigma_s \sqrt{T - t}} = d_1 - \sigma_s \sqrt{T - t}$$

式中，S_t 表示标的股票资产的市场价格；X 表示期权的执行价格；T 表示期权的执行时间；σ_s 表示股票价格的波动率；r 表示无风险收益率。

我们将要介绍五种常用的衍生品市场风险灵敏度指标——Delta、Gamma、Theta、Vega、Rho。

（1）Delta。该指标用来衡量股票价格变化对于期权价值的影响。用公式表达为：

$$\Delta = \frac{dF}{dS} = N(d_1)$$

可以发现，股票价格的上升会引起期权价值的上升。这是容易理解的，因为对看涨期权而言，股票价格的攀升意味着执行的可能性将会加大，期权的价值也就随之增加了。

（2）Gamma。该指标用来衡量 Δ 的变化率，即随着股票价格的变化，期权价格随股票价格变化率的变动情况。用公式表示为：

$$\Gamma = \frac{\partial^2 F}{\partial F^2} = \frac{N'(d_1)}{F\sigma \sqrt{T - t}}$$

当 Γ 很小，Δ 变化非常缓慢；但是当 Γ 的绝对值很大的时候，期权的 Δ 对于标的资产的价格就变得非常敏感。如果要通过调整投资组合的方式获得中性的 δ，那么就需要做较大交易资产的调整才可以实现，否则将面临较大的风险。

（3）Theta。该指标用来衡量期权价格对于时间的反应，它常常被称为时间的耗损（time decay）。以股票期权为例，它的公式为：

$$\theta = \frac{SN'(d_1)\sigma}{2 \sqrt{T - t}} - rXe^{-r(T - t)}N(d_2)$$

期权的 θ 值通常为负值，因为在其他条件不变的情况下，随着期权期限的缩短，期权的价值会降低。期权对于持有者而言就是一种选择权，时间的流逝会导致可选的余地越来越小，价值也就越来越低了。通过比较不同产品的 θ 值，我们就可以度量该金融资产对时间的变化反应。

（4）Vega。一个交易组合的 Vega 是指交易组合价值变化与标的资产价格波动率的比率，定义为：

$$Vega = \frac{\partial F}{\partial \theta}$$

如果交易组合的 Vega 绝对值很大，此交易组合的价值对波动率的变化非常敏感。

（5）Rho。ρ 是指交易组合的价值变化与利率变化的比率。前面所提讨论的久期和修正久期其实是对固定收益类证券的利率风险的一种度量，也可以归入希腊值 ρ 的讨论范围。

（二）市场风险的波动性度量法

波动性是指金融资产价格偏离其期望价值的程度。波动性越大，价格上升或下降的机会或幅度就越大，因此，市场风险就越大。市场风险度量的核心问题是价格波动性，由于金融资产的市场风险是由市场因子等的变化引起的，因此，市场风险测量的核心是对市场因子或者直接对资产价格的波动性进行估计和预测。波动性的度量方法有很多种，我们只简单介绍统计学中方差或标准差、计量方法如 GARCH 类模型、隐含波动率方法等。企业在测量金融风险的过程中，可以参照这些方法或者这些方法隐含的思路去间接测度相关风险大小。

1. 方差或标准差方法

统计学中的方差或标准差方法，是通过计算金融资产价值的方差或标准差，直接度量金融资产的风险大小。这一指标是对金融资产价值波动的量度，通过对多期金融资产价值与均值的比较，计算其价值偏离均值的程度。

假设金融资产的价值为 A_t，$t = 1$，2，$\cdots$，T 则金融资产的均值和方差分别为：

$$\mu = \frac{\sum_{t=1}^{T} A_t}{T}$$

$$\sigma^2 = \frac{\sum_{t=1}^{T} A_t - \mu}{T - 1}$$

式中，σ^2 越大，说明该金融资产价值波动越大，也就代表了更大的风险。

2. 计量方法 ARCH 和 GARCH 模型

计量 GARCH 类模型方法，是通过对金融资产价值序列建立计量模型来测度其风险大小。我们这里介绍下 ARCH 模型和 GARCH 模型。ARCH 模型是条件异方差自回归（autoregressive conditional heteroskedasticity model）的简写，GARCH 是广义的 ARCH 模型。这两个模型均假设时间序列金融变量如股价、收益率等的波动并不是固定不变的，而是随时间变化。在 ARCH 模型中，假定波动方差主要是受到不同滞后期的残差序列影响，而 GARCH 模型对此做了扩展，假设不仅仅受到残差序列的影响，还受到波动方差滞后项的影响。

对于多元回归模型：

$$y_t = X_t \beta + \varepsilon$$

其中，扰动项的条件方差服从：

$$\theta_t^2 = \omega + \alpha_1 \varepsilon_{t-1}^2 + \cdots + \alpha_q \varepsilon_{t-q}^2$$

这便是一个 ARCH(q) 模型，说明波动方差要受到滞后 1，2，…，q 期扰动项的影响。

若波动方差还受到波动方差自身滞后各期的影响，我们就得到一个 GARCH(p，q) 模型，公式为：

$$\theta_t^2 = \omega + \alpha_1 \varepsilon_{t-1}^2 + \cdots + \alpha_q \varepsilon_{t-q}^2 + \beta_1 \theta_{t-1}^2 + \cdots + \beta_p \theta_{t-p}^2$$

对于可以获得时间序列数据的金融投资产品，对其风险的测定可以使用 GARCH 或者 ARCH 模型进行建模处理。

3. 隐含波动率方法

隐含波动率方法是针对期权类金融商品，通过反解 B－S 期权定价公式得到的标的资产收益率的波动性。这是一种非常理论化的度量波动性的方法。看涨期权定价公式为：

$$F_t = S_t N(d_1) - X e^{-r(T-t)} N(d_2)$$

其中：

$$d_1 = \frac{\ln(S_t/X) + (r + 0.5\sigma_s^2)(T-t)}{\sigma_s \sqrt{T-t}}$$

$$d_2 = \frac{\ln(S_t/X) + (r - 0.5\sigma_s^2)(T-t)}{\sigma_s \sqrt{T-t}} = d_1 - \sigma_s \sqrt{T-t}$$

$N(d)$ 为标准正态变量的概率分布函数。我们可以根据股票价格信息，通过如上公式反求 σ。这为我们测量市场风险提供了另外一种思路。

（三）市场风险的 VaR 测量方法

VaR(value at risk) 方法是指，在一个目标投资期内，在给定的置信度下，资产组合的预期最大损失。VaR 风险测量的优点是以一个简单易懂的数字表明投资者在金融市场的波动中所面临的风险大小。我们简单介绍一下 VaR 的计算公式和应用。

1. VaR 计算的基本公式

（1）假设条件：

a. 设 W_0 为初始投资额，R 为目标投资期的投资收益率，$E(R) = \mu$，$Var(R) = \sigma^2$，则 $E(W) = W_0(1 + \mu)$ 为目标投资期末资产组合的期望价值。

b. R^* 为给定置信度下资产组合的最低收益率，则 $W^* = W_0(1 + R^*)$，W^* 为给定置信水平下的资产组合的最小价值。

（2）相对 VaR 与绝对 VaR：

a. 相对 VaR：资产组合投资期末的期望价值 $E(W)$ 与给定置信水平下的资产组合的最小价值之差。

$$相对 VaR = E(W) - W^* = W_0(1 + \mu) - W_0(1 + R^*) = W_0(\mu - R^*) = -W_0(R^* - \mu)$$

b. 绝对 VaR：资产组合的初始价值 W_0 与给定置信水平下的资产组合的最小价值之差。

$$绝对 VaR = W_0 - W^* = W_0 - W_0(1 + R^*) = -W_0 R^*$$

c. 总结：计算 VaR 的关键是寻找资产组合的最小价值 W^* 或最低收益率 R^*。若期限较短，期望投资收益率可能很小（接近于零），此时，相对 VaR 和绝对 VaR 结果相近。否则，相对 VaR 更为合适，因为它以资产组合的期望价值 $E(W)$ 为比照标准。以期望的价值作为参照对象更符合经济学的分析原理。一项投资的损失，其参照对象不应该是初始投资额，而应该是可能达到的收益。在相对 VaR 的计算中，我们看到，这种可能的收益是以最低标准来计算。在经济学的机会成本概念中，则是以最高标准去计算。但不论是哪一种标准，都要考虑投资的可能收益，而不能仅仅考虑初始的投资。

2. 具体实现过程

我们介绍三种具体的 VaR 计算过程。

第一种方法是根据历史数据计算 VaR 来确定 R^* 或者 W^*。具体而言，给定资产组合价值（或收益率）的历史数据，按照从小到大顺序排序，寻找 5% 或 10% 的分位数对应的组合价值或收益率，由此确定参照标准。

第二种方法是根据参数分布计算 VaR。统计推断经常对所研究的总体做一些分布假定，比如服从正态分布等。这些分布通常以参数来描述其分布特征，所以又称为参数分布。在计算 VaR 的过程中，我们通常假设资产价值或收益率服从正态分布。因此，只要确定了其分布的均值和方差，我们就可以进一步计算对应 5% 或 10% 分位数，由此确定参照标准。但是，该分布的均值和方差仍然需要估计得到。最常用的方法就是根据历史数据计算均值和方差。但这种方法确定分位数的准则并非直接从历史数据中寻找，而是根据理论上的正态分布来确定。

第三种方法被称之为蒙特卡洛模拟方法。这种方法其实是综合了前两类方法并考虑了随机性。我们下面给出了一个通过 Excel 软件实现该模拟的例子。

VaR 的蒙特卡洛模拟 Excel 实现过程：

在 Excel 中用 rand( ) 函数产生 [0，1] 的均匀分布的随机数。使用函数 normsinv(rand( ))产生服从标准正态分布的随机数。基于如上工作模拟标准布朗运动过程。

假设 W(t) 为标准布朗运动过程，那么：

$$W_0 = 0$$
$$W_1 = W_0 + \delta W_1$$
$$W_2 = W_1 + \delta W_2$$
$$\cdots\cdots$$

根据定义，$\delta W_t = \varepsilon \sqrt{\delta t}$ 且 $\varepsilon \sim N(0，1)$。如果时间距离 $\delta t = 1$，那么：

$$W_0 = 0$$
$$W_1 = W_0 + \text{normsinv}(\text{rand}( ))$$
$$W_2 = W_1 + \text{normsinv}(\text{rand}( ))$$
$$\cdots\cdots$$

股票价格的波动被经济学家们假定为服从几何布朗运动，即：

$$\Delta S = S\mu\Delta t + S\sigma\Delta W$$

同样地，我们假设 $\Delta t = 1$，初始股票价格为 S_0，那么：

$$S_1 = S_0 + \Delta S_1 = S_0 + S_0 \times \mu + S_0 \times \sigma \times \varepsilon$$

这里，$\varepsilon = \text{normsinv}(\text{rand}( ))$。

根据这些假设，我们可以产生第一期的股价，第二期的股价……第 n 期的股价。在 Excel 中，通过 F9 键，我们可以实现一次随机模拟，产生一组价格。通过多次 F9 键，就可以实现多次随机模拟。每次将产生不同的价格序列。假设我们执行了 1000 次随机模拟，将会产生 1000 组价格序列。如果我们关心的是第一期之后的 VaR，那么我们通过执行 1000 次随机模拟，可以得到 1000 个第一期的价格数据，其分布我们大致就可以了解了。我们将第一期的价格序列（1000 个观测值）从小到大排列，找到 5% 分位数，就可以做 5% VaR 的估计。

当然，通过按 F9 键实现模拟非常耗时，我们也可以编写一个 VaR 小程序来实现如上的过程。

```
For j = 2 To 1000
For i = 2 To 10
Cells(i + 1,7) = i − 1
Cells(i + 1,8) = Cells(i,8) + Cells(i,8) * 0.0284 + Cells(i,8) * 0.087 * Application. NormSInv(Rnd())
Next
Cells(j,10) = Cells(3,8)
Next
End Sub
```

编写完毕之后，按 F5 键执行就可以完成 1000 次的模拟过程。由此产生 1000 个第一期模拟价格，存储在 1 − day 列中。我们使用 percentile（ ）函数找到 1% 分位数，并进一步可以计算出 VaR。

二、信用风险度量

信用风险是指债务人不能偿还债务本金或利息的风险，又称之为违约风险。广义上讲，债务人履约能力的下降也是一种信用风险。通常而言，债权人会比较关心债务人的信用风险状况。但鉴于有些信用风险的产生并非源于债务人的道德意愿，因此，很多情况下，债务人也会比较关心自己的履约能力。实践中，有许多有效的方法被用以测度信用风险的大小。

（一）传统（古典）度量方法

1. 专家系统法

所谓专家系统法，就是指通过运用信贷人员、信贷专家或其他专家自身的专业知识、技能和丰富经验，运用各种分析工具，在分析评价各种关键要素的基础上，依据主观判断来综合评定信用风险的分析系统。比较出名的专家方法包括 5C、5P 以及对银行等金融机构进行风险评估的骆驼评级等。我们逐一进行介绍。

（1）5C 判断法。信用分析 5C 方法是金融机构如银行对客户的信用状况进行评估常常采用的专家分析方法之一。该方法关注客户如下五个方面的特质：

①品德（character）：决定其还款意愿；

②资本（capital）：影响着企业的抗风险能力；

③抵押（collateral）：影响违约回收率；

④还款能力（capacity）：取决于企业经营情况（经营能力与环境）；

⑤经营环境（condition）：商业周期、行业情况、利率环境等。

（2）5P判断法。信用分析5P方法是另一类专家分析方法，重点考虑如下5个方面的因素：

①个人因素（personal factor）：决定着还款意愿和还款能力；

②资金用途（purpose factor）：影响着借款使用的风险与收益；

③还款来源（payment factor）：项目现金流与未来前景；

④保障（protection factor）：包括抵押与担保等；

⑤企业前景（perspective factor）：经营管理水平与环境。

（3）骆驼评级。骆驼评级系统由美国联邦金融机构检查委员会（FFIEC）于1979年11月颁布实施，用以衡量金融机构资信等级的一套系统。由于这五个项目的第一个字母组成CAMEL一词，因此，也被称为"骆驼评级制度"。这套评级制度包括如下几个基本项目：

①资本充足率（capital adequacy）主要考察资本充足率，即总资本与总资产之比。总资本包括基础资本和长期附属债务。基础资本包括股本金、盈余、未分配利润和呆账准备金。

②资产质量（asset quality）主要考察风险资产的数量；预期贷款的数量；呆账准备金的充足状况；管理人员的素质；贷款的集中程度以及贷款出现问题的可能性。资产质量的评价标准：把全部贷款按风险程度分为四类，即正常贷款、不合标准贷款、有疑问贷款以及难以收回贷款。然后按如下公式计算：

资产质量比率 = 加权计算后的有问题贷款/基础资本加权计算后的有问题贷款

= 不合标准贷款×20% + 有问题贷款×50% + 难以收回贷款×100%

③管理水平（management）主要考察银行业务政策、业务计划、管理者经历与经验及水平、职员培训情况等一些非定量因素。这方面的评价是比较难的，因为没有量化指标和比率，一般情况下，都通过其他量化指标得出相关结论。经营管理水平日的评价标准：一般以令人满意或非常好等定性分析为标准。

④盈利状况（earnings）主要考察银行在过去一两年里的净收益情况。盈利状况评价标准：以资产收益率1%为标准，以此进行评价。

$$资产收益率 = 净收益/平均资产$$

⑤流动性（liquidity）主要考察银行存款的变动情况；银行对借入资金的依赖程度；可随时变现的流动资产数量；资产负债的管理、控制能力；借入资金的频率以及迅速筹措资金的能力。流动性的评价标准：没有确定的标准，只有与同类、同规模的银行横向比较，才能确定优劣与强弱。

⑥市场风险敏感度（sensitivity）考察利率、汇率、商品价格及股票价格的变化，对银行等金融机构投资等可能带来的不利影响。

2. 信用评分法

信用评分方法是根据可以观察到的债务人特征变量计算出一个分值，来代表债务人的违约概率，或者将债务人归类于不同的违约风险类别。比较出名的信用评分方法有 Z 评分方法、logit 模型方法等。

（1）Z 评分模型。Z 评分模型是由爱德华·阿尔特曼（Edward I. Altman）在其 1968 年发表的论文《财务比率、判别分析和公司破产预警》中提出的。他认为企业作为一个综合体，各个财务指标之间存在某种联系，并且各个财务指标对企业整体风险的影响和作用也不尽相同。阿尔特曼根据 1946~1965 年资产规模为 100 万~2500 万美元，提出破产申请的 33 家破产企业和 22 家非破产企业作为样本，采用逐步判别分析法，从最初的 22 个财务比率中选择了 5 个指标作为自变量，涵盖了流动性、收益稳定性、盈利能力、偿债能力、运营能力等五大类别。在大量实证研究的基础上，用多元判别分析法对 5 个财务比率分别赋予一定权重，进而得到 Z - score 模型，以此作为预测企业财务失败的方法。5 个变量的 Z - score 模型的表达式为：

$$Z = 1.2X_1 + 1.4X_2 + 3.3X_3 + 0.6X_4 + 0.9999X_5$$

式中：

X_1 =（流动性资产 - 流动性负债）/总资产：运营资本比率，反映流动性状况；

X_2 = 留存收益/总资产：盈利积累能力，也可以用来反映杠杆率的变化；

X_3 = 息税前利润/总资产：盈利水平指标；

X_4 = 股票市场价值/债务账面价值：比率越高，破产概率越小；

X_5 = 销售额/总资产：反映企业经营的活跃程度。

确定每个财务指标的影响权重，就可以得到一个 Z 记分模型。通过对大量样本的 Z 值进行分析，给出违约临界值：

Z < 1.8，破产概率极高；

1.8 < z < 2.8，破产概率较高，企业要生存必须进行较大的变革；

2.8 < z < 3，企业比较安全；

Z > 3，运营良好。

将贷款人的有关财务数据输入 Z 评分模型公式得到一个 Z 值，然后将其与违约临界值相比较，即可以判断该贷款人是否违约。

对于 Z 评分模型，我们不能简单套用。理由是，这个公式是根据美国 20 世纪 60 年代制造业上市公司的数据估算得到的，对于不同的行业，或者非上市公司，或者不同国家的公司，估计系数都可能不适用。因此，我们需要学习阿尔特曼的 Z 评分原理而非简单的表达公式。通过使用中国公司数据，基于 Fisher 判别方法，我们也可以构造中国公司的 Z 评分模型。

（2）logit 二元选择模型。Logit 二元选择模型是一种非线性概率模型。在计量经济学中，当被解释变量是 0 ~ 1 二值变量时，我们就可以使用这一方法估算 0 ~ 1 的发生概率。在信用风险评估中，我们通常是先拿到违约和健康客户的信息，目的是通过分析这些违约和非违约的资料发现违约的规律。这里，被解释变量为二元变量，比较适合采用 logit 模型来估计。

假设客户违约变量为 default，其值可以取 0 和 1。其中，1 代表违约，违约概率假设为 p；0 代表非违约，违约概率为 1 − p。logit 模型的估计方程为：

$$\ln\left(\frac{p}{1-p}\right) = \beta_0 + \beta X + \varepsilon$$

式中，X 代表影响客户违约的解释变量，例如客户公司的经营状况指标、行业发展情况指标、宏观经济发展指标等。

3. 对古典信用风险度量方法的评价

传统古典方法总体来看，比较容易理解也比较容易实现。在实践中，应用也最为广泛。但是，传统方法也存在一些缺点。例如，就专家评分方法而言，存在如下一些不足之处：（1）需要有相当数量的信用分析人员——效率与成本问题；（2）实施效果受信用分析人员本身素质高低和经验的影响；（3）加剧贷款组合过度集中，导致"信用悖论"；（4）难以确定共同遵循的标准，从而带有一定的主观性、随意性。

同样，信用评分方法在定量化研究方面做了较多的探索，但是也仍然存在一些不足之处，例如，（1）依赖财务报表的账面数据，忽视了日益重要的各项动态资本市场指标，可靠性、及时性差；（2）通常假设在解释变量与被解释变量间存在着线性关系；

（3）通常无法计量表外信用风险。

（二）现代度量方法

现代度量方法突破了传统古典方法的不足。这主要体现在两个方面：一是强调了定量方法的理论基础，提供了更为严谨的逻辑分析框架；二是在定量化研究方面做了更为深入的探索。这一部分，我们仅大致介绍该领域比较主流的方法，具体实现过程相对比较复杂，感兴趣的读者和同学可以参考信用风险管理的其他专业书籍。

1. 信用评级与违约率测算

信用评级是指信用评级机构（如穆迪、标准普尔、惠誉、中诚信等）对债务人未来全额、按时地向投资者偿付到期本息的能力和意愿所进行的评价。其中，比较重要的一项工作是进行违约率测算。通常，信用评级机构通过对不同信用级别公司的历史违约率进行统计分析，并据此估计实际违约率。

2. KMV 模型

KMV 模型是美国旧金山市 KMV 公司于 1997 年建立的用来估计借款企业违约概率的方法。而 KMV 正是公司创始人凯尔霍夫（Kealhofer）、麦奎因（McQuown）和瓦西切克（Vasicek）名字的首字母缩写。该模型又称为信用监控模型（credit monitor model），它的核心思想来源于莫顿（Merton，1974），莫顿提出运用期权定价理论对风险债券和贷款等非交易性信用资产进行观测和估值可以获得公司违约信息。

估计公司的违约概率 KMV 模型的基本思想是：债务人的资产价值变动是驱动信用风险产生的本质因素，所以只要确定了债务人资产价值变动所遵循的规律和模型（如服从某个随机过程），就可实现估计违约率的目的。KMV 模型最适用于上市公司，首先，由股票市场公开的数据和信息来确定公司权益的价值，再据此确定公司资产的价值，进而估计违约率。当然，KMV 模型是建立在债务人公司股票价格被正确评估的基础上，如果不能正确评估股票价格或者股票市场处于非正常情形时，基于 KMV 模型所得的结论就会有很大的偏差。

（1）实现过程。理论上讲，当公司总价值（股权价值＋债务价值）超过债务价值时，债务将会得到全额的偿还，股东得到剩余部分的价值；当公司总价值低于债务价值时，公司就会违约，此时，股东价值为零（由于"有限责任制"，其价值不会小于零）。因此，股东所获价值类似一个看涨期权。

看涨期权价值为：$\max\{S_T - X, 0\}$，而股权价值为：$E = \max\{V - D, 0\}$，E 为股权价值，V 为公司价值，D 为债务价值。

（2）KMV 模型方法与步骤。

a. 依据前述基于期权思想的股权价值 E 的估算公式、权益波动率与资产波动率之间的关系估计公司（资产）价值 V 和其波动性 σ_V。

b. 设定违约点：$DPT = STD + 0.5LTD$。

c. 计算出违约距离（DTD）：根据公司价值 V、其波动性 σ_V 和违约点（DPT）计算：

$$DTD = (V - DPT) / (V \cdot \sigma_V)$$

最终确定违约距离与预期违约率之间的映射关系。

（3）评价。KMV 是运用现代期权定价理论建立起来的违约预测模型，是对传统信用风险度量方法的一次重要革命。巴塞尔协议三也推荐银行使用 KMV 模型进行内部信用风险度量。总体来看，相较于传统的信用度量方法，KMV 模型具有如下优势：

第一，KMV 可以充分利用资本市场上的信息，对所有公开上市企业进行信用风险的量化和分析；

第二，由于 KMV 模型所获取的数据来自股票市场的资料，而非企业的历史数据，因而更能反映企业当前的信用状况，其预测能力更强、更及时，也更准确；

第三，KMV 模型建立在当代公司理财理论和期权理论的基础之上，具有很强的理论基础做依托。

当然，KMV 模型也有一些不足之处，例如，模型的适用范围有一定的局限性；KMV 模型假设公司的资产价值服从正态分布，而实际中企业的资产价值一般会呈现非正态的统计特征；KMV 模型不能够对债务的不同类型进行区分。

3. CreditMetrics 模型

该模型的基本思想是，基于借款人信用等级、下一年度该信用等级转换为其他信用等级的概率等数据资料，计算出任何一项非交易性贷款和债券的期望价值和波动率，从而得出这些非交易性金融资产组合信用风险的 VaR 度量值。CreditMetrics 模型不仅考虑了债务人违约所带来的信用风险，也考虑了由于债务人信用等级变化所导致的债务价值变动的信用风险。

4. CreditRisk + 模型

该模型基于泊松分布对信用风险进行分析。当一个随机事件（如到达某公共汽车站等车的乘客、保险公司的索赔次数，等等）以固定的平均速率 λ 随机且独立地出现，那么这个事件在单位时间内出现的次数就近似地服从泊松分布。泊松分布表达式为：$p(n) = \dfrac{e^{-\lambda}\lambda^n}{n!}$，λ 表示单位时间或空间范围内事故平均发生次数，n 表示单位时间或空间范围内事故实际发生次数。

该模型假设：贷款组合由小额贷款组成；每笔贷款违约是随机事件；单笔贷款的违约概率都不大；各贷款违约是相互独立的。如果以上假设条件成立，则可认为贷款违约数量服从泊松分布。

5. 宏观模拟方法

该方法由麦肯锡（Mckinsey）公司 1997 年创立。公司经营中发现，信用评级的转移一般取决于宏观经济所处的状态，尤其是低质量贷款和垃圾债券的违约率对商业周期的状态高度敏感。由于 CreditMetrics 模型没有考虑商业周期对信用评级转移概率的影响，Mckinsey's Credit Portfolio View 直接将信用评级转移概率与宏观经济因素之间的关系模型化，并通过制造宏观"冲击"来模拟转移概率矩阵的跨时演变。然后，与 CreditMetrics 模型类似，再计算出信用风险的 VaR 值。通常而言，由于该模型舍掉了债务人本身固有的信用风险，因此不能产生关于公司信用风险的足够信息。

三、流动性风险的度量方法

企业面临的流动性风险分为两类：第一类是企业持有的金融资产或实物资产在变现过程中面临较多的限制从而给企业带来潜在损失；第二类是企业在负债方面因为偿还债务本金、利息或者开发新项目再融资出现问题。第一类流动性风险的具体表现形式有很多种，例如企业自身持有股票、债券、基金甚至是实物资产，而这些资产的交易情况随市场而变化，当企业需要交易这些资产的时候就可能面临一些损失。第二类流动性风险也是企业经常遇到的，因为缺乏现金流无法偿还到期债务，企业就需要想办法通过其他融资渠道加以解决。如果企业没有有效的解决方法，第二类流动性风险会发生，紧接着就是信用风险的发生了。这些风险将严重影响到企业的竞争力。我们在这一部分将参照金融领域中对流动性风险的度量方法做介绍。

（一）资产变现类流动性风险的度量

1. 时间法

时间法是以即时性为基础的衡量方法。它将金融资产完成交易所需的时间长短作为衡量流动性大小的指标。在其他条件不变的情况下，进行交易所需要的时间愈短则流动性愈高。从完成交易所需时间来衡量有直接衡量（订单存续时间、交易间隔时间）和间接衡量（订单成交率、特定时间内订单量的多少）。

2. 买卖差价法

对于许多金融资产如股票，每天都有交易价格信息。我们可以基于买卖的价格差异来衡量流动性风险的大小。理论上看，流动性风险产生于交易受阻，而交易无法完成主要是因为交易双方无法在价格方面达成协议，即在买价和卖价之间产生了较大的分歧。所以，较大的买卖价差通常代表了流动性困难的程度。具体而言，买卖价差的度量有三种方式：（1）买卖价差：等于当前市场上最优卖价和最优买价之间的差额。（2）有效价差：有效价差反映订单的成交价格和买卖报价中点之间的差额。（3）实现的价差：实现的价差衡量订单成交价格和订单执行后一段时间的买卖报价均值之间的差额。实现的价差反映了订单执行后的市场影响成本。

3. 交易量法

对流动性风险的度量也可以从交易量的角度进行计算。通常而言，流动性风险大，交易量会比较小。实际测量的指标有四个：（1）市场深度：某个特定价位上的订单数量或订单的金额。（2）成交深度：在最优买卖价位上成交的数量。（3）成交率：指提交的订单在该市场中实际得到执行的比例。（4）换手率：换手率的计算方法有两种：一是以交易量除以总流通股数；二是以交易金额除以流通市值。

4. 量价结合法

如果将价格和交易量结合起来，可以综合性地考察流动性风险的大小。例如，衡量流动性风险的价格冲击模型侧重衡量了当前交易量对价格的影响程度。另外，也可以使用非流动性比率进行衡量。该指标衡量交易量和价格变化的比率关系，其基本原理是，若少量的交易引起的价格变化较大，则市场流动性较差；若大量的交易引起的价格变化较小，则市场流动性较高。具体的度量指标为：

$$Amihud = \frac{|return|}{amount}$$

式中，Amihud 指标越大，市场的流动性越差。

（二）负债筹资类流动性风险的度量

负债筹资类流动性风险，又称为现金流风险，指企业由于缺乏资金并且没有能力筹集新资金来偿还到期债务而产生的风险。筹资流动性风险的度量分为理论上的度量和实践中的度量。实践中常用的度量方法有指标体系分析法和缺口分析法。该类方法主要是针对金融类企业，对于一般性的企业有参考价值但需要做一些修正。

第三节　企业金融风险的管理方法

风险管理是识别、评价并对风险进行有序安排，通过对现有资源协调安排以减少或监控不利事件造成的冲击，或者充分挖掘环境中的机遇以增强其竞争力。任何企业在经营过程中都会面临风险，良好的风险管理是企业成功经营的一个重要因素。但每个公司的管理层对风险管理的能力是存在差异的。而且，风险本身也有很大的差异，处理的难度迥异。有一些风险可以较为容易的度量和直接管理，但有些风险就可能超出公司可以控制的范围。许多时候，公司所能把握的就是尽可能地预测可能发生的风险，评估其公司业务的潜在影响，并准备好应对不利事件的方案。

金融风险管理一般而言包括两种策略，一种是回避风险，另一种是承担风险。前者相对而言较为彻底也较为消极，在经济生活中面对高概率损失时可以选择使用。但是在大多数情况下，因为金融风险无处不在，完全通过回避风险来避免损失是不合适的，决策者需要勇于承担相应金融风险以实现经营或者投资的目标。就风险承担策略而言，又有多种方法可供决策者选择。决策者需要对风险管理目标和面临的具体情形进行分析，选择最佳的方法以应对风险。

一、风险回避

回避风险是投资者或经营者主动放弃或拒绝实施某项可能引起风险损失的方案，这是最彻底也是最消极的风险管理策略。改变项目计划以消灭风险或保护项目目标免受影响，虽然不可能消灭所有的风险，但对具体风险来说是可以避免的。某些风险可以通过需求再确认、获取更详细信息、增强沟通、增派专家等方法得以避免。

相对于其他风险处理方式而言，风险回避的优点体现在如下两个方面：第一，风险回避方式在风险产生之前将其化解于无形，它大大降低了风险发生的概率，有效避免了可能遭受的风险损失。第二，节省了企业的资源，减少了不必要的浪费，使得企业得以有的放矢。在市场竞争中有所为有所不为。

但风险回避也存在一定的缺陷，其不足之处在于：

（1）企业生产经营活动的最终目的是获得价值或利益的最大化，而风险与收益和机会常常相伴而生。回避风险的同时在很大程度上意味着企业放弃了获得收益的机会。

（2）因为风险无时不在、无处不在，所以，绝对的风险回避不大可能实现。

（3）积极的、主动的风险回避需要建立在准确的风险识别基础上。而由于企业判断能力的局限性，对风险的认知度往往是存在偏差的，因此风险回避并非总是有效的。久而久之，一味采取风险回避，可能会助长企业的消极风险防范心理，使企业丧失驾驭风险的能力，从而降低其生存能力。

对于企业而言，回避金融风险的场合有很多种。例如，面对具有诱惑力的投资项目时，要注意克制自己贪婪的欲望，如果投资收益率异乎寻常的高，就要尽量回避。表面上看暂时失去了较大的投资收益，而实质上可能是避免了未来较大的损失。风险回避的价值在面临这一类决策时有很大的参考价值。

二、风险承担之防范与控制

企业在经营过程中，是一定要承担一定风险的，但并不代表任由风险事件的发生。当事人可以采取措施降低风险事件发生的概率或者减少风险事件造成的损失。我们将这些风险事件发生之前和之后所采取的措施统称为风险防范和控制。

在本章第二节，我们提出许多度量金融市场风险、操作风险、流动性风险的技术和方法。我们应用这些方法对相关风险进行测量，获得对风险的认知，并基于此采取一系列措施进行预防和控制。此外，在信贷风险管理中，银行通过建立严格的贷款调查审查、审批和贷后管理制度，可以有效防范信贷风险发生。为防范银行发生信用风险，监管部门采取了许多措施加以预防和管理，考虑到信贷资本对银行经营中面临的风险损失能够起到缓冲作用，《巴塞尔协议》对银行资本充足度做出规定即银行资本与加权风险资产比率不得低于8%。此外，监管部门还规定银行应适当地持有一级、二级准备，以对流动性风险进行预防。

三、风险转移

风险转移是指企业等经济主体通过各种合法手段将其承受的风险转移给其他经济主体。一般说来，企业进行风险转移的方式可以分为非保险转移和保险转移。但就金融风险而言，主要涉及非保险转移方式。这是因为，保险转移的风险主要是一种纯粹风险，而金融风险很多属于投机风险，不属于典型的保险概念。

非保险转移是指通过订立经济合同，将风险以及与风险有关的财务结果转移给别人。在经济生活中，常见的非保险风险转移有租赁、互助保证、基金制度等。就金融风险而言，掉期交易如利率掉期、信用违约互换等（credit default swap，CDS）、金融远期交易（forward）、金融期货（future），都可以视为一种风险转移的方式。但因为保险公司通常也参与其中的交易，而且有时候运作机制也十分类似，如比较典型的是CDS，所以，它们和保险转移非常接近，区别很小。

保险转移是指通过订立保险合同，将风险转移给保险公司（保险人）。个体在面临风险的时候，可以向保险人交纳一定的保险费，将风险转移。一旦预期风险发生并且造成了损失，则保险人必须在合同规定的责任范围之内进行经济赔偿。由于保险存在着许多优点，所以通过保险来转移风险是比较常见的风险管理方式。但并不是所有的风险都能够通过保险来转移，可保风险必须符合一定的条件。

下面是一些风险转移的例子：

（1）经济主体可向保险公司投保，以保险费为代价，将风险转移给保险公司。如出口信贷保险、存款保险制度、投资风险保险。

（2）金融远期及期货合约作为延期交割合约，也为现货市场提供了一条转移价格风险的渠道。

（3）经济主体还可以通过设定保证担保，将其承受的信用风险向第三方转移。

（4）软件项目通常可以采用外包的形式来转移软件开发的风险，例如，发包方面对一个完全陌生领域的项目可以采用外包来完成，发包方必须有明确的合同约定来保证承包方对软件的质量、进度以及维护的保证，否则风险转移很难取得成功。

四、风险分散（资产组合管理）

对于非系统性风险，我们可以通过分散化的方式进行管理。这是金融投资组合管理中被普遍接受的方式。根据马科维茨的资产组合管理理论，如果各资产彼此间的相关系数小于1，资产组合的标准差就会小于单个资产标准差的加权平均数，因此，有效的资产组合就是要寻找彼此间相关关系较弱的资产加以组合，在不影响收益的前提下尽可能地降低风险。多样化投资分散风险的风险管理策略前提条件是要有足够多的相互独立的投资形式。同时，风险分散策略是有成本的。分散策略可以用于管理证券，也可以用于管理汇率风险及银行的信贷风险。

通俗点解释，鸡蛋不能放在同一个篮子里。如果鸡蛋都放在一个篮子里的话，一旦篮子掉了，所有的鸡蛋都打破了。篮子掉了就是发生风险事件了。而风险分散化就是不要把鸡蛋都放进同一个篮子里，这个篮子放几个，那个篮子放几个。这样即便风险真的发生了，就是即便有篮子掉了，打破的只是那一个篮子里的鸡蛋，而其他篮子里的鸡蛋还是完好的。

如果要进行分散化投资，应该坚持如下原则：

1. 分散投资各类资产

市场风险是投资者不能回避的，这解释了为何当大市全面下挫时，一家盈利良好及管理完善的公司的股价亦可能跟随市场下跌。非市场风险属个别投资项目特有的风险，投资者可通过分散投资，达到减低非市场风险的目标。所谓的"分散投资"，就是将资金投放于不同类别的资产上。以股市为例，组合可以包括公用股、地产股、工业股、银行股等，目的是建立一个相关系数较低的投资组合，从而减低风险。另外，当投资的股票数量增加时，组合的风险相对降低。简单而言如果将资金平均分配在50只股票上，就算其中一家公司不幸倒闭，损失亦只占投资总额的2%，比单独投资在这家要倒闭的公司而蒙受的损失少得多。用一句简单俗语，就是把鸡蛋分散地放在不同的篮子里。

2. 资金投向不同市场

要进一步分散投资，可将资金分散在不同的市场里，而这些市场的升跌不会在同一时间发生。以股票为例，影响股价的因素包括国际和本地利率的走势、本地和国际的经济发展周期及各地政府的财政政策和货币政策等。这些市场之间的不同影响因素使彼此股价的相关系数减低，这解释了国际股票组合的波幅比单一国家低的原因。

3. 基金投资组合

由专业基金经理进行投资组合管理是另一种行之有效的金融管理方法。基金投资组合是一个包含各类投资项目的组合，可以包括不同地区及行业的股票、债券、定期存款等。基金经理专职控制投资组合内的成分与风险的关系，使投资组合内个别投资项目的风险分散并减至最低，却同时维持一个较为理想的回报。实践证明，这是一个资产增值的有效办法。

五、风险（中和）对冲

对于非系统性风险，我们可以通过分散化的投资组合加以管理，但是对于系统性风险却很难采用同样的思路来进行有效管理。通常，我们要采用另外一套理论来进行处理，这便是风险的对冲思想。所谓对冲也称套期保值，是指针对某一资产组合面临的金融风险，利用特定的金融工具构造与其价值变化方向相反的对冲资产头寸，以减少或消除原资产组合市场风险的过程。对冲的基本原理是，某市场因子变化会同时引起对冲资产与原资产组合价值的变化，但它们的变化方向相反。从而当市场因子变化时，可以用对冲资产的收益（损失）冲销资产组合的损失（收益）。

例如，我们可以构建这么一个资产组合：出售若干份股票看涨期权，同时构建一个对冲资产，即购买期权所对应的标的股票。通常而言，期权价格和标的股票价格的走势因为受到相同的微观和宏观环境的影响，他们的价格走势一致。因此，若是未来价格走高，那么现货市场可以获得稳定的盈利。如果未来价格走低，那么期货市场就可以弥补现货市场的亏损，这就是对冲的原理。

（一）对冲的类型

1. 按是否完全消除风险划分：完全对冲、不完全对冲

完全对冲是指所构造的对冲资产头寸的某一风险特性与资产组合的该类风险特性完全相反，资产组合的某一类风险可以被完全消除。其特点是，某一类风险引起的价格有利变动和不利变动都得到了完全对冲，对冲后资产组合的该类风险为确定的零值。

但是，当遇到下面几种情形，只需对超过一定水平的不利价格变化进行对冲：（1）无法构造与资产组合风险特性完全相反的资产头寸；（2）对冲成本（比如交易成本）太高；（3）经济主体愿意承担一定的风险——可以容忍一定程度的价格变动。此时，资产组合后的风险并没有被完全对冲掉，因此称为不完全对冲。

2. 按对冲期间是否变换对冲资产：静态对冲、动态对冲

静态对冲是指在对冲开始时建立头寸并保持不变，直至对冲期间结束。它适用于对冲工具与被对冲资产的价格线性相关的情况。动态对冲则要求在对冲期内不断地调整对冲组合。

风险对冲的基本程序包括：

（1）确定对冲目标：风险态度和风险承受能力；投资者对市场的预期（对未来价格走势的看法）。

（2）确定对冲策略：完全对冲；不完全对冲。

（3）选择对冲工具：基础金融资产；衍生资产（远期合约、期货合约、互换、远期利率协议、期权类金融工具）。

（4）确定对冲比（套期保值率）。

（二）案例解析

假定某交易组合为 Delta 中性，Gamma 为 -5000，Vega 为 -8000。假设某交易所交易期权的 Gamma 为 0.5，Vega 为 2.0，Delta 为 0.6。购买 4000 份交易所期权，交易组合的 Delta 变为 2400（0.6×4000）。为了保证交易组合的 Delta 中性，我们需要卖出 2400 个单位的标的资产，交易的组合的 Gamma 会从 -5000 变成 -3000。

为了保证交易组合的 Gamma 和 Vega 呈中性，引入第二个交易所期权，此期权的 Gamma 为 0.8，Vega 为 1.2，Delta 为 0.5。假设 x_1 和 x_2 分别表示两个期权的头寸，此时，要求，

$$-5000 + 0.5x_1 + 0.8x_2 = 0$$
$$-8000 + 2.0x_1 + 1.2x_2 = 0$$

求解得到 $x_1 = 400$，$x_2 = 6000$。因此，分别购买 400 份和 6000 份交易所期权，就可以使得交易组合的 Gamma 和 Vega 成为中性。加入这两个期权之后，交易组合的 Delta 变为 $400 \times 0.6 + 6000 \times 0.5 = 3240$，因此为保证 Delta 中性需要卖出 3240 个单位的标的资产。通过以上的对冲操作，我们就可以实现风险管理的目标。

【思考与练习】

1. 企业在经营过程中，通常面临哪些金融风险？

2. 如果企业参与金融市场投资，如何科学度量市场风险？请结合敏感度分析方法进行分析。

3. 企业进行风险分散化管理与风险对冲管理有哪些区别？

第七章　企业的法律责任风险分析

【本章概要】

　　法律责任风险是企业面临的一种普遍风险，它源于侵权责任法对责任的分配。我国法律对侵权责任的归责原则有两类：过错责任原则与无过错责任原则，美国民事侵权责任体系中的责任有三种类型：过失责任、严格责任与绝对责任。不同责任下的权利与义务有所不同。本章对中美两国的责任原则进行了分析，并对企业普遍面临的产品责任风险、环境污染责任风险和员工伤害责任风险进行了阐释。

【本章学习目标】

1. 了解民事侵权责任中分配责任的不同方法；
2. 理解企业法律责任风险；
3. 掌握不同责任类型的归责原则；
4. 了解损害赔偿的类型；
5. 了解企业所面临的典型责任问题的归责原则。

引　言

【导读案例】三鹿奶粉事件

　　2000 年，因为中国经济的迅速发展，乳制品市场转变成一个很大的市场，且因巨大的消费群体，更可划分为高、中、低三个消费层次。为了调节大陆市场供应与需求，除了从海外的日本、新西兰等国进口将近 30 万吨乳制品以应付高、中消费层次外，中国大陆绝大多数消费群体，包括婴幼儿，还是以我国自主生产的产品为主。

　　在此因素下，知名三鹿牌顺势推出以一袋 18 元人民币（约 3 美元），不到进口奶粉价格一半价格的婴幼儿配方奶粉以应付大规模的奶业市场，之后成为大陆重要且知名婴幼儿奶粉品牌，多年蝉联该中国大陆自制乳品市场的首位。不过因为需求甚殷、价格竞争等因素，公司与政府均漠视生产流程及质量控管，终于爆发此弊端漏洞。

事件起因是很多食用三鹿集团生产的奶粉的婴儿被发现患有肾结石，随后在其抽检奶粉中发现化工原料三聚氰胺。该事件给消费者特别是婴幼儿的身体健康带来了极大危害，也造成了严重的社会影响。迫于多方压力，三鹿集团于 2008 年 9 月 12 日全面停产整顿，接受调查。

经调查，截至 2008 年 9 月 21 日，因使用婴幼儿奶粉而接受门诊治疗咨询且已康复的婴幼儿累计 39965 人，正在住院的有 12892 人，此前已治愈出院 1579 人，死亡 4 人。虽然三鹿"问题奶粉"为不法分子在原奶中添加三聚氰胺所致，但三鹿集团领导对问题处理不力，且有隐瞒事实之嫌，特别是在三鹿高层得知奶粉中有三聚氰胺时，曾高价收回了大部分有毒奶粉，但后来因货源紧张，三鹿集团开会通过决议将已收回的有毒奶粉重新投放市场。

基于事实，2009 年 1 月 22 日，河北省石家庄市中级人民法院一审宣判，三鹿前董事长田文华被判处无期徒刑，三鹿集团高层管理人员王玉良、杭志奇、吴聚生则分别被判 15 年、8 年及 5 年的有期徒刑。三鹿集团作为单位被告，犯了生产、销售伪劣产品罪，被判处罚款人民币 4937 余万元。涉嫌制造和销售含三聚氰胺的奶农张玉军、高俊杰及耿金平三人被判处死刑。

资料来源：长沙新闻网：《回顾：三鹿毒奶粉事件从爆发到完结全过程》，2013 年 12 月 14 日，19：41：55，http：//news. changsha. cn。

由此可见，法律是企业经营管理不可逾越的红线。三鹿奶粉这个悲剧事件的根本原因在于企业管理者的法律意识淡薄和法律风险防范的缺失。

对于企业来说，法律具有双重属性，它一方面是企业管理责任风险的工具，当企业的权益受到损害时，它可以拿起法律的武器为自己赢得赔偿；另一方面，它也是企业法律责任风险的来源。法律实际上是对责任风险的一种分配，谁承担责任，就意味着谁承担风险。法律的分支有很多，本章所讲述的法律责任主要是指民事侵权责任。

第一节　企业法律责任风险分析的含义

一、企业法律责任风险分析的概念

法律风险责任分析是指对识别出的法律责任风险进行定性、定量的分析，为法律责任风险的评价和应对提供支持。分析法律责任风险时，风险管理人需要考虑导致法律责任风险事件的原因、法律风险事件发生的概率及其后果、其影响后果及其可能性等。

根据法律风险分析的目的、可获得的信息数据和资源，法律风险分析可以有不同的详细程度，可以是定性的、定量的分析，也可以是这些分析的组合。一般情况下，首先采用定性分析，以初步评定法律风险等级，揭示主要法律风险。在可能和适当的时候，要进一步进行更具体和定量的法律风险分析。

二、法律责任风险分析方式

法律责任风险分析的方式有两种：一种是直接由评估人员根据经验，通常按高、中、低三个等级来确定风险发生的概率和损失程度。这种方式比较适用于风险数量较少、风险种类简单、企业对法律责任风险管理要求不高的中小企业。另一种方式是运用概率论和数理统计方法，分析风险发生的概率和可能损失的严重性。通常给出更精确的数值，适用于类型复杂、数量大、管理要求严格的大型企业。本节将重点介绍后一种方式中运用到的两种分析方法，即可能性分析和影响程度分析。

三、法律责任风险分析方法

（一）法律责任风险可能性分析

法律责任风险的可能性分析，是指对已识别的法律责任风险进行分析，以判断风险事件在公司目前管理水平下发生风险事件的概率或频率，从而为制定和调整风险应对计划提供依据。法律责任风险的可能性分析一般是制定若干评分标准，对每个风险点进行定量分析，从而得出风险发生的概率。

根据国标 GB/T 27914—2011《企业法律风险管理指南》（以下简称《指南》）的要求，法律风险可能性分析主要涉及外部监管的完善程度和执行力度、现有法律风险管理体系的完善与执行力度、企业相关人员法律素质、利益相关者的综合状况、所涉及工作的频次等方面。按照《指南》中对法律风险可能性分析提供的示例，可以将风险事件分为 5 个等级，分别赋予 1～5 的不同分值，表示发生可能性依次加强，得分越高意味着风险发生的可能性越大。

（1）外部监督的完善程度和执行情况，包括有关法律法规的完善程度和有关监管部门的执行情况等。该项分析依据企业的行为有无法律规定和监管部门、若违法能否及时得到查处且处罚是否严厉等指标赋予不同的分值。如果说有法律规定、有监管部门、违法行为总能得到及时查处且处罚严厉的，所得分值最低；如果没有法律规定，没有监管部门或监管失职，则所得分值就较高。

（2）现有法律风险管理制度的完善和执行情况，包括企业内部的战略、规章制度、制度完善程度和相关法律责任风险的执行情况等。

（3）有关人员的法律素质。这一分析包括了解和掌握企业内部相关政策、法律法规、企业规章制度和相关人员的法律风险控制技能。

（4）利益相关者的综合情况，包括利益相关者的综合资格、绩效能力、以往记录、法律风险偏好等。

（5）所涉及的工作频率，即在一定周期内与法律责任风险有关的工作频率。

（二）法律责任风险影响程度分析

法律责任风险影响程度分析是对已识别的法律责任风险进行分析，以判断风险事件对公司经营管理和业务发展的影响，为制定和调整风险应对计划提供依据。

法律责任风险的影响程度分析主要涉及财产和非财产两个方面，包括影响程度和范围。同样，对法律责任风险影响程度的分析，《指南》也将影响程度分为 5 个层次，每一个层次都打 1～5 分，说明风险发生的可能性依次增强，得分越高，风险影响程度越大。

第二节 企业的法律责任种类及其责任分摊

企业的法律责任主要是民事侵权责任，就是企业在侵害民事权益后应当承担的民事责任。但是，在不同情况下是不一样的，比如交通事故中的责任通常和产品伤害的责任不同。中国《侵权责任法》中将侵权责任分为过错责任和无过错责任，过错责任原则调整的是一般的侵权责任归属问题，无过错责任原则调整的是特殊的侵权责任归属问题。

一、过错责任及其归责原则

过错（fault）分为故意和过失。故意是指行为人预见到自己的行为会导致某一损害后果而希望或者放任该后果发生的一种主观心理状态。过失是指行为人因疏忽或者轻信而使自己未履行应有注意义务的一种心理状态，是侵权责任法中最常见的过错形态。我国《侵权责任法》第六条规定："行为人因过错侵害他人民事权益，应当承担侵权责任。"

（一）过失的判定

过失是一种非故意侵权行为，它是指行为人没有像一个理智和谨慎的人在相似的情况下为避免他人受到损害而给予适当的注意。判断行为人有无过失主要依据以下客观标准：

（1）行为人是否违反了法律、行政法规明确规定的义务。法律对某一特定领域规定了行为标准，行为人若违反了这一标准，就具有过失。例如，道路交通安全法规定司机遇红灯时应停车，而司机没有这样做。

（2）行为人是否违反了合理人的注意义务。也就是说，在界定一个行为是否构成过失侵权时，除具备行为人违反了法律、行政法规明确规定的义务这一要件外，还必须有一个条件，即行为人注意义务的存在。只有行为人有注意义务，同时行为人的行为未达到所需的行为标准而违反该义务时，才构成过失，才可能向相对人承担责任。而这个行为人注意义务应被限定为"合理人的注意义务"，即在特定情况下多数人应当达到的注意程度。按照该标准，判断被告是否有过失主要看在被告所处的情况下一般人会如何行为，如果一般人与被告做出同样的行为，则被告没有过失；反之，则有过失。

【专栏 7-1】 谩骂、殴打他人致死担刑责

被告人王军于 2014 年 2 月 26 日 9 时许，驾车拉载乘客，在行驶至朝阳区地铁 6 号线青年路地铁东北口南侧朝阳北路由东向西主路路边时，被在该路段进行执法检查的北京市交通执法总队第五执法大队的工作人员拦下。王军为逃避查处，与协助执法总队查控工作的李河江发生纠纷，王军对李河江进行谩骂，并用拳殴打李河江胸部，用脚踢踹李河江腿部。民警接警后将双方带至派出所进行询问，李河江在派出所突感身体不适，于当日 10 时 50 分许被送往医院，后经抢救无效于当日中午死亡。经法医学尸体检验鉴定书认定：李河江的其死因系冠心病急性发作致心力衰竭死亡；情绪激动等过激因素可以成为冠心病发作的诱因。

北京市朝阳区人民法院经审理认为：首先，王军的行为与被害人的死亡之间存在因果关系。王军在没有营运资质的情况下拉载乘客并收取车费，并对协助执法人员工作的李河江进行辱骂、踢踹和殴打，且该系列行为与死亡结果之间间隔时间较短。王军的行为引起李河江情绪方面的波动，诱发其冠心病发作，最终导致死亡。其次，王军违反了注意义务。行为人在公共场合实施行为前，对他人的注意义务不应当仅限于老幼孕残等特征明显的特殊群体，王军作为比较强健的中年男子，在实施上述针对李河江的行为之前，应当预见自己行为可能导致诱发他人疾病的后果，但其缺乏必要的谨慎，违反了注意义务。根据被告人王军犯罪的事实、犯罪的性质、情节及对于社会的危害程度，朝阳区法院以过失致人死亡罪判处其有期徒刑 1 年，缓刑 1 年。

资料来源：魏颖、杨妮：《违反注意义务的判断标准》，载于《人民司法（案例）》2017 年第 32 期。

"合理人的注意义务"原则上不照顾行为人的特殊弱点，不论行为人是性急、害羞、健忘，还是反应慢、粗心大意等，原则上皆适用同样的标准；也不考虑行为人的经验、能力等因素，例如，一个没有经验的司机造成车祸所适用的判断标准与一个有多年驾驶经验的老司机所适用的标准是一样的。同样，该标准原则上也不要求行为人比一般人履行更高的注意义务，它只要求被告履行正常人的一般注意义务即可。

但这一标准有两种特殊情形，一是专业人员的行为标准，二是无民事行为能力人或者限制民事行为能力人的行为标准。现实生活中，还存在许多有特殊技能和知识的人，如医生、律师、会计师、建筑师等。这些专业人员的某些行为标准就应当高于一般人的

行为标准，要符合自己专业领域内公认的活动标准。例如，医生的注意义务应是其他医生普遍遵守的义务，而不是"一般人"普遍遵守的义务。《侵权责任法》第五十七条规定，医务人员在诊疗活动中未尽到与当时的医疗水平相应的诊疗义务，造成患者损害的，医疗机构应当承担赔偿责任。第二种情形主要针对的人群是未成年人和精神病人，由于其年龄、智力和生理状况等因素，在判断这类人是否履行合理注意义务时，他们的行为标准通常低于一般人的行为标准。无民事行为能力人或限制民事行为能力人对他人造成损害的，由其监护人承担侵权责任。

（二）过失责任的归责原则

在过失责任原则制度下，构成侵权责任必须同时满足以下条件：

1. 行为人实施了某一行为

若无行为人的行为，就不会产生侵权责任。这里的行为包括作为和不作为。

在多数情况下，行为人都是因为对他人的民事权益实施了积极的加害行为而承担侵权责任，例如殴打某人、毁坏某人的财产、散布某人的谣言等。《侵权责任法》规定的侵权责任大多是因为行为的作为而产生的。但在一些情况下，行为人不作为也可能产生侵权责任，这是现代侵权责任法的一种发展趋势，即在特定情形下行为人还负有积极保护他人的义务，例如，《侵权责任法》第三十七条规定，宾馆、商场、银行、车站、娱乐场所等公共场所的管理人或者群众性活动的组织者，未尽到安全保障义务，造成他人损害的，应当承担侵权责任。

2. 行为人行为时有过错

在过错责任原则制度下，过错是确定行为人是否承担侵权责任的核心要件。当然，对于一些法律明确规定的特殊侵权责任，过错就不是必要条件了，如产品责任、环境污染责任、高度危险责任等。《侵权责任法》第七条规定，行为人损害他人民事权益，不论行为人有无过错，法律规定应当承担侵权责任的，依照其规定。第二十四条规定，受害人和行为人对损害的发生都没有过错的，可以根据实际情况，由双方分担损失。以上的无过错责任和公平责任的适用范围是法律特别规定的情形，只要法律没有明确规定不以过错为要件的，过错仍是行为人承担侵权责任的要件。

3. 受害人的民事权益受到损害

损害是指行为人的行为对受害人的民事权益造成的不利后果。《侵权责任法》第二条第二款规定，民事权益包括生命权、健康权、姓名权、名誉权、荣誉权、肖像权、隐私权、婚姻自主权、监护权、所有权、用益物权、担保物权、著作权、专利权、商标专用权、发现权、股权、继承权等人身、财产权益。不利后果通常表现为：财产减少、生命丧失、身体残疾、名誉受损、精神痛苦等。损害不但包括现实的已经存在的"不利后果"，还包括构成现实威胁的"不利后果"，此时，为防止其转化为现实损害，行为人也应当承担侵权责任。

4. 行为人的行为和受害人的损害之间有因果关系

因果关系是指行为人的行为作为原因，损害事实作为结果，在二者之间存在的前者导致后者发生的客观联系。

因果关系的判断标准是，如果不是被告的行为，损失就不会发生。例如，汽车司机看到红灯时没有刹车而把一名行人撞伤了，此时司机没有停车就是行人被撞伤的近因，因为如果司机看到红灯时停车，行人就不会被撞伤。相反，非因果关系的判断标准是，无论被告是否采取了足够的安全措施以保护其他方，损失都会发生。

现实行为中，侵权行为越来越多样化和复杂化，有的一因多果，有的多因一果，有的甚至多因多果，如何判断或者确定行为与损害之间是否存在因果关系就比较困难，也是审判实践面临的棘手问题。因果关系的判断中，比较复杂的就是有介入事件的情况。很多情况下，损害的发生并非只有唯一原因，而是由多个原因综合作用而成，这些原因可能是层层递进的串行关系，也可能是同时发生作用的并行关系。在有的国家的侵权责任体系中，对于前者，如果被告能够理性地预见到他的行为可能造成的伤害风险，那么即使他的行为并不直接导致伤害，也会被认为与伤害之间存在因果关系；对于后者，要分析这些原因对于损害的发生是否有影响。在我国，原则上，如何判断因果关系需要由法官根据个案的实际情况，依一般社会经验决定。

【专栏 7 - 2】虽不构成医疗事故　医院仍须承担责任

家住江苏省镇江市丹徒区某村的 40 岁的农民王华与妻子春梅婚后育有一子，本是一个幸福的家庭。2002 年 5 月初，王华为了妻子的健康和幸福，到中国人寿保险公司为妻子春梅买了一份康宁定期保险，该保险条款规定：凡六十五周岁以下、身体健康者均可作为被保险人，由本人或对其有保险利益的人作为投保人向中国人寿保险公司投保；被保险人在合同生效之日起 180 日后初次发生，并经该保险公司指定或认可的医疗机构确诊患重大疾病（无论一种或多种）时，该公司均按基本保额给付重大疾病保险金，保险金额为 35000 元。

5 月底、6 月初到了农忙季节，王华夫妇一连忙了十几天。时间一长，春梅便觉得腰部疼痛难忍。由于怕花钱，不敢到大医院去看病，于是便以土方治疗。可是治疗了一段时间，腰痛不仅没有好转，反而加重，行动也很不方便。于是，春梅夫妇 7 月 1 日到镇江市第二人民医院求诊。该院为春梅作了腰椎 CT 检查，报告显示：春梅腰椎间盘突出，医院建议春梅住院手术治疗。春梅考虑到家庭经济问题及手术中可能发生的风险，就没有立即住院治疗。之后几天，由于春梅的腰痛实在受不了，便于 7 月 9 日来到市区另一家大医院看专家门诊。专家检查后推荐春梅到该院做推拿科治疗，推拿科经诊询，发现春梅精神较差，面色苍白，须有人扶持方可行走，腰部疼痛剧烈，不能直立，也不能左右旋转、侧弯等。进一步检查诊断为：腰椎滑脱，腰椎间盘突出。医院要求春梅住院，给予其活血、牵引等治疗。春梅于是只好住进了该院接受治疗，医院为其作索引等推拿，并为其注射丹参液。

7 月 10 日早晨，春梅出现头痛症状，医院为其作了常规检查。检查血常规显示病情有加重和转化的趋势。到了 7 月 12 日上午，春梅出现头昏乏力、精神萎靡、伴恶心状况。医院检查身体显示：嗜睡，BP160/100mmhg，心律不齐，呈现贫血貌，考虑其有可能高血压，也有可能是贫血。推拿科医生便建议春梅转入内科进一步诊治，而在听从医生的话准备转入内科继续治疗的当天下午，春梅便出现昏迷状况。医院立即对其急查，发现春梅人已昏迷，瞳孔左 2.5mm，右 1.5mm，光反射迟钝，压眶反射消失，告病危。又急查头颅 CT：左侧额颞顶部硬膜下血肿，脑疝。随予以脱水等处理转内科，并请另一家大医院脑外科医生进行会诊，考虑其有可能系自发性硬膜下血肿，脑疝。当日 19 时，春梅被转入另一大医院脑外科治疗。该院诊断为：左侧额颞顶部硬膜下血肿，血小板减少症。急诊在全麻下行"左侧硬膜下血肿钻孔引流术"，手术过程顺利，术后止血、抗炎、脱水、输注血小板及支持等治疗。当晚 23 时 30 分春梅又出现左瞳孔 5.5mm，不规则圆，光反射消失，右瞳孔 3.0mm，光反射迟钝。该院在 13 日下午 1 时再次对春梅在全麻下行"左侧硬膜下血肿清除＋去骨瓣减压术"，并予气管切开术，手术过程顺利，但春梅在手术后仍然昏迷不醒，病情不稳定，并出现高烧现象。王华见救治不会再有什么起色，便要求于 7 月 14 日自动出院。出院回家后仅一周，春梅便不幸在家中死亡。

妻子死亡后，王华想到了自己已经为妻子投了重大疾病保险，于是他向保险公司提出了索赔申请。但是，保险公司经调查核实后认为，春梅的情况不符合理赔的条件，遂做出了不予理赔的决定。

经多方咨询，王华认为，春梅7月9日入住的医院医生未能尽到注意义务，这家医院在按腰椎间盘突出治疗妻子的病时，忽视了妻子已经患上了血液病，而且在妻子出现头痛等症状后，也未及时发现和防范血液病，延误了诊疗时机。是医院的治疗措施不力才导致妻子最终抢救无效死亡。因此，该医院对妻子春梅的死应负有不可推卸的责任。也正因如此，才致使妻子在购买保险后未满180天就突然死亡，无法获得理赔。于是，2003年春，王华父子将上年7月9日为妻子春梅住院治疗的医院告到法庭，要求这家医院赔偿医疗费、丧葬费、保险损失费等各项损失共计66931.73元，另外附加赔偿精神损害赔偿金37830元。

2003年4月10日，法院首次开庭公开审理了王华父子诉该家医院医疗服务合同纠纷案。审理时，医院则辩称：患者春梅于2002年7月9日因腰痛入住该院推拿科治疗，诊断是明确的，治疗也是对症的。7月12日，因患者病情突然变化转内科治疗。后经会诊后，根据专家意见，并经患者家属同意后才转院手术。医院对患者的整个诊疗行为完全符合医疗规范，患者的死亡完全是因为其病情的突变恶化所致。故请求法院驳回王华父子的诉讼请求。王华及其代理人则认为，患者春梅到医院诊断病情，并按医生的要求住院治疗，交纳了医疗费，患者与医院之间形成了医疗服务合同关系，医院就应负有对患者进行治疗的义务。患者在治疗中已经讲明了自己身体的不适，而医院明知患者身体还有其他不适的地方，却仍仅对其腰椎进行治疗，并未对患者的其他症状及时进行检查和治疗，就连患者住院期间觉得头痛剧烈时，医院也未引起警觉和足够重视，仍然一直按腰椎病进行推拿治疗，延误了治疗期，致使患者最终死亡。医院延误治疗的行为与患者的死亡之间具有因果关系，医院在治疗行为中存在过错。因此医院应承担赔偿责任。

法庭在审理中，根据最高院有关证据规则，要求王华父子对春梅在该医院就诊的事实和损害后果负举证责任；而医院则应举证证明其医生在整个诊疗过程中没有过错，医院的行为与患者的死亡之间没有因果关系，否则便推定医院在治疗行为中存在过错，应对患者的死亡承担一定的赔偿责任。医院当庭提交了书面鉴定申请，要求对医院的医疗行为是否违反了医疗规定，有无过失，若有过失与患者死亡之间是否有因果关系等进行鉴定。由于医院当庭提出了鉴定申请，法庭于是休庭，随即委托镇江医学会针对上述内容进行医疗事故技术鉴定。

镇江医学会严格按照有关程序进行了分析讨论和研究，给出了书面医疗事故技术鉴定。该鉴定书认为：（1）整个医疗过程中医疗行为没有违反医疗卫生管理法律、行政法规、部门规章和诊疗护理规范、常规。（2）结合患者的头颅 CT 及手术中的血肿情况，患者的死亡原因是慢性硬膜下血肿引起的脑疝死亡。医方对患者的血小板减少症没有及时诊断，对丹参的使用欠妥，对患者的头痛也没有及时全面检查，但这些与患者的死亡并没有直接因果关系。（3）医方对患者的死亡没有责任。因此，最后鉴定结论为：本病例不属于医疗事故。

依据鉴定结论，法庭于 2003 年 7 月 24 日再次开庭审理了该案。医院对鉴定结论无异议，王华父子则认为鉴定结论既然确认医院在医疗行为中存在过失，那么这种过失行为与患者死亡就应当有因果关系，医院有过错，就应当对患者的死亡负法律责任。医院则认为，既然春梅的死亡不属于医疗事故，医院就不该承担责任。退一步讲，即使医院在医疗中有一些过失，但那也与患者的死亡没有因果关系。当事人双方各持己见，互不相让。

在调解未果的情况下，法院经审理后认为：患者春梅因疾病于 2002 年 7 月 9 日到该医院就诊并住院治疗，双方已形成了医疗服务关系。虽然该医院在对患者的整个医疗过程中的医疗行为没有违反医疗卫生管理法律、法规、部门规章和诊疗护理规范及常规，患者的死亡原因是慢性硬膜血肿引起脑疝所致，不属医疗事故。但同时也认为医院对患者的血小板减少症未能及时诊断，对丹参的使用也欠妥，对患者的头痛亦未及时全面检查。本案中，医院在医疗过程中未能全面及时地履行医疗服务合同的义务，其医疗行为存在一定程度的过失。因此医院应当承担相应的赔偿责任。于是，2003 年 12 月 17 日法院做出判决：该医院赔偿王华父子医疗费、丧葬费、死亡赔偿金合计人民币 8000 元；同时驳回了王华父子的其他诉讼请求。

资料来源：110 法律咨询网，http：//www. 110. com/ziliao/article－41392. html。

（三）故意侵权的判定

故意侵权是指行为人有意做出的对他人造成损害的违法行为，表现为行为人对损害后果的追求与放任心态，是一种典型的应当受到制裁的心理状态，但它必须通过一定的行为表现出来。故意侵权的行为一般包括以下几种：

（1）威胁和殴打。威胁指的是行为人使他人面临即将发生的非法人身侵犯的故意行为。殴打是行为人使他人遭受非法人身侵犯的故意行为。通常两者几乎同时发生，但有时也会单独发生。在任何情况下，威胁和殴打都侵犯了个人人身安全的合法权利，同时两者也都构成犯罪行为。

（2）非法监禁和错捕。非法监禁和错捕指的是非法地限制他人离开某一特定场所的自由的故意行为。例如，商店店员怀疑顾客偷窃商品，并将其私自扣留在商店中，这就构成非法监禁或错捕。

（3）诽谤。诽谤指的是故意传播虚假消息并致使个人或机构的名誉受到损害的行为。诽谤分为书面诽谤和口头诽谤。破坏名誉的言论如果以书面的、电影的、图片的或其他可永久保留的形式出现时，就是书面诽谤；如果以口头的或其他无法保留的形式出现时，就是口头诽谤。

（4）侵犯隐私权。侵犯隐私权涉及普通法和成文法，以下所讨论的是普通法中的侵犯隐私权。主要包括侵扰他人生活、人身侵犯、公开揭露隐私、非法泄露机密情报。

①侵扰他人生活。例如，窃听电话、使用望远镜偷看等；

②人身侵犯。例如，擅自检查顾客的购物袋、非法提取血样等；

③公开揭露隐私。隐私，是指个人与社会公共生活无关的而不愿为他人知悉或者受他人干扰的私人事项，包括三个方面的内容：一是个人信息，包括姓名、肖像、住址、电话、E-mail、MSN、QQ、IP 地址编码、游戏账号等；二是个人私事，包括婚恋、避孕、堕胎、收养、疾病等；三是私人领域，如身高、体重、三围、日记、卧室等。

曝光别人的隐私属于一般违法行为。根据我国现行立法及有关司法解释，隐私利益是受法律明确保护的一项人格利益，因此构成侵害隐私利益的行为人就应承担侵权民事责任。

【专栏 7-3】私自查询并披露他人银行账户信息构成隐私权侵害

福州市中级人民法院日前对一起私人擅自查询并在境外披露他人银行账户信息案件做出终审判决：银行账户信息属于个人隐私，擅自查询并披露构成隐私权侵害，行为人应赔礼道歉并支付精神抚慰金。

被告李女士是某跨国公司美国分公司集团总裁，该分公司与原告陈女士的姐姐在美国发生诉讼。为获取证据赢得诉讼，李女士向中国某国有商业银行福州支行提交查询申请函，要求查询陈女士在该行的美元账户明细情况。银行工作人员邵某私自打印了陈女士的美元活期存折"账户明细"，并提供给李女士。李女士将这一账户信息呈交美国法庭作为诉讼证据，并在法庭质证。陈女士认为自己的隐私权受到侵害，将李女士告上法庭要求其承担民事责任。

　　福州市中级人民法院认为，储户银行账户信息属于个人隐私，李女士擅自查询、获取并披露他人账户信息，干扰了他人正常生活，给他人带来一定的精神损害，根据最高人民法院《关于确定民事侵权精神损害赔偿责任若干问题的解释》相关规定，应向陈女士赔礼道歉，并支付精神抚慰金2000元。

　　资料来源：中国经济网，2016年10月26日，http：//financel. ce. cn/bank/scroll/200610/26/t20061026_9135509. shtml。

　　④非法泄露机密情报。这里是指相关工作人员违反企业、组织保密规定，故意泄露企业秘密的严重违法行为。违反者除按有关法律规定给予经济处罚外，构成犯罪的还将要承担刑事责任。如华为6员工疑泄密被抓、东软集团遭商业秘密外泄和海尔前高管跳槽窃取商业秘密获刑三年等。

【专栏7-4】员工跳槽后泄露企业商业秘密获刑

　　6月27日，安徽省宣城市中级人民法院对安徽广信农化集团销售经理孙某做出二审裁定，维持广德县人民法院做出的一审判决，孙某因犯公司、企业人员受贿罪、侵犯商业秘密罪被判处有期徒刑7年，并处罚金10万元。

　　2003年至2005年，孙某在任安徽广信农化集团有限公司驻苏州办事处销售经理期间，利用职务之便，多次收受香港某化学有限公司给予的贿赂共计17万余元。孙某在任职期间，掌握了广信农化集团的销售策略和销售价格等已采取保密措施的商业秘密。2005年12月，孙某擅自离开广信农化集团，在同类企业宁夏某公司提出给其优厚待遇后，孙某即向该公司透露了广信农化集团的商业秘密，致使广信农化集团主要客户销售量明显下降，产品价格不正常下降，造成该公司经济损失达2828万元。

　　资料来源：《员工跳槽后泄露企业商业秘密获刑》，载于《法制日报》2010年4月11日。

　　（5）欺诈。欺诈是指以使人发生错误认识为目的的故意行为。根据最高人民法院关于贯彻执行《中华人民共和国民法通则》若干问题的意见第六十八条，一方当事人故意告知对方虚假情况，或者故意隐瞒真实情况，诱使对方当事人做出错误意思表示的，可以认定为欺诈行为。对于民事欺诈行为导致的法律后果是民事行为无效，从行为开始就没有法律约束力。而根据《中华人民共和国消费者权益保护法》的规定，经营者在提供的商品或者服务有欺诈行为的，消费者可以要求增加赔偿受到的损失，增加赔偿的金额为消费者购买商品的价款或者接受服务的费用的 3 倍；增加赔偿的金额不足 500 元的，为 500 元。法律另有规定的，依照其规定。

【专栏 7 – 5】虚构事实，骗取他人财物被判刑

2009 年 11 月 28 日，被告人武建刚隐瞒钢浓公司法定代表人已变更的实施，对原材料供应商程胜春谎称需要资金回购钢浓公司股权，向程胜春借款 278.24 万元，期限 6 个月。同年 12 月 15 日，武建刚以股权回购资金不足为由，再次向程胜春借款 309 万元，承诺 2010 年 1 月 20 归还。逾期后，程胜春多次向武建刚催还借款，武建刚于 2010 年 9 月至 10 月间归还借款 35 万元，并承诺同年 10 月 1 日起每月归还借款 3 万元。逾期后，武建刚假借各种理由不履行偿还义务。至案发，仍有本金 552.24 万元不能归还。

武汉中级人民法院认为，武建刚以非法占有为目的，虚构事实，骗取他人财物 555.24 万元，数额特别巨大，其行为构成诈骗罪。遂判决被告人武建刚犯诈骗罪，判处有期徒刑 11 年，剥夺政治权利 1 年，并处罚金 5 万元。

被告人武建刚及其辩护人以借条、还款协议等证明武建刚找程胜春借款系民间借贷，武建刚不构成诈骗罪为由提出上诉。

湖北省高级人民法院裁定驳回上诉，维持原判。

资料来源：指导案例第 1208 号：《含欺诈行为的民事借贷纠纷与诈骗罪的区别》，上海沪盛律师事务所，http：//hushenglawyer. com/index. php？a = show&c = content&id = 210。

（6）失信。失信即违背协议或诺言，丧失信用。失信作为单独的侵权行为是一个新趋势。失信通常是在违反保险合同的诉讼案中作为一条单独的起诉理由。例如，保险公司本应承担赔偿责任但却拒绝赔付，这就构成失信。失信也被用于违反雇用合同的案件中，例如非法解雇等。

（7）侵犯他人的权利。侵犯他人的权利主要包括中伤的言论、不公平竞争、侵犯雇佣关系、侵犯专利权、版权和商标权。

①中伤的言论。主要是指关于商品质量或财产权的虚假陈述。它在某些方面与诽谤十分相似，但这一侵权行为的目的在于恶意损害他人的经济关系以造成他人经济上的损失。

②不公平竞争。根据普通法，企业不能采用相似的商标、标签、包装等来冒充竞争者的商品。这种行为剥夺了竞争者的商誉价值，因此竞争者有权以不公平竞争为由提起

诉讼。一旦公众购买了该仿冒品，并误认为是竞争者的产品，此时就产生不公平竞争。

③侵犯被雇用权利。侵犯被雇用权利主要有以下两种情况：一是因他人采用非法手段促使雇员被解雇，该雇员有权起诉；二是受害方由于他人采用不公平手段如威胁而使自己未被雇用，该受害方有权起诉。

④侵犯专利权、版权和商标权。专利权、版权和商标权属于财产权。虽然财产法是独立的法律体系，但侵犯这种财产权被视为侵权。

（8）滥用法律程序。滥用法律程序主要包括恶意起诉和滥用诉讼程序两种形式。

①恶意起诉。指原告无正当理由的情况下向法院提出不恰当的恶意的刑事诉讼，这注定是要败诉的，因此被告可以恶意起诉为由提起侵权诉讼。尽管恶意起诉是建立在刑事诉讼的基础上，但它也可运用到特定的民事诉讼中，如宣告破产诉讼。

②滥用诉讼程序。例如，债权人进行刑事诉讼是为了强迫债务人还债。

（9）与财产有关的故意侵权。与财产有关的故意侵权包括非法侵入不动产和侵占动产。

①非法侵入不动产。土地的拥有者或占有者对土地具有独占权和使用权，未经许可进入他人土地就构成非法侵入。

②侵占动产，指故意或者非法控制动产导致所有人利益损害。也就是说，他人非法占有、处分、留置或者严重损毁财产，剥夺了所有人的财产所有权。例如，车主将汽车委托给汽车经销商销售，如果汽车经销商为自己的生意开了10公里，这并不构成对动产的侵犯，因为这么短的距离不会损坏汽车。但是如果他开了2000公里，就构成了对动产的侵犯，因为车主被剥夺了使用汽车的权利，而且因为汽车经销商的使用降低了汽车的价值。

（10）妨害行为。妨害行为可分为私人妨害行为和公共妨害行为。

①私人妨害行为，指非法损害其他人对不动产的使用权或享用权的行为。例如，制造噪声。

②公共妨害行为，指对全体公众或至少是影响相当一部分公众的不动产的使用权或享用权造成损害的行为。例如，某工厂排放有毒废物污染河流，这就构成了公共妨害行为。

此外，在实践中，通过对行为人行为的调查也可以认定行为人是否具有故意的心理状态，例如某人点着火把往另一人的房屋上扔这一行为本身就足以表明行为人具有故意的心理状态，受害人没有必要就行为人是否故意再承担举证责任。

（四）故意侵权的归责原则

根据行为人对自己的行为负责的原则，因受害人故意而造成的损失，应当由受害人自己承担责任。我国《侵权责任法》第二十七条规定："损害是因受害人故意造成的，行为人不承担责任。"以受害人故意作为抗辩理由，而达到免除行为人民事责任的目的，需要具备以下构成要件：

（1）受害人存在故意；

（2）受害人实施了不当行为；

（3）受害人的行为与损害之间存在因果关系；

（4）受害人主张损害赔偿。

【专栏7-6】受害人故意造成的损失责任自担

案情简介：原告王某租住被告A市房产管理局所辖海滨新村201室公房。该栋房屋的接线总运输闸（黑线盒）安置在201室内。1994年7月15日下午3时许，201室发生火灾，原告家中部分物品损毁。A市公安局消防科出具了火灾原因分析意见书，确认起火部位在201室南窗右上部进户线的接线盒连接段上，并发现导线绝缘内焦、松弛，呈超负荷状，分析认为火灾系导线超负荷引起燃烧而致。火灾后，原告向人民法院起诉，称因接线盒及导线从自己承租的房屋内经过，该电线起火发生火灾致使自己部分财产受损，要求第一被告和第二被告（供电局）共同赔偿其经济损失。在诉讼中，第一被告提出：此次火灾事故是导线超负荷引起燃烧起火，但导线超负荷并非第一被告引起。火灾前第一被告曾到原告家要求更换电线，但原告坚持要求将接线盒搬至室外，否则不同意更换电线，故第一被告不应承担赔偿责任。第二被告称：首先，接线盒位置的移动必须要经过供电部门，而供电局没有接到原告要求移动接线盒的申请；其次，供电质量是合格的，因此，不同意承担赔偿责任。因调解未成，一审人民法院做出判决如下：原告的诉讼请求不予支持。一审判决后，原告不服，提起上诉，二审人民法院判决维持原判。

法律规定：《民法通则》第一百二十三条：从事高空、高压、易燃、易爆、剧毒、放射性、高速运输工具等对周围环境有高度危险的作业造成他人损害的，应当承担民事责任；如果能够证明损害是由受害人故意造成的，不承担民事责任。第一百三十一条：受害人对于损害的发生也有过错的，可以减轻侵害人的民事责任。

案例评析：在本案中，第一被告已经预见到导线超负荷有引起火灾的危险，并积极主动要求更换电线，第一被告在主观上对损害发生并无过错。第二被告没有接到原告要求移动接线盒的申请，且供电质量合理，因此，第二被告对损害的发生也没有过错。原告不配合第一被告换线，而是坚持要求第一被告将换线与将接线盒移到室外一起进行，但因第一被告无权擅自移动接线盒，最终导致换线未果。原告明知导线超负荷有引发火灾的危险，而对危险的发生持放任态度，阻止第一被告的换线行为，可见原告对损害的发生具有过失，并且是损害发生的唯一原因，人民法院判决驳回原告的诉讼请求是正确的。

资料来源：房绍坤主编：《侵权行为法案例教程》，北京大学出版社 2004 年版，第 95～97 页。

从《侵权责任法》在具体侵权行为中所具体规定的受害人故意时的责任问题来看，受害人故意也适用于无过错责任，如第七十条、第七十二条和第七十三条的规定，又如第七十一条规定："民用航空器造成他人损害的，民用航空器的经营者应当承担侵权责任，但能够证明损害是因受害人故意造成的，不承担责任。"此外，《道路交通安全法》第七十六条第二款也规定："交通事故的损失是由非机动车驾驶人、行人故意碰撞机动车造成的，机动车一方不承担责任。"《水污染防治法》第八十五条第三款规定："水污染损害是由受害人故意造成的，排污方不承担赔偿责任。"

二、无过错侵权及其归责原则

在过失责任下，侵害人要承担由于自己的疏忽而给他人造成损失的赔偿责任，如果侵害人没有疏忽，就可以不承担责任。但由于许多行为的危险性较大，即使施加了合理的注意，侵害人也应该为损失负责，因此，很多情况下只要证明了行为的危险性，就可以起诉侵害人要求赔偿。这种情况下侵害人就承担了无过错责任。

（一）无过错侵权的概念

无过错责任，也称严格责任，指的是只要行为人实施了造成危害结果的行为，不论其是否有罪过，均要对所造成得损失结果负责的一种法律责任。

需要说明的是，严格责任是英美法中广泛使用的概念，与之相对应的无过错责任则产生、成长于大陆法系的土壤。它们都大致地涉及在侵权责任认定过程中，不考虑加害人过错或者至少并不首先考虑过错这样一种立法、司法乃至法学思维上的取向。

严格责任与无过错责任他们的本质上都是属于一个归责原则，他们虽然同属于归责原则，但是它们在一些地方是不同的，人们在现实生活中，对于两种归责原则的区分也是很模糊的。

严格责任与无过错责任区别在于，严格责任是指基于行为人的行为与损害结果之间有因果关系责任，它介于无过错与过错推定之间的责任，多用于合同法之中。

严格责任尽管基本不考虑过错对责任成立的影响，但仍然存在着相当的抗辩事由，如不可抗力、自然因素、受害方过错、受害人自愿承担风险、第三人过错等。就此而言，严格责任"尽管严格，但非绝对"。所以，一方面因为其对过错的忽略，大致与大陆法无过错责任相类；另一方面从其有免责事由这一点可以认为其与过错责任中（特殊的）过错推定相类似。因此，可以认为严格责任具有融过错责任和无过错责任风险于一体的损失分担机制之功能。严格责任"实质上是一种特殊的过错推定责任"，两者的免责条件基本一致，是介于过错责任和无过错责任之间的中间责任。

大陆法系无过错责任和英美法的严格责任正日渐接近、融合，其发展脉络、哲学基础、制度功能及功能发挥之配套机制均有相似相类之处，体现出一些共性。

（二）无过错责任的归责原则

无过错责任原则是指不以行为人的过错为要件，只要其活动或者所管理的人或者物损害了他人的民事权益，除非有法定的免责事由，行为人就要承担侵权责任。在法律规定使用无过错责任原则的情况中，法官在判断被告是否应承担侵权责任时，不考虑被告有无过错，不要求原告证明被告有过错，也不允许被告主张自己无过错而请求免责。只要审理查明，被告的行为与原告的损害之间存在因果关系，即可判决被告承担侵权责任。

当然，设立无过错责任原则，并不是要使"没有过错"的人承担侵权责任，而主要是为了免除受害人证明行为人过错的举证责任，使受害人易于获得损害赔偿，使行为人不能逃脱侵权责任。

（三）适用无过错责任原则的情形

在许多适用无过错责任原则的领域，法律让行为人承担无过错责任，并非是因为其从事了法律禁止的活动，恰恰相反，这些活动是社会经济发展所必需的，社会允许其存在。但是，由于这些活动充满不同寻常的危险，且这些风险多数是不可控制的，即使采取所有预防意外的措施，也不可能避免危险，如飞机遇到空中的飞鸟、突遇恶劣天气而坠机等。在这些危险活动中，行为人承担侵权责任，不是因为其知道意外的发生而没有加以防范，而是其为了自己的利益，使别人面临这种特殊风险，法律允许其活动的条件是他必须对这种风险产生的后果负责。

根据《侵权责任法》的规定，我国适用无过错责任原则的情形包括：

（1）雇佣关系中对用人单位的无过错归责；

（2）产品质量责任；

（3）机动车与行人发生事故的责任；

（4）环境污染责任；

（5）高度危险责任；

（6）动物致人损害的责任。

法律未明确规定使用无过错责任原则的案件，均属于过错责任原则的适用范围。

三、共同侵权及其归责原则

（一）共同侵权责任

共同侵权行为是指两个以上侵害人共同侵害他人合法权益造成损害的侵权行为。共同侵权行为具有如下特点：

（1）共同侵权行为的主体为二人以上；

（2）共同侵权行为人一般应具有共同过失；

（3）共同侵权行为的主体均实施了一定的行为；

（4）共同侵权行为的损害后果是同一的。

（二）共同侵权责任原则

大多数大陆法系民法典都规定，共同侵权人对受害人各自负连带责任。我国《侵权责任法》第八条也规定："二人以上共同实施侵权行为，造成他人损害的，应当承担连带责任。"

连带责任是指由法律专门规定的应由共同侵权行为人向受害人承担的共同的和各自的责任，受害人有权向共同侵权行为人中的任何一人或者数人请求承担全部侵权的民事责任；任何一个共同侵权行为人都有义务承担全部侵权的民事责任；已承担全部民事责任者可向其他共同侵权行为人进行追偿。

在共同侵权行为下，原告只能得到一次损害赔偿金，如果某些责任方没有赔偿能力，则所有赔偿责任将由其余的责任方承担。值得注意的是，共同侵权和连带责任是两个不同的概念，导致连带责任的不一定是共同侵权行为。如《侵权责任法》第五十一条规定："以买卖等方式转让拼装或者已达到报废标准的机动车，发生交通事故造成损害的，由转让人和受让人承担连带责任。"第七十四条规定："遗失、抛弃高度危险物造成他人损害的，由所有人承担侵权责任。所有人将高度危险物交由他人管理的，由管理人承担侵权责任；所有人有过错的，与管理人承担连带责任。"

四、相关法律所规定的特殊责任及其归责原则

（一）劳工赔偿法

在美国，由法律规定责任的最典型例子是《劳工赔偿法》；在我国，则称为《工伤保险条例》。两者基本目的在于使遭受工伤的雇员无须进行诉讼便可获得赔偿。该法规定了雇员因工作而遭受伤害后雇主所需支付的法定赔偿金额。雇员的伤害必须是发生在工作期间并由工作所引起的。赔偿金用于补偿受工伤雇员的医疗费、部分或全部残疾而引起的收入损失以及康复费用。如果雇员死亡，雇主还需支付丧葬费和抚恤金。

（二）其他相关法律

除了《劳工赔偿法》以外，各种法律也规定了特定情况下的绝对侵权责任，不论当事人是否侵权或有过失。以下通过两个例子予以说明：

（1）航空法一般都规定航空公司对于飞机起飞、降落、飞行或飞机中的物体坠落所引起的地面上人员伤亡或财产损失负绝对责任。

（2）美国一些州的法律规定，汽车所有人对于经允许的汽车使用者的过失驾驶需承担责任，无论该使用者是代表车主还是车主随便将车交于他人驾驶。然而，按照普通法，汽车所有人对于经允许的汽车使用者的过失行为无须承担责任。但有两种情况除外，一是使用者是车主的雇员或代理人；二是车主随便将车交于他人驾驶。

第三节 损害赔偿

一、财产损害赔偿

财产损害是指受害人因其财产受到侵害而造成的经济损失，它是可以用金钱的具体数额加以计算的实际物质财富的损失。

财产损害可以分为直接损失和间接损失两种，直接损失一般指由于侵权行为直接作用于受害人的财产权的客体所造成的财产损失。对于直接的财产损失，原则上应当全面赔偿。《侵权责任法》第十九条规定："侵害他人财产的，财产损失按照损失发生时的市场价格或者其他方式计算。"

间接损失指的是财产增值利益的损失，损失原因不是财物自身价值的减少，而是在经营中受害人利用该财物本应创造出新价值，因遭受侵害而使可得利益的减少或者灭失。例如，财产的法定的丧失，受害人可得的经营利润的丧失，受害人可得收入的丧失等。因此，不能将财产损害的本身计算在间接损失当中。增值状态的财物是指正常生产、经营过程中作为生产、经营资料出现的财物。例如，如果将房屋出租收取租金，房屋就成为增值状态的财物；如果房屋仅供自己居住，则不会发生增值。同时，间接损失仅是指确定可以得到的期待利益的损失，而不是指一切可以期待的利益的损失。例如，甲将某物出租获取租金，乙将该物损毁，则乙除了应赔偿甲该物的直接损害外，还应该赔偿甲因该物损毁而丧失的租金，即间接损失。再如，如果乙损毁的甲的财物，但该物仅供甲自己使用，此时甲就不能以日后不能取得租金为由主张乙赔偿间接损失，因为这里的损失是不确定的。

由于财产损害造成间接损失的情况比较复杂，是否赔偿、如何赔偿，无论是在理论界还是在司法实务中都还存在争议。在某些案件中间接损失能够得到赔偿，而在相当一部分案件中，间接损失无法得到赔偿。有的学者认为，间接损失是否应当得到赔偿，主要取决于受害人在未来得到该"可得的"财产利益的可能性大小。如果受害人将来得到该财产利益的可能性较大，该间接损失就应当得到赔偿；反之，如果受害人得到该财产利益的可能性较小，该间接损失就不能成立，也不应予以赔偿。

二、人身损害赔偿

人身损害是指侵害他人的身体所造成的物质机体的损害，根据损害的程度不同，可以分为一般伤害、残疾和死亡三种类型。无论是一般伤害、残疾还是死亡，均属于对他人身体造成的损害。因此，人身损害的赔偿首先涉及的就是对他人身体造成的"物质"性损害而应承担的赔偿责任。然而，人身损害不能仅以受害人遭到损害的物质机体本身的价值作为赔偿的确定标准，而应考虑受损机体得以恢复所需的全部费用。《侵权责任法》第十六条规定："侵害他人造成人身损害的，应当赔偿医疗费、护理费、交通费等为治疗和康复支出的合理费用以及因误工减少的收入。造成受害人残疾的，还应当赔偿残疾生活辅助器具费和残疾赔偿金。造成死亡的，还应当赔偿丧葬费和死亡赔偿金。"（见表 7－1）

表 7－1　　　　　　　　　　　　不同损害类型的赔偿范围

损害类型	赔偿范围
一般伤害	医疗费、误工费、护理费、交通费、住宿费、住院伙食补助费、必要的营养费等
残疾	除一般伤害赔偿范围之外，还包括：残疾赔偿金、残疾辅助器具费、被抚养人生活费、康复护理及后续治疗的费用等
死亡	除一般伤害赔偿范围之外，还包括：被抚养人生活费，丧葬费，死亡赔偿金，受害人亲属办理丧葬事宜支出的交通费、住宿费和误工损失等

三、精神损害赔偿

精神损害是指当受害人的名誉权和隐私权等人格权受到侵害时精神上的痛苦。中国《民法通则》第一百二十条第一款规定，公民的姓名权、肖像权、名誉权、荣誉权受到侵害时，有权要求停止侵害，恢复名誉、消除影响、赔礼道歉，并可以要求赔偿损失。《侵权责任法》第二十二条规定："侵害他人人身权益，造成他人严重精神损害的，被侵权人可以请求精神损害赔偿。"最高人民法院《关于确定民事侵权精神损害赔偿责任若干问题的解释》对精神损害赔偿的适用范围做了界定，扩大了赔偿范围。

精神损害是一种无形损害，财产损害具有等价性，可以通过一定的标准加以确定，对于精神受到损害的人给予金钱赔偿，具有补偿、惩戒的特征。侵权责任法制定之前，我国现行法律没有明确规定精神损害赔偿，但也不能说绝对没有精神损害赔偿的法律规定，如在死亡赔偿金、残疾赔偿金中是否包含精神损害赔偿内容，是值得探讨的。

最高人民法院《关于确定民事侵权精神损害赔偿责任若干问题的解释》列出了确定精神损害赔偿额的注意事项：一是因侵权致人精神损害的，只有造成严重后果的，受害人才有权请求精神损害赔偿抚慰金。如未造成严重后果，受害人请求赔偿精神损害的，一般不予支持。二是精神损害的赔偿数额根据以下因素确定：侵权人的过错程度，法律另有规定的除外；侵害的手段、场合、行为方式等具体情节；侵权行为所造成的后果；侵权人的获利情况；侵权人承担责任的经济能力；受诉法院所在地平均生活水平。

四、法律费用

当一家企业面临诉讼时，它必须接受调查和准备法律辩护，这需要花费大量的时间来对控告进行反驳。在复杂的诉讼案中，聘请证人和提供证据也是一笔不小的开支。另外，在诉讼未决时，法院通常会要求被告负责支付包括陪审员费、档案费、保证金等在内的所有费用。

第四节　企业的法律责任风险类型

一、场所和经营责任风险

场所和经营责任是指企业对以下原因造成的人身伤亡或财产损失需承担责任：事故发生在企业所拥有、租用的场所内，包括土地、建筑物和其他附属结构；事故并未发生在上述场所内，但它是由于企业正在进行的经营活动所引起的。这种责任通常是由于过失引起的，也就是说，企业未能履行适当的注意之责而直接造成他人的损害。

根据普通法，房产所有人对进入场所的人承担不同的注意之责，这主要取决于对方进入场所的原因。例如，相对未经许可进入的成年人，房主对于被邀请的客人应给予更多的注意。但这一原则已被更改或废除。通常来说，对于进入场所的任何人，房产所有人都应承担适当的注意之责。

保险中所提到的场所和经营责任通常不包括故意侵权行为所导致的责任，如诽谤、侵犯著作权等。在特定情况下，场所和经营责任是建立在严格责任的基础上。例如，从事爆破的承包商对于爆破过程中对其他建筑物的损坏承担严格责任。

与企业的场所和经营有关的合同附带规定的责任也属于场所和经营责任，这种责任风险是由于合同中订有负责约定而引起的，这类合同包括房屋租赁合同、维修合同、施工合同。

场所和经营责任还包括由于操作可移动设备，如推土机、起重机等而造成他人损害所引起的赔偿责任。但汽车、船舶、飞机责任则列为单独的责任风险。有关雇员的责任，无论是根据《劳工赔偿法》或普通法，都作为单独的责任风险。

二、产品和完工责任风险

（一）产品责任

产品责任是指制造商、批发商和零售商由于制造、经销、出售危险的有缺陷的产品而导致产品的消费者和使用者遭受损害，由此而承担的法律责任。

大部分产品责任诉讼案都采用过失责任制或严格责任制。如采用过失责任制，原告必须证明制造商、批发商、零售商在设计、制造、经销、出售产品时未尽到适当的注意之责，由此而造成他人损害。过失责任制注重被告行为的合理性。

严格责任制注重产品本身是否有缺陷并且是否安全。即使制造商在生产过程中已尽到最大的注意之责，但产品仍是不安全的，那么任何参与销售该产品的人都应承担法律责任。这些人包括从制造商到零售商整个销售环节中的任何一个参与者，但不包括只是偶尔参与销售的人。

在采用严格责任制的诉讼案中，原告必须证明以下三个方面：

（1）当产品离开制造商的控制时就存在缺陷；

（2）这种缺陷使产品具有危险性；

（3）产品缺陷是原告受到损害的近因。

尽管产品责任诉讼案大多是指向产品的制造商索赔，但原告也可以从任何销售方得到赔偿，包括批发商和零售商。

（二）完工责任

完工责任是指因承包商、修理商等在已完成的工作中提供了有缺陷的部件或材料，从而造成他人的人身伤害或财产损失所引起的法律责任。

完工责任的法律原则经历了一系列的变化。普通法最初规定的是已接受工程原则，即只要完工后被业主接受认可，则对于因施工问题导致他人受到损害承包商可以不承担法律责任。法院之后新增了例外情形，如承包商故意隐瞒工程中的缺陷。最终，许多法院都废除了这一原则，采用了过失责任制或严格责任制。

三、汽车责任风险

汽车责任是指因拥有、保养、使用汽车所引起他人的人身伤害或财产损失所需承担的法律责任。这里汽车的概念包括我们通常所说的轿车、卡车、拖车等。而起重机、推土机等可移动设备则不包括在此范围内，它们属于场所和经营责任风险。

（一）涉及汽车责任风险的活动

1. 所有权

一般来说，仅汽车所有权一项并不足以构成由于疏忽驾驶而导致车主的法律责任。当车主将车借于他人并为他人服务时，车主对汽车的使用就不能加以控制，因此车主对于他人的疏忽驾驶不承担任何法律责任。但有些法律的规定改变了上述原则，即车主对明示或默示允许他人使用本车的行为要负责。因此，仅所有权这一项有时也可构成汽车责任。

2. 保养

汽车的疏忽保养也会产生汽车责任风险。例如，因刹车装置或轮胎的保养不善导致汽车事故，由此造成他人的人身伤害或财产损失，对于汽车保养不善应负责的人需承担法律责任。

3. 使用

由于汽车的过失驾驶而造成的他人人身伤害或财产损失，受害方有权起诉过失驾驶者。可依据有关的法律、法规、合同，甚至是特定的商业惯例判定驾驶者是否有过失，是否应承担法律责任。责任方包括疏忽驾驶者和所有其他对驾驶者行为负责的人。例如，雇主通常对雇员在工作期间的疏忽驾驶负责。虽然雇主并没有真正驾驶汽车，但在这种情况下他被视作使用汽车。使用汽车的概念远大于驾驶汽车的概念。例如，汽车作为可移动的办公室、仓库、商店等，它还可安装升降机、吊杆等用来装卸货物，这些使用方法也会产生汽车责任。

（二）他人驾驶所产生的责任

1. 雇主和雇员

雇主对于雇员在工作范围内使用和保养汽车的过失行为所造成的他人损害需承担替代责任。这时，雇员的过失行为归咎于雇主。汽车可以是雇主拥有、租用或借用的车辆，也可以是雇员及其家庭成员所拥有的车辆。而雇主对于独立经营的承包商的疏忽驾驶不承担责任。当雇员的行为超出了工作范围，雇主就无须承担责任。例如，货车司机驶离预定的路线回家吃饭，雇主对司机回家这一期间所发生的事故不承担责任；然而，雇主对司机吃完饭后驶回原定路线时所发生的事故承担责任。雇主允许雇员使用汽车的这一事实并不足以使雇主对雇员的疏忽驾驶承担责任。例如，雇员经允许将车开回家作私人用途，雇主对于这一期间雇员的过失驾驶就不承担责任。但有时雇员将车开回家是为了服务于雇主，例如雇主没有足够的车库用于停放车辆，在这种情况下，雇主要对雇员回家或上班期间所发生的事故负责。

2. 志愿者

志愿者并不能视为雇员。例如，为慈善团体或文化机构工作的不收取工资的人员。志愿者如出现在志愿活动范围内的疏忽驾驶，可把责任转嫁给其所服务的机构。

3. 借出的雇员

如果车主为出租给他人的汽车配备驾驶员，车主对借出的雇员行为的控制能力越大，则他所承担的责任也就越大。如果驾驶员的雇主即车主已无法控制驾驶员的行为，则租车人对驾驶员的过失行为负责。

4. 提供有缺陷的车辆

个人向他人疏忽地提供有缺陷的车辆而导致第三方的损害所引起的法律责任由提供车辆的一方承担。这一责任的产生并不是由于提供车辆一方的所有权，而是由于他在能够预见损害结果的情况下疏忽地提供有缺陷的车辆。一些法院针对二手车的买卖规定了例外情况：购买者应该知道二手车可能会存在缺陷，因此在车辆使用前应检查车辆是否有缺陷。

5. 疏忽委托

车主或任何有权控制车辆的个人对于他们将车辆交于不合格的驾驶者所造成他人的损害应承担责任。这里的驾驶者不包括在工作范围内使用车辆的雇员。为了证明疏忽委托成立，原告必须证实委托方知道受托方是不合格的驾驶人员，或委托方在尽到适当注意之责的情况下应该知道这一事实。

四、环境污染责任风险

环境污染责任指的是因污染环境导致他人的人身及财产损失的，法律规定加害人应该对环境污染的受害人承担赔偿损失的法律责任。污染环境的行为通常表现为排放废水、废气、废渣（所谓"三废"）、粉尘、恶臭气体、放射性物质以及噪声、振动、电磁波辐射等对环境造成污染和危害的行为，以及一些直接破坏天然的自然因素（如植被等）而造成环境污染的行为。

（一）环境污染责任的归责原则

最初，在英美法系中，只有由突发事件引起的环境污染责任适用于严格责任，例如装载剧毒化学物质的卡车突然翻车，导致剧毒物质泄漏。如果要起诉噪声或逐渐的污染等的责任人，原告就必须证明危害是"严重的、连续的、不合理的"。但随着科学的发展，人们对测量空气、水和土壤中含量微小的污染物的能力不断提高，并且一些污染物也被证明可以导致疾病，这些进步使得法庭开始将逐渐的污染也纳入严格责任的范围内。

在中国的法律中，企业生产等环境污染责任作为一种特殊的侵权责任，采用了无过错责任的归责原则，即在满足构成要件的情况下，不论污染者有无过错，都应对其污染造成的损害承担侵权责任。我国《侵权责任法》规定："因污染环境造成损害的，污染者应当承担侵权责任。"《民法通则》第一百二十四条规定："违反国家保护环境防止污染的规定，污染环境造成他人损害的，应当依法承担民事责任。"《环境保护法》第四十一条规定："造成环境污染危害的，有责任排除危害，并对直接受到损害的单位或者个人赔偿损失。"第四十二条规定了诉讼时效：因环境污染损害赔偿提起诉讼的时效期间为3年，从当事人知道或应当知道受到污染损害时起计算。此外，《海洋环境保护法》《大气污染防治法》《水污染防治法》《中华人民共和国环境噪声污染防治法》《中华人民共和国固体废物污染环境防治法》以及《中华人民共和国放射性污染防治法》中都规定了相应的污染责任。

另外，对于两个以上污染者造成损害的情形，我国的法律没有限定为连带责任，而是规定为按份责任。《侵权责任法》第六十七条规定："两个以上污染者污染环境，污染者承担责任的大小，根据污染物的种类、排放量等因素确定。"

（二）环境污染责任的构成要件与举证

环境污染责任的构成要件包括：存在环境污染的行为、污染造成损害的后果以及污染行为和损害后果之间存在因果关系。只要存在这三个要件，环境污染责任即可构成。

（1）须有环境污染的行为。除了排放废物等环境污染行为之外，在一定情况下，不作为也可以构成环境污染行为，如没有采取安全措施使得有害物质泄漏等。

（2）须有环境污染的损害后果。环境污染损害和其他损害相比，具有复杂性、潜伏性、持续性和广泛性等特点。其中，潜伏性指的是环境污染造成的损害，尤其是疾病损害，受害人往往不能及时发现，发现了也不能尽快消除，损害往往潜伏很长时间；持续性是指损害常常不会因污染物的停止排放而立即消除；广泛性是指受害地域、受害对象和利益具有广泛性。损害后果是污染者承担污染环境致害责任的基本条件。

（3）污染环境行为和污染损害后果之间具有因果关系。

（三）举证与抗辩

1. 举证

因为一些污染环境行为的结果需要高水平的科技手段才能确定，污染环境行为和污染损害后果之间的因果关系有的时候也很复杂，因此污染环境致害的举证责任在侵害人。中国《侵权责任法》第六十六条规定："因污染环境发生纠纷，污染者应当就法律规定的不承担责任或者减轻责任的情形及其行为与损害之间不存在因果关系承担举证责任。"在环境侵权中，对于举证责任的规定并没有按照一般民事诉讼中的"谁主张，谁举证"的规定，而是规定由被告承担举证责任，证明损害与排污行为之间没有因果关系，否则承担侵权责任。原因在于，由于环境污染导致的损害结果具有长期性、潜在性和隐蔽性，在行为人实施了污染行为后很长时间才发生相应的损害后果，在这种情况下，要求受害人证明因果关系的存在，无疑极为困难，因而法律采取因果关系推定规则，要求被告承担举证责任。至于作为原告的受害人只需证明排污企业已经排放了可能危及人身安全和财产安全的物质即可。

2. 抗辩

对于适用无过错责任的环境侵权，其责任并非绝对责任，侵权人可以依据法律规定的不承担责任或者减轻责任的情形提出抗辩，从而免除或者减轻自己的侵权责任。这些情形主要涉及不可抗力、受害人故意和第三人责任。如《海洋环境保护法》第九十条第一款规定："造成海洋环境污染损害的责任者，应当排除危害并赔偿损失；完全由于第三者的故意或者过失，造成海洋环境污染损害的，由第三者排除危害，并承担赔偿责任。"

五、员工伤害责任风险

（一）责任承担方式

员工伤害责任是指员工从事雇佣活动遭受损害，雇主所应承担的赔偿责任。工伤事故是工业化社会中最先发生的社会问题，雇佣关系使得雇主对员工的安全承担一定责任。雇主对雇员工伤责任的承担方式主要可以分为两种：一是通过民事损害赔偿；二是通过工伤保险。相对于民事损害赔偿，工伤保险具有特殊的优点。首先，工伤保险实行用人单位无过错责任，并且不考虑劳动者是否有过错，只要发生工伤，工伤保险经办机构就应给予全额赔偿。而民事侵权体系则考虑受害人自身是否存在过失，实行过失相抵，即根据受害人过失程度相应减少赔偿数额。其次，工伤保险实行社会统筹，有利于受害人及时获得充分救济。再次，企业参加工伤保险，分散了赔偿责任，有利于企业摆脱高额赔付造成的困境，避免因行业风险过大导致竞争不利。最后，工伤保险还有利于劳资关系和谐，避免劳资冲突和纠纷。用人单位通过缴纳保险费的方式承担责任，对用人单位和劳动者双方都有利。世界各国对于这两种模式的选择不同，有的二者择一，有的二者兼得。

（二）中国的员工赔偿制度

我国最高人民法院《关于审理人身损害赔偿案件适用法律若干问题的解释》根据《工伤保险条例》等相关法规规定，对工伤保险与民事损害赔偿的关系按照混合模式予以规范，即在用人单位责任范围内，以完全的工伤保险取代民事损害赔偿，但如果劳动者遭受工伤，是由于第三人的侵权行为造成，第三人不能免除民事赔偿责任。例如，员工因工出差遭遇交通事故，工伤员工虽依法享受工伤保险待遇，但对交通肇事负有责任的第三人仍应当承担民事赔偿责任。《关于审理人身损害赔偿案件适用法律若干问题的解释》第十一条规定："员工在从事雇佣活动中遭受人身损害，雇主应当承担赔偿责任。雇佣关系以外的第三人造成员工人身损害的，赔偿权利人可以请求第三人承担赔偿责任，也可以请求雇主承担赔偿责任。雇主承担赔偿责任后，可以向第三人追偿。员工在从事雇佣活动中因安全生产事故遭受人身损害，发包人、分包人知道或者应当知道接受发包或者分包业务的雇主没有相应资质或者安全生产条件的，应当与雇主承担连带赔偿责任。属于《工伤保险条例》调整的劳动关系和工伤保险范围的，不适用本条规定。"

《工伤保险条例》对工伤以及相应的赔偿做出了规定。对于工伤的认定，列出了七种情形：

（1）在工作时间和工作场所内，因工作原因受到事故伤害的；

（2）工作时间前后在工作场所内，从事与工作有关的预备性或者收尾性工作受到事故伤害的；

（3）在工作时间和工作场所内，因履行工作职责受到暴力等意外伤害的；

（4）患职业病的；

（5）因工外出期间，由于工作原因受到伤害或者发生事故下落不明的；

（6）上下班途中，受到非本人主要责任的交通事故或者城市轨道交通、客运轮渡、火车事故伤害的；

（7）法律、行政法规规定应当认定为工伤的其他情形。

此外，还规定了以下三种情形视为工伤：

（1）在工作时间和工作岗位，突发疾病死亡或者在 48 小时之内经抢救无效死亡的；

（2）在抢险救灾等维护国家利益、公共利益活动中受到伤害的；

（3）职工原在军队服役，因战、因公负伤致残，已取得革命伤残军人证，到用人单位后旧伤复发的。

六、职业责任风险

职业责任风险是指从事各种专业技术工作的单位或个人因工作上的失误导致的损害赔偿的责任风险。职业责任的特点在于：第一，它属于技术性较强的工作导致的责任事故；第二，它不仅与人的因素有关，同时也与知识、技术水平和原材料的欠缺有关；第三，它限于技术工作者从事本职工作中出现的责任事故。

当代社会中，医生、会计、律师、设计师、经纪人、代理人、工程师等技术工作者均存在职业责任风险，一般通过单位或个人投保职业责任保险的方式来转嫁其风险。另外，企业集团应加强员工的职业责任教育和培训，完善各项岗位规章制度，建立健全评价体系。企业员工也应自觉明确和认定自己的职业责任，树立职业责任。

七、财产所有者——承租人责任风险

承租人责任风险指的是承租人未按照约定的方法或者租赁物的性质使用租赁物，致使租赁物毁损造成的损失赔偿风险。承租人以支付租金为代价在租赁期间对租赁物享有使用、收益的权利，承租人在使用租赁物的过程中应当尽到善良管理人的义务。法律规定，承租人未尽善良管理人之义务，导致租赁物毁损灭失的，承租人应当负赔偿责任。即便是客观的轻微过失也应当负责。

根据《合同法》第二百一十七条的规定，承租人首先应当按照约定的办法使用租赁物，如果没有约定或者约定不明确时，则可以与出租人协议补充；如果不能达成补充协议的，则按照合同有关条款或者交易习惯确定使用办法；如果仍不能确定的，则应当按照租赁物的性质来使用租赁物。根据《合同法》第二百三十五条的规定，租赁期间届满时，承租人返还的租赁物应当符合按照约定或者租赁物的性质使用后的状态。因此，承租人在整个租赁合同履行期间都负有对租赁物的善用义务。

【思考与练习】

1. 概述法律责任风险的分析方法。

2. 概述过失责任的概念及责任分摊。

3. 概述故意侵权责任的分摊方式。

4. 现实中，医生对患者的责任为过失责任。请从以下角度比较过失责任和只要医生的治疗失败，医院就必须赔偿患者的损失这种责任。

（1）对医生的激励；

（2）对患者的赔偿；

（3）法律成本。

5. 如果不考虑法律方面的因素，那么有哪些激励因素可以使企业有如下行为：

（1）生产安全性高的产品；

（2）降低工伤事故的风险；

（3）避免对环境造成污染。

第八章 人力资本风险分析

【本章概要】

人力资本风险是指由于企业员工个人的死亡、伤残、疾病、年老、跳槽和失业等原因而造成的损失的不确定性。每个企业都会面临这些风险，企业风险管理者采取一些措施将这些风险管控起来，不仅可以提高企业的生产率，使企业直接获利，而且还可以发挥员工个人所不具备的优势，即可使得员工个人得到减税、降低费用支出等实惠。

本章主要讲述了人力资本及人力资本风险的概念、特征、类型，以及分析人力资本风险的意义，剖析了人力资本风险产生的原因，提出了人力资本风险的评估方法以及应对人力资本风险的管理方法。

【本章学习目标】

1. 理解人力资本风险的特征、类型及其产生的原因。

2. 理解企业风险管理者关注员工人力资本风险的必要性。

3. 掌握人力资本风险的评估方法，并结合案例和实践提出应对人力资本风险的管理方案。

引　言

【导读案例】"从伊利到蒙牛的牛根生"

牛根生是伊利集团原生产经营的副总裁，也是当年伊利的第一功臣。当时伊利80%以上的营业额来自他主管的事业部。牛根生在伊利员工当中的威信相当高，人们对牛根生的信服来源于他的为人之道和人格魅力。不过，在伊利工作了16年、用心打拼的牛根生似乎逐渐地体会到了某种变化。特别是1998年上半年，牛根生在使用资源方面却感到了某种不顺畅，就是调动很小的一部分资金，也有众多部门来掣肘。最极端的时候，甚至是连买把扫帚都要打报告审批。牛根生突然意识到了自己已经深陷困境。此后，牛根生先后递交了 3 次辞呈。前 2 次都被"劝回"，牛根生收回了辞呈。但是，牛根生发现自己的环境不仅没有改变，反而越来越恶劣。牛根生第 3 次递交辞呈是在伊利的一次董事会上。最后董事会以多数压倒少数的表决结果免去了牛根生的副总裁职务。

牛根生辞职后，自己原来的老部下也相继被伊利免职。他们一起找到牛根生，希望牛根生带领他们重新闯出一条新路。除了伊利人事和财务的负责人，几乎是伊利各个事业部的一把手领导都到了牛根生这里。1999 年 1 月，牛根生正式注册了"蒙牛乳业有限责任公司"，有数百名原来在伊利工作的老部下纷纷投奔而来。牛根生曾经告诫他们不要弃明投暗，他自己也不能保证蒙牛一定会有一个光明的未来。但是，老部下们义无反顾地加入了蒙牛团队。有了这些优秀的人力资本支撑，只用了 4 年时间，蒙牛就进入了乳业三强。

2004 年 6 月 10 日，蒙牛在香港联交所挂牌上市，牛根生也以 1.35 亿美元的身价进入当年度《福布斯》的中国富豪榜。这一年，蒙牛的销售收入达到 72.138 亿元人民币，仅次于伊利的 87.34 亿元，而蒙牛的 3.194 亿元的净利润却远远把伊利抛在后面。

到 2007 年时，蒙牛的销售额就已经超过了伊利。再经过 10 多年蒙牛人的齐心协力和开拓创新，2018 年，蒙牛乳业实现营业收入近 700 亿元，同比增长 14.7%；净利润超 30 亿元，同比增长 48.6%。目前，蒙牛乳业进入全球乳业前十位。

资料来源：《蒙牛和伊利之间，其实就差了一个牛根生》，http：//www. sohu. com/a/214975725_362098。

正如现代管理大师彼得·德鲁克曾说过的，"企业只有一项真正的资源：人。管理就是充分开发人力资源以做好工作。"[1] 著名的美国钢铁大王安德鲁·卡耐基（Andrew Carnegie，1835. 11. 25 ~ 1919. 8. 11）也认为，"一个组织所能拥有的唯一不可替代的资本，就是组织中人的知识和能力"[2]。所以，"即使把我的资产全部拿走，可是只要把人留给我，五年之内，我就能使一切恢复旧观。"[3] 尤其是进入 21 世纪以来，随着科学技术的进步和经济的全球化发展，市场竞争更加激烈，知识与创新已经成为推动当今社会

---

[1] 赵继新：《人本管理》，经济管理出版社 2006 年版，第 6 页。

[2] 宋远方：《知识管理与企业核心竞争力培养》，载于《管理世界》2002 年第 8 期，第 141 页。

[3] 世界企业文化网，http：//www. wccep. com/special/list_53_1. html。

经济发展的决定性因素。知识和高素质的人力资源成为最重要的资源。当今社会企业间的竞争归根到底取决于人才的竞争，核心员工是企业关键知识和技能的拥有者，是企业参与市场竞争的有力武器。

然而，每个企业和组织都会面临因各种原因导致的员工死亡、伤残、生病、年老退休、失业和跳槽等不确定性。这些风险会给企业、组织和员工家庭带来一系列损失。因此，企业、组织必须将这些来自人力资本方面的风险纳入风险管理的范围之内。

第一节　人力资本风险的含义

一、人力资本与人力资本风险

（一）人力资本的概念

人力资本是相对于物质资本而言的，但对于人力资本的概念与界定目前国内外尚没有统一的说法，大多数专家学者倾向于人力资本理论创始人 T. W. 舒尔茨和 G. S. 贝克尔对人力资本概念的表述。舒尔茨认为，人力资本（human capital）是凝聚在劳动者身上的知识、技能及其所表现出来的能力，它具有价值，并可以通过适当地投资来增进。因此，我们可以将人力资本定义为：通过费用支出（投资）形成的、凝结于劳动者自身，并能带来价值增值的智力、知识、技能及体能的总和。这种界定包含了如下三个方面的含义：

（1）人力资本并非指劳动者本身，而是指劳动者所具有的知识、技能以及体力等。

（2）人力资本的获取或人力资本存量的增加是经过有意识地对人力资本的投资形成的。

（3）人力资本是一种能够带来持久性收入来源的能力，即人力资本作为资本具有生产性。

（二）人力资本的特征

人力资本具有一般资本的共性，但是，与物质资本相比，它呈现出以下自有特征：

（1）人力资本存在于人体之中，它与人体不可分离。这一不可剥离性，决定了人力资本不可能如物质资本那样直接转让、买卖（人身隶属、依附情形除外）和继承。

（2）人力资本以一种无形的形式存在，必须通过生产劳动才能体现出来。劳动者若未从事生产经营和管理活动，则其体内的人力资本是看不见、摸不着的，也无法发挥作用。

（3）人力资本具有时效性。人力资本的形成和使用均具有时间的限制。人力资本非与生俱来，其形成有一个过程：体能随人的成长逐渐增强，而智力、知识、技能的提高，需要接受数年的教育。

（4）人力资本具有收益性，其对经济增长的作用大于物质资本。美国经济学家舒尔茨（Schultz）认为，人力资本经济价值的上升，使劳动相对于土地和其他资本的作用日益扩大，很可能会带来新的制度变革。发达国家经济增长的事实以及我国改革开放四十多年取得的成就都说明，人力资本能比物质资本更有效地推动经济发展。

（5）人力资本具有无限的潜在创造性。人力资本是经济资本中的核心资本，是一切资本中最宝贵的资本，其原因在于人力资本的无限的创造性。

（6）人力资本具有累积性。一方面表现为人力资本的形成是多年教育投资、逐步积累的结果，并且即使一定存量的人力资本仍需通过继续教育，不断扩大人力资本积累；另一方面表现在人力资本使用上。在生产活动中，像物质资本一样，人力资本也会因为使用而产生损耗，使用强度越大，磨损程度越高。但人力资本可以通过消费生活资料、进行闲暇休息，以及不断地再教育和培训予以补充和更新。

（7）人力资本具有个体差异性。人力资本是蕴藏于人体内的智能、体能，它与人体的不可剥离性，决定它必会受人的个人特质等诸多因素的影响，从而产生个体的人力资本的差异。不同个体有各自不同的成长环境、背景和历程，于此之中也形成了各自稳定的心理、意识等品质特征，从而使个人之间人力资本存量有别。

（三）人力资本风险

人力资本风险，是指由于劳动者个体的死亡、伤残、疾病、年老或失业和因种种原因造成的人才流失而对企业、组织所造成的经济损失的不确定性。人力资本风险具有风险成因多、风险因素复杂、各风险因素间相互关联度大以及风险计量困难等特点。

企业人力资本风险管理就是通过对引起人力资本风险因素的识别、评估及控制处理降低风险发生的概率，减小风险损失，使风险值控制在决策者可接受的程度。

二、人力资本风险的类型及其形成原因

（一）贬值风险

所谓人力资本的贬值风险是指由于不确定因素的影响而使人力资本存在贬值的可能，进而给企业带来经济损失的可能性①。人力资本的贬值既包括人力资本价值的贬值，也包括人力资本存量的贬值。其中，人力资本价值的贬值是指基于人力资本供给大于需求、技术进步等原因导致的贬值；而人力资本存量的贬值是指各种能降低人力资本盈利能力的因素的总称，这些因素包括：缺少必要培训、心理上的健忘、体力的下降、岗位的不匹配等。

影响人力资本贬值风险的因素主要有：

（1）健康因素。人的健康状况决定着其能花费在所有市场活动和非市场活动上的全部时间。当人的体能和智能状态良好时，人力资本就能发挥出较大的价值；反之，当人的体能和智能状况恶化时，人力资本的价值就会下降。另外，疾病、特殊生理状况（生育）以及人身安全等原因也会导致人无法胜任工作或者表现出劳动生产力低下甚至丧失，造成人力资本的贬值。

（2）能动因素。企业能获得人力资本的使用权，却不能获得人力资本的所有权。因此，企业必须通过人本身主观能动性的发挥来实现人力资本的超额利润。然而，企业的内部结构、人际关系、薪酬体系等对人本身的影响很大，一旦载体讨厌其工作环境或工作条件，会直接导致工作变迁或消极怠工、"偷懒"等无效率行为的发生。而且人的"有限理性""搭便车行为""机会主义"倾向也会使得人力资本不能发挥出其最大价值，即"关闭"或暂时"存放"起人力资本，甚至破坏非人力资本，故而导致人力资本贬值。

（3）技术因素。人力资本的价值在于其主体蕴涵的知识、技能的时效性。一般情况下，智力成果与技术特长只能在某个阶段发挥到最佳效用，一旦发生技术变革，原有技术就会被淘汰，某些人力资本获取超额利润的能力将会丧失，其人力资本也相应贬值。

（4）再生因素。人力资本在使用过程中，可以通过劳动经验的积累、多种形式的学习来更新知识，实现人力资本的再生。而人力资本的再生很大程度上取决于企业、组

---

① 张亚莉、杨乃定：《论企业人力资本贬值风险》，载于《科研管理》2000 年第 4 期，第 89 页。

织和个人的实际投入。如果投入太少，措施不到位，都会影响人力资本的再生性，造成人力资本的贬值。

（二）流失风险

人力资本的流失风险是指在企业、组织的发展过程中，由于人力资源规划、招聘与配置、培训与开发、薪酬管理与绩效管理、劳动关系管理等方面存在的规划管理缺陷而导致用人不当或人才流失给企业带来的经济损失的不确定性。

人才流失会给企业造成非常大的损失，包括员工的离职成本、岗位空缺成本、人才重置成本以及损失的工作业绩。

（三）生命风险

人的身体是人力资本的载体，人的生命是人力资本赖以存在的基础。而人的身体和生命会随时受到意外事故和疾病所带来的威胁。对于企业或组织来说，他们所关心的人力资本只存在于在职职工身上，因此，人力资本的生命风险是指作为人力资本载体的在职职工的身体和生命因受到意外事故或疾病而死亡或高度伤残所导致的企业（或组织）经济损失的可能性。影响人力资本生命风险的主要因素有：一个国家的人均寿命、死亡率、意外事故发生率和安全生产状况。

（四）健康风险

与人力资本的生命风险一样，人的健康状况也会影响到人力资本价值的表现。按照联合国世界卫生组织对"健康"的定义（1989），"健康不仅是没有病和不虚弱"，"而且包括身体健康、心理健康、社会适应健康、道德健康四个方面的内容。"因此，人力资本的健康风险是指由于来自人的身体上、心理上、社会适应能力上和道德上的不确定性因素所导致的人力资本价值变化给企业（或组织）造成经济损失的可能性。构成人力资本健康风险的风险因素十分复杂，既有生理方面的，也有心理方面的、社会方面的和道德方面的；既有自然环境方面的，也有人文环境方面的。

三、人力资本风险分析的重要性

我国现已进入知识经济时代，企业已不再能够通过用低技能、低工资的雇员，不断重复生产商品来保证增长，而是要依靠不断创新。企业之间的竞争，知识的创造、利用与增值，资源的合理配置，最终都要依靠知识的载体——知识型员工来实现。因此，企业（组织）的决策层越来越重视对人力资本的风险分析，其原因主要在于：

（1）增强企业核心竞争力。企业间的竞争归根结底是人力资本之间的竞争。因此，企业的核心工作就是做好企业人力资本风险的管控。良好的员工福利有时比高工资更能吸引员工。在企业内如要想留住和吸引优秀员工，员工福利无疑是一个重要的因素。因为员工福利体现了企业对员工的关怀和长期承诺，体现了企业的价值观和企业文化，有效的福利制度可以凝聚人心，增强员工的归属感。

（2）提高劳动生产率和企业经济效益。每一个企业员工都会面临老年退休、生病、伤残、失业等风险，他们对这些风险势必感到忧虑，从而影响到他们对工作的投入程度。如果能够为员工提供一个合适的福利计划，帮助他们解除后顾之忧，员工就会以更加充沛的精力投入到工作中，进而有利于促进劳动生产率的提高。同时，良好的员工福利使员工得到了更多的实惠，员工则以更高的工作绩效回报企业，以提高企业的经济效益。

（3）减轻企业和劳动者个人的税负。企业采取一些诸如员工福利之类的吸引人才、留住人才、激发人力资本价值的系列举措，强化对人力资本风险的管控，除了出于增强企业核心竞争力、提高劳动生产率考虑外，还可以达到减轻企业和劳动者个人税负之目的。这是因为，包括我国在内的许多国家对企业员工福利计划中的许多项目都采取了税收优惠政策。例如，养老保险、医疗保险、工伤保险、失业保险等法定社会保险，[①] 以及税优型商业健康保险和企业年金保险制度，[②] 员工培训计划，等等。企业为员工提供这些福利，都可以依据相关政策规定将这部分费用在税前列支，从而减轻企业和个人的所得税负担。

以个人购买补充养老保险为例，按照国家有关规定，补充养老保险的个人交费部分则可在个人工资薪金收入 30% 以内的部分，在个人所得税前扣除。如果某人月税前收入 1 万元，那么投保补充养老保险时，每月可以有 3000 元享受税收优惠，在税前扣除。

---

① 《中华人民共和国企业所得税实施条例》第三十五条规定：企业依照国务院有关主管部门或者省级人民政府规定的范围和标准为职工缴纳的基本养老保险费、基本医疗保险费、失业保险费、工伤保险费、生育保险费等基本社会保险费和住房公积金，准予扣除。

企业为投资者或者职工支付的补充养老保险费、补充医疗保险费，在国务院财政、税务主管部门规定的范围和标准内，准予扣除。

② 根据 2008 年 6 月 20 日中国保监会正式发布的《天津滨海新区补充养老保险试点实施细则》，凡"在天津市注册并经营"的企业或受雇于该类企业的个人，企业为职工购买补充养老保险的费用支出在企业上年度职工工资总额 8% 以内的部分，可以在企业所得税前扣除；个人购买补充养老保险的费用支出在个人工资薪金收入 30% 以内的部分，可在个人所得税前扣除。

在未买补充养老保险前，每月应纳税（10000 - 2000）× 20% - 375 = 1225（元），假若该人每月缴纳 3000 元保费，则每月只需纳税（10000 - 2000 - 3000）× 15% - 125 = 625（元），相当于每月节税 1225 - 625 = 600（元），这样，劳动者个人一年即可节税 7200 元。

（4）降低企业成本开支。企业为员工提供福利计划不仅可以节税，而且还可以减低企业成本。这是因为办公环境好、福利好，所带来的积极变化就是员工稳定、流动率极低，从而节省了企业因频繁招聘、培训员工而必须支付的高成本。此外，企业为员工购买团体保险的费用也会低于员工个人购买保险的费用。

（5）法律限制。一些法律规定了雇主应当承受关于员工福利计划的义务，违反这些法律可能会使雇主失去某些税收方面的利益，或者缴纳罚金，或者遭受其他惩罚。例如，我国政府规定，对员工在职期间，用人单位要给其员工缴纳养老保险、医疗保险、失业保险、工伤保险、生育保险和住房公积金。还有，我国有关法律规定，企业需要按照工资总额的一定比例计提职工福利基金、工会经费和教育经费等。凡是用于员工集体福利事业的支出，每个员工均有权利享受；员工依法具有国家规定的各种休假制度，劳动保护制度和享受特殊工种、女工保护制度；等等。

（6）树立企业组织良好的公众形象。首先，企业设置的福利项目和计划如果真的满足了员工的实际需求，做到了员工的心坎儿里，就会形成非常良好的口碑效应，相当于在社会上打了性价比极高的广告，有利于在社会上树立其良好的公众形象；其次，企业通过提供各种福利，还可以获得政府的信任和支持，进一步树立起一个有社会责任感的企业形象。

第二节　人力资本风险的估测

识别出企业人力资本风险因素后，需要对这些因素进行风险评估。风险的大小一般由损失发生的频率和损失幅度来反映。因此，对人力资本风险的估测也主要从损失频率和损失幅度两个方面来进行。

一、损失频率的估算

（一）死亡（过早死亡）

这里所讲的死亡是指过早死（premature death），即早于人均预期寿命而死亡的现象。劳动者的过早死亡不仅会导致个人收入中断，给劳动者家庭（主要是配偶和被抚养人）带来负面影响，而且也会给企业组织带来人力资本损失和经济利益损失。而人均预期寿命是以当前分年龄死亡率（见附录：表1 中国人死亡率表）为基础计算出来的。死亡率（crude death rate，CDR）反映着某一国家或地区在一定时期（通常为一年）内死亡个体数与同期平均种群数量的比值。一般以每千人平均计算。

计算公式为：死亡率（‰）= 单位时间死亡个体数/单位时间平均种群数量 × 1000‰。

（二）健康状况

这里讲的健康状况主要是指健康状况恶化的情况。劳动者的健康状况恶化将会导致劳动者个人收入减少和医疗费用增加，以及企业组织人力资本价值的降低，进而导致企业组织经济价值的减少。对于人的健康状况恶化情况大致可以分别从致残率和就诊次数来描述。

1. 致残率

致残率是指某种疾病或事故致人残疾的比率，它是一种较为严重的健康状况恶化的反映，按照最高人民法院、最高人民检察院、公安部、国家安全部、司法部 2016 年 4 月 18 日发布的关于《人体损伤致残程度分级》的公告精神，残疾是指人体组织器官结构破坏或者功能障碍，以及个体在现代临床医疗条件下难以恢复的生活、工作、社会活动能力不同程度的降低或者丧失。[①] 该公告将人体损伤致残程度划分为 10 个等级，从一级（人体致残率100%）到十级（人体致残率 10%），每级致残率相差10%（见附录：表2 致残程度等级标准）。

残疾程度可以由活动受限天数、卧床天数和误工天数等具体指标来反映。这些指标试计算人力资本直接损失的依据，而活动受限天数、卧床天数和误工天数的计算标准均须由医疗机构和鉴定机构确定。

2. 就诊次数

除了残疾状况外，人的健康状况恶化的情况还包括其因各种原因去医院就诊的次

---

① 最高人民法院、最高人民检察院、公安部、国家安全部、司法部"关于发布《人体损伤致残程度分级》的公告"，https：//baike. so. com/doc/24887247 – 25830390. html。

数。一定时间内就诊次数越多反映着该劳动者生理或心理等方面的健康状况越恶化。

（三）年老退休

人总是会老的，到一定年龄也会退休的。年老退休，对个人来说会导致收入减少和医疗费用增加；对企业组织来说，则意味着人力资本价值减少，并可能导致经济损失的发生。

（四）员工跳槽（人才流失）

不管什么原因，员工跳槽（人才流失）都会导致人力资本损失，进而给企业组织带来经济损失。损失的大小要视该劳动者在企业组织中的工作岗位而定。

（五）失业

这里所讲的失业是指劳动者具有工作能力但没有就业机会的一种状态。处于失业状态的劳动者，不仅无法在企业组织中发挥人力资本的价值为企业组织带来经济利益，而且也无法给自己和家庭带来收入。这都会带来人力资本损失风险。

二、损失幅度的估测

（一）直接损失金额的估测

1. 生命价值法

生命价值法是从收入的角度来评价企业员工的可能损失。这一方法是基于美国学者休伯纳（S. S. Huebner）的生命价值理论而提出的。休伯纳认为，人的生命价值是个人未来收入或个人服务价值扣除个人衣、食、住、行等生活费用后的资本化价值。休伯纳的生命价值理论明确了人身损失风险的基本衡量方法，阐明了人身保险的目的是保障生命价值可能遭受的损失，突破了长期以来人身保险保障对象的含糊性，在世界范围内产生了深远的影响，成为人身保险的经济学基础。

根据生命价值理论，当企业员工死亡或永久性残疾时，其损失主要是收入能力损失，并且是永久性的，与时间长短呈正相关。由此我们就可以通过计算雇员在继续工作的情况下所得到的收入来估计员工或其家属所遭受的损失，即计算每年的税后收入减去员工自身消费后所剩金额的现值总和，具体计算步骤为：

（1）估算员工的预期年收入和可工作年限。

（2）估算他们用于支出的费用（主要是生活费用），进而估算员工的预期年净收入（注意，如果员工死亡，就要减去用来其自身消费的费用；如果员工永久性残疾，则不扣除其用于生活消费的费用）。

（3）计算员工自死亡或残疾之日起至达到法定退休年龄期间的净收入现值之和。

例如，某企业的风险管理者在为某部门经理和一般员工购买意外伤害保单时，保额有 50 万、100 万、120 万、180 万、200 万五档，请问风险管理者应如何为该部门经理和一般员工分别确定保额。该企业部门经理和一般员工的个人资料如下：

部门经理年收入约为 15 万元，年均生活费用约为 2 万元，今年 36 岁，预计 60 岁退休；一般员工年收入约为 8 万元，年均生活费用约为 1.5 万元，今年 32 岁，预计 60 岁退休。

解：首先，确定他们可能获得的年收入和仍可工作的年限。该部门经理年收入为 15 万元，还可工作 24 年；该一般员工年收入为 8 万元，还可工作 28 年。

其次，估算他们的年净收入数。如果他们因意外事故致死，则他们的年净收入分别是：部门经理 13 万元（15 万元 – 2 万元），一般员工 6.5 万元（8 万元 – 1.5 万元）；如果他们是因意外事故致永久性残疾，则部门经理和一般员工的年净收入分别是：15 万元和 8 万元（因为他们仍需支付生活费用，故不予扣减）。

再次，计算职工自死亡或残疾之日起至达到法定退休年龄期间的收入能力损失（即净收入现值之和）。假定未来年份中他们的工资水平和生活费用水平不变，贴现率维持在 5% 的水平不变，则在死亡情形下，部门经理和一般员工的未来年份内的收入能力损失分别是 179.38 万元和 96.84 万元（见表 8 – 1 和表 8 – 2）；而在永久性残疾的情形下，部门经理和一般员工的未来年份内的收入能力损失分别是 206.99 万元和 119.18 万元（见表 8 – 3 和表 8 – 4）。

表 8 – 1　　　　　　　　　　死亡情形下的部门经理收入能力损失　　　　　　　　单位：元

年度	年收入额	生活费用	年净收入额	贴现因子	损失现值
第 1 年	150000	20000	130000	1.05^{-1}	123810
第 2 年	150000	20000	130000	1.05^{-2}	117914
第 3 年	150000	20000	130000	1.05^{-3}	112299

续表

年度	年收入额	生活费用	年净收入额	贴现因子	损失现值
…	…	…	…	…	…
…	…	…	…	…	…
…	…	…	…	…	…
第 24 年	150000		130000	1.05^{-24}	40309
总计					1793818

表 8 - 2　　　　　　　　　　死亡情形下的一般员工收入能力损失　　　　　　　　单位：元

年度	年收入额	生活费用	年净收入额	贴现因子	损失现值
第 1 年	80000	15000	65000	1.05^{-1}	61905
第 2 年	80000	15000	65000	1.05^{-2}	58957
第 3 年	80000	15000	65000	1.05^{-3}	56149
…	…	…	…	…	…
…	…	…	…	…	…
…	…	…	…	…	…
第 24 年	80000		65000	1.05^{-24}	16581
总计					968377

表 8 - 3　　　　　　　　　　永久残疾情形下的部门经理收入能力损失　　　　　　　　单位：元

年度	年收入额	生活费用	年净收入额	贴现因子	损失现值
第 1 年	150000	20000	150000	1.05^{-1}	142857
第 2 年	150000	20000	150000	1.05^{-2}	136054
第 3 年	150000	20000	150000	1.05^{-3}	129576
…	…	…	…	…	…
…	…	…	…	…	…
…	…	…	…	…	…
第 24 年	150000		150000	1.05^{-24}	46510
总计					2069790

表 8 - 4 永久残疾情形下的一般员工收入能力损失 单位：元

年度	年收入额	生活费用	年净收入额	贴现因子	损失现值
第 1 年	80000	15000	80000	1.05^{-1}	76190
第 2 年	80000	15000	80000	1.05^{-2}	72562
第 3 年	80000	15000	80000	1.05^{-3}	69107
…	…	…	…	…	…
…	…	…	…	…	…
…	…	…	…	…	…
第 24 年	80000		80000	1.05^{-24}	20407
总计					1191848

由表 8 - 3 至表 8 - 6 对员工收入能力损失的估测过程可见，这实际上是一个求年金现值的问题。因此，上述过程可以简化为运用年金现值公式计算，即：

$$P = A \times (1+i)^{-1} + A \times (1+i)^{-2} + \cdots + A \times (1+i)^{-(n-1)} + A \times (1+i)^{-n} = A \times \frac{1-(1+i)^{-n}}{i}$$

在考虑到员工死亡的情形下，部门经理的收入能力损失为：

$$P = (150000 - 20000) \times \frac{1-(1+5\%)^{-24}}{5\%} = 1793818 \ （元）$$

或直接查 1 元年金现值表求得，即：

$$P = A(P/A, \ i, \ n)$$
$$= 130000 \times (P/A, \ 5\%, \ 24)$$
$$= 130000 \times 13.7986 = 1793818 \ （元）$$

同样，在死亡情形下一般员工的收入能力损失为 968377 元。

最后，根据题意，该企业的风险管理者如果在考虑员工死亡的情形下应该为部门经理和一般员工购买保额分别为 180 万元和 100 万元的保险；而如果在考虑员工永久性残疾的情形下应该为部门经理和一般员工分别购买 200 万元和 120 万元的保险。

2. 需求法

需求法是从支出的角度来评价损失。它是指当企业员工死亡或高度残疾后，其家属为保持当前的生活水平所需支出的现值之和。

用需求法来估计损失，无须考虑员工的收入以及家属能使用的部分所占的比例，只需考虑家属的正常支出（包括未成年子女的生活费用、受教育费用、赡养老年父母的费用，没有工作的配偶一定年限内的生活费用等），以及这种正常支出如何受员工死亡和残疾的影响。需求法在计算时考虑到了家庭收入的补偿因素，如社会保障计划中为死者家属提供的福利，其具体的计算步骤和生命价值法类似。

比较而言，从理论上来说，生命价值法是一种更为正确的方法，因为它主要考虑潜在的损失，而非不同家庭的消费水平和消费偏好。但在实际中，人们更喜欢用需求法，因为需求法更简洁明了，并且能直接描述员工家庭的经济福利损失。

3. 医疗保健费用估算法

当企业员工患病或因某种原因导致临时性残疾时，主要的损失就是医疗保健和康复费用。但是，对这部分费用的准确估计是十分非常困难的，因为疾病和伤残的医疗保健和康复费用水平取决于所使用的医疗设备和服务水平，因此，我们不能像衡量收入损失一样简单地采用某一方法或模型对医疗费用进行估算。

4. 额外支出估算法

额外支出是指如果某一事件没有发生就不会发生的开支。如企业员工去世，家属需要安排的葬礼的费用、遗嘱检查费、遗产税等。

（二）　间接损失的估测

1. 重要人员损失

所谓重要人员是指那些具有高级专业知识、管理才能或身处企业关键职位，或仅凭其自身影响力而不可或缺并难以替换的员工，对于这样的人力资本，一旦其发生人身损失，企业不仅会遭受直接损失，而且还会连带产生一些间接损失。

这是因为这些重要人员的技能、知识和商业关系是企业非常重要的资源。这些重要人物的去世或伤残可能导致销售额下降、成本上升或者信用度下降，进而给企业带来损失。例如，一位重要的经理每年只领取50万元的直接报酬，但是他对公司年收益的贡献可能为500万元，则如果这位经理去世，给企业所有者遭受的损失则是每年450（500－50）万元的现金收入流的现值。

2. 信用损失

大多数企业都有赖于同客户之间的信任，因此，企业外部人力资本的风险可能会导致企业信用损失。例如，金融机构向客户贷款，那么客户的去世、高位瘫痪或失业都会降低偿债的可能性，如果采取强行手段进行逼债，还可能产生公共关系方面的问题。

3. 营业中断损失

如果单一所有权公司和合伙制公司或所有权有严格限制的公司的某位所有者去世，很可能会出现营业中断的情况。如果所有者在公司的经营管理中发挥着重要作用，那么他的去世或伤残就会严重影响公司的生存和其他所有者的利益。

第三节　人力资本风险的管理

人力资本风险管理技术可分为控制型风险管理和财务型风险管理技术两大类。[①]

一、控制型人力资本风险管理

控制型风险管理技术是指在风险分析的基础上，针对企业存在的风险因素，积极采取控制技术以消除风险因素，或减少风险因素的危险性。在事故发生前降低事故发生概率；在事故发生时控制损失继续扩大，将损失降至最低程度。包括：人力资本资讯管理、人力资本风险回避、人力资本风险损失的避免、人力资本风险自留和人力资本风险转移。

（一）人力资本资讯管理

人力资本资讯管理是指对企业现有的人力资本构成情况、人力资本在企业内部分布情况、年龄分布、学历组成、技能状态、人力资本的流动情况等有关人力资源方面的信息予以收集整理，形成一个资源共享的网络，同时此网络信息内容还应包括公司职能职级情况，人员配备需求以及企业将来的发展对人力资本的需求曲线等内容。这些内容共

---

① 张明、林云峰：《企业人力资本风险管理研究》，载于《商业时代》2004 年第 8 期，第 20 页。

同组成人力资本风险管理的基础数据库，为进行人力资本的风险决策提供依据，同时也可以利用此网络进行广泛的宣传，消除员工的疑虑，减少他们的不安，增强员工对公司的信心。

（二）人力资本风险回避

人力资本风险回避是指企业在招聘选用人力资源时从严把关，使企业不对那些明显有可能引起风险的人力进行投资，尽量将人力资本风险回避于企业之外。此种控制方式只能部分回避风险，因为此时企业对人力资本价值量的判断只能是表面的、片面的，不能完全回避人力资本的风险。

（三）人力资本风险损失的避免

人力资本风险损失的避免是指公司应对风险管理人员或是企业的管理人员进行风险评估及可承受风险的分析能力提供有效的训练，能够使公司对风险过高的人力资本风险因素采取预防措施，把风险带来的损失降至可接受的水平。人力资本风险损失的避免主要是通过以下方法进行：

（1）改变或减少人力资本风险的来源。例如，经常对企业人员进行企业文化的宣导，加强职业技能的培训，强化身体锻炼，增强身体素质，定期对企业从业人员进行体检，做到有病早发现早治疗，避免造成大的损失。加强对员工的考核，考核是人力资本管理中一项重要的内容，考核的目的是为了发现员工的优点和不足，激励员工的工作积极性，提高员工的素质，改善组织的效率，考核的结果也为员工今后的薪酬、培训、晋升、换岗等利益提供依据。加强对员工的考核，能预防和及时处理人力资本使用中的风险。

（2）改变人力资本风险来源所存在的环境。企业的环境对人力资本的风险来说至关重要。因此，要尽力消除环境中易引致人力资本风险的不利因素，为人力资本提供一个能够充分发挥作用的良好环境。最通行的做法是建立一个完善的员工福利计划，为企业员工创造一种和谐的工作生活氛围，提供适宜的工作生活环境，为企业人员自身发展提供一个公平的舞台，尤其是要改变传统的企业剩余分配方式，让人力资本这一要素也参与到企业剩余的分配中来，将经营者的利益与所有者的利益紧密地联系在一起。

员工福利计划是现代企业人力资本风险管理的重要措施。它涵盖保险保障、退休计划、带薪假期、教育津贴等各种各样的津贴和福利。企业风险管理者应该充分发挥保险公司在风险管理、人身保障、养老金计划等方面的专业优势，为建立完善的员工福利计划服务。通常，员工福利计划主要由以下部分组成：国家规定实施的各类基本的社会保障、企业年金（补充养老金计划）及其他商业团体保险计划、股权、期权计划，其他福利计划等。而目前比较流行的是一种"弹性福利计划"。弹性福利计划就是员工可以从企业所提供的各种福利项目菜单中选择其所需要的一套福利方案的福利管理模式。它有别于传统固定福利，具有一定的灵活性，使员工更有自主权。

（3）介入人力资本风险来源和环境相互影响的过程。过程是输入转化为输出的一组活动，企业的生产活动总是处于动态变化之中，人力资本的风险也总是处在不断变化的过程之中，风险管理也提早介入到风险因素形成的过程之中去。如企业的发展总是有一个过程，企业也总是由小到大慢慢成长，在此过程中企业的风险管理人员应积极了解企业员工的思想动态，了解他们不断变化的需求，对员工不断地进行正面引导，使他们的期望与企业的实际相吻合，防止员工因不了解企业的发展状况而产生过高的期望，最后因理想与现实之间过大的偏差而导致企业人力资本的流失。

（4）利用投资组合原理对人力资本进行风险程度不同的投资，以期人力资本的风险损失可以实现对冲。公司需对现有的人力资本进行价值量的测定，根据人员的业绩、工作表现、工作能力、敬业精神、个人期望等方面，对具体的人员进行风险度的评估，同时还应进行个人风险偏好度的测定。风险管理人员根据上述结果利用投资组合原理对公司范围内的人力资本进行调配，以求达到减小风险的目的。

（四）人力资本风险自留

风险自留是指企业拨出部分资源用以承担风险损失的发生。人力资本的风险自留可以通过如下方式进行：储备人力资源，对于岗位重要而处于该位置的人员风险度较高（如不满企业经营管理方式、有另谋高就的迹象、身体状况不好等），企业应考虑使用专用人才备份的形式进行风险自留管理。对于那些对专业技能要求不高，无须对员工进行长期培训即可上岗的岗位也可进行风险自留管理，因该岗位人员的流动对企业的影响很小，企业完全可承担。

（五）人力资本风险转移

控制型人力资本风险转移是指企业将可能的风险损失转移至第三方或是人力资本的承载者身上。这需要企业以较完备的契约形式将可能产生的人力资本风险及其后果明确下来，并明确责任的分担。如企业在进行人力资本租借时，明确约定所租借的人员在正常的工作条件下，被租借人的医疗费用、人身意外等均由其原雇佣方负责。尤其需要注意的是企业在与自身所雇的人员签订风险转移合约时要考虑到国家和地方所制定的有关法律法规，以免转移了人力资本风险却又产生了新的法律风险。

二、财务型人力资本风险管理

财务型人力资本风险管理是指企业预先拨出部分财务资源，在人力资本风险损失产生时可以及时补救，恢复生产。财务型人力资本风险管理主要有保险类风险转移和非保险类风险转移两种。这两种方式实质都是公司通过一定的财务安排，以契约的形式将可能产生的人力资本风险损失转移给保险公司或是转移给人力资本承载者，可能风险损失的接受者为此获得一笔额外的收益，同时也须承担可能产生的风险损失。如企业替员工购买医疗保险、工伤保险、责任保险、人身意外保险等措施。

人力资本风险管理的基础在于建立起科学的人力资本评估机制、核心在于建立合理人力资本激励机制。现代企业理论强调，在兼顾所有者利益的基础上，剩余索取权应向企业关键人员以及那些具有信息优势的人员倾斜，因为他们被激励的程度与企业的兴衰息息相关，只有当人力资本的付出获得与其相适应的合理回报时，人力资本的使用价值才能得到充分的实现。美国管理学家理查德·帕斯卡尔（Richard Tanner Pascale）曾指出，职业除了以劳力交换金钱的合约之外，还包括心理合约。[①] 心理合约的价值是实实在在但却无法予以度量的重要合约。企业的风险管理人员一定要重视心理合约的管理，员工一旦和企业建立起心理合约，就会产生强烈的认同感和归属感，将企业的利益和自己的利益紧密地联系在一起，愿为企业的成长发展做出更大的贡献，使企业可获得人力资本的价值增值。

【思考与练习】

1. 什么是人力资本风险？人力资本风险损失的原因有哪些？
2. 企业管理者为什么要关注人力资本风险？
3. 人力资本风险管理的主要措施有哪些？
4. 选择题：

（1）某司机年收入约为人民币4万元，今年25岁。预计60岁退休。这名司机的年生活费用为15000元。如果不考虑利率的影响，那么在今年他未死亡但丧失全部工作能

---

① 梁裕楷、袁兆亿、陈天祥：《人力资源开发与管理》，中山大学出版社2001年版，第119页。

力情况下的收入能力损失为（　　）万元。

A. 87.5　　　　　B. 140　　　　　C. 52.5　　　　　D. 192.5

（2）某公司风险管理部考虑为经常出差的部门经理王先生购买意外伤害保险，王先生今年38岁，年收入约为10万元，预计55岁退休。他的年生活费用为3万元，假定年利率为3%，并假定将要购买的意外伤害保险只承担死亡与高度残疾责任，那么按照休伯纳的生命价值学说，风险管理部为王先生购买保险可参考的保额为（　　）万元。

A. 50　　　　　B. 90　　　　　C. 130　　　　　D. 150

5. 计算题：

假设企业中某一重要人员年收入约15万元，年生活费约3万元，预计60岁退休。假如此人在45岁时因意外事故而丧失全部工作能力，试求：

①他的收入能力损失是多少？如果此人死亡了呢？（这里假定年利率为6%）

②假设此人的死亡使企业税后利润减少100万元，则企业重要人员损失为多少？

第九章　巨灾风险分析

【本章概要】

在全球范围内每年发生的巨灾所造成的经济损失达数千亿美元，且呈逐年扩大趋势。但是，巨灾风险的特点决定了它无法通过传统的保险和再保险进行分析分散。

本章主要讲述了巨灾风险的概念、特点及其发展趋势，提出了巨灾风险的评估方法以及应对巨灾风险的管理方法。

【本章学习目标】

1. 理解巨灾风险的概念及特点。

2. 熟悉巨灾风险损失补偿机制及其特点。

3. 了解美国加州地震保险、日本地震保险和英国巨灾保险制度的内容及特点。

4. 试比较国际上流行的三种巨灾保险模式的优劣。

5. 掌握巨灾风险的评估方法，并结合案例和实践提出应对巨灾风险的管理方案。

引　言

【导读案例】 由日本东北大地震看日本现行的农业灾害补偿制度

2011 年 3 月 11 日，日本东北地区发生里氏 9 级大地震，并由此引发海啸及因核电站受损导致核泄漏、核辐射等次生灾害。人员伤亡、失踪，房屋、道路、桥梁受损，部分工厂停产且短期恢复困难，环境遭到破坏，给日本国民生活造成极大不便。而此次地震的主要受灾地区是青森县、岩手县、宫城县、福岛县、茨城县和千叶县等日本重要的农业地区。

统计数据显示，截至 2011 年 5 月 18 日，日本农林水产省公布的灾区与农林水产有关联的，包括渔船、农田、各类设施等在内的损失额已高达 17746 亿日元。这一损失额是 2004 年日本新泻县中越地震时的农林水产损失额的 13.3 倍，是 1995 年神户大地震时农林水产损失额的 19.7 倍。另据官城县农林水产部 2011 年 5 月 19 日发布的《农林水产业受灾情况报告》，时至 4 月 18 日官城全县农林水产业蒙受损失的估计值约高达 9379 亿日元，其中因海啸受损的部分占 98.0%。

虽然本次地震灾害带来的损失，既有因自然灾害造成的，也有受制于核电站受损导致的核泄漏、核辐射，故最终农户损失额的确定及损失的弥补均需假以时日，但此次灾害损失弥补的资金来源将是多元的，有来自政府、企业（如东京电力公司）、农协等民间组织的共济业务和各类保险公司等。就农业损失的弥补而言，现行农业灾害补偿制度无疑将发挥作用。

一、日本农业灾害补偿制度的建立

农业是受自然支配最大的产业。特别对日本而言，由于其位于地质结构脆弱的环太平洋火山地震带和气象变化最为激烈的亚洲季风地带，因此日本农业经常会受到地震、海啸、暴风、暴雨、山体滑坡、泥石流、高潮位、火山喷发、大雪等多种自然灾害的影响。灾害一旦发生，农业用土地（水田、耕地、果园等）、农业设施（灌排水路、蓄水池、农用道路等）、海岸保全设施（海岸堤防等）、防滑坡设施等经常会遭到不同程度的破坏。仅以 1998~2002 年为例，5 年中因各种灾害，年平均受灾损失金额就达 1028 亿日元。

而随农村城市化、招商引资的发展，农村地区的灾害也影响到受灾地区市町村民的生命、财产和公用设施的安全。以 2007 年为例，继 3 月发生能登半岛地震后，同年 7 月同为北陆地区又发生新泻县中越冲地震，震级 6 级，死 15 人，伤 2345 人。在这次地震中，不仅以天然气、水管、电力为首的生活供给体系与道路、交通等基础设施遭到破坏，给日常生活造成很大困难；而且，因位于该地区的一座核能发电站遭到破坏，给居民带来了恐惧与不安。地震的直接经济损失约为 13300 亿日元，70% 的农地、农用水渠、集落排水设施遭破坏，与农林水产有关联的损失额达 214 亿日元。

同时，尽管近几十年来日本的农业企业化、规模化经营都有所发展，但小规模家庭经营依然是日本农业的主体形式，当受到来自自然灾害的巨大打击时，靠单个农户挽回因灾害而造成的损失，十分困难。因此，如何切实防止自然灾害发生和减轻自然灾害的影响，确保农业再生产及稳定地向国民提供食物，长期以来一直是日本政府重要的政策课题。鉴于国情，日本在财政援助下，早在 1947 年，日本就制定了《农业灾害补偿法》，并依法将农业保险制度（1938 年制定）和家畜保险制度（1929 年制定）进行了整合，建立并实施保险结构的农业灾害补偿制度。此后，这一制度适应农业形势的变化作了多次修正，对日本农业的稳定经营起了很重要的作用。

二、日本现行农业灾害补偿制度的结构及特色

（一）日本农业灾害补偿制度的结构

农业灾害补偿制度是作为国家的灾害对策而实施的政府公共保险制度，它是在20世纪20年代末颁布的《家畜保险法》的基础上形成与发展起来的，此后范围不断扩大，项目不断增加。日本的农业灾害补偿制度以给予因自然灾害而遭受损失的农户以合理救济为出发点，由各地区农户组建以农业保险为目的的合作社（即农业共济组合），按期支付保险费，形成共同的财产准备金，政府则承担部分保险费，并替开展这项业务的共济组合承担一部分业务费。一旦农户受灾遭损，则由共济组合向受灾农户支付保险金，故这一制度本质上属于农户自主的互助互济。但这一制度的建立使农业风险在全国范围内得到分散。

日本农业灾害补偿制度的运行通常由3个层次构成，即农业共济组合（在市町村层面）、农业共济组合联合会（在都道府县层面）和政府（农业共济再保险特别会计）。在组织层面，各都道府县农业共济组合联合会还组建了全国性农业共济组合联合会，主要目的是作为社团法人，协调各农业共济组合联合会之间及与政府的关系，旨在更好地宣传、开展农业共济保险业务。当然，直接同农户发生联系，向农户收取保险费，也向受灾农户支付保险金的是市町村层面的农业共济组合。

由于发生大的灾害时，须支付的保险金额度会很高，此时，单靠农业共济组合是难以支付的。为此，日本在实施农业灾害补偿制度时，就该制度设计的组织结构而言，各都道府县农业共济组合联合会接受各农业共济组合转出的部分保险责任，而联合会又会将部分保险责任再转给全国层面的政府再保险。这样，受灾时风险被广泛分散。现在，根据不同地区的自我选择，农业灾害补偿制度也有仅采用两个层次的，即直接由农业共济组合与政府构成。

（二）日本农业灾害补偿制度的特色

从日本多年的实践看，日本的农业灾害补偿制度有如下特色。

1. 全面覆盖、机制完善

经过多年的完善，日本农业灾害补偿制度的业务内容和对象已经覆盖到了几乎所有的主要农作物和农业设施，且灾害补偿制度已建立起完善的制度安排，在不同的业务类型中，均有不同的针对性制度安排。同时，日本政府还针对农作物共济、家畜共济、果树共济、旱地作物共济及园艺设施共济进行再保险，进一步强化补偿制度的完善性。

2. 多方参与、共同维护

日本农村灾害补偿制度建立在多方参与、共同维护的基础上。政府作为引导者，奠

定了灾害补偿制度的基础性制度安排。在政府的引导下，围绕市町村的相应需求，首先发挥作用的是农业共济组合。该组织从市町村自身的需求出发，首先应对灾害的防治和灾后的相关事项的操作。而在这一层面的运作之外，则是都道府县农业共济组合联合会的参与。这样一个多层次、多方参与和共同维护的制度安排，特别有利于突发灾害的应对和防灾救灾长效机制的完善。

3. 不断发展、突出基础

日本农业灾害补偿制度自建后几十年来，不断地依据经济和社会运行发展的需要进行调整和完善。但日本农业灾害补偿制度始终特别突出农业的基础地位，将农作物共济、家畜共济列为必须开展的业务。同时，为了促进农业运作的规模化经营，分散规模经营农户的经营风险，要求达到一定规模以上的农户必须加入农业共济组合。国家对于农户支付的共济保险费及开展农业共济业务的组织所发生的业务费，也予以一定补贴，补贴额一般约为 40%～55%。

三、日本现行农业灾害补偿制度的实施状况

（一）农业共济组织遍布全国

通过约 80 余年的发展，特别是在经历了长期的经济高速增长之后，日本在突出农业和农村发展的背景下，农业共济组织早已遍布全国

（二）保险费国库与农户负担双落实

进入 21 世纪以来，日本农业灾害补偿制度保险费的缴费，主要采用由参加农业共济组合的农户与国家各自承担 50% 的办法，从有关统计资料看，保险费缴纳达到国库与农户负担双落实。以水稻作物的共济保险为例，如 2003～2009 年保险费收入总额年均为 300 亿日元的水平，国库与农户负担约各为 150 亿日元。

（三）达到了较高的灾害补偿水平

在此，仍以水稻作物的共济保险为例，基于日本农业灾害补偿制度，2003 年，理赔支付总金额为 990 亿日元。该年，由国库再保险则分担了 818 亿日元，占总赔付金额的 82.6%。高水平的灾害补偿，无疑使农业灾害补偿制度的实施得到有效推进。

资料来源：焦必方、林娣：《由日本东北大地震看日本现行的农业灾害补偿制度》，载于《现代日本经济》2011 年第 4 期，第 10～17 页。

2008 年 5 月 12 日（星期一）14 时 28 分 4 秒，位于我国四川省阿坝藏族羌族自治州的汶川县境内发生 8.0 级强烈地震，地震烈度达到 11 度。地震波及大半个中国及亚洲多个国家和地区。"5·12"汶川地震严重破坏地区超过 10 万平方千米，其中，极重

灾区共 10 个县（市），较重灾区共 41 个县（市），一般灾区共 186 个县（市）。地震共造成 69227 人死亡，374643 人受伤，17923 人失踪。直接经济损失达 8451 亿元。是自新中国成立以来影响最大的一次地震。[①]

除了"5·12"汶川大地震外，还有 2001 年 9 月 11 日发生在美国的"9·11"恐怖事件所导致的直接经济损失高达 2000 亿美元；而 2011 年 3 月 11 日发生在日本东北部的 9.0 级地震并引发海啸，直接经济损失则超过 2100 亿美元。根据瑞士再保险 Sigma 研究报告，2018 年全球灾害造成的总经济损失估计为 1550 亿美元，其中自然灾害损失 1460 亿美元，人为灾害损失 90 亿美元。

第一节　巨灾风险的含义

一、巨灾风险的定义

所谓巨灾风险，简单地说，就是指可能造成巨大财产损失和严重人员伤亡的风险。目前，国际上对巨灾风险并没明确统一定义，各国基本上都根据本国实际情况对其进行定义和划分。例如，美国保险服务局（ISO）以定量的方法以 1998 年的物价水平为依据，将巨灾风险定义为：引起至少 2500 万美元被保险财产损失并影响许多财产和意外险保户和保险公司的事件。瑞士再保险则将风险具体地划分为自然灾害和人为因素两种情况，并自 1970 年以来，每年都根据美国的通货膨胀率公布全球的巨灾风险损失及其认定标准。例如，2000 年将列入巨灾风险损失的门槛修订为 6780 万美元，2009 年为 8520 万美元，2017 年为 9900 万美元（见表 9-1）。

表 9-1　　　　　　　　　Sigma 巨灾事故统计表中定义和选择标准（2017 年）

项目	标准
自然灾害	自然力量引发的损失事故
人为灾难	人类活动导致的损失事故

---

① 《汶川地震直接经济损失 8451 亿元》，人民网，2008 年 9 月 5 日，http：//society. people. com. cn/GB/41158/7805669. html。

续表

项目	标准	
损失总额	直接经济损失	
投保财产索赔额	损失总额中由财产保险赔付的部分	
入选下限		
经济损失总额	9900 万美元	
或投保财产理赔额		
	航运灾难	1990 万美元
	航空灾难	3980 万美元
	其他损失	4950 万美元
或死亡人数		
	死亡或失踪	20 人
	受伤	50 人
	无家可归	2000 人

资料来源：根据瑞士再保险 Sigma 2017 年巨灾数据库整理编制。

按巨灾发生的原因，可将巨灾风险分为自然巨灾风险和人为巨灾风险。自然巨灾是指由自然因素所造成的，通常会影响某一区域和该区域的大量人群。其损失程度不仅取决于巨灾的严重程度，还取决于受灾地区的人口密度、建筑规模和标准、该地区的防灾减损情况等。自然巨灾一般包括地震、冰雹、飓风、洪水、雪灾、旱灾，等等，例如，发生在 2004 年 12 月 26 日的印度洋海啸，造成了印度洋沿岸十多个国家近 23 万人死亡和超过 130 亿美元的直接经济损失；2008 年发生在我国的"5·12"汶川大地震，也造成了近 7 万人死亡和 8451 亿人民币的经济损失。人为巨灾则是指由人类活动所引起的巨灾事件。人为巨灾的具体形式包括恐怖袭击、空难、海难等。2001 年发生在美国的"9·11"事件就是人为巨灾最典型的例子。这一恐怖事件导致美国纽约世界贸易中心一号楼和世界贸易中心二号楼倒塌和美国防部五角大楼局部结构损坏并坍塌，2996 人死亡，经济损失达 2000 亿美元。

综合瑞士再保险旗下研究机构 Sigma 历年发布的报告显示，2015 年全球自然和人为灾害造成的经济损失约为 920 亿美元，同年全球巨灾保险损失为 370 亿美元；2016 年全球自然和人为灾害造成的经济损失为 1880 亿美元，同年全球巨灾保险损失为 650 亿美元；2017 年全球自然和人为灾害造成的经济损失达到 3060 亿美元，同年全球灾害造成的保险损失约为 1360 亿美元；2018 年全球灾害造成的总经济损失估计为 1550 亿美元，其中自然灾害损失 1460 亿美元，人为灾害损失 90 亿美元。在经济损失总额中，保险覆盖了 790 亿美元，占比超过 50%。

我国也是一个巨灾风险频发的国家。据联合国统计资料，自 20 世纪以来，中国成为继美国、日本之后世界上自然灾害最严重的国家之一。我国 70% 以上的大城市、半数以上人口、75% 的工农业产值分布在气象、地征、地质和海洋等灾害严重的地区；有 2/3 的国土面积不同程度地受到洪水威胁，包括 23 个省会城市和 2/3 的百万人口以上的大城市分布在地震烈度 Ⅵ 度以上区域，常年受灾人口达 2 亿多人次。20 世纪全球大陆 35% 的 7.0 级以上地震发生在我国，20 世纪全球因地震死亡 120 万人，我国占 59 万人，居各国之首。[①] 我国每年因自然灾害、事故灾害和社会安全事件等突发公共事件造成的人员伤亡逾百万，经济损失高达 6500 亿元，占我国 GDP 的 6%。[②] 进入 21 世纪以来，仅自然灾害给我国带来的直接经济损失每年都在 3000 亿元以上，且有进一步扩大的趋势（见图 9-1）。

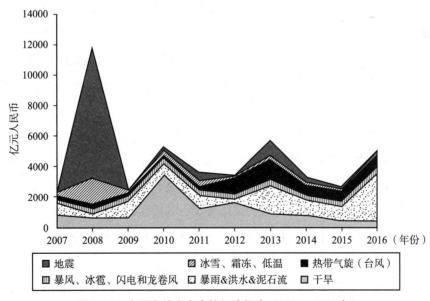

图 9-1　中国自然灾害直接经济损失（2007~2016 年）

资料来源：邱忠东：《中国自然灾害直接经济损失十年数据分析：未来要如何应对?》，https：//www. docin. com/p-2148006471. html。

---

① 《国家防震减灾规划（2006-2020 年）》，中国政府网，2007 年 11 月 2 日，10：18，http：//www. gov. cn/。

② 胡河宁：《突发公共事件中信息封锁现象的组织传播解读》，载于《今传媒》2009 年第 6 期，第 44 页。

二、巨灾风险的特点

尽管巨灾风险的定义尚未统一，但巨灾风险与一般风险相比较，其自身所具有的特点则是为人们普遍接受的。

（1）风险的客观必然性。巨灾风险是一种不依人们主观意志为转移的客观存在。不论人们是否意识到它都存在。"必然性"的另一层意思告诉我们，对于巨灾风险，我们必须从各个方面、采取各种措施来降低其损失程度，防范巨灾风险造成的损失扩大，但是要从根本上杜绝这种风险的存在是不可能的。

（2）风险的发生难以预测，呈现出明显的突发性。巨灾风险及其所引起的损失往往以偶然的形式呈现在人们面前，即何时、何地发生何种风险，损失程度如何，由谁来承担损失都是不确定的，无法通过大数法则来加以测算。这是因为，巨灾发生的概率低，发生机理复杂，可供研究的历史资料少，人类很难准确预测巨灾发生的时间和造成损失程度。例如，2018 年 12 月 22 日晚发生在印度尼西亚西部巽他海峡（Sunda Strait）造成 430 人遇难、2.2 万人撤离的海啸，事发前，该国并未对由海底滑坡和火山活动引发的海啸制定预警措施[①]。

（3）风险的社会性。巨灾风险具有社会性，当灾害事故与人类相联系，对人类的财产、生命等造成损害时，对人类而言就成了风险。因此，没有人类社会，就没有风险可言，正体现出风险的社会性。

（4）巨灾风险发生频率低，时空分布不均。所谓"低"是相对而言的。与车祸、火灾等一般风险相比，巨灾风险的发生频率要低得多，巨灾如地震、洪水、火山喷发、台风等，爆发次数相对很少，有的是一年几次或者是几年一次，而车祸、火灾等则几乎每天都会发生。与此同时，不同的巨灾风险种类，其发生的时间和空间也不尽相同。就我国而言，每年的 5～9 月是洪水和台风多发的季节，而进入秋冬季节则是森林火灾的多发期。

（5）巨灾风险事故损失特别巨大，且有逐年增大的趋势。据有关统计资料显示，自新中国成立以来，各种自然灾害造成的直接经济损失总计约 55000 多亿元，且年度损失呈逐年增加态势。20 世纪 50 年代为 480 亿元，60 年代为 570 亿元，70 年代为 590

---

① 《印尼海啸｜没有地震为何出现海啸？这类海啸为何难以预警？》，澎湃新闻，2018 年 12 月 24 日，https：//www.thepaper.cn/newsDetail_forward_2767122。

亿元，80 年代为 690 亿元；按 1990 年可比价格计算，90 年代以后，年均已经超过 1000 亿元。进入 21 世纪，每年仅因自然灾害造成的损失都在 2000 亿元左右。例如，2008 年 "5·12" 汶川大地震造成的直接经济损失为 8451 亿元人民币，2011 年的 "3·11" 日本东海岸特大地震造成的经济损失则高达 16 万亿日元（约合 1.3 万亿元人民币）。随着世界各国经济增长和财富存量的持续积累，一次巨灾损失的总量还会不断增大。据估计，从 60 年代开始，灾害损失平均每 7 年就翻一番。

（6）群发性较强。不管是自然灾害还是人为因素构成的巨灾风险都具有明显的群发性，即巨灾风险事故的发生往往在时间上、区域上和受灾主体上都相对集中。例如，在 2008 年全球发生的 19 次 7 级以上的地震中，有 4 次发生在亚洲东部，2009 年 1 ～ 4 月全球发生的最大地震仍在西太平洋地震带[①]。

第二节　巨灾风险的评估

针对巨灾风险，传统的评估方法是遵照大数法则和非寿险精算的基本原则，使用长期平滑技术（long-term smoothing techniques）来估计巨灾损失可能造成的潜在损失和损失成本。然而，运用传统的长期平滑技术对巨灾损失进行评估存在着很大的局限性：巨灾的损失周期往往需要相当长的一段时间，有时甚至需要几百年时间。然而，保险公司在对巨灾进行损失评估时，往往只能收集到几十年或者一百多年之内的统计记录。这样，由于经验期低于损失周期，使得保险公司利用长期损失平滑技术对巨灾评估结果的准确度严重偏离了巨灾损失的实际情况；另外，传统的长期平滑技术过分依赖于历史统计记录，而巨灾的历史损失记录往往很难准确地对未来发生巨灾造成的损失进行评估。这主要由于随着时代的进步与科技的发展，很多影响巨灾损失大小的因素不断地发生变化，包括土地的使用情况、人口密度、建筑技术及建筑材料、工程技术、建筑加固技术以及建筑结构的易损性，这些都随着时代的发展发生了重大的变化。因此，巨灾的历史损失统计数据从一定程度上讲，已经无法反映未来巨灾可能造成的损失。

目前发达国家和很多跨国保险公司处理巨灾损失估计这一难题的一个重要手段是利用巨灾模型。正如美国 AIR 环球公司在 2005 年初的白皮书中所称：建立完善的风险分

---

① 徐道一：《21 世纪初全球巨灾群发期的认识及其预测意义》，地震出版社 2010 年版，第 384 ～ 385 页。

析模型对全球保险业抵御巨灾风险至关重要，巨灾模型可以预测一年内可能发生的自然灾害，分析保险公司是否拥有足够的储备资金，甚至将帮助保险商判断再保险比率是否合理等实际问题，最终保证灾后理赔的迅速和高效。

一、巨灾风险评估模型

（一）巨灾风险评估模型的形成

由于传统的巨灾评估方法很难对巨灾风险进行合理的评估，一些巨灾研究的专家认为，有必要借助于发达的计算机进行随机模拟，以对巨灾事故进行较为合理的衡量与评估。因为，巨灾风险模型可以借助计算机技术以及现有的人口、地理及建筑等方面信息，对给定区域或风险标的集合遭受巨灾打击的概率及受损程度进行估计。但不能用来预测具体巨灾事件的发生。[①]

在当今国际的巨灾建模领域，主要有三家较为著名的建模公司——阿姆斯（RMS）公司、AIR 公司和 EQE - CAT 公司。这三家公司与世界各地的巨灾研究机构都有着合作关系，从事开发包括中国在内的世界各地的巨灾模型。与此同时，一些政府机构也积极加入这个研究领域并开发出应用成果，其中较有影响力的是美国的 FEMA（Federal Emergency Management Agency）和澳大利亚的 Geoscience Australia[②]。FEMA 于 1997 年公布并发行了风险评估软件 HAZUS97，在这套主要以分析地震灾害损失评估的系统中整合了地理信息系统、地震学、统计学、数学和相关的其他计算机技术，其分析架构和流程图如图 9 - 2 所示。1999 年 FAMA 推出了 HAZUS 的更新版，该版本中突出了针对桥梁等公共设施的地震灾害损失分析；2003 年 HAZUS 升级为 HAZUS - MH，在这套最新的分析系统中纳入了洪水灾害、飓风灾害等其他可能造成巨大影响的自然灾害。表 9 - 2 为 HAZUS - MH 针对不同灾害进行分析所得出的结论列表。

---

① 李晓翾、隋涤非：《巨灾模型在巨灾风险分析中的不确定性》，载于《中国保险报》2012 年 2 月 2 日。

② Lane, M., *Alternative Risk Strategies* [M]. London：Risk Books, 2002：pp. 1 - 264.

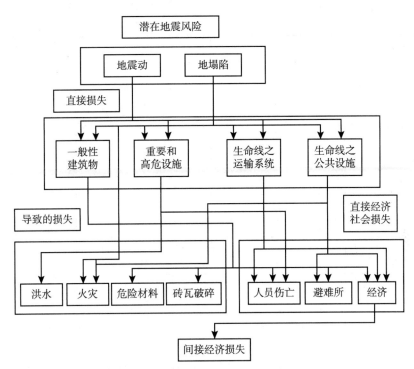

图9-2 HAZUS 的框架结构及分析流程

资料来源: Kircher, C. A., Whitman, R. V., Holmes, W. T., Earthquake Loss Estimation Methodology – Hazus97 [M]. *Nat. Hazards Rev.*, 2006, 7 (2): pp. 45 – 60.

表9-2 　　　　　　　　　　　 **HAZUS – MH 对3项自然巨灾的分析情况**

指标	地震	洪水	飓风
直接破坏			
一般性建筑	有	有	有
重要建筑	有	有	有
高危建筑	有		
交通设施	有	有	
生命线	有	有	
间接破坏			
火灾	有		
危险品	有		
砖瓦破碎	有	有	有

续表

指标	地震	洪水	飓风
直接经济损失			
重建费用	有	有	有
收入损失	有	有	有
农作物损失	有	有	
人员伤亡	有		
救灾和恢复	有	有	有
间接经济损失			
物资短缺	有	有	
销售下降	有	有	
停工停产	有	有	

由图 9 - 2 我们可以看出，无论是起初的 HAZUS 还是升级后的 HAZUS - MH 都是一个相当庞大的分析系统，但是从整个系统的构架中主体的组成部分并没有发生太大的变化。事件产生模块（stochastic event model）、灾害模块（hazard）、结构易损性模块（vulnerability model）、损失分析模块（financial model）依然是当今主流巨灾分析系统的主要组成部分。

不同的巨灾建模公司针对同一地区、同一巨灾事故的巨灾模型可能是不同的，主要是因为不同的巨灾建模公司使用的巨灾模型是不同的。即便是使用相同的模型，由于使用了不同的巨灾模型参数，这使得巨灾模型得到的评估结果存在差异。

虽然各个巨灾模型的构成和参数是不同的，但是巨灾模型的构建原理是相似的。一般地，建模人都是从巨灾事故的历史经验信息和数据着手开始的。巨灾模型在构建过程中需要的信息和数据很多，不仅包括巨灾事故本身的一些物理特征信息，比如地震模型需要震中位置、地震强度、地震烈度等信息，还包括巨灾的受灾体自身的一些特征信息，比如受灾建筑的建筑材料、建造结构、距震中的位置、受灾建筑的总价值、受灾价值等信息。根据收集到的巨灾历史经验数据，建模人需要结合有关巨灾事故的最新研究成果，确定巨灾事故的相关概率分布，比如地震模型需要确定震中的分布、地震强度的分布等。然后，根据巨灾事故的相关概率分布，建模人可以对巨灾事故的发生以及造成的影响做随机模拟，比如地震模型中对震中、强度等做随机模拟，模拟的次数一般在十万年次以上，然后将巨灾模型产生的模拟结果与巨灾的历史经验信息进行对比，以检验巨灾模型的合理性与准确性。

保险公司在使用巨灾模型时，需要将承保的含有巨灾风险的所有有效保单的相关信息输入巨灾模型之中。这些信息通常包括保险标的的地理位置、保险金额、使用性质、建筑材料、建筑结构等。巨灾模型将保险公司输入的有效保单的相关信息与巨灾事故的相关概率分布相结合，产生巨灾对这些有效保单可能造成的损失的一系列评估结果，包括巨灾损失的分布与分位点、期望值与方差、超越概率（exceeding probability）曲线与最大可能损失（PLM）曲线等，从而帮助保险公司能够更为有效地对自身面临的巨灾保险风险进行评估。

（二）巨灾风险评估模型的构架

在目前的巨灾分析系统中，无论灾害的种类，整个分析系统都大体分为 4 个模块，如图 9 - 3 所示，灰色方框表示不同的分析模块，在这些模块中不同的灾害类型所造成危险度的评估内容略有差别。比如木结构房屋对于地震灾害来说危险度要小于一般砖房，但是面对台风灾害时，木结构房屋则体现出更高的易损性。各模块的分析结果可以依托地理信息系统（GIS）在地理区域中显示，以便使用者进一步分析并最终获得有效的风险分散决策。

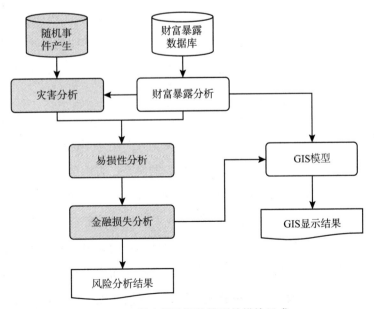

图 9 - 3　巨灾风险评估模型的模块组成

下面对巨灾模型中的主要模块进行逐一的说明：

（1）事件产生模块（stochastic event model）。此模块需要包含完整的有可能对区域造成影响的巨灾事件资料库，以地震为例，资料库中的每一个事件都包括与灾害本身相关的信息参数，如地震规模的大小、发生的位置、震源类别、发生频率等。地震事件资料库根据地震震源模型推测建立，震源模型的建立主要依靠区域的地质构造、历史地震情况、已划分的震源区等等现有资料建立各震源区的地震活动性参数。

（2）灾害模块（hazard），也称自然科学模块（science module），是由地质、地理、水文、气象等方面的科学家对自然灾害本身的研究，此模块的成果为"事件集（event set）"，即在给定区域可能发生的所有巨灾事件的集合。该模块的主要功能是评估预测巨灾事件发生时，被评估区域所在场地的危害度参数，不同巨灾的危害度参数不同。同样以地震为例，每一个地震事件发生以后都需要选定适当的场地衰减关系以及场地的地质特征以用于计算评估区域的危害度，这个危害度一般用地表最大加速度（PGA）或者加速度反应谱（S_a）来表示。

（3）结构易损性模块（vulnerability model），也称工程模块（engineering module），该模块融合工程、建筑等方面专家的知识，研究在给定区域某一灾害事件发生时对于特定风险标的（比如建筑物）的破坏情况，即计算建筑物在巨灾事件作用下可能造成的结构本体、建构内部财物或者由于巨灾导致的商业中断所带来的平均损失以及变异系数CV（coefficient of variation）。而评估的主要依据是建筑物的易损性曲线（damage curve）。易损性曲线说明建筑物在遇到不同地震强度作用、不同的洪水淹没深度、飓风的不同风速作用下可能遭受的损失。通常损失程度采用损失比（修复成本与重建成本的比值）表示。

（4）损失分析模块（financial model），也称金融模块。该模块由精算师等保险领域专家负责，将前两个模块的结果转化为保险损失，并应用于不同保险条款。可以说，前两个模块是个体巨灾事件对于个体标的造成损失的研究，再由金融模块转化为若干风险标的集合面对某种巨灾所产生损失的统计量。它主要利用易损性模块的分析结果建立事件损失表（event loss table），通过模拟方法实现不同使用者所希望的损失分析结果。比如保险、再保险公司作为使用者，通常在考虑保单条款的情况下通过巨灾模型分析出未来一段时间内的存款准备金以及制定巨灾保险的费率。而作为政府部门，则需要通过模型的分析结果了解未来一段时间内可能发生巨灾的情况，以做到未雨绸缪。该模块的分析结论一般由损失超越概率曲线表示。

二、巨灾风险评估模型的具体应用

巨灾风险评估模型常被保险公司用来预测一定时期内可能发生的巨灾损失，分析其是否拥有足够的储备资金，厘定费率，确定可保条件等。为获取对风险更加全面的认识，保险公司采用概率（probabilistic）风险评估模型，模拟的不是单一的自然灾害事件，而是数千年事件框架内成千上万个可能的灾害事件。模拟的结果显示出潜在的损失程度与灾害发生频率之间的关系，据此可计算损失的平均值与极端值。从保险行业的角度来看，概率风险评估模发生频率型能够定量分析自然灾害（致灾因子）本身、易损性以及保险标地的分布及保险条件，最终的输出结果即是保险条件下的所有保险标的的总损失（见图9-4）。

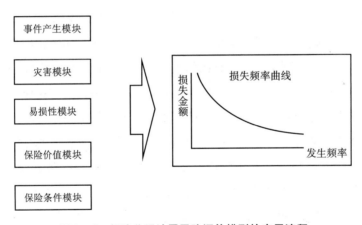

图9-4 保险公司地震风险评估模型的应用流程

保险公司地震风险评估模型的工作流程如下：

（1）事件产生模块和灾害模块。该模块分析的是发生地点、发生频率、严重程度。地震灾害的历史事件数据构成了致灾因子模块的基础，历史数据的时间跨度越长，数据越完整，那么它反映的风险的真实性就越可靠。但是，一般自然灾害数据只可追溯100年，地震灾害应当长一些。

（2）易损性模块。该模块分析的是特定灾害强度下的毁坏程度多大。每次发生自然灾害，即使烈度相同，造成的破坏程度也千差万别。一栋建筑物遭受的破坏程度主要取决于该建筑物的建筑类型、建成时间或高度等。同样，建筑物内部财产的受损程度也会大小不一。易损型模块的目的就是建立破坏强度与破坏程度之间的关系函数，用平均损失率来表示。

在创建易损型模块的时候，我们不可能详细分析每一个标的特点，因此，我们可将保险标的分成不同的类别，每个类别适用于一条共同的易损性曲线，高层住宅、工厂等。不同的保险业务种类（财产险、车险等）、客户群（民用、商业、工业等）以及被保利益（建筑物、室内财产、营业中断）的易损性迥然不同。根据灾害的种类和历史数据，我们会分割出更细的易损性曲线，比如，为了评估建筑物对地震的易损性、将建筑物分为砖瓦机构、木质、水泥、钢筋混凝土等类别。

（3）价值分布模块。该模块分析的是保险价值分布在哪些地点。将保险标的的位置信息输入价值分布模块中。为了能模拟可靠的模拟地震损失，获得所有的业务组合的准确数据（"风险累积控制"）对于保险公司而言非常重要。目前，可以按几种标准来获取和交流这些数据（如 CRESTA、UNICEDE 等）。

（4）保险条件模块。该模块分析的是哪些损失属于保险保障范围。免赔额和赔偿限额等保险条件是保险公司的重要承保手段，它们能把保险公司承担的损失限定在合理的范围之内。这些方法起到了两个关键的作用：其一，它们设定了保险公司要承担的保险损失；其二，通过避免处理大量的小额索赔降低了保险公司的管理成本。在巨灾模型中，保险条件模块的功能就是要在总损失的基础上计算出保险公司的净损失。

巨灾风险评估模型就是将上述四个模块结合在一起加以分析，通过综合分析计算出预期年损失和极端事件损失。其中，最终最重要的输出是"损失超越概率（EP）曲线"，它是用图形表示在一定时间内巨灾可能造成的保险损失超过特定水平的概率。EP曲线估计了潜在巨灾损失的大小和分布，可以帮助保险公司确保保单的价格、数量、保险范围和选择恰当的风险管理策略。

巨灾模型是对巨灾风险评估技术的一次革命，但是由于巨灾模型的特殊性，它依然还存在着一定的局限性，巨灾模型的使用者，更有必要理解巨灾模型的这些局限性。首先，至今还没有相关的标准用来判定巨灾模型的信度问题，这关系到巨灾模型的使用者究竟可以在多大程度上信任巨灾模型产生的结果。其次，巨灾模型虽然利用最先进的巨灾工程技术确定巨灾的相关概率分布模型，但是使用者还必须意识到巨灾模型还存在着一定的参数风险。简单地讲，参数风险是指当模型选择正确时，由于模型参数的不确定性给模型输出结果的准确性带来的风险。正是由于这一点，一些再保险公司并不直接使用巨灾模型的输出结果，而是借助其他软件对输出结果进行再次评估，以尽量减少模型的参数风险对结果带来的影响。再次，巨灾模型的复杂性和某些信息因产权问题的不公开性，给模型的使用者以及监管者带来了更大的挑战。最后，作为巨灾模型的使用者，将非常有必要与巨灾模型的开发公司保持持续地沟通和联系。一般地，巨灾模型的开发公司会定期对巨灾模型进行更新。

第三节　巨灾风险损失的补偿机制

【专栏 9 - 1】2015 年"灿鸿"台风给宁波市带来的损失与补偿

2015 年 7 月 11 日 16 时 40 分，"灿鸿"以强台风级别在浙江省舟山朱家尖登陆，登陆时中心附近最大风力有 14 级，风速 45 米/秒，属于强台风级。受"灿鸿"影响，宁波全市受灾乡镇 109 个，受灾人口 60.5 万人，倒塌房屋 177 间，直接经济损失 27.37 亿元。宁波市农作物受灾面积 118.6 万亩，因灾减产粮食 2.5 万吨，水产养殖损失 16.9 万亩，农林牧渔业直接经济损失 18.4 亿元；停产工矿企业 9989 个，公路中断 107 条次，供电中断 545 条次，通讯中断 70 条次，工业交通运输业直接经济损失 1.7 亿元；损坏堤防 243 处 72 公里，堤防决口 40 处 2.6 公里，损坏海塘 3 处，损坏护岸 237 处，损坏水闸 34 座，损坏灌溉设施 91 处，损坏水文测站 28 个，水利设施直接损失 1.37 亿元。

宁波是全国"巨灾保险示范区"，政府花 3800 万元买了 6 亿元巨灾保险。从 2014 年 11 月 11 日起，公共巨灾保险在宁波正式实施。宁波市民因为台风、雷暴等天灾，导致人身或家庭财产损失，都将获得由政府财政购买的政策性保险的理赔救助，受益人口 1000 万人。巨灾险的保费全部由宁波政府财政资金承担，其中第一年斥资 3800 万元，购买总额 6 亿元的巨灾风险保障，可提供每人最高额度 10 万元的居民人身伤亡抚恤和每户家庭最高额度 2000 元的家庭财产损失救助。

在"灿鸿"台风过后，保险公司在短短的一周时间内就完成了 6.7 万户受灾居民的查勘和 5.1 万户的定损，保险赔偿 2900 多万元。

宁波市的巨灾保险体系由公共巨灾保险、巨灾基金和商业巨灾保险三部分组成：

第一部分是公共巨灾保险。宁波市公共巨灾保险还首次涉及家庭财产损失救助这一领域，这也是全国首个为市民同时提供人身和财产保障的巨灾保险，保障范围涵盖台风、强热带风暴、龙卷风、暴雨、洪水和雷击（雷击仅针对人身伤亡）自然灾害及其引起的突发性滑坡、泥石流、水库溃坝、漏电和化工装置爆炸、泄漏等次生灾害造成的人身和财产损失。赔付标准为居民人身伤亡抚恤最高赔偿限额为每人 10 万元，家庭财产损失救助最高赔偿限额为每户 2000 元。对居民在灾害期间的见义勇为行为导致死亡、残疾的，由保险机构额外再赔付最高每人 10 万元的见义勇为增补抚恤。巨灾保险制度实施首年，由宁波市政府出资 3800 万元，为全市居民购买了总保额达 6 亿元的公共巨灾保险服务。

第二部分是巨灾基金。宁波市巨灾基金按照政府财政投入与发动社会各方共同参与的原则建立，主要来源包括财政注资、慈善机构及企业、民众等捐助、向保险公司提供风险分担保障对应的保费转入、投资收益等，形成一个全社会共同参与、应对巨灾风险的公共平台，成为政府应对巨灾的"资金储备池"。而且宁波模式中明确了巨灾基金具体数额，初期由政府拨付 500 万元设立，主要用于补偿超过保险公司赔偿限额范围以外的居民人员伤亡抚恤和家庭财产损失救助。

第三部分是商业巨灾保险。由商业保险公司开发提供相关巨灾保险产品，居民自愿购买，以满足居民更高层次、个性化的巨灾保险需求。

资料来源：李连芬：《从台风灾害赔偿看巨灾保险的"宁波模式"》，载于《中国经济周刊》2015 年第 41 期。

从上述案例给出的信息看，"灿鸿"台风给宁波市带来的直接经济损失总额已达 48.84 亿元，尽管宁波市已经建立起比较完善的巨灾保险体系，但综合各方面的赔付总额能力限额只有 6.34 亿元，仅占总损失的 12.98%。

一、传统的巨灾风险损失补偿机制

对于波及面广、损失金额巨大，且风险发生不满足大数定律的巨灾风险，以往人们的应对手段是少之又少，且大多是被动的，尤其是巨灾损失的补偿机制比较单一，无法有效应对巨灾风险的威胁，不能满足对巨灾风险损失的补偿需求。传统的巨灾损失补偿机制通常包括国内外社会捐助、国际组织援助、财政补偿和保险补偿四种。[①]

(一) 社会捐助

社会捐助是指由社会组织和公民自发开展的捐助活动，它是继政府补偿和保险补偿

---

① 吕志勇：《透过汶川地震看我国对巨灾风险损失补偿机制的选择》，载于《山东社会科学》2008 年第 10 期，第 60~68 页。

之外的社会性补偿，包括慈善基金会、红十字会、协会、企业及公民等。其优势在于：
（1）补充性。社会捐助能够把分散在民间的救助力量集中，通过社会自组织网络分担
巨灾补偿任务。（2）灵活性。巨灾严重破坏生产生活秩序，社会捐助通过捐款捐物、
志愿行动、扶危济困等多种内容和途径救助受灾者。（3）广泛性。社会捐助不受条件
限制继而能够广泛激发和调动民间的参与力量。

（二）国际组织援助

国际组织援助是指国际组织根据人道主义精神，自愿对受灾地区和群众给予的各类
无偿帮助。新中国成立以来，中国付出了大量的人力、物力和财力，在世界范围内开展
了灾害救助与支援活动，彰显了中华民族为人类进步事业的努力精神与良好政府形象，
也赢得了国际社会的信赖和支持。汶川地震期间，也有多个国家和组织先后通过多种形
式捐款捐物、开展搜救及志愿活动，在大灾面前共同携手抗灾。

国内外社会捐助和国际组织援助一直都是巨灾损失补偿的重要机制，并起到了极其
重要的作用。但这两部分补偿来源是完全自愿的，无责任约束的，其补偿程度也是极具
弹性的。因此，我们不可能依靠这部分补偿来源来解决巨灾损失问题。

（三）财政补偿

财政补偿是指为保障公民权利、维护公共利益，通过各级政府财政救灾支出进行的
补偿。它是巨灾损失补偿的另一重要机制，也是目前我国巨灾补偿资金的主要来源，其
优势包括：（1）公共性。即根据损失程度对所有受灾者进行的救济补偿，体现公共财
政取之于民、用之于民的根本精神。（2）及时性。政府是各种资源的最大拥有者，能
够在最短时间内开展施救和补偿活动。（3）保障性。政府补偿通过国家机关、法定的
程序、完善的监督与问责制而具有最高信用，能够得到广泛的社会信赖。（4）稳定性。
政府补偿对恢复生产生活秩序、凝聚人心、稳定社会具有长期效应。因此，财政补偿的
方法十分古老，在中国这个灾害频发的国度，历朝历代遭受的巨灾损失除了百姓自己的
积蓄缓冲外，绝大部分都来自政府的救灾拨款。但是，财政补偿具有三个致命缺点：首
先是随着经济社会的发展，特别是城镇化的发展，今后自然灾害所造成的经济损失将会
越来越大。在此情况下，如果仍然指望单一的政府财政救助补偿机制，不仅无法满足日
益扩大的灾害损失补偿需要，而且还会拖累整个国家经济的正常发展。其次，政府对救
灾资金的运作产生了巨额的行政费用和政府行为的低效率，救灾资源被严重浪费，长期
以来完全依靠财政兜底或借助银行贷款的补偿机制已使政府背上了沉重的包袱。最后，

财政补偿是把全国作为一个风险集合，将不同属性的风险纳入其中，不符合经济学中的效率和公平原则。风险集合过大，催生了容易发生巨灾的地区对政府救济的依赖心理，而没有足够的动力去努力消除风险存在的因素，从而产生了道德风险的问题；而全国范围内的赈灾意味着其他地区将永久性的为容易受灾的地区支付保费，不符合税收理论中的受益原则。

（四）保险补偿

保险补偿包括保险与再保险两个渠道，都是防范和化解巨灾风险的重要手段。它们通过巨灾风险的集合与分散，使风险集合符合大数法则，将巨灾风险转换为可保风险。

保险是指投保人和保险人在平等、自愿基础上开展巨灾保险业务，根据双方权利义务约定对被保险人进行的经济补偿。通过保险业对巨灾风险进行有效管理已是普遍趋势，其优势在于：（1）分散性。保险服务的宗旨就是把巨灾的风险损失转嫁和分散到保险市场，将灾害损失分摊到尽可能大的范围。（2）社会性。发达完善的保险市场可以集中社会的力量对灾害损失进行补偿，弥补政府财政补偿的不足，还具有帮助灾后重建、发挥社会管理的功能。（3）适应性。保险补偿能够根据巨灾发生不规则的特点，具有自我调节、自我平衡的功能，以适应社会对风险保障的需求。

再保险又称为"保险的保险"，其核心思想是保险公司将所承保的风险的一部分交由再保险公司进行保险，使巨灾风险在更大的范围之内进行分散，以使风险集合符合大数法则，将巨灾风险转换为可保风险。这一传统的方法在促进保险市场健康迅速发展和保证国际保险市场正常运转中发挥了积极的作用，再保险市场也因此而成为世界上最大的交易市场之一。虽然再保险可以在地域上分散巨灾风险，但是，再保险并不是用来管理巨灾风险的最佳途径。这是因为：（1）再保险自身的市场容量有限，难以承载巨灾带来的损失。据估计目前全球再保险能力每年约6000亿美元，但几次大的巨灾风险的损失就很有可能高于这个数额，使得全球再保险能力相对于巨灾风险损失显得十分有限。而且对于巨灾风险，再保险市场缺乏足够多的市场主体来对巨灾风险进行分保；而对再保险人本身而言，也同样面临着缺乏牢固的大数法则基础上分散风险和维持自身财务稳定性的问题。（2）保险人与再保险人之间存在信息不对称带来的道德风险和逆向选择问题，容易造成原保险人疏于事前核保及损失后理赔的过度宽松。（3）损失范围和金额不易确定。再保险一般采用实际损失作为理赔基础，而对于实际损失的统计需要很长时间，且难以准确确定。（4）传统再保险市场供给在品质、条件和价格等方面失之稳定，存在信用风险。（5）再保险契约不属于标准化契约，流动性低，难以在流通市场上进行交易和买卖。（6）合约安排过程较复杂，交易成本偏高，限制过多。特别是在经历了自20世纪70年代至2011年的一系列巨灾事件后，国际再保险市场也相应发生了改变：一些再保险公司调整了那些被认为缺乏巨灾经验、历史数据和业务承保的透明度的特定国家和地区的承保能力，有的甚至直接退出这些国家或地区的再保险市场；即使那些没有退出的再保险公司对巨灾风险的保单结构、价格、保障范围也做了较大调整，再保险安排中的比例与超赔的结构发生了调整——巨灾已经从比例合同中剔除，再保人还要求比例合约中加入事件限额，合约的价格、条款也更趋于谨慎，再保险费率和转分保费率均有不同幅度的上涨。为了缓解巨灾再保险压力，提高承保能力，业内人士将目光投向资金实力雄厚的资本市场，希望寻找到巨灾再保险的替代品或补充方式，由此引发了一场传统再保险经营理念的变革。

二、巨灾风险损失补偿机制的创新

如上所述，虽然保险补偿机制在巨灾风险管理和巨灾损失补偿体系中发挥着其他补偿机制无法替代的作用。就全球来看，对于巨灾风险造成的事故损失，保险赔偿一般在30%～40%，发达国家甚至可达60%～70%。但传统的保险和再保险方式已无法有效地解决巨灾风险损失的补偿问题，主要原因在于传统的巨灾管理方式试图在不相关的总资产与总负债间进行风险分散，而保险公司当代的创新在于承保巨灾风险时根据单个巨灾风险的具体情况有针对性地解决保险准备金的积累与保险赔付相匹配的问题。与常规风险不同，巨灾风险具有低损失频率和高损失金额的特性，因此，从商业保险角度提供巨灾保险，要保障充分的偿付能力，关键是要建立长期巨灾责任准备基金和巨灾风险的融资渠道。近年来，国际市场出现了多样化的新型巨灾风险融资工具，为巨灾风险管理提供了新的解决方案。

【专栏9-2】日本的农业灾害补偿制度

日本各类灾害的预防和救助是日本农业的一个重大课题，作为日本农村金融中的重要一环，农业保险补偿在日本农业发展中起到了至关重要的作用。通过长期的探索和实践，日本研究并建立了一套完整的农业灾害补偿制度，被称为"农业共济"。在制度体系建立过程中，不仅拟定了《农业灾害补偿法》等法律法规，并且建立了以地方基层农业共济组合、设立于各都道府县的农业共济组合联合会、国家政府（农林水产省）为三个层级的农业共济体系，分别在基层补偿救助、中层保险调节及政府再保险领域发挥各自的作用，相互协同合作形成了完整而有效的保险补偿系统。完善的农业灾害补偿制度在稳定农业经营、保持和提高农业生产能力、防止农业灾害损失和稳定区域经济方面发挥了重要作用。

（一）日本的农业灾害补偿制度特点

（1）全国实施。由于农业对自然条件依存度高，其灾害均为不可抗力且危害度大、范围广，所以农业灾害补偿制度被视作国家灾害应对的重要一环，被要求在全国所有农村地区实施。

（2）灾害类型全面。适用于制度的灾害种类几乎包含了所有会对农作物造成危害的类型，如风灾、水灾、干旱、寒潮等气象灾害，包括地震在内的自然灾害，以及病虫害、鸟兽害和火灾等其他灾害，而家畜死亡、弃置、生病、受伤等也均可作为赔偿对象。

（3）国家参与。由于农业与其他产业不同，其灾害有无法预测、受灾范围广、对国家社会影响巨大等特性，故虽然农业灾害补偿制度是民间互助制度，但也需要国家对农业灾害补偿进行支持。其中，共济保费补贴就体现了该制度的国家属性。日本的农业灾害共济保费有一部分由国家承担，其原因为：农作物的受灾概率比一般的商业保险的保险对象受损概率高得多，故相应地，保费收入如要覆盖赔偿金，则需比例相当高的保费，如果没有相应的补贴，一般的农业从业者很难加入共济保险。为了使日本农业保险制度能够持续稳定运营，并促使更多的农业从业者加入保险，国家会承担保费的50%（大麦、小麦为50%~55%；猪为40%；田作物除蚕茧外为55%）。此外，在巨灾发生后，如果出现全国性或极其高额的农业赔偿申请，国家将承担再保险的作用，向赔偿基金提供资金支持。

（4）灾害预防。日本的农业灾害补偿制度除了在受灾后使用共济金进行事后救助以外，还向农业从业者提供灾害预防的技术支持，在地区农业振兴上也提供"事前共济"。

（二）农业灾害赔偿制度运作体系

日本农业灾害赔偿体系包括三级机构。基层机构是设在市町村一级或地区性的由农民组成的农业共济组合，部分没有设立农业共济组合的地区由市町村基层政府负责；在都道府县一级设有农业共济联合会，负责农业共济保险业务。农民向农业共济组合或地方政府的专门机构上交保费，形成共济关系，共济组合将收取的农民保费以一定比例上交至农业共济联合会，形成保险关系；农业共济联合会再向农林水产省下设的农业保险专门账户（即农业共济再保险特别会计）上交一定比例的再保险金，形成再保险关系。

此外，政府会承担农民的一部分保费，并给予农业共济组合及联合会适当的经费和补贴，出资设立农林渔业信用基金，用于共济资金的管理、农业从业者融资担保以及针对农业共济组合及联合会的贷款。

1. 农业共济组合

农业共济组合是开展基层农业共济事业的第一线，它有着不同的共济组合类型之分，以农作物共济事业为例，它提出共济政策和具体操作模式，对共济标的作物种类、共济对应灾害种类、共济的加入方式（强制或自愿）、补偿期（插秧期或收获期）、共济承保方式等作出规定。还针对投保农户提出了"无灾保费返还"的优惠政策，规定当过去 3 年间农户所缴纳的共济保险费总额的二分之一高于过去 3 年间所收到的共济赔偿金与过去 2 年间收到的无灾保费返还之和时，可以得到一部分保险费的返还。该制度也体现了共济制度尽量减轻农户保费负担、鼓励参保的制度精神。

2. 农业共济组合联合会

农业共济组合联合会是在日本都道府县一级设立的共济组织，是地方农业共济组合和农林水产省之间的中间机构，农业共济组合联合会的最主要职能是农业共济保险，其形式是农民向农业共济组合或地方政府的专门机构上交保费，形成共济关系；共济组合收取农民的保费并以一定的比例上交至农业共济联合会，形成保险关系；农业共济联合会利用上收保费，平衡各地方的共济收支，并在重大灾害发生时对地方共济组合进行共济资金的拨付。此外，它还负责对地方农业共济组合进行指导监督，并具备融资、担保职能。

（1）农业共济保险。农业共济组合联合会负责与县内所有农业共济组合一起，对县内所有组合成员、所有加入农业共济的农户的所有共济类型进行共济，所以对于都道府县的农业从业者来说，农业共济组合联合会与地方组合都是提供农业共济的组织。而对于农业共济事业内部来说，农业共济组合联合会扮演的更多是支持和扶持地方组合的角色。

（2）农业共济宣传与监督。作为都道府县一级的农业共济事业牵头组织，农业共济组合联合会有义务对县内的地方农业从业者进行农业共济的宣传，让所有农业从业者都对农业共济有足够的认识，且让农业共济的普及率达到较高的水平；作为地方农业共济组合的上级部门，农业共济组合联合会行使着监督的职能，将本县的农业共济事业开展情况进行详细的公示，并与地方组合一起受到农林水产省及社会的监督。

（3）农业共济指导。农业共济指导除包括以上共济保险方面的宣传外，还包括对农业从业者进行农业防灾的知识普及和技术指导。

3. 农林水产省等国家层面

日本农林水产省主要管辖农业、畜产业、林业、水产业、食物安全、食物稳定供应、振兴农村等工作，在日本农业的灾害预防和救助中扮演着出资再保险、指导、监督等重要角色，它为日本农业共济制定政策和计划，代表国家对整个农业灾害补偿制度提供支撑。

（1）再保险。根据《农业灾害补偿法》，只要农业共济组合联合会与当地组合在某个共济类型上存在保险关系，即默认需要与农林水产省建立再保险关系，这种具有普遍性和强制性的再保险成为日本农业共济的最后一道屏障，保证了整个共济体系的正常运行。根据共济类型不同，再保险相关的规定也各不相同。

（2）农林水产省防灾业务计划。农林水产省于1963年9月颁布了《农林水产省防灾业务计划》，目的是为了更好地实施防灾措施、制订地区防灾计划并应对灾害发生。该计划重点对地震、风水雪灾、火山、海上油污染、核灾害、山林火灾等典型灾害类型的预防及应对进行了详细的规定，成为日本农业共济的实施基础，其实施方针基本涵盖了灾害应对的各个环节。

根据《农林水产省防灾业务计划》，农林水产省下特设农林水产省灾害应对本部，统筹管理灾害应对事务，同时要求在地方农政局、地方农政事务所及森林管理局设置地方灾害应对本部，对应当地发生的灾害。且当灾害发生时，须在灾害发生地点设置现场灾害应对本部，如此多级灾害应对组织的设置，可以做到在灾害应对工作中的有条不紊。

在《农林水产省防灾业务计划》中，对于每个灾害种类都规定了相对应的灾害金融及补偿制度办法，以常见的风水雪灾应对为例，在灾害金融方面，日本政策金融公库株式会社负责将农林渔业设施灾害复原资金、维持农林渔业者持续稳定经营的农林渔业安全保障资金（SAFETYNET）等顺畅地向受灾者进行融资，并实施相应的危机应对保障业务；而在农林水产作物受灾严重、甚至大大影响国民经济时，将向受灾者开放对应灾后经营资金而设立的天灾资金的融资，同时针对以上融资，农林水产省需要实施好受灾评价及事故确认工作，对融资机构进行灾害情况的通报，并指导监督共济组织，保证共济金和保险金的尽快支付。

（3）农业灾害救助制度资金。伴随《农林水产省防灾业务计划》，农林水产省也成立了一系列救助资金，用于向受灾的农业从业者进行融资，其在日本被称作"制度资金"，此举类似于我国的政策性贷款，由日本政府出资建立的日本政策金融公库负责发放。这也成为受灾后农业从业者除了农业共济外又一融资渠道。其主要制度资金品种有农林渔业安全保障资金（SAFETYNET）、农林渔业设施灾害复原资金、天灾资金等，分别对应不同用途的农业救助，满足了受灾农业从业者的多方面需求。如果说农业共济是对经济损失的补偿金，则制度资金就相当于维持农业从业者未来继续从事农业生产的扶持金。

（4）农林渔业信用基金。农林渔业信用基金是日本独立行政法人单位，由政府出资设立，吸收来自全国农林渔业基金协会的资金，旨在为难以在民间融资机构进行资金融通的农林渔业者增强信用，帮助其顺利获得必要的营运资金。农林渔业信用基金不只在灾害发生后提供救灾资金的担保，在平时的农业融资中也起到重要作用：一方面根据国家相关政策，为农林渔业信用基金协会的债务担保进行保险；另一方面为共济组合在受灾后及时顺畅支付共济金提供必要的资金支持。

资料来源：温信祥、刘超：《从东日本大地震看日本农业金融在灾害补偿中的作用》，载于《农村金融研究》2012 年第 7 期，第 71~76 页。

（一）现代巨灾再保险

与传统的再保险业务不同，现代巨灾再保险是一种证券化的再保险产品，通过发行巨灾债券、巨灾期权、巨灾期货等金融手段，实现风险在资本市场的分散，由保险人、再保险人、投资者共担风险。分出人须有相当份额的风险自留，分入人仅承担有限责任。

目前，保险实务中巨灾风险传统解决方案是巨灾再保险，其中，最具优势的是单项事件巨灾超额损失再保险：再保险公司承担介于自留额（下限）和限额（上限）之间的损失，最初（分出）保险公司承担低于自留额和高于限额的损失。为了检验巨灾超额损失再保险的承保水平和价格，瑞士再保险公司提出两个参照指标——参考损失和保费责任比。参考损失是指一次具体巨灾损失，是一个拥有平均资本总额的保险公司用来确定巨灾超额损失再保险购买量的标准。参考损失随着国家、地区、巨灾风险种类的不同而不同。巨灾超额损失再保险保额与参考损失之比反映了巨灾再保险供给程度，保费责任比（巨灾保费与巨灾保额之比）反映了巨灾再保险价格变化情况。国际再保险业用巨灾超额损失再保险来分析世界巨灾保险发展状况，衡量一个国家再保险水平，以及它在国际再保险市场上的位置。目前，世界最大的巨灾再保险市场是美国、英国和日本，它们的市场份额约为 60%。

再保险市场承保能力总量和结构的变化是对保险业的另一种颠覆。经纪公司 Aon 的报告显示，全球再保险承保能力在 2017 年 1 季度已经达 6050 亿美元，是 2008 年的

1.78倍。其中，另类资本（alternative capital）经历了跳跃式增长。此前，另类资本的规模长期维持在200亿美元上下，到2017年却已经翻了两番，达到890亿美元。传统再保人不再一枝独秀，另类资本已经成为再保险市场不可分割的一部分；更有甚者，传统再保人与另类资本跨界交融，你中有我，我中有你，已经完全改变了再保险业的面貌。

（二）资本市场工具

1. 巨灾债券

巨灾债券是一种场外交易的金融衍生品，它同普通公司债券一样，都是通过发行债券来融资，定期支付本息，所不同的是本金和利息偿还与否与巨灾风险发生与否直接相关，即巨灾债券是一种支付取决于巨灾发生概率的债券。巨灾债券是巨灾风险保单集合的资产证券化，一个特殊目的机构（SPV）或再保险公司与分出保险公司签订再保险合同，同时向投资者发行巨灾债券。具体地说，巨灾债券的发行流程是：首先，预防遭受巨灾损失的投保人和保险公司签订保险业务合同；其次，保险公司为了防范和转移保险业务的风险和巨灾债券发行人（SPV）签订再保险合同，SPV因此向保险公司收取相应的再保险费；最后，SPV发行巨灾债券出售给风险投资者。SPV将向保险公司收取的再保险费用和向风险投资者发行的巨灾债券所筹资的资金全部投入到信托账户中，由投资专家进行管理以达到这笔资金的保值和增值（见图9-5）。债券明确规定如果巨灾没有发生，则投资者可以获得大大高于市场平均收益的报酬率作为使用他们资金及承担风险的补偿；反之，如果巨灾事件一旦发生，债券投资者就会损失利息或者本金，极端情况下将一无所获。

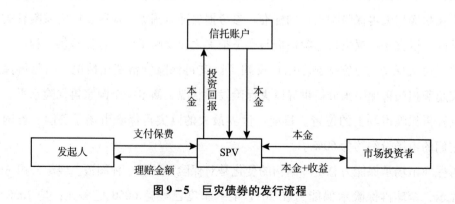

图9-5 巨灾债券的发行流程

由图 9－5 可见，巨灾债券的参与者众多，主要包括发行者、投资者、中介机构 SPV、信托基金、风险评估机构和信用评级机构等。发行者与投资者是市场上的供求双方，这是巨灾债券市场上最主要的主体，是巨灾债券市场存在的前提；SPV 则是为供求双方顺利交易提供服务的。这样一个参与者的存在大大提高了巨灾债券市场的交易效率，为巨灾债券功能的发挥创造了条件；信托基金、风险评估机构以及信用评级机构的存在则是为了控制巨灾债券市场的风险，最大限度地保障巨灾债券市场投资者的投资安全。

目前，巨灾债券的种类主要有本金保证偿还型债券、本金不保证偿还型债券、本金部分保证型债券和延期偿付型巨灾债券四种。本金保证偿还型债券是指不管巨灾事故是否发生，债券发行人在债券到期时都要偿还债券的本金；本金不保证偿还型债券则是指偿还本金的比例与巨灾风险造成的损失相关，因此又被称为本金变动型或者不确定型债券；本金部分保证型债券是指如果巨灾发生了，巨灾债券发行人首先从债券本金中扣除事先规定的比例用于巨灾损失补偿，剩余的资金在债券到期时偿还给购买人；延期偿付型巨灾债券是指有些债券的本金和利息都能保证得到偿付，如果规定的巨灾发生，则本金和利息偿付的日期都会被顺延一段时间，以便使债券发行人得到相应时间段内的利息收益。

巨灾债券为保险公司提供了一个有力的巨灾风险管理工具，由于保险公司选择巨灾指数证券化是完全自由的，因此可以选择与风险匹配的资产组合，承销巨灾债券的风险较小，道德风险被很好地控制。此外，巨灾债券的发行人也避免了信用风险，债券持有人通过免除或有债务的方式为保险公司提供套期保值，使得巨灾债券类似于一份充分细分过的以再保险公司名义开设的与预期损失相当的保证金账户的再保险合同。迄今为止，几乎近一半的保险风险证券化交易都与巨灾债券有关。

自 1997 年 6 月美国 USAA 产险公司第一次发行了最具代表性的巨灾风险债券以来，世界各国的再保险公司每年都会发行一定额度的巨灾债券。2017 年 7 月 1 日，中国再保险集团产险公司面向全球成功发售 5000 万美元巨灾债券，这也是我国在境外市场发行的首只巨灾债券[①]。2017 年 8 月，总部位于苏黎世的 Solidum 团队完成了一笔价值 1480 万美元的私人巨灾债券交易，这是首个利用私有区块链进行资产证券化的交易[②]。2019

---

① 《2017 年中国保险十大事件》，中国保险报·中保网，2017 年 12 月 31 日，14：30：32，http：//insurance. jrj. com. cn/2017/12/31143023877410. shtmlhttp：//insurance. jrj. com. cn/2017/12/31143023877410. shtml。

② 《Solidum 团队首次在区块链上发行巨灾债券》，金色财经－区块链，2017 年 8 月 8 日，12：06，https：//www. jinse. com/news/blockchain-business-news/53106. html。

年 2 月澳大利亚保险集团（IAG）获准在新加坡发售总额 7500 万澳元（约合 5400 万美元）的 A 级主要风险可变利率系列债券，期限为 2022 年 1 月 17 日，成为全球市场首个以澳元计价的巨灾债券①。据统计，目前，巨灾债券和相似产品的未偿还金额总计为 720 亿美元，相当于再保险业 5650 亿美元的 12%②。市场普遍预计，巨灾债券及其相关投资规模今后几年将增长 1 倍，这表明，风险从保险业向资本市场的转移已经打开了一个似乎取之不竭的融资渠道。

2. 巨灾风险互换

巨灾风险互换的目的是通过相互交换相关性较低的不同地区的风险业务，来降低自身风险组合的损失波动。其理论依据是马柯维茨提出的现代投资组合理论（modern portfolio theory），即风险投资组合多元化。巨灾风险互换最简单最直接的方法是某一地区的保险公司同另一地区的保险公司互相交换各自承保的保单，当特定巨灾事件发生导致巨灾损失率、巨灾指数或超额再保险起赔点达到合同事先约定的某个额度或条件时，可以从互换对手处获取一笔现金，用于巨灾赔付。

巨灾风险互换又称巨灾风险掉期。巨灾掉期产品始于 1996 年的美国，掉期交易将一系列固定的、事先确定的支付与一系列浮动支付相交换，而后者的价值决定于被保险的巨灾风险事件是否发生。由于允许分出保险公司将保险风险转移给已经准备好承接风险的对家，因此互换有意识地使交易双方均受益。分出保险公司可以直接与对家互换，也可以通过一个金融中介机构进行互换。与巨灾债券相比，互换的优势在于简单易行，固定成本较低。因为一个互换交易开始时没有投资行为，这样如果允许保险公司将所有的风险标的同时调换出去，他们就有很强的动力去投机承接高风险保单，从而产生道德风险。所以西方常用的做法是通过附属担保品的方式减轻该风险，并禁止同时调换所有的风险标的。因此，巨灾互换不仅仅只是一种新型的巨灾风险转移工具，实际上已发展成为企业整合风险管理的有力工具，能够对保险公司的整体风险业务组合进行调整。所以，进入新世纪以来，巨灾风险互换的发展十分迅速，目前，已有十多家保险公司通过这一金融工具来分散风险。如 Ganerale 公司 1999 年通过 1 亿美元的地震巨灾风险互换交易有效地规避了风险。

---

① 《首个澳元巨灾债券狮城发行》，中国保险报网，2019 年 3 月 1 日，08：38：46，http：//xw. sinoins. com/ 2019 – 03/01/content_284564. htm。

② 《巨灾债券颠覆传统保险业 未来几年规模或增一倍》，华尔街日报中文网 – 经济，2019 年 11 月 12 日，21：30：43，http：//www. qqenglish. com/wsj/20342. htm。

自 2005 年卡特琳娜飓风袭击美国以来，巨灾互换市场活跃，交易量每年迅速上升。2007 年 6 月，慕尼黑再保险和奔福公司合作，为加勒比海巨灾风险基金与世界银行达成了一笔 3 千万美元的巨灾互换协定（Pilla，2008）。由于巨灾互换属于场外交易的 OTC 衍生品，难以获得公开的市场统计数据来确定其市场大小，根据瑞士再保险估计，巨灾互换的市场大约为 50 亿~10 亿美元之间（Lee，2008）。

3. 巨灾风险期权

巨灾风险指数期权是一个以巨灾损失指数为基础而设计的标准化的期权合同。这类期权的典型是在芝加哥交易所上市的财产理赔服务期权。巨灾指数反映的是一些样本保险公司的巨灾损失情况，指数越大巨灾损失越严重。保险公司是天然的期权买方，而投资者充当期权的卖方。根据合同，如果巨灾指数在事先约定的时间内低于执行价格，期权被放弃执行，期权的卖出者获得一个事先确定的收益——期权费；而期权的买方保险公司损失期权费，但期权费相对于巨灾风险发生时的赔付来说非常小，而且承保巨灾风险获得的保费收入一般足以弥补期权费的损失，所以保险公司依然盈利。如果巨灾指标超过执行价格，期权被执行，期权的买方保险公司就得到由期权卖出人支付的巨灾指标与执行价格之间的差价，并用此收益对冲为巨灾事件发生而引致的巨额保险赔付损失。

从 1992 年 1 月芝加哥期权交易所（Chicago Board of Trade，CBOT）引入巨灾期权开始，CBOT 通过引入单一风险事件期权和开发其他领域（如航空、海上、卫星）风险期权不断加大对保险和再保险市场的渗透。1992 年的超级飓风"安德鲁"导致 15 间美国财险公司倒闭，芝加哥期交所（CBOT）于 1992 年底推出巨灾指数期货及期权。巨灾指数是反映美国各地区发生巨灾的可能性。巨灾期货和巨灾期权最初基于 ISO 提供的损失比率指数。但 ISO 指数存在各种不足，在 CBOT 不断改进及创新下，1995 年 9 月 CBOT 再度推出另一新型的巨灾期权——PCS 期权，刚推出不久就有不错的成交量，市场反应不错，在全球巨灾风险衍生性金融产品中最具代表性。除此之外，还有百慕大商品交易所（Bermuda Commodities Exchange，BCOE）提供的指数化期权产品。前者以 PCS 损失指数为交易标的物，后者则基于 GCCI（Guy Carpenter Catastrophe Index）指数。此外还有 CHI 飓风指数二元期权。

4. 灾后股权融资

发行灾后证券是巨灾风险管理中的另一种或有融资方式，它是以保险公司股票为交易标的选择权，用以减少、规避保险公司因支付巨灾事件的大量赔偿而引起公司价值下降的风险。保险公司在承保巨灾风险后，向期权市场上的投资者买入巨灾期权卖权，并支付相应的期权费，获得当公司承保的巨灾风险真正发生所带来的损失超过一定金额时，保险公司有权以预先约定的价格向投资者出售公司股权（通常是优先股）的权利。巨灾事件发生时，保险公司赔付巨大的保险金而造成公司价值下降，在股票市场上该公司的股票价格也随之下降，这时保险公司行使卖权，并将取得的资金用于处理巨灾损失。这样，保险公司可以在巨灾事件发生之后通过以既定价格出让股票的收益来支撑其资产负债表。

5. 巨灾期货

期货可以作为一个保险公司规避风险的金融工具。期货的本质是一个"对价格的纯粹的赌博"，从理论上来讲，只要有一个充分变动的价格，而人们对价格的预期又不完全一致，不同预期的人就可以就价格进行下注，从而产生期货交易。巨灾风险期货也是基于同样的理论本质，由于人们对巨灾风险的预期有所不同，则构造期货的第二个条件得以满足，使用巨灾期货这一衍生工具的关键之处在于构造一个巨灾风险的价格。

美国 1992 年 12 月开始在芝加哥交易所交易巨灾期货合约。现实中，这种产品的价格是基于类似于保险服务部这样的机构提供的一个"损失率指数"，而该指数等于一个季度所发生的巨灾损失（限定为美国的 26 家保险公司）除以一个事先固定的保费值。再用该指数乘以合同尺寸（contract size）就得到一份期货合约的价格。在一个时期内，巨灾发生的损失越大，其合约的价格就越高。而保险公司可以通过期货合约进行风险规避的套期保值。当保险公司承保一个巨灾风险的同时，买入一定单位的巨灾期货合约后，如果保险公司在实际保险业务中遭受到超出预期的损失，则可以利用在期货市场上由于期货合约价格上升带来的盈利来一定程度上冲抵在保险市场上的承保损失。

从总体上看，对巨灾保险的旺盛需求是推动巨灾风险管理创新的最主要动因，日益频发的巨灾事件也为国内保险业提升巨灾风险管理水平提出了严峻的挑战。将金融衍生技术融入风险管理当中，将资本市场和保险市场结合起来分散和转移巨灾风险是巨灾保险业发展的大势所趋。我国的巨灾风险管理方式若借鉴国际上的宝贵经验，不仅能够有效降低巨灾保险的承保风险，也将向金融市场和资本市场注入新的活力。

第四节　三种巨灾保险模式的比较及其具体应用

保险业在市场化的巨灾风险分散体系中扮演关键性的角色。据统计，在过去30多年里，全球保险补偿占巨灾损失的比重均值保持在30%以上，近3年来保险补偿占巨灾损失的比重更是逐年大幅度提高。2016年为34.57%，2017年为44.44%，2018年则达到50.97%。保险业对减轻巨灾风险的贡献日显突出（见表9-3）。

表9-3　　　　　　　　　2016～2018年全球总经济损失与保险损失情况　　　单位：亿美元

指标	2018	2017	2016
经济损失（总额）	1550	3060	1880
自然灾害	1460	3000	1780
人为灾难	90	60	100
保险损失（总额）	790	1360	640
自然灾害	710	1310	560
人为灾难	80	50	80

资料来源：根据瑞士再研究院发布的历年统计数据整理绘制。

商业保险在巨灾中的地位正在被越来越多的国家和人们所接受，其补偿能力在不断增加，客观上商业保险将成为补偿巨灾风险的主体部分，政府补偿、社会捐助以及自我补偿也将持续发展，共同在应对巨灾损失中发挥日益重要的作用。

既然商业保险在巨灾中的作用日益重要，那么世界各国巨灾保险模式有哪些？在各国的运用情形又如何呢？

综合世界各国实施巨灾保险的具体情形，总结而言有三种巨灾保险模式，分别是市场主导型、政府主导型和协作型，三种模式各有其优劣势，也都有使用的代表性国家（见表9-4）。

表 9 – 4   三种巨灾保险模式的比较

模式	定义与用途	优势	劣势	主要代表
市场主导型	利用市场进行巨灾保险交易，政府不干预，商业保险公司是保障主体； 政府不对巨灾保险的提供进行任何的强制性规定，不进行经营管理，不承担保险责任、不提供再保险支持	1. 分担政府救灾责任，减轻财政负担，尤其是面临特大型自然灾害时； 2. 利用商业保险公司优势，为客户提供优质服务	1. 为了控制风险不进入巨灾保险市场，会抑制巨灾保险市场发展； 2. 可能制定较高费率，抑制客户投保积极性	德国、英国
政府主导型	政府筹集资金并采取强制性或者半强制直接提供巨灾保险； 通过颁布法律强制居民购买保险，或者通过费率补贴的形式半强制购买巨灾保险。而且再保险由政府全力承担	1. 政府通过在全国范围内强制推行巨灾保险，可以有效地提高保险密度，加强保障力度； 2. 政府可以提供补贴，增加投保人积极性； 3. 政府可以规范巨灾保险的产品品种和保单费率，可以对整个市场进行规范管理	1. 政府有很大的财政压力； 2. 政府制定规范化保单，巨灾保险产品单一，不能与特定地区特定需求契合； 3. 在制定费率以及售后服务方面存在缺陷	美国
协作性	由政府和市场共同参与商业保险公司进行商业化运作，政府提供政策支持和制度保障，并对巨大的灾害风险进行分担	政府和商业保险公司可以充分发挥各自的比较优势，相互协作，共同建立和保障巨灾保险市场的有效运行	协作过程中会出现一些问题，比如政府会过度干预，保险公司会进行"政府套利"	日本

资料来源：根据以下资料整理绘制：许飞琼：《巨灾、巨灾保险与中国模式》，载于《统计研究》2012 年第 6 期。

一、日本地震保险

日本的地震保险是在 1966 年正式推出的，经过 1980 年、1991 年、1996 年、2005 年和 2016 年五次重大修改和完善，保障范围不断扩大，补偿水平逐步提升，总体风险承担金额显著提升。日本地震保险的最大特点在于其运作模式的特殊性：首先是商业保险公司通过火灾保险附加险的方式向居民销售地震保险，然后将承保的地震保险业务全额分保给日本地震再保险株式会社（Japan Earthquake Reinsurance，JER），JER 再将风险一部分转分给商业保险公司，另一部分转分给政府，最后一部分自留，形成了"两级三方"的风险分摊模式。

由于地震灾害损失的不确定性，对于一次地震而言，日本预先设定保险金赔付总额上限，其中每年度政府负担的再保险总额必须经由日本国会审议通过。1966 年建立地震保险制度时把政府负担的再保险最高限额设定为 3000 亿日元，其中政府负担 2700 亿日元，占比 90%。之后总额不断上调，但民间财产保险企业负担比重也有所增加。如，2005 年 4 月在将保险最高赔付限额调升至 5.5 万亿日元后，政府最高负担 4.29 万亿日元，负担比例为 78%，而民间财产保险公司负担约为 22%。2016 年 4 月再次提升至 11.3 万亿日元，其中政府负担 10.99 亿日元，比例达到 97.3%。[①]

按照日本地震保险制度的分担机制，以 2016 年 4 月政策调整后的保险总赔付限额（11.3 万亿日元）和政府负担的再保险最高限额（10.99 亿日元）为例，在发生地震损失时，三方按照预定的规则，地震灾害损失在各层级的分摊责任顺序是：一次地震的保险赔偿金额在 1153 亿日元以内的损失由日本地震再保险公司承担；1153 亿日元至 4379 亿日元之间的损失，由包括日本地震再保险公司在内的民间财产保险公司和政府各负担 50%；超过 4379 亿日元的损失，约 97.3% 均由政府负担，民间财产保险公司仅需负担 0.3%。[②]（见图 9 - 6）

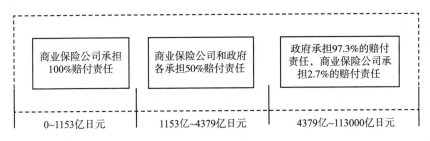

图 9 - 6 日本地震保险的分担机制

二、英国洪水保险

英国的洪水保险是 1960 年推出的，属于典型的市场主导型巨灾保险。在英国的洪水保险中，英国政府不参与承担风险，私营保险业自愿地将洪水风险纳入标准家庭及小企业财产保单的责任范围之内，业主可以自愿在市场上选择保险公司投保，保险公司通

① 张瑞纲：《参照日本经验发展我国地震保险制度》，载于《大众科技》2009 年第 1 期。
② 《日本地震保险制度》，中国保险报·中保网，2014 年 5 月 8 日，14：04：08，http://www.sinoins.com/zt/2014 - 05/08/content_109168.htm。

过再保险进一步分散风险（见图 9 - 7）。

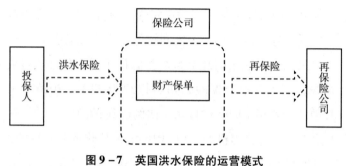

图 9 - 7　英国洪水保险的运营模式

英国的洪水保险具有"捆绑式"和"强制性"两大特征。"捆绑"是把包含洪水在内的所有自然灾害风险捆绑到一个保单中，顾客购买住宅保险时必须购买全部险种，不能因为当地洪灾风险低而剔除洪水保险。"强制"是业主只有购买了住宅保险才能获得抵押贷款担保。这使得洪水风险可以在所有住宅投保人中进行分散，从而使单个家庭购买洪水保险的支出大大降低。

三、美国加州地震保险

美国加州地震保险是典型的政府主导的巨灾保险。1994 年 1 月洛杉矶北岭（Northridge）大地震后，保险公司支付了高达 150 亿美元的巨额保险金，所以很多保险公司纷纷撤出地震保险，住宅地震保险市场逐渐萎缩，为此加利福尼亚州政府于1996 年设立了地震保险，运营主体为加州地震局（California Earthquake Authority，CEA）。

CEA 既不属于政府部门，也不属于商业保险机构，而是政府主导下的具有公共部门色彩的公司化组织，即"私有公办"。所谓"政府主导"，是指政府特许经营并参与管理，享受免税地位，同时，在 CEA 发生支付危机的时候，对其紧急融资予以便利和支持。所谓"公司化运作"，是指 CEA 是通过市场筹资组建的，即由保险公司本着自愿的原则，根据其市场份额，参股 CEA，并承诺在出现极端情况时，按照约定承担一定比例的损失。作为权利，这些公司可以将其承保的地震保险分保给 CEA，同时，可以获得保费 10% 的销售佣金和 3.65% 的营业费用。不参加 CEA 的保险公司，则需要独立向客户提供地震保险，并承担相应的责任。

CEA 属地方性保险，加州政府参与部分支付，联邦政府不参与。CEA 提供地震保险和发行债券，发行和接受面向住宅市场的地震保险债券。小保险公司通过 CEA 分担风险，如果大保险公司一次支付保险金额过大，可以采取分期支付的方式。CEA 提供的地震保险占加州地震保险业务的 70%。

在地震风险的分散机制方面，CEA 根据地震造成的不同规模经济损失划分为以下几个层次的责任风险分担：由商业保险公司直接承担的保险赔偿金额不超过 10 亿美元；当赔偿金额介于 10 亿 ~ 40 亿美元之间时，CEA 首先使用基金的经营盈余进行支付，盈余不足时则向保险公司进行最多为 30 亿美元的摊派；赔偿金额为 40 亿 ~ 60 亿美元时，再保险公司需承担 20 亿美元，达到 70 亿美元或 85 亿美元的赔偿金额时 CEA 可向资本市场发行分别为 10 亿美元或 15 美元额度的政府公债来补偿地震造成的经济损失；累积赔偿金额达到 85 亿美元或以上部分，CEA 则再次向商业保险公司摊派最高 20 亿美元的资金[①]（见图 9 - 8）。

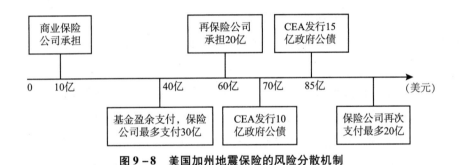

图 9 - 8　美国加州地震保险的风险分散机制

四、中国构建巨灾保险制度的思考

众所周知，我国是世界上自然灾害最严重的国家之一。进入 21 世纪以来，我国每年的巨灾风险损失都在 3000 亿元以上，而保险在巨灾风险损失补偿中的比重仅占 5% 左右，保险作为风险管理基本手段的作用远未发挥出来。长期以来，党和政府在灾害应对及管理方面投入大量人力、物力、财力，也承担了巨大压力。2013 年 11 月 12 日，《中共中央关于全面深化改革若干重大问题的决定》中明确提出要建立巨灾保险制度。2014

---

① 《美国加州地震保险制度》，中国保险报·中保网，2014 年 5 月 8 日，13：40：04，http：//www. sinoins. com/zt/2014 - 05/08/content_109157. htm。

年 8 月 13 日,《国务院关于加快发展现代保险服务业的若干意见》中提出了确立"建立巨灾保险制度"的指导意见。2014 年 7 月,深圳市第一个开始巨灾保险试点,此后宁波、云南、四川、广东、黑龙江等地相继开展巨灾保险试点。目前,我国巨灾保险制度正在探索中,保险业在这一领域的创新也在加快。

试点开展几年以来,各地区试点充分结合自身实际,在巨灾保险模式、政府保障等方面进行尝试和探索,积累了一些经验,但也有一些难点需要克服:

首先,做好巨灾保险供给侧改善和优化。一是立足本国国情,明确巨灾的定义。在巨灾保险制度体系内,区分商业和基本巨灾保险,把基本巨灾保险作为国家灾害管理的重点,精准投放政策资源,准确保障民生痛点,最大化提高巨灾保险制度效率。二是丰富巨灾产品供给。根据建立巨灾保险制度总体规划,未来将进一步加强产品研发和制度设计,陆续出台洪水、台风等多险种的巨灾保险产品,进而逐步形成包含主要灾害的综合性巨灾保险制度。三是丰富巨灾保险制度层次。建立巨灾保险制度的目的是保障民生,对城乡居民提供普遍的、基本的巨灾保障是制度最迫切、最主要的要求,其中,尤以灾害多发地区和经济欠发达地区为重点。

其次,随着人民生活水平提高,基本保障将难以满足广大人民群众的保障需求。因此,要积极推动商业性巨灾保险,作为基本巨灾保险的补充。同时,鼓励各地根据当地实际情况,开展地区巨灾保险,充分满足地区差异化保障需求。国家和地方政府应给予充分支持,以有效应对市场失灵问题。如针对我国现阶段增值税和住宅地震保险实践,减免增值税除了能刺激巨灾保险供求外,还能够降低制度运行过程中诸多小额增值税计提和缴纳的操作成本,有助于提高巨灾保险运营效率;针对一些特殊群体的基本巨灾保险部分给予保费补贴,解决低收入群体巨灾保障诉求高,而购买力不足的问题,通过保险机制,引入财政杠杆,逐步消除因灾致贫和因灾返贫,切实让巨灾保险制度发挥应有作用。

最后,推动巨灾保险立法出台。通过立法,明确巨灾保险制度的产品形态和业务边界,明确各方权利义务和职责,规范运营流程和操作行为,明确政策支持形式和内容,对巨灾保险长期健康发展非常重要。另外,通过立法将巨灾保险以强制或半强制的形式确定下来。从住宅地震保险制度运行来看,有两个问题尚需克服:一是再保险供给不平衡。再保险行业的供给意愿和水平还没有完全跟进,供给不足、缺失的情况仍然存在。二是需求端力量尚未充分释放。巨灾风险是低频高损的"黑天鹅"事件,普通老百姓主动参与巨灾风险管理和保险的意愿不足。一次重大灾害往往能够形成社会舆论的普遍关注和保障需求的显著上升,但是一段时间过后,又恢复到原先状态。社会整体风险管理意识和保险意识的提高，需要商业保险公司、政府、学术界以及新闻媒体等相关方面长期不懈地努力。

综上所述，在建立巨灾保险制度的过程中，要结合我国实际，参考试点运用经验，探索符合我国各地区各巨灾险种的特色模式，要建立充分的风险分散机制，在提高被保险人风险防范意识的同时，政府、保险公司等相关各方都要进一步解放思想、深化改革创新，共同致力于最大限度地减轻重大自然灾害损失，促进我国人们生活稳定和经济健康发展。

【思考与练习】

1. 什么是巨灾风险？巨灾风险的特征有哪些？

2. 为什么巨灾风险不能完全通过保险和再保险来应对？

3. 创新型巨灾风险损失补偿机制有哪些？它们有哪些优缺点？

4. 试比较美日英等国家的巨灾保险制度的异同，它们的经验对构建我国的巨灾保险制度有何启示？

第十章　风险管理的技术选择

【本章概要】

本章主要讲解控制型与融资型风险管理措施。要求了解各种风险管理技术的基本含义。掌握各种控制型与融资型风险管理措施的优点、缺点与适用条件。理解保险、自保公司与整体化风险管理方法在风险管理技术中的具体应用。

风险管理单位在识别风险、评估风险后，就需要考虑选取何种风险管理技术以应对风险。风险管理技术主要分为控制型风险管理措施与融资型风险管理措施两大类，控制型风险管理措施主要包括风险避免、损失预防、损失抑制与控制型风险转移；融资型风险管理措施主要包括风险自留与财务型风险转移。不同的风险管理技术具有不同的特点，风险管理者在选用时需要评估风险管理措施的可行性、实施效果、成本与收益，考虑能够达到以最小风险成本实现最大安全保障的那些风险管理措施。

【本章学习目标】

1. 掌握各种风险管理措施的作用；
2. 理解主要风险管理措施的实践；
3. 了解各种风险管理措施的实用性与局限性。

引　言

【导读案例】一个风险经理的决策选择

贝蒂刚被聘为一家纸业公司的风险经理。刚一上任，她就开始收集大量有关潜在风险及其预期损失频率和严重性的数据，并着手设计一个完备的风险管理方案。此时，下面一些问题需要她考虑解决：

（1）火灾风险对一个生产各种纸张的企业来说是一个非常大的威胁，怎么能够降低这种风险？

（2）任何措施都很难做到万无一失，万一火灾导致损失，如何筹集资金以弥补损失？

（3）造纸生产过程中会产生大量污水，采取什么措施处理污水？如果污水在没有达到排放标准的情况下被排放出去，怎么处理随之而来的法律责任诉讼？

（4）有没有保险可以帮助企业预防火灾风险和环境污染责任风险？如果有，向谁买？能否全额购买？全额购买在经济上是否划算？

（5）有哪些保险可以用于员工福利？

……

资料来源：刘新立：《风险管理》，北京大学出版社 2017 年版，第 175 页。

这一系列问题涉及风险管理各类措施的应用，本章将讨论这些措施的原理、适用性以及应用中需要注意的问题。

第一节　控制型风险管理措施

控制型风险管理措施（loss controlling risk management）是指在风险分析的基础上，针对企业存在的风险因素，所采取的防止或减少灾害事故发生以及造成的经济损失或社会损失的措施。如安装烟雾报警器及自动喷淋系统以应对房屋面临的火灾风险；抬高建筑物的地基以防洪水风险；还有对员工的安全教育培训、灾害事故逃生演练等方法。控制型风险管理措施的目标主要表现为两方面：一是在事故发生前，降低事故发生的频率；二是在事故发生时控制损失继续扩大，将损失减少到最低限度。这两个目标都是为了改变风险管理单位的风险暴露状况，从而帮助其回避风险，减少损失，在风险发生时努力降低风险的负面影响。

控制型风险管理措施主要包括风险避免、损失预防、风险抑制与控制型风险转移。

一、风险避免

风险避免（risk avoidance）是指不承担风险或完全消除已经承担的风险，将损失发生的可能性降为零，它是有意识地回避某种特定风险的行为。由于风险避免完全避免了损失的发生，因此可以说是最彻底的风险管理方法。

避免风险的方法主要有两种，一种是放弃或终止某项活动的实施，另一种是虽然继续该项活动，但改变活动的性质。如人们恐惧飞机失事的风险，不乘飞机而改用其他交通工具，就可以避免飞机失事之风险。

风险避免这种措施的应用有许多局限性：

（1）有些风险是无法避免的，如地震、海啸、洪水等自然灾害所带来的财产损毁或人身伤亡的风险。

（2）由于风险往往与收益相伴随，因此在避免风险的同时，也就放弃了从事这项活动带来的好处或某种经济利益。例如，为避免新产品开发失败的风险，可以不进行产品开发，但因此也就失去了销售新产品可能的获利机会。

（3）避免某种风险的同时也会面临另一种风险。如不乘坐飞机改乘火车，虽然避免了飞机失事坠毁的风险，但是同时也产生了乘坐火车的风险。

可见，风险避免是一种最简单、最彻底，但同时又是一种比较消极的控制型风险管理方法。

适用风险避免主要包括以下几种情况：

（1）损失频率和损失程度都比较大的特定风险；

（2）损失频率虽不大，但后果严重且无法得到补偿的风险；

（3）采用其他风险管理措施的经济成本超过了进行该项活动的预期收益。

二、损 失 预 防

损失预防（loss prevention）是指降低损失频率以减少期望损失所采取的风险管理措施。与风险避免可以完全消除损失发生可能性不同，损失预防只是降低损失发生的可能性，并不能消除风险，所以需要与其他风险管理方法一起使用。例如，建造防火建筑、设计汽车减震系统、检查通风设备、提供劳动保护用品、产品设计改进等。

通常，损失预防是在损失发生之前，为了消除引发风险事故的根源而采取的措施，是针对风险因素所采取的积极预防措施，在实践中被广泛应用。

三、损 失 抑 制

损失抑制（loss reduction）是指降低损失程度以减少期望损失成本的风险管理措施，

也称作损失减少或损失控制。例如，在汽车上安装安全气囊，气囊不能阻止损失发生，但是如果交通事故发生了，它能够减少驾驶员可能受到的伤害。损失抑制可以分为损前措施和损后措施。损前措施主要是在损失发生前减少一次事故所涉及的财产或人员的数量，损后措施则注重在损失发生后采取应急、抢救及恢复等措施。由于有些风险发生的后果如人的生命无法挽回，而且即使是经济损失，有时人们还是更希望保留原有物品，而不是得到经济赔偿。因此，损失抑制在风险管理中的位置是不言而喻的。

常见的损失抑制措施包括抢救、灾难救援计划与紧急事件计划。这类计划也称为预案，即事先想象出事故发生后的情况，然后对所有的行动进行部署。一般来说，预案在事先都要进行培训或演练，以便在真正实施时能迅速到位。

损失预防与损失抑制构成损失控制的内容，对那些不愿放弃与不愿转移的风险可以采取这两类损失控制措施。两者的目标都是为了减少期望损失的成本，都是积极的风险管理措施。两者的区别在于：损失预防侧重于降低损失频率，损失抑制侧重于减少损失程度；损失预防通常是一种事前措施，而损失抑制是一种事后措施。但二者并非是完全不同的控制措施，实际上，有些控制措施兼具损失预防和损失抑制的作用。例如，车辆的时速限制不仅减少了交通事故的数量，还降低了事故发生后的损失程度；对员工进行安全培训，可以从人为因素方面减少事故发生的频率，事故发生时，员工凭借一些救助方法可以有效降低损失程度。因此，有人通常把损失预防与损失抑制两项措施合并归于损失控制措施。

损失控制在应用的时候需要注意以下方面：

1. 在成本与效益分析的基础上进行措施选择

是否选择损失控制来降低风险，选择什么样的损失控制措施，要在成本效益分析的基础上决定。任何损失控制措施都是有成本的，而风险管理的目标是风险成本最小化，某项损失控制的预期收益至少应等于预期成本，如果某种风险控制起来成本过高，就可以考虑是否有其他方法替代，如风险转移等。

2. 不能过分相信和依赖损失控制

损失控制措施要么基于机械或工程，要么基于人，无论是哪一方面，都不可能万无一失，机械可能发生故障，人可能有道德风险。因此，对某些影响较大的风险，尤其是巨灾风险，要考虑是否需要融资型风险管理措施相配合。

3. 某些材料一方面能抑制风险因素，另一方面也会带来新的风险因素

除了风险预防和损失抑制两项措施外，损失控制措施通常还包括：分离（指将面临损失的风险单位剥离出去）、分割（指将面临损失的风险单位分为两个或两个以上独立的单位且每一个风险单位都应投入使用）、分散（指公司把经营活动分散以降低整个公司损失的方差或者通过增加风险单位的数量，将风险在更大空间分散，以减少单个风险单位的损失）、复制（或称备份风险单位，指准备备用的资产或设备，只有在使用的资产或设备遭受损失后才使用这些备用品）等其他措施。

四、控制型风险转移

控制型风险转移是指借助合同或协议，将损失的法律责任转移给其他个人或组织（非保险人）承担的风险管理措施。

控制型的风险转移方式主要有出售、分包与签订责任免除协议等。

1. 出售

出售是通过将带有风险的财产转移出去以降低风险。这种措施是将财产所有权转移。将风险单位出售给其他人或组织，也就是将与之有关的风险转移给对方。例如，某人将其拥有的一幢房屋出售，他原来面临的该幢房屋的火灾风险也就随着出售行为的完成转移给新的所有人。

很多情况下，出售财产类似于彻底的风险避免，售出风险单位，相关风险也随之消除。但也有一些情况，出售并不意味着完全摆脱风险，如家用电器出售给消费者后，制造商和销售商还是要承担一定的产品责任风险。

2. 分包

分包是风险管理单位通过将带有风险的活动转移出去以转移风险。例如，建筑工程中，工程的承包商利用分包合同转移风险。如某承包商担心工程中某项作业风险较大，他可以将这部分工程分包给专业的工程队，从而将与该作业相关的人身意外伤害风险和第三者责任风险转移出去。

一般来说，分包合同中的受让方在对某种风险的处理能力上会高于出让方，这样分包才能实现。

3. 签订免除责任条款或协议

免除责任条款或协议是指合同一方将合同履行中可能发生的对他人人身伤害或财产损失的责任转移给合同另一方承担的条款或协议。尽管出售财产或分包是很好的转移风险方式，但并不是所有情况下都可以使用，有些情况下这类方法可能是不允许或不经济的。例如，一家公司与建筑承包商签订新建厂房的合同中可以规定如下条款：建筑承包商对完工前厂房的任何损失承担责任；在外科手术前医生与患者家属签订免除责任协议，医生并没有转移手术失败的风险，而是将与之相关的责任风险转移了出去。

第二节　融资型风险管理措施

融资型风险管理措施（financing risk management strategies）是指风险管理单位通过在事故发生前的财务安排，当风险事故一旦发生后就能够及时获得资金弥补损失的风险管理措施。融资型风险管理措施与控制型风险管理措施的不同在于：一方面，前者关注的是损失发生后的补偿，目的是为恢复正常的经济活动与经济发展提供财务基础；后者属于防患于未然的方法，目的是避免损失的发生。另一方面，前者只将损失的经济后果转移给其他主体承担，法律责任并没有转移，一旦接受方没有能力支付损失，损失最终还要由转移方支付；而后者则将承担损失的法律后果转移了出去，不会出现前者可能最后承担责任的后果。

融资型风险管理措施包括风险自留与财务型风险转移两类。风险自留是组织（企业、机关单位、家庭和个人）以自有资金承担风险事故导致损失的措施，其中，自保公司是一种重要的风险自留措施。财务型风险转移则是从外部筹集资金以弥补损失的措施，保险是一种重要的财务型风险转移措施。自保公司与保险将在第三节与第四节详细讨论。

一、风险自留

风险自留（risk retention）也称为风险承担，是组织（企业、机关单位、家庭和个人）自己非理性或理性地主动承担风险，以其内部的资源来弥补损失的一种风险管理方法。与其他风险管理措施相比较，风险自留的显著特点表现为：一是它不会改变某一风险的客观性质，既不改变该风险的发生概率，也不改变该风险潜在损失的严重性；二是对于风险所造成的损失则通过其内部资金融通来弥补。风险自留主要适用于那些发生频率高但损失严重程度相对较小的风险。

风险自留也被视为一种残余技术。一般来说，在制定风险管理决策的时候，先考虑控制型风险管理措施与融资型风险管理措施，再考虑其他风险，如果适合于自留的风险就进行自留安排，这是对风险的主动自留，而有些风险事先未被考虑到而自我承担，则是被动自留。

进行风险自留用于弥补损失的资金一般来源于下列几个方面。

1. 将损失摊入营业费用

它是指用当期收入弥补损失而不作专门的资金准备。这种方法适用于较频繁的小额损失。当弥补损失不会对企业的损益情况产生较大影响时才适合采用这种措施。那些不熟悉风险管理的个人或组织经常采用这种方法，也称为同期风险融资。

采用这种措施时需要考虑企业的财务状况、未来投资计划、现金流量的变动、股利政策以及其他因素。这种措施的优点是不用耗费太多精力。而其局限性在于可能没有足够的资金来源弥补较大金额的意外损失。具体体现在两个方面：

（1）如果不同年度的损失波动性很大，企业就可能在不利情况下变卖资产或以较高利率贷款获得现金以补偿损失。

（2）企业自身经营状况有可能发生剧烈波动，如果损失发生时，企业恰好财务状况不佳，损失的补偿必然会面临一定困难。

2. 专用基金

企业每年提取一定资金积累起来或者一次性提取一笔巨额资金作为准备金，即专用基金，以应付将来可能发生的损失。专用基金也称为自保基金。通常专用基金用于投资金融资产，当发生损失时，这些金融资产应具有较强流动性而能够迅速变现以弥补损失。

对于那些损失较大且无法准确预料的风险，可以采用提取专用基金的方法。专用基金的提取数额取决于企业现有准备金的多少，以及企业可将这笔资金投资于其他方面的期望机会成本。

专用基金的优点是：

（1）这种方式能够积累较多的资金储备，会自留更多的风险。

（2）在企业盈利较多的年份可以提取较多的专用基金，以缓冲损失较高的经营不利年份。

专用基金的主要不足是：

（1）根据税务与财务法规规定，损失费用不可预先扣除，除非损失已经实际发生。由于专用基金的来源一般是税后净收入，因此专用基金需要纳税。但通过向保险公司交纳保险费购买保险因为是税前列支可以得到一定的税收优惠，因此，很多大公司考虑能否通过某种形式避税或设立自保公司。

（2）如果在基金积累到足以赔付之前就发生了巨灾，基金的作用则非常有限。

（3）某些管理人员可能将这部分基金视作闲置资金，并用作其他用途。

（4）由于损失预测的不准确性而积累基金不足，导致无法弥补全部损失。

3. 非基金制准备金

它是指企业为了弥补巨灾损失而专门设立的会计账户，如一般风险准备，它是所有者权益的组成部分。为了防范可能出现的经营风险，保险公司在提足各项准备金的基础上，在向投资者分配利润之前，经保险公司董事会或主管财政机构批准，要按照会计税后净利润的10%计提一般风险准备，专门用于弥补特大自然灾害等造成的巨灾损失，不得用于转增资本和分红。这一逐年积累的准备金会减少企业留存利润、累积盈余或其他所有者权益。

非基金制准备金这种风险自留措施具有如下不足：

（1）在准备金积累到足以赔付之前损失就已经发生，因此而缺乏足够资金弥补发生的损失。

（2）由于准备金是非基金制的，企业可能不会预留相当于准备金余额的现金，因此导致没有足够资金弥补发生的损失。

4. 自保公司

自保公司（captive insurance company）指风险管理单位为自己提供保险而成立的专业保险公司。例如，一些规模巨大的从事能源、石化、采矿及建筑材料等行业的企业就自己设立保险公司。自保公司的运作方式类似于商业保险公司。既可以专门为母公司承保风险，也可以为其他公司提供保险。这样一方面可以分散风险，另一方面也提升了自保公司的独立性。关于自保公司的特点及构建将在本章第四节专门进行讨论。

5. 借入资金

借入资金是指企业以借款的方式应对风险事故发生所造成的损失。在风险事故发生前，企业可以通过签订借款合同的方式事先融通好应对损失的资金。如与银行签订应急贷款协议，约定一旦损失发生，企业可以获得及时的贷款，并按照合同约定条件归还贷款。在风险事故发生后，企业直接向贷款人借款以弥补损失。

当承保某些风险的保险费率较高而保险事故发生的可能性极小时，应急贷款较保险有更多的优点。但是，借入资金这种方法的应用并不普遍，原因在于企业不会通过负债弥补损失。应急贷款的利率相对于传统贷款的期望利率可能较高，企业也要花费一定时间与银行协商安排。而且这种方法存在着不确定因素。如果事前达成贷款协议，企业根据预期借入资金的金额可能不足以弥补实际发生的损失。如果事后借入资金，企业可能无法按照预期贷款条件借入足够资金，导致企业偿债能力下降。

二、财务型风险转移

（一）合同转移

财务型风险转移中的合同转移是以合同方式将风险管理单位的损失转移给其他方，即由受让方对转让方的特定损失进行补偿的风险管理措施。如果受让方直接补偿转让方的损失，则这种合同是补偿合同；如果受让方代替转让方补偿第三方的损失，这种合同称为转移责任协议。合同中通常都约定受让人要承担的损失类型，有时还要求受让人购买保险以保障履约能力。

与其他融资型风险管理措施相似，合同转移风险受到以下因素的限制：

（1）受让方没有补偿能力，也没有购买保险。

（2）合同中没有准确定义双方所要转移的风险。

（3）由于合同的订立缺乏公平或无法使公众获得足额的赔偿，法院会判定合同无效。

在财产损失风险、净收入损失风险、责任风险与人身风险中，只有责任风险较为适合采用这种财务型风险管理措施。

如融资租赁合同。出租人与承租人在这种合同中约定，出租人根据承租人的要求出资向供货商购买租赁物，租给承租人使用，承租人支付租金，并可在租赁期届满时，取得租赁物的所有权、续租或退租，而租赁期间租赁物的质量责任、维修保养责任和损坏责任等则由承租人负责。

（二）保险

保险是指保险人收取保费，按照合同约定补偿被保险人损失的风险管理措施。保险是另一种财务型风险转移的方法，也是一种分摊风险和意外损失的方法。保险公司设计出各种各样的产品供风险管理单位选择与购买，一旦发生保险事故，保险公司将按照合同约定赔偿被保险人的经济损失。风险管理单位可以通过购买保险，将财产风险、人身风险、责任风险等转移给保险公司，从而达到风险管理的目标。保险是一种广泛使用的风险管理方法，下一节将详述。

尽管保险具有转移风险的作用，但是仍然有一些不确定因素影响采纳此种财务型风险管理措施：

（1）保险人无偿付能力，或者由于其他原因拒赔。

（2）保险人与被保险人之间关于损失是否属于承保范围或损失金额不能达成一致意见。

（3）损失金额过大超出了保险金额。

（三）套期保值

套期保值（hedging），俗称"海琴"，又称对冲贸易，是指交易人在买进（或卖出）实际货物的同时，在期货交易所卖出（或买进）同等数量的期货交易合同作为保值。它是一种为避免或减少价格发生不利变动的损失，而以期货交易临时替代实物交易的一种行为。

对于套期保值的性质可以如下例子说明。甲与乙打赌，当他投硬币时硬币正面朝上，如果反面朝上，甲就输给乙100元，甲考虑一下觉得不妥，又跟丙打赌投硬币，如果反面朝上他就赢100元，如果正面朝上则输掉。这样同时选择正反面，使之彼此抵消，无论结果是怎样的随机事件，套期保值者都不会赢也不会输。

不同于保险是针对纯粹风险的管理，套期保值是管理投机风险的措施。二者都是将面临的风险转移出去，让其他方代替自己承担风险。保险与套期保值不同的是，保险不仅涉及风险转移，还能够通过大数法则的原理逐渐提高预测能力而减少风险。套期保值是非保险风险转移的范例。

实践中，金融业与商业企业利用期权、期货、远期与互换等衍生品（derivative instrument）对金融风险进行套期保值，目的是规避由于汇率波动、利率变动和农产品价格变动等所带来的损失风险。

衍生品是指任何本身的价值来自另外相关资产价值的金融合同，是进行套期保值的主要手段，它可以建立在实物资产，如农产品、金属以及能源等之上，也可以建立在金融资产，如股票、债券等之上。最常用的衍生品包括期货、期权、远期合约、互换等。

1. 期权

期权是一种工具，赋予其持有者在将来约定时间内以期权合同约定的价格买进或卖出一定数量特定商品的合法权利。期权包括股票期权、货币期权和利率期权。如公司的股票期权计划，根据该计划，公司职员可以购买公司的股票或在未来的某个日期按固定的价格购买公司的股票。如果职员在未来行使了期权，公司就要发行新股给职员，职员则按原来谈定的价格出钱购买这些期权。

2. 远期合约

远期合约指买卖双方同意按照交易当日约定的某一价格在将来某一日期买进或卖出一定数量某种资产的一种协议。远期合约不在有组织的交易场所交易，多为场外交易。

3. 期货合约

期货合约是在期货交易所场内进行交易的一种标准化的远期合约。期货合约中商品或其他资产的规格、品质、数量、交货时间、地点都是确定的。期货交易参与者正是通过在期货交易所买卖期货合约，转移价格风险，获取风险收益。根据交易品种，期货交易可分为两大类：商品期货和金融期货。以实物商品，如玉米、小麦、铜、铝等作为期货品种的属于商品期货。以金融产品，如汇率、利率、股票指数等作为期货品种的属于金融期货。

4. 互换

除了期权、远期和期货这些基本的衍生金融工具外，还有一种运用广泛的混合型和变异型的衍生产品——互换（swap）。互换合约是一种以特定的方式交换未来一系列现金流量的协议，它可看作是远期合约的一种组合。互换的标的资产可以是货币、利率、汇率、权益、商品价格或其他指数。例如，一笔付款是固定利率付款，而另一笔付款是浮动利率付款，它们可以进行互换。一般地，互换应用时间比远期和期货要长。

第三节 保　　险

【专栏 10 - 1】菲利浦汽油公司火灾损失保险公司全赔付

1989 年 10 月 23 日，菲利浦（philips）汽油公司遭受了有史以来最大的陆上损失之一。在菲利浦公司位于得克萨斯州帕萨迪纳的塑料厂内发生了因碳氢化合物泄漏引起的爆炸事故，其强度达到里氏 3.2 级，至少有 7 名雇员丧生，全部经济损失预计超过 11 亿美元，其中直接经济损失估计为 7 亿美元，间接经济损失 4 亿美元。由于菲利浦汽油公司投保了 13 亿美元的财产保险，在保额内保险公司对财产损失和人员伤亡给予全额赔付，从而使得菲利浦汽油公司只实际损失了 0.7 亿美元的免赔额。

资料来源：刘新立：《风险管理》，北京大学出版社 2017 年版，第 199 页。

可见，通过购买保险，企业可以在损失发生后得到经济补偿，重建毁坏的设施及恢复生产。

所谓保险，是指投保人根据合同约定，向保险人支付保险费，保险人对于合同约定的可能发生的事故因其发生所造成的财产损失承担赔偿保险金责任，或者被保险人死亡、伤残、疾病或者达到合同约定的年龄、期限等条件时承担给付保险金责任的商业保险行为。①

保险是应对纯粹风险的一种重要风险融资工具。对于企业来说，通过缴纳保费，将自身面临的风险转移给保险公司，即以最小的成本（保险费）换取最大的财产安全保障（保险金额之内的损失）。保险并没有改变企业所面临的风险，而是事先做了一个财务安排，使得一旦风险事故发生，企业就能够从保险公司那里得到赔偿资金以弥补损失，也就说，保险消除了损失发生后经济负担的不确定性，从而使保险成为企业转移风险的一种有效的风险管理手段。但是，企业所面临的所有风险是否都可以投保呢？如果保险公司承保，企业又该如何投保呢？一旦企业财产和人员遭受风险损失，企业又该如何索赔呢？本节将对这些问题进行讨论。

---

① 《中华人民共和国保险法（2015）》第二条。

一、可保风险与不可保风险

可保风险是指能为保险公司所承保的风险，通常指纯粹风险，即只有损失可能而无获利机会的风险。如自然灾害与意外事故，以及人的生老病死等；既有损失可能又有获利机会的风险则称为投机风险。如投资股票。保险不承保投机风险，即投机风险为不可保风险。不可保风险是指属于该类风险的损失概率无法按照大数法则精确计算，承保人只能拒保的风险。

并不是所有的纯粹风险保险公司均承保。可保风险应具备下列条件：

（一）风险不是投机的

保险人承保的风险是纯粹风险，例如，火灾、爆炸、洪水等的发生只能带给人们生命或财产损失的可能，而绝无产生收益的可能。投机风险则与此不同。这些可保的纯粹风险也是导致损失发生的频率低、损失程度大的风险。

（二）损失的发生必须是偶然的

损失发生的偶然性是指保险人所承保的风险必须只包含发生损失的可能性，而不是确定性。即损失发生的时间、地点、原因和损失程度等都是不确定的。如果是确定的风险，则是必然要发生的风险，保险人不予承保。之所以要求损失的发生具有偶然性，主要的原因有两点：一是为了防止道德风险和行为风险的发生；二是作为保险运作基础的大数法则的应用是以随机（偶然）事件为前提的。

（三）损失是可以确定和测量的

只有发生的损失能够确定和测量，保险人才能确定损失是否在其赔偿范围之内，应该赔付的金额是多少。损失的确定性是指损失发生的时间、地点等可以被确定；可测量是指损失在金额上能够计算确定。此外，损失必须是可以确定和测量的另外一个原因，是保险人要用它来预测和计算未来的损失。

（四）损失的概率分布是可以被确定的

可以承保的风险所导致的损失的概率分布必须是能够被确定的，否则该风险就是不可保的。在一个合理的精确度以内，损失的概率分布应当是可以确定的。这一点是基于大数法则运用于保险费率厘定的要求。保费的计算建立在对未来损失预测的基础之上。只有合理估计未来损失，才能较为精确地厘定保险费，而确定的损失概率分布是基础。

（五）大量具有同质风险的保险标的均有遭受损失的可能性

这一条件满足的是大数法则的要求。即，某一风险必须是大量保险标的都有遭受损失的可能性，而实际发生损失的保险标的较少，即损失发生的概率较小。基于此，每个投保人可以以相对小金额的保险费投保，以弥补风险发生时导致的损失。如某区域所有建筑物均有发生损失的可能性，而只有当损失的发生导致受损建筑物数量占总数的比重很小时，才能计算出合理的保险费率，投保人才能负担得起保费，保险人才能建立赔付基金，发挥保险的作用。

（六）发生的是重大损失，但不能是灾难性的

保险所承保的损失尽管发生可能性低，但应该是重大损失，即损失的潜在严重性较大。如车辆的碰撞、船舶的沉没、人的死亡等。对于投保人（被保险人）来说，如果损失发生的可能性很大，但所造成的损失并不严重，购买保险就是不经济的，可以通过风险自留等其他方法来解决。例如，房屋发生火灾的概率比较低，而一旦发生火灾，房屋损毁的程度较重。因此，只有在可能发生的损失大到足以使承担损失的人感到无法承受时，购买保险才是经济的。

此外，这种损失的潜在严重性一般不是发生特大的灾难。如果灾难性损失发生的可能性较大，这会导致保险人收取较高的保费，投保人也难以承担，会阻碍其购买保险。

二、保险的购买

在充分了解自己所面临的风险的基础上，明确哪些风险可以通过购买保险这种风险管理措施实现。通过各种渠道，如保险公司的广告、保险代理人、保险经纪人、网站等获取关于保险公司及险种的信息，然后做出投保决策。

具体来说，从一个投保人（被保险人）的角度，如何购买保险，可以遵循以下步骤：

（一）选择好的保险公司

当选择一家保险公司时，应考虑三个标准：经济能力、理赔的公正性和迅速性、在

损前损后提供服务的能力与意愿。

保险单是保险公司对未来发生保险事故承担赔付的一种承诺。因此，保险公司履行承诺的能力非常重要。因此，首选的保险公司，应是经济实力强的公司。

如何判断一家保险公司的经济实力是否强？可以通过权威机构发布的信息获得。在我国，可以根据保险监管机构对保险公司的风险评级及综合偿付能力充足率来判断保险公司的偿付能力。在国外，可以通过信用评级公司的评价来获悉，如 A. M. Best Company，Standard & Poors，Moody's Investor's Services 等。

根据评级机构的信息来选择，有一种经验判断方法，即对那些没有等级的保险公司，或低于绝大多数评级公司公认的最高的三种等级的保险公司，都应该避免与其订立保险合同，除非消费者有充分的理由与之签订保险合同。这种建议带来的问题是：在大多数情况下，新成立的保险公司被列入了低等级或无等级的行列。这一情况在绝大多数的行业中都会遇到。然而，新的保险公司能提供创新性的产品，具有较低的价格或者具有其他方面的竞争优势[①]。

也可以通过其他信息来选择实力强的保险公司。可以获取信息的来源包括保险代理人、保险经纪人以及有过购买经历的消费者、专业保险报纸、网站或电视新闻等。但是，有些信息来源有失偏颇。代理人可能是为了某种金钱利益而向消费者推荐某家保险公司。不满意的消费者可能由于自己的误解而成为受害者。而且，对少数不满意消费者的报道，与多个经过保险人成功处理了保险索赔从而令消费者非常满意的报道相比较，前者更有可能受到社会公众的关注。代理人提供优质服务的原动力来自被代理公司，因此可以通过总公司是否注重提供优质服务来大致判断代理人能否提供优质服务。

（二）选择优秀的保险代理人

优秀的保险代理人应该熟悉保险单能够提供哪些方面的保障信息，同时也要掌握有关个人理财方面的知识。在销售保单时应该把客户的利益放在首位，应能够明确清楚地与客户沟通信息，从而使被保险人了解保险能够满足的需求以及保险合同产生的权利义务关系。

判断保险代理人的知识水平可以看他们是否具有清楚回答问题的能力，这也体现了他们的执业能力。在国外，保险代理人可以考取相关的职业资格或参加继续教育培训提

---

① Mark S. Dorfman. *Introduction to Risk Management and Insurance*，Seventh edition，Prentice Hall International，Inc. 1998.

升自己的执业水平。保险公司通常组织培训班和研讨会来丰富代理人的知识。国外的职业资格包括特许寿险承保人（CLU）和美国财产意外保险承保人（CPCU）。保险代理人通过一系列的考试后，取得这两个资格。有些寿险代理人还取得了"执业理财师"（CFP）的资格，还可以为客户进行专业理财。对于消费者而言，对保险代理人的可信程度做出准确的评价是很难的。因此，可以充分了解保险代理人的信誉，选择那些由满意的消费者推荐的代理人。此外，与专职的保险代理人做业务要好过那些兼业代理人。

（三）电子商务与直销市场

随着互联网的快速发展，越来越多的消费者从直接的市场渠道如互联网购买保险，而不仅仅是通过当地的保险代理人购买。近年来，我国互联网保险迅速发展，众安在线、泰康在线、安心财险等互联网保险公司快速发展，互联网保费收入逐渐递增，如2018年，处于领头羊位置的众安保险实现保险业务收入112.55亿元，同比上涨89.02%，当年该公司服务用户数逾4亿①。但是，与购买其他商品一样，通过互联网购买保险也要采取措施确保卖方的信誉，并达到所有标准，尤其是他们在出售高质量产品时应具备的雄厚经济实力。因为在互联网上出售的产品并不能保证较通过传统市场买到的产品更加物美价廉。

（四）选择一份好的保险单

所谓好的保单是指能够满足需求而又不会提供比需求更多的保险合同。要选择一份好的保险单，消费者首先应清楚自己对保险的需求，只有这样，才能判断这份特定的保险单是否能够满足需求。在选择好的财产险保单方面，例如，消费者对机动车辆保险已经相对了解，因为机动车辆保险的保费收入在我国财险保费收入占比中是最高的。而其他的非寿险保险中，责任险和意外伤害保险在近年来增长速度加快，逐渐凸显其实力。非寿险保单比寿险保单要相对标准化些。

而选择一份好的寿险保单比选择非寿险保单要困难，因为寿险保单是非标准化的。寿险保单种类较多，除了传统的定期、终身寿险、两全保险外，还有具有投资功能的万能保险、投资连结保险、分红保险等创新险种。有些保单具有储蓄性的同时又提供了保障，有些保单则仅提供保障。有些保单往往冠以华丽的名称，消费者分辨不出是保障型

---

① 《2018年互联网保险：保费猛涨、净利连跌》，中国保险报网，2019年5月29日，http：//insurance. jrj. com. cn/2019/05/29085427637906. shtml。

保险还是投资型保险；有些公司的保单可能带有许多附加条款，而另一些公司的保单中附加条款却较少。作为明智的消费者，应当知道要询问何种问题，并且能够理解答案。

（五）选择适当的保险金额

选择适当的保险金额如同选择适当的保单一样，应该从了解自己的保险需求开始。保险需求与潜在损失的严重性和可能性有关。在财产险中，对于保障的需求通常以物质财产的购置成本或重置成本价值为基础，这种需求能够计算出来。对于营业中断保险或责任索赔，要估计其潜在损失金额。

要选择适当的寿险或伤残保险的保险金额，首先要从消费者的财务目标开始。即假设死亡或伤残立即发生，究竟需要多少钱来解决由此产生的财务问题。其次是确定满足这些需求的有效资产额。这些可获得的资产包括原有的寿险保单、个人储蓄、社会保障金及雇主提供的团体人寿保险。如果在财务需求和有效资产之间存在差额，这个差额就是购买寿险保单的准确保额。尽管选择适当的保额有许多困难，但也有一些常识性的规则可以遵循：

首先投保那些可能造成最大损失的风险；绝不承担超过自身承担能力的损失；绝不为了节省小额的费用而承担巨大的风险。①

（六）支付合理的价格

合理的价格就是在考虑以上几项标准之后，可以给消费者提供最大的保险金额的价格。即，合理的保险价格并非必然是最低的价格。最低的价格可能来自财务状况欠佳的保险公司；可能来自时常抵制或拒绝被保险人合理索赔的公司；可能来自对于其代理人并没有进行充分的培训的保险公司；也可能来自不能像其他公司一样提供有价值的保障的保险公司；等等。正因为如此，消费者首先要考虑所有以上提到的标准，然后再寻找合适的价格。

寻找合适的价格应遵循货比三家的原则。研究人员发现，相似的保险人所提供的类似的保险单存在着相当大的价格差别。因此在购买寿险和非寿险时，确实需要进行比较。可以通过互联网或保险代理人获取比较信息。大多数情况下，进行比较是值得的。然而，为小额的节省而更换保险公司，特别是在得到保险公司长期保费折扣的情况下更

---

① Mark S. Dorfman 著，齐瑞宗等译：《当代风险管理与保险教程》（第 7 版），清华大学出版社 2002 年版，第 117 页。

换保险公司，就可能不是上策。

三、保险索赔

保险索赔（insurance claim）是指当被保险人的财产或被保险人的生命、身体和健康遭受保险合同约定的风险损失时或达到合同约定的时间、条件时，被保险人或其受益人要求保险人履行赔偿或给付保险金义务的行为。保险索赔是被保险人获得实际的保险保障和实现其保险权益的具体体现。大多数保险单对有关索赔手续以及需要具备哪些单证等作了明文的规定。需要注意的是，索赔作为被保险人的一项权利是有时效限制的，保险种类不同，其时效也有所不同。根据《保险法》规定，人寿保险的索赔时效为5年，除人寿保险以外的其他保险索赔时效为2年。若在索赔时效内没有提出索赔，则视为自动放弃此权益。

（一）索赔的条件

被保险人进行保险索赔需要具备以下条件：

（1）风险是保险合同约定的承保范围内的可保风险。

（2）财产损失或人身伤残、死亡和疾病属于保险合同约定的风险损失。

（3）风险的发生与损失之间存在直接的因果关系。

（4）满足保险合同约定的其他索赔要求，如保险事故发生后及时报案，采取必要、合理的施救措施以防止损失进一步扩大等。

（二）索赔的程序

索赔程序包括报案、准备索赔材料、提交保险公司等。

1. 报案

（1）及时报案，即在保险合同条款规定的时限内及时报案。

（2）报案方式，包括上门报案、电话（传真）报案、业务员转达报案等报案方式。

（3）报案内容：①出险的时间、地点、原因；②被保险人的现状；③被保险人姓名、投保险种、保额、投保日期；④联系电话、联系地址。

2. 准备索赔资料

具体的索赔资料包括保险单、被保险人的身份证、出险证明以及保险合同约定的其他需要提交的资料，如交警部门出示的交通事故认定书等。按照《保险法》的规定，通常由保险公司一次性告知被保险人。

3. 及时提交索赔资料

根据与保险公司就索赔事宜所达成的约定，及时提交索赔资料给保险公司，以便保险公司在规定时限内核定。

（三）保险公司的理赔

保险理赔（insurance settlement of chains）是指在保险标的发生保险事故而使被保险人财产受到损失或人身生命受到损害时，或保单约定的其他保险事故出现而需要给付保险金时，保险公司根据合同规定，履行赔偿或给付责任的行为，是直接体现保险职能和履行保险责任的工作。

理赔是保险公司履行合同义务的行为，它的依据是保险合同及保险相关法律、同业规定和国际惯例。理赔的基本程序是：

1. 对案件进行立案

立案时需要审核确认以下事实：
（1）保险事故确已发生；
（2）事故者是保险单上的被保险人或投保人；
（3）在保险合同有效期内发生保险事故；
（4）理赔申请在《保险法》规定的时效之内。

2. 对案件进行调查

保险理赔调查是指案件处理人员结合保险条款及事故发生经过，在案件处理过程中，为进一步理清事实、确定保险责任，而进行的调查走访、搜集证据资料等理赔工作。广义的理赔调查也包括医疗跟踪。

理赔调查是保险公司理赔中的一个组成部分，但不是理赔的必经程序。对于单证齐全、证明材料充分、保险责任明确的案件可以不调查；对于某些理赔案来说，案件调查是必须经过的一个重要步骤。

3. 对案件进行审核

对于索赔案件的审核,其内容包括:

(1)保单状况的审核。通过理赔电脑系统可以准确、及时地确认保单的有效性。

(2)被保险人和保障范围的审核。实施这一步骤是为了确定保险人的责任范围和应承担的责任,有利于保护保险人免遭骗赔和错误理赔。

(3)索赔材料和事故性质的审核。对索赔材料有效性、合法性的认定有利于确定事故的性质和保险人应承担的责任范围。

(4)确定损失并理算保险金。遵循保险条款,保护合同双方的利益。

(5)确定保险金赔付给被保险人或受益人本人。保险人必须根据保险合同的约定和法律规定支付给正确的受领人。

4. 对案件进行赔付

在对索赔资料审核无误后,保险公司便应在规定的时间内做出赔付决定,并通知受领人(被保险人或受益人)领取保险金。被保险人或受益人在收到保险金后,在保险金的收条回执上签名后回复给保险公司。

第四节 自保公司

作为企业采取自留风险管理技术的一种形式,自保公司已为国际大型企业普遍采用。国际上部分大型公司成立自保公司,定制自身专属保险保障方案,起到了精准保障作用,降低了企业经营风险和最终保险支出成本。据 *Captive Review* 的统计,截至 2016 年,全球自保公司的数量为 6618 家。全球 500 强企业中有约 70% 的企业设立了自保公司。设立自保公司已经成为国际大型企业对自身风险保障进行"量身定做"的重要途径之一。

在我国,2013 年 12 月,中国保监会印发了《关于自保公司监管有关问题的通知》,于 2013 年 12 月 2 日起正式实施,明确要求设立自保公司的企业应为主营业务突出、盈利状况良好的大型工商企业,且资产总额不低于 1000 亿元。截至 2018 年,我国仅有 8 家自保公司,分别是设立在我国内地的中石油专属、铁路自保、中远海运自保、广东粤电财产保险自保有限公司以及设立在香港的中海石油保险有限公司、中广核保险有限公司、中石化保险有限公司和上海电气保险有限公司。整体而言，我国自保公司保费收入相对较小，从银保监会的数据来看，2018 年，4 家境内自保公司共计实现 18.77 亿元保费收入，占财险公司总保费比重仅为 0.16%①。

一、自保公司的含义及分类

自保公司（captive insurance company）是指企业（母公司）自己设立保险公司，对本企业、附属企业以及其他企业的风险进行保险或再保险安排的风险管理措施。设立自保公司实质上是建立企业的自保基金。

专业自保公司早在 19 世纪中期就出现了。当时由于投保人发现传统的保险险种和保险费率无法满足他们的保险需求，因而创建了自己的保险机构。例如，在 19 世纪三四十年代，美国的一些船东不满意于伦敦劳合社承保人提供的海上保险服务，因而于 1842 年创办了大西洋互助保险公司（Atlantic Mutual Insurance Company）；1845 年，伦敦的一些货栈主因为无法从保险人那里获得所需的保险保障，于是创办了皇家保险公司（Royal Insurance Company）来满足其承保要求。然而这只是一些相互独立的事件，只能看作是专业自保公司的萌芽和雏形。直到 20 世纪 60 年代初，专业自保公司才开始真正发展起来，现在已成为国际保险市场上一支十分重要的力量。

据统计，全球自保公司的数量已经超过 7000 家。全球 500 强企业中有近 70% 设立了自保公司，总保费规模超过了 500 亿美元。在美国其全球 500 强企业中超过 90% 的企业设立自保公司，自保公司责任险总保费约占北美责任险市场的 40%，全美则约有 30% 的工商业保费来源于自保公司。成立自保公司的企业或财团主要集中在能源、石化、采矿及建筑材料等规模都比较大的行业。自保公司的主要业务则集中于建筑物及其内部财产的火险、营业中断险、运输险、责任险、犯罪和保证保险等。

专业自保公司根据其所有权、经营范围、运作功能和注册地点的不同而有所差别：

（1）按所有权（ownership）划分，自保公司分为单亲专业自保公司（single-parent captive）和多亲专业自保公司（multi-parent captive）。前者是指由一家独立的企业所拥有的专业自保公司，它占了全球专业自保公司总数量的 75%；后者是指多个彼此并不相关的企业所拥有的专业自保公司，它由各参与公司共出保费、共担风险。这种方式在美国十分流行。另外，还有一种协会专业自保公司（association captive），其组织框架和

---

① 根据银保监会的信息整理。

经营目的方面同多亲专业自保公司相似，区别仅在于专业自保公司是由专业组织、贸易协会和其他类似机构组建的。

（2）按经营范围（scope of operation）划分，专业自保公司可以分为纯粹专业自保公司（pure captive）和开放市场专业自保公司（open-market captive）。前者是仅仅承保其母公司业务的专业自保公司，大多数专业自保公司建立在这一基础之上。后者除了承保其母公司的业务之外，还承保其他公司的风险，即承保所谓"非相关业务"。

（3）按运作功能（function）划分，专业自保公司可以分为直接自保公司和再保险自保公司。前者是基于直接保险方式运作的专业自保公司，它可以直接向客户签发保单；而后者则是基于再保险方式运作的专业自保公司，它将通过公司出面与前台保险人（fronting insurer）签发保单。由于许多国家对于部分或全部业务仅允许那些被授权或那些因符合法律中的地域要求而得到批准的保险公司来经营，所以直接专业自保公司在业务上受到了限制。

（4）按注册地点（location）划分，专业自保公司可以分为国内自保公司和离岸自保公司。由于税率低和管制松等方面的原因，许多专业自保公司都设立在"离岸"地区。百慕大地区聚集了全球 1/3 以上的专业自保公司，这是因为该地除了无所得税和外汇管制外，还有发达的证券交易系统、稳定的政治环境、完备的商业法律体系、高度发达的司法和专业人才结构、便利的海空交通和高度发达的保险业等强大优势。除了百慕大，专业自保公司的聚集中心还有开曼群岛、佛蒙特、巴巴多斯、卢森堡、新加坡、中国香港等地。然而，由于法律框架和政治方面等原因一些专业自保公司还是定位在国内组建。

（5）按经营方式来划分，自保公司可以分成单一自保公司、联合自保公司、风险自留集团、公共机构集团和租借式自保公司 5 类：

①单一自保公司，是由一个商业组织拥有的自保公司，它的业务安排流程是：交保险费：母公司—自保公司—再保险公司；损失赔偿：再保险公司—自保公司—母公司。某些分权制公司运用此类自保公司得到了与保险公司同样的成效，主要是因为这类自保公司从被保险人各经营单位得到的收益，超过了仅从一个绝对所有人那里获得的收益。

②联合自保公司（association captive），或称集团自保公司（group captive），是一个代表多个彼此并不相关的商业组织利益的自保公司。这些商业组织共出保费、共担风险。比如，A、B、C、D、E 5 个参与公司，分别交保费给同一个自保公司，该自保公司统一向再保险公司办理再保业务，这种自保公司则属联合自保公司。

③风险自留集团（risk retention groups），是产生于美国的一种特殊形式的联合自保

公司，其母公司是专门承保某种特定责任风险的组织。这种自保公司是经美国 1981 年的《产品责任风险自留法案》和 1986 年的《责任风险自留法案》的批准在美国成立的。1996 年初，美国共有 67 个风险自留集团，其年保费额超过 6.4 亿美元（Risk Retention Report，1995）。1981 年的法案允许为解决由于产品责任保险给付无力，或其他原因带来的受害人求偿无门的情形，可以成立以此为目标的风险资本集团。1986 年法案扩大了自留集团可承保的责任风险范围。

④公共机构集团（public entity pools），它主要集中在美国，年保费额达 50 亿美元。因为这种集团从法律上讲只是"区际集团"而并非正式保险公司，因而这类机构不属于一般意义上的自保公司，但它确实是创新风险融通市场的一个主要部分。据某些机构估计，约有 43% 的美国政府机构都参加了该集团。公共机构集团的兴起，主要是由于美国 20 世纪 70 年代中期和 80 年代中期在传统保险业发生的两次危机而造成的。

⑤租借式自保公司（rent-a-captive），它也是保险公司的一种，该类公司向与之并不相关的组织提供保险和自营保险，并将承保收益和投资收益缴付给被保险人。他们通常是由一些保险中介人、投资者和风险管理人创办的离岸保险公司，其目的是吸引那些缺乏资金的商业组织，或是吸引那些不愿意出资创办自保公司的商业组织。在租借式自保方式中，实际上是被保险人租赁了另外机构的资金，从而更有效地抵御可能发生的风险。这里，被保险人并不实际控制自保公司，只是对其保费和保险事故赔偿的会计计账进行监管。尽管租借式自保公司创办时，在资金和管理方面较普遍的自保公司容易些，但一般而言，租借式自营保险只是一个短期的解决方案，经常需要高额的附属担保并且成本很高，还容易产生巨大的财务交易对手风险（financial counter-party risk），即租借式自保公司的组织者很可能会不恰当地处置资金，使自保公司实际上是为管理者谋取利益的冒险企业。

二、自保公司的优势及其局限性

自保公司由被保险人所有和控制，承保其母公司的风险，也可以通过租借的方式承保其他公司的保险，而不在保险市场上开展业务。自保公司的这一特点让其获得了得天独厚的发展优势。

（一）自保公司的优势

（1）可以降低保险费用和税收。通过自保公司的交易可以降低期望纳税，这是企业成立自保公司的主要动机。自保公司可以节省支付给保险公司的附加费率部分的管理费用与利润，这样自保公司不必开支就能够取得新业务的展业费用，其费用率一般低于10%。自保公司还可以花费较低费用购买再保险。税收上的优惠除了可以享受一般保险公司的特殊税收政策之外，如果自保公司是离岸建立的，还可以得到额外的税收优惠。

（2）增加了承保弹性。自保公司可以根据企业需要把相对可预测的损失自留，对超过自留水平的风险使用再保险。如前所述，自保公司还可以承保传统保险市场不保的风险，可以开发设计更多符合需求的保险险种和保险项目。

（3）风险控制加强。一方面，通过自保公司的专业人才和管理技术，可以为企业及其所属单位开展各种预防工作，以有效地控制风险损失。另一方面，自保公司帮助企业获取关键管理信息，促进最优风险管理方法的采用，并使风险自留与风险偏好相匹配，从而有助于公司加强风险管控。

（4）可以利用再保险市场。通常，自保公司只对损失频率高、损失程度低的风险承保，而对于那些难以预测的损失频率低、损失程度高的风险，自保公司可将风险转移至再保险市场，以分散风险，扩大承保能力。百慕大是全球最大的离岸再保险市场。与直接保险市场相比，再保险费用较低，保险金额较高，保险责任范围较广。

（5）可以实现规模经济。自保公司的运营允许拥有许多子公司的母公司，集合所有保险需求于同一保险计划。例如自保公司集合之后统一安排再保险的机动车责任，要比子公司分别购买保险节约很多。

（二）自保公司的局限性

尽管成立自保公司对企业来说具有很多优势，但也具有一些局限性。

（1）自保公司的业务量有限。虽然多数自保公司可以接受外来业务，扩大了营业范围，但大部分业务仍然来自组建人及其下属，因而风险单位有限，大数法则较难发挥功能。国内自保公司目前主要在企业内部进行积累，无法合理转嫁经营风险，同时也难以覆盖企业所有的业务领域。

（2）风险过于集中。自保公司所承保的业务，多数是财产风险以及在传统保险市场上难以获得保障的责任风险。这些风险有时相对集中，损失频率高，损失幅度大，且赔偿时间可能拖得很久，因此经营起来，难度颇大。

（3）规模小，财务基础薄弱。自保公司的规模通常较小，组织结构也很简单。自保公司的资本金较小，财务基础脆弱，业务发展因此受限。虽然可以吸收外来业务，但若来源不稳、品质不齐，则更加增添财务负担。

（4）存在最终成本增加的风险。若自保公司亏损额大于保费降低额度，则最终保险成本增加。自保公司一方面需要一定量的保费规模，才能降低运营成本、分散赔付风险；另一方面股东单位风险需求较广，涉及险种多、散，对专业要求及风险管理要求较高。因此，自保公司的经营存在一些难度。

三、自保公司的构建及条件

如上所述，专业自保公司作为企业自留风险管理技术的手段具有传统商业保险所不具备的优势，在一定程度上能帮助提高企业的抗风险能力，降低企业的保险成本，拓宽企业的承保范围，利用再保险来进一步分散风险，增加企业的现金流，以及增强企业的风险意识等。那么如何才能成功构建一个自保公司呢？构建自保公司又需要有什么样的条件呢？

（一）专业自保公司的构建

1. 可行性研究

在建立自保公司前，通常要进行详细的可行性研究。总结几十年来国际上自保公司成功经验，其关键因素之一就是有运营公司的管理技术与知识支持。而在过去的 40 年中，越来越多的经纪人与咨询者建立起了专业自保公司的管理公司，从而解决了自保公司的母公司缺乏经营自保公司经验的问题。因此，在进行构建自保公司的可行性研究时，可以充分利用这些专业的服务，由企业内部员工、具有自保公司经验的经纪人、自保公司的管理公司或独立的咨询者共同组织实施。

需要注意的是，虽然大多数大型的经纪公司与自保公司的管理公司对自保公司都有相当的专业技能，但他们对构建自保公司的意见也往往不尽相同：一方面，他们中的有些人偏好建立自保公司，而另一些人则倾向于反对建立自保公司；另一方面，他们都不会彻底地考虑其他风险融资工具，特别是一般的自保。

因此，专业自保公司的可行性研究不应局限于将专业自保公司与其他的风险财务安排方法进行比较。另外，可行性研究应该由那些拥有丰富学识且与得出结论没有利益冲突的人来实施。

2. 前台公司安排

在保险的某些领域，尤其是在员工赔偿和汽车责任保险方面，对保险人的资格要求较高，一般的专业自保公司不具备这样的资格。但是，一般的专业自保公司可以为有资格的保险公司提供服务，则该有资格的保险公司就是前台公司。

当然，利用前台公司需要付出代价。如为前台公司支付成本，并对前台公司予以补偿。前台公司必须提供保单，虽然风险完全由专业自保公司再保险，但前台公司对被保险人负有合同上的责任。如果专业自保公司无法履行义务时，前台公司仍然必须偿付保险范围内的损失。

3. 作为再保险公司的自保公司

自保公司有时还可作为再保险公司，承担由其他保险公司保险的风险。在有些情况下，再保险安排主要针对母公司的风险，由前台公司先提供保险，然后由自保公司再保险。当然，在其他情况下，自保公司再保险的是与母公司无关的风险。甚至自保公司还能再构建自保公司。

（二）设立自保公司所需要的条件

根据原中国保监会发布的《关于自保公司监管有关问题的通知》以及《关于进一步完善自保公司监管有关问题的通知》文件要求，除法律法规规定的保险公司相关条件外，设立自保公司还需要具备以下条件：

（1）注册资本应当与公司承担的风险相匹配；

（2）投资人应为主营业务突出、盈利状况良好的大型工商企业，且资产总额不低于人民币 1000 亿元；

（3）投资人所处行业应具有风险集中度高、地域分布广、风险转移难等特征，且具有稳定的保险保障需求和较强的风险管控能力；

（4）自保公司可以在境内外设立与自保公司业务相关的全资保险类子公司和保险资产管理公司。申请设立保险资产管理公司的，应开业满 3 年且上一年度资产总额在 50 亿元以上；

（5）自保公司不缴纳资本保证金，当年自留保险费不得超过其实有资本金加公积金总和的 6 倍。但其母公司应当恪守对自保公司承担全部风险责任的承诺。

第五节　整体化风险管理方法

【专栏 10 – 2】Oilcat 公司全面风险管理的提出

Oilcat 公司目前正面临着两种重要风险：一是石油价格风险；二是某种形式的自然巨灾，如地震或飓风，这类风险会严重影响实物资产的价值。

公司管理层认为，如果石油价格比较高，Oilcat 公司的收入就会很好；如果石油价格比较低，公司的收入就会不太好。他们计算出来的平均收入是 1250 美元，但在好的年景是 1500 美元，在不好的年景是 1000 美元。

Oilcat 的高级经理发现收入的波动性很高，于是要求他们的财务人员设法降低波动性。管理层认为，他们可以接受的波动范围是 150 美元，而其余的部分则希望通过套期保值进行对冲。

Oilcat 公司的石油价格套期

套期保值前：
　　　　　　　　　　　　　　　　　　　　　　　　　　　　　　　　单位：美元

指标	价格上升	价格下降	平均	波动
概率	50%	50%		
未套期时的收益	1500	1000	1250	250

（1）对风险进行分别管理的缺陷。

面对公司管理层提出的要求，财务人员的任务是：将收入的波动性减少到 150 美元，其方法是：通过购买一个期货合约，忽略有关摩擦成本，期货合约当石油价格下跌时，可以使公司获得 100 美元的收入；当石油价格上涨时，公司将付出 100 美元。其结果是：使得公司收入的波动性被控制在了 150 美元。

　　　　　　　　　　　　　　　　　　　　　　　　　　　　　　　　单位：美元

指标	价格上升	价格下降	平均	波动
概率	50%	50%		
未套期时收益	1500	1000	1250	250

续表

指标	价格上升	价格下降	平均	波动
来自期货的支付	- 100	100	0	
套期后的收益	1400	1100	1250	150

而对于公司的风险管理经理（RM）来说，通过对 OiLcat 公司实物型资产的分析，他认为，巨灾可能会导致 1000 美元的损失，会严重降低收入水平，但这种事件发生的概率低于 10%。由于风险经理不熟悉石油市场价格，所以他主要关心的是通过设计一个保险计划来稳定公司的收入。在和公司首席财务官的交谈中他得知，公司的平均收入水平控制在 1250 美元，而且管理层希望将收入向下波动的水平控制在 150 美元。于是，风险经理根据这些数据和要求，设计了一个相应的保险计划。

指标	无巨灾	有巨灾	平均	波动
概率	90%	10%		
未保险时的收益	1250	250	1150	300
保险支付	- 50	450	0	
保险的收益	1200	700	1150	150

（2）全面风险管理问题的提出。

而当首席财务官同时收到了石油价格套期计划和巨灾保险计划时，他刚好阅读了一本有关公司整体风险管理的书籍。于是他意识到，这里可能存在着一些机会，可能通过整合这两个单独的计划来分析是否分别达到了公司风险管理的目标。于是，他整理出一张简单的工作表。

指标	没有巨灾		有巨灾		平均	波动
	价格上升	价格下降	价格上升	价格下降		
概率	45%	45%	5%	5%		
原收益	1500	1000	500	0	1150	390.5

续表

指标	没有巨灾		有巨灾		平均	波动
	价格上升	价格下降	价格上升	价格下降		
来自期货的支付	−100	100	−100	100	0	
保险支付	−50	−50	450	450	0	
最终收益	1350	1050	850	550	1150	212.1

首席财务官提出，可以通过两种工具来达到公司管理的目标：

一是调整石油价格套期保值比例。石油价格套期增加到 250 美元，保持原有计划不变。这个数量反映了石油价格风险带来的收入波动。不难发现，在这个计划下，Oilcat 公司的收入仅依赖于巨灾是否发生，也就是 1200 美元，或 700 美元。二是购买巨灾保险。购买 1000 美元的巨灾保险，使 Oilcat 公司的收入不再受巨灾的影响，也就是说，当石油价格升高时为 1300 美元，当石油价格下降时为 1000 美元。

Oilcat 公司 CFO 提出的两个风险管理计划是：

策略 1：对石油价格风险完全套期保值，原保险计划不变。

单位：美元

指标	没有巨灾		有巨灾		平均	波动
	价格上升	价格下降	价格上升	价格下降		
概率	45%	45%	5%	5%		
原收益	1500	1000	500	0	1150	390.5
来自期货的支付	−250	250	−250	250	0	
保险支付	−50	−50	450	450	0	
最终收益	1200	1200	700	700	1150	150

策略 2：对巨灾风险完全保险，原套期保值计划不变。

单位：美元

指标	没有巨灾		有巨灾		平均	波动
	价格上升	价格下降	价格上升	价格下降		
概率	45%	45%	5%	5%		
原收益	1500	1000	500	0	1150	390.5
来自期货的支付	－100	100	－100	100	0	
保险支付	－100	－100	900	900	0	
最终收益	1300	1000	1300	1000	1150	150

可见，首席财务官的计划是将目前单独的计划结合到一个风险管理计划中，从而可以对收入和波动性进行一致性度量。计划中的这两个部分可以由财务部门和风险经理分别来执行，只要风险管理计划对这两种风险有明确的区分而且没有进行更进一步整合的要求。

这种计划的成本实际上是购买保险的费用，因为期货合同在开始时是没有成本的。当购买了全部巨灾保险时，联合计划的预估最高成本为 100 美元。通过限制购买保险的数量，可以降低这一成本——但只是在首席财务官的第一种策略下，即完全对冲掉原油价格风险后，减少购买保险的数量才能增加公司的收入。

如果不使用期货合同，Oilcat 公司通过期权来规避风险，那么它将支付一定的期权费。在这种情况下，这个计划的成本就是期权费和保险费之和。如果能将这两种风险结合到一起，从保险人或者再保险人那里购买 MMPs（多险种/多年期）产品，则有可能节省成本。

大家最关心的情景是，如果同时发生巨灾损失和石油价格下降时，公司会遭受很大的损失。Oilcat 公司能否通过某种套期在两种损失同时出现时获得补偿呢？这就需要购买多触发型产品。

资料来源：转载于淘豆网，https：//www.taodocs.com/p-231786917.html。

多年来，人们在风险管理实践中逐渐认识到，一个企业内部不同部门或不同业务的风险，有的相互叠加放大，有的相互抵销减少。因此，企业不能仅仅从某项业务、某个部门的角度考虑风险，必须根据风险组合的观点，从贯穿整个企业的角度看风险，即要实行整体化风险管理。然而，尽管很多企业意识到整体化风险管理很重要，但是对整体化风险管理有清晰理解的却不多，已经实施了整体化风险管理的企业则更少。2001 年

11 月的美国安然公司倒闭案和 2002 年 6 月的世通公司财务欺诈案，加之其他一系列的会计舞弊事件，促使企业的风险管理问题受到全社会的关注。2002 年 7 月，美国国会通过《萨班斯—奥克斯利法案》（Sarbanes - Oxley 法案），要求所有在美国上市的公司必须建立和完善内控体系。该法案被称为是美国自 1934 年以来最重要的公司法案，在其影响下，世界各国纷纷出台类似的方案，加强公司治理和内部控制规范，加大信息披露的要求，加强企业的整体化风险管理。接着在 2004 年 9 月，COSO（Committee of Sponsoring Organizations of the Treadway Commission）发布《企业风险管理——整合框架》（Enterprise Risk Management - Integrated Framework），该框架拓展了内部控制，更加关注于企业整体化风险管理这一更为宽泛的领域，并随之成为世界各国和众多企业广为接受的标准规范。

2013 年，COSO 根据 1992 年原始框架发布以来业务和运营环境的许多变化，设计颁布了更新后的《内部控制——综合框架》，以帮助各组织实施有效的内部控制。该更新扩大了内部控制在解决运营和报告目标方面的应用，并澄清了确定有效内部控制的构成要素的要求。

2017 年 COSO 发布正式版《企业风险管理框架》，解决了企业风险管理的演变以及组织需要改进其风险管理方法以满足不断变化的业务环境的需求。更新强调了在战略制定过程和驱动绩效中考虑风险的重要性。

到目前为止，世界上已有 30 多个国家和地区，包括所有资本发达国家和地区及一些发展中国家如马来西亚，都发表了对企业的监管条例和公司治理准则。在各国的法律框架下，企业有效的风险管理不再是企业的自发行为，而成为企业经营的合规要求。

一、整体化风险管理的含义

整体化风险管理又称为全面风险管理（enterprise risk management，ERM）。它是一种风险管理的新方法。它是把企业不同的纯粹风险和金融或财务风险并入到单个多年期计划的风险管理过程。北美财产和意外险精算师学会（Casualty Actuarial Society，CAS）对整体化风险管理的定义是："公司整体风险管理是公司用以评估、控制、利用、应对、监控所有那些可能影响公司股东的长短期价值的风险的流程。"[1]

---

[1] Miller，Kent D. A Framework for Integrated Risk Management in International Business，*Journal of International Business Studies*，*Washington*，Second Quarter 1992，Vol. 23，Iss. 2

由于整体化风险管理将企业所有的风险包括纯粹风险和金融或财务风险综合起来并入到单个多年期计划的风险管理过程中，提供了风险管理的新方法。银行可以在发行的债券中融入保险保障；保险公司则将一系列可保风险与曾经被认为是不可保的财务风险捆绑在一起提供保单。这些都反映了金融衍生品的迅速增长和保险实务的变化。所以，这一方法已经引起企业和中介机构的注意。北美和欧洲的一些大公司已使用整体化的方法来管理风险，如1993年美国通用电气公司首先任命了首席风险执行官（CRO），负责公司全面风险管理事务，尽管目前已经执行整体化风险管理计划的还是少数。

20世纪末和21世纪初的趋势是，扩大风险管理范围，它不仅包括纯粹风险，而且还包括带有投机性质的金融风险，以及曾经被认为是不可保的政治事件、恐怖主义、知识产权侵犯等风险，这也是与统一管理企业资产、负债和意外事件的趋势相一致的。企业已发现各种资产、负债和意外事件不仅相互依存，而且相互交叉，而且还认识到在有些情况下统一管理企业各方面的风险会给企业提供承担新风险的机会，并可取得可观的收益。整体化风险管理有别于前面所论述的多风险产品。多风险产品是为了缓和风险和降低成本而把相似的风险集合。整体化风险管理不单纯是减少或消除风险，而是更广泛地管理风险，它更主动地管理自留额，设计多种损失筹资工具，使企业战略中包含投机风险，通过承担不同风险带来特定的风险组合效应。

传统的风险管理是考虑每种风险并分别加以管理，其最终方案是一系列各种保险单、金融衍生品和其他损失筹资工具。这是一种不讲究效率的风险管理方法，导致成本过高、超额保险、过度套期交易、资本管理不善，偏离企业价值最大化目标。而整体化风险管理消除了保险责任范围的缺口，风险组合的净风险减少并趋于稳定，降低成本、改善资本和行政管理的效率，其最终目标是企业价值最大化，企业的经济价值则被定义为预期将来现金流量的现值。图10-1提供了整体化风险管理的一个例子。

整体化风险管理把不相关的风险结合起来管理可以给企业带来颇多收益。具体来说，有以下几个方面：

（1）对金融风险和纯粹风险加深了解。把风险合并，在整体上加以判别，可以对企业面临的金融风险和纯粹风险加深了解。识别所有的风险来源，分析它们对资产负债表、损益表、现金流量等的影响，最终得出的财务状况分析将更清晰，易于被企业内部人员理解。

（2）增强平衡风险组合的能力。整体化风险管理可以提供更多机会去平衡整个风险组合。由于许多风险是以特定方式相互关联的，通盘考虑风险势必带来更多的合理地平衡风险组合的机会。

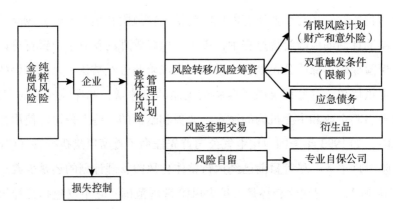

图 10 - 1　整体化风险管理举例

资料来源：许瑾良：《风险管理》，上海财经大学出版社 2016 年版，第 245 页。

（3）增加承保不可保风险的可能性，减少超额保险和过度套期交易。如前所述，通盘考虑多种风险可以使曾经被认为是不可保的风险成为可保风险。使用联合概率可以降低多种风险同时发生的损失概率，对于整体化风险管理的更广范围的风险合并，情况同样如此。在联合基础上的风险管理也会减少保险责任范围的缺口，减少超额保险和过度套期交易。

（4）增加收益稳定性，降低风险成本。某些保险，特别是多年期保险，可以增加收益稳定性。整体化风险管理需要较少的资本开支，承保不可保风险，消除保险责任范围的缺口，这些也都增加了收益稳定性。资本管理注重最优化使用资产负债表、财务杠杆作用和流动性的方式，以降低资本成本。风险管理也关心使用适当的资本资源来保障企业，使得这两个部门的关系更加紧密。

但是，整体化风险管理也可能产生以下一些不足：

（1）实际成本减少具有一些不确定性。虽然在理论上说两种不相关风险的保障成本必定低于分别对每种风险提供保障的成本，但市场供求因素也可能使实际成本减少成为泡影。

（2）存在结构和组织上的障碍。由于风险管理的职能是分散在企业的各个部门，所以企业在试图把风险管理的所有职能集中在一起时经常会碰到组织上的障碍。

（3）在整体基础上衡量风险存在较大困难。在整体上衡量不同的风险是个复杂任务，需要大量的数学和统计假设。定量分析过程中需要使用敏感性分析、现金流量变异性、风险调整后资本收益、风险价值、风险收益等工具。对商誉、知识产权、名誉等无形资产也必须做出定量分析。因此，定量分析和随后的统计过程极具挑战性。

（4）信用风险集中的可能性增大。目前，能够提供整体化风险管理方案的中介机构为数不多，主要是一些金融联合企业。虽然它们多数资信级别高，但也会使委托企业面临集中的信用风险。

二、整体化风险管理措施

从系统论的观点来看，整体化风险管理是一个复杂的大系统。实施整体化风险管理技术不单是减少或消除风险，而是更广泛地管理风险，更主动地管理自留额，设计多种损失筹资工具，使企业战略中既包含纯粹风险又包含投机风险，通过承担不同风险带来特定的风险组合效应。整体化风险管理措施主要包括以下几种：

（一）风险自留

风险可以通过一些不同的方式自留，包括自保基金、风险自留集团和专业自保公司（这些方式在本章第二节和第三节中已做过论述），以下我们将从有别于传统的风险管理方法的角度讨论部分保险、损失灵敏型合同和有限风险计划等非传统风险管理的风险自留方式。

1. 部分保险

部分保险（partial insurance）是风险自留的常用方式，是指保险合同中确定的保险金额小于保险价值的保险。所以又称不足额保险。此种方法因风险转移较少而只需支付较低的保费。

构成部分保险的原因大致有以下三种：（1）投保人基于自己的意思或基于保险合同当事人的约定而将保险标的物的部分价值投保。前者如投保人为节省保险费或认为有能力自己承担部分损失而自愿将一部分危险由自己承担。后者如在共同保险中，应保险人的要求而自留部分保险。（2）投保人因没有正确估计保险标的物的价值而产生的不足额保险。（3）保险合同订立后，因保险标的物的市场价格上涨而产生的不足额保险。本节所讲的部分保险主要是第一种原因产生的不足额保险。

由于部分保险在合同中约定的保险金额低于保险价值，其差额部分的风险投保人并未转移给保险人，不足额部分应视为投保人自保。当发生全损时，保险人按约定的保险金额给付保险金；当发生部分损失时，通常适用比例分摊原则，即保险人与被保险人就损失按比例分摊。

实际上，在下列情况下，企业完全可以主动安排部分保险，以减少保费支出：

（1）绝大多数风险，即使是发生最大可能损失的概率较大，实际发生的损失大多数是比较小的，通常能在企业自留风险的能力之内。或许可以用内部意外损失基金来解决。

（2）如果企业的业务活动分散在若干个危险单位，考虑到其所有房屋同时发生全损的概率几乎为零，企业就不一定要将全部资产的价值投保。

（3）如果企业已经积累了一笔较大的意外损失基金，有能力承担一定的风险损失。

在风险管理实践中，企业安排部分保险的比例应该占企业全部资产的多大比例才是科学合理的，这主要取决于免赔额、保单限额、共同保险、保险责任范围与除外责任等因素。

2. 损失灵敏型合同

损失敏感型合同（loss-sensitive contracts）是一种非保险转移风险方式，是指根据当期损失的大小来确定投保人当期缴纳保费数量的保险合同。在损失灵敏型合同中，通常保险人在确定和收到保费之前赔付全部损失，因而它具有较多的风险筹资因素，这实质上是保险人向被保险人发放一笔贷款，因此，保险人通常会要求被保险人提供抵押品，以便减少或消除信用风险；同时，损失敏感型合同还允许被保险人自留较多的风险。因此相对于传统固定保费保险合同，损失敏感型合同转移给保险公司的风险变小了，企业承担的保险费用相对而言也大大降低了，企业的财产保险保障并没有因此受到削弱。

损失敏感型合同具有以下特点：

（1）保费取决于一定时期的损失；

（2）损失赔付先于保费收取；

（3）筹资因素较多。包括：当期损失情况，免赔额，最高追溯保费和最低追溯保费，信托账户的盈亏情况，等等。

损失敏感型合同的种类有以下4种：

（1）经验费率保单。即保险人收取的保费直接与被保险人过去的损失经验挂钩，过去的损失大，收取的保费就多。这可以减少道德危险因素和预期将来损失的失误。虽然经验费率保单较下列其他合同具有较少的风险自留和筹资色彩，但由于其将来的保费取决于其过去的损失经验，所以仍把它视作一种损失灵敏型合同。

（2）高免赔额保单。即高免赔额的保险合同。所谓免赔额是指保险人和被保险人事先约定好的，当损失额在规定数额之内时，被保险人就自行承担损失，保险人不负责赔偿的一个额度。通常，免赔额的高低与保险产品的费率是直接相关的。免赔额低，相对来说产品的费率就要高一些，反之亦然。因此，高免赔额保单使得企业自留了较多风险，而支付较少的保费。其目的是风险筹资而非风险转移。

（3）追溯费率保单。即根据当期索赔总额的多少调整当期保险费率的保险合同。"追溯费率"是非寿险的经验费率之一，它是基于保单当期的索赔经验对保单当期的费率进行调整的，但这个费率通常会受到最高追溯保费和最低追溯保费的约束。即使被保险人当期的索赔情况良好（低于某个临界值1），也必须以最低追溯费率缴纳一定的保费。

追溯费率保单包括：①已付赔款追溯保单，即支付赔款后调整保费。②已发生损失追溯保单，即根据损失估计调整保费。

（4）投资信用计划。即被保险人预先支付一笔相当于合理免赔额的保费，而保险人将这笔资金存放于一个信托账户，当发生损失时再用来赔付。其运行机制可用图 10 - 2 表示。

图 10 - 2　投资信用计划运行机制

当信托账户出现赤字，被保险人缴纳附加保费；当信托账户出现盈余，则全部返还被保险人。

作为一项风险融资措施，投资信用计划不需要抵押品，并且其投资收益还能够免税。

3. 有限风险计划

有限风险计划（finite risk programs）是一种多年期、低赔偿限额、由保险人和被保险人共同承担风险、根据投资收益确定保险费多少的保险合同。它主要用来自留、管理风险和风险筹资，而不是转移风险。有限风险计划有多种形式，最为常见的有追溯有限风险计划和预期有限风险计划。有限风险计划可以是原保险，也可以是再保险，再保险的有限风险计划将在后面的再保险产品部分加以讨论。

有限风险计划用来管理与损失风险或应计损失率相关的风险，主要作为现金流量的时间选择工具，而不是损失转移工具，因此它提供资产负债表和现金流量的保障，而不是资本保障。有限风险计划注重多年期的损失、投资收入和应计准备金之间的时间选择风险。此外，有限风险计划作为保险合同也符合有关风险转移的某种标准。当传统保险市场不景气时，有限风险计划在经济上具有吸引力。由于它转移较少的风险，所以较全部保险的费率要低得多（见表 10 - 1）。

表 10 - 1   全部保险与有限风险计划对比

指标	全部保险	有限风险计划
期限	一年	多年
赔偿限额	高	低
风险承担者	保险人	被保险人、保险人
保费决定因素	预期损失经验、承保成本	投资收入

对投保人来说，有限风险计划在时间上可以平滑损失支付额，减少了财务波动性，为损失支付的时间风险提供保障。

4. 追溯有限风险保单

追溯有限风险保单是一种管理已存在负债或已发生损失的时间选择风险的有限合同，又称为事后筹资保单。其种类包括：

（1）损失未满期责任转移；

（2）逆进展保险；

（3）追溯的总计损失保险。

损失未满期责任转移、逆进展保险与追溯的总计损失保险三者之间的关系如图 10 - 3 所示。

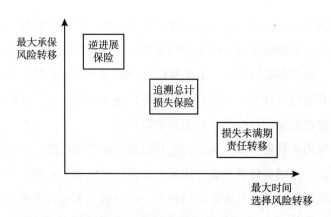

图 10 - 3　损失未满期责任转移、逆进展保险和追溯的总计损失保险之间的关系

资料来源：许谨良：《风险管理》，上海财经大学出版社 2016 年版，第 219 页。

5. 预期有限保单（未来有限保单）

预期有限保单（prospective finite policy）承保与将来或预期负债相关的时间选择风险，而不是已发生的损失。预期有限保单可以安排为保险或再保险，我们将在后面讨论两种形式的预期有限再保险。

（二）分层保险

分层保险（layered insurance coverage）是指被保险人根据不同的风险种类和程度使用不同的保单。作为建立整体化风险管理计划的一种重要手段，在风险管理中，被保险人可以根据不同的风险种类与程度以及自己的风险偏好选择不同的分层保险，达到以最合理的价格取得最优的保险组合的目的。

以其最简单的形式在原保险基础上的分层保险要求保险人提供适合其风险承受、业务组合和专长的损失补偿。一些保险人宁可接受规模较小但容易导致损失的风险。这些保险人喜欢接近损失分布平均数的风险，这可被视为第一损失保险，在被保险人承担了免赔额之后支付第一损失，尽管他们支付第一损失，但该损失较可预测和管理。此外，保险人提供第一损失保险的保费收入一般较多。有些保险人则宁可承保较大且不容易导致损失的风险，他们喜欢远离损失分布平均数的风险，即提供超赔保险。处在这种地位的保险人负责第二、第三或更高层数的保险。被保险人可以从不同的保险人管理风险的专长中获得价格上的好处。

例如，某企业自留100万元风险，向A公司投保超过免赔额的500万元（即保险限额为600万元）。如果发生1000万元损失，A保险公司赔偿500万元，该企业自己也承担500万元损失。假如该企业并不想自己承担超额损失，而A保险公司也不想承担超过限额的损失，一种替代方案是，A保险公司承保全部风险，把不想承保的部分在再保险市场分保给有兴趣承保超赔保险的保险人。尽管这对被保险人的经济影响是相同的，但要发生分保佣金和增加税收。假如发生1000万元损失，超赔保险公司要支付400万元赔款。如果发生1100万元损失，则被保险人要承担200万元，而两个保险人则仍然支付500万元和400万元赔款。

（三）有限再保险

如前所述，有限风险计划可以在原保险人和再保险人之间进行安排。有限再保险一般称为财务再保险，它是一种再保险人向保险人提供有限风险转移的筹资工具。保险人向经验账户支付保费，一旦损失超过基金额，保险人获得损失补偿，但设有预定的最高限额。在有限再保险中也具有利润分享因素。对保险人而言，有限再保险是廉价保险，而对再保险人来说，它会降低所面临的损失风险的程度。有限再保险可以以多种追溯和预期形式取得，包括分散损失、有限成数、损失未满期责任转移、逆进展保险、基金的超赔协议、总计停止损失协议等形式。在这些形式中许多是再保险的变种，这里仅讨论其中的两种预期的有限再保险产品：分散损失和有限成数。

1. 分散损失协议

分散损失协议规定，保险人（分出人）在一个多年合同期的每年中向经验账户支付一笔保费，该经验账户按约定比率赔付发生的损失。如果在年末账户出现赤字，保险人通过附加缴费来弥补赤字。如果账户出现盈余，则盈余部分返还保险人。如果分散损失账户在合同期末出现盈余，则由保险人和再保险人按预定比率分享利润。在规定的年度再保险人以保险人的名义赔付所发生的损失，这表明它是一种预期的而非追溯的有限再保险产品。事实上，再保险人在年度限额和总限额下事先赔付损失，因此保险人能在一个较长时期内分散损失。虽然这种方法分散风险的金额相当小，但在美国许多司法管辖区，分散损失协议被认定为合格的再保险合同。

2. 有限成数协议

在有限成数协议下，再保险人在保险人发生损失时按一个固定或可变的比率赔付损失和损失理算费用，这表明它也是一种预期的再保险产品。分保佣金和准备金的投资收入一般用来赔偿实际损失，如果不足以弥补损失，则由再保险人填补资金，在合同期内向保险人收回该差额。在典型的有限成数协议中，不论基本的保险合同是否有限额，再保险人的责任是明显受到限制的。

虽然上述有些工具如有限风险计划被单独认为是非传统风险转移产品，但有些如全部保险和部分保险必须与其他产品结合在一起才被认为是非传统风险转移市场的一部分。

（四）多风险产品

多风险产品（multi-risk products）是非传统风险转移市场上一种创新的、灵活的并逐渐流行的产品。顾名思义，多风险产品是把多种风险结合到一个合同中，向企业提供一种有效的对付风险的方案。既然多风险产品根据多种损失事件的发生提供损后筹资，这种联合概率的效应一般使其提供的风险保障较分别投保各种风险更为廉价。多风险产品被认为是企业风险管理或整体化风险管理的一个组成部分。尽管整体化风险管理通常以承保多风险为特征，但多风险产品也把风险转移的特征放入单个合同中。下面我们主要介绍两大类多风险产品。

1. 多种损失原因产品

多种损失原因产品（multiple-peril products）对多种相关的或无关的损失原因提供保险，又称为多险种或一揽子产品。它作为风险合并方案，把一家企业中所有指定的风险集合到一个具有总计保费、免赔额、保险限额的多年期保单中。因为编制这种综合保险计划投入的时间和精力颇多，所以这种合同的期限大多数为 3~7 年。多种损失原因合同具有低保费和较少超额保险机会的好处。为了防止出现不足额保险问题，这种综合保单通常包括一种复效条款，允许在保险期满之前已用完保险限额的情况下恢复保险限额。多种损失原因产品包括多险种保单、商业普通责任保单和商业超额损失保单等。试图获得多种损失原因保障的企业通常使用多险种保单（multi-line policy），亦被称为商业一揽子保单，其责任范围包括商业财产、营业中断、普通责任、设备、内陆运输、汽车等。

2. 多触发条件产品

与多种损失原因产品不同，多触发条件产品只有当多种事件发生时，如巨灾事件和财务事件同时发生，才会提供补偿。如果只有其中一个事件发生，保险人并不向被保险人赔付。

双重触发条件合同要求两个事件同时发生才会赔付，三重触发条件合同则要求三个事件同时发生。既然多触发条件产品要求只有当两个或三个事件同时发生时才给予赔付，其赔付的概率要低于类似的多种损失原因产品，这也意味着被保险人可以获得更廉价的保障。例如，发电厂遭受物质损失的概率是 10%，油价上涨的概率也是 10%，两者同时发生的概率只有 1%。较低的赔付概率意味着那些曾经被认为是不可保的风险变为可保，这对非传统风险转移市场至关重要。事实上，保险人和再保险人积极承保这类业务。多触发条件产品也是多年期保险合同，并可以每年重新安排触发条件。

触发条件的性质和水准是由保险双方进行专门协商的，为了避免道德危险因素，触发条件之一一般是根据一个外界标准来确定的。然而，这一外界触发条件必须与被保险人的风险相互关联。事实上，一个触发条件可以是一种财务事件或非保险事件，而另一种是特定的保险风险。财务触发条件可以是股票指数水平、利息率、经济增长率、气温指数或电力价格，而保险风险触发条件是营业中断损失、财产损失、环境责任等，也可以考虑两个财务触发条件和两个非财务触发条件。然而，在任何情况下，为了使多触发条件产品被认定为是保险产品，被保险人必须具有可保利益。

（五）资本市场证券和证券化

当资本市场工具和战略应用于可保风险，非传统风险转移市场就从该市场独特的广度和深度中受益匪浅。我们可以把资本市场的产品和服务分为三类：资本市场证券和证券化、应急资本工具和保险衍生品。

银行在 20 世纪 90 年代中期开始采用证券化技术发行与保险事件有关的债券。这种保险连接证券是为了转移风险和增加承保风险能力而发行的注明保险风险的证券。早期的尝试是立足于把同飓风、地震有关的风险证券化。虽然这些仍然是保险连接证券业务的核心，但近年来还出现了一些其他风险证券化，包括气温、残值、人寿保险单取得新业务的成本、汽车保险、劳工赔偿等。

保险公司或再保险公司发行这类证券，投资银行是主要的安排者，根据指定保险事件造成的损失来偿付利息和本金。如果损失超过预定的限额，保险人或再保险人无须支付投资者利息。如果按照无本金保障方式安排，一部分或所有本金也能推迟支付甚至取消，这样证券发行人就把风险转嫁给资本市场上的投资者。这一机制的重要性在于为保险与资本市场搭桥，使得保险人或再保险人轻易获得投资者的巨额资本供给。这一市场的资金供给方仍主要集中在机构投资者，但近年来，某些相互基金也开始向小的投资者提供保险连接证券。据瑞士再保险公司 Sigma 2019 年 1 月发布的报告称，2018 年全球因巨灾损失 1550 亿美元，其中保险损失 790 亿美元，这一数字虽低于 2017 年的 1500 亿美元，但高于前十年的年度平均值（710 亿美元），成为 Sigma 记录中保险损失排名第四高的年份[①]。面对逐年升高的保险损失，保险公司不得不考虑将风险进一步转移到资本市场。大多数保险连接证券的发行者是保险人和再保险人，他们急于使用另一种手段来管理其风险业务。保险连接证券业务显示了稳定增长的趋势。

保险风险证券化使分出公司（通常是保险人）、投资者和中介人均会受益。例如，在再保险市场不景气的时候，保险连接证券是一个有吸引力的再保险替代品，保险人不

---

① 瑞再研究院 Sigma 报告：《2018 年全球保险业偿付 790 亿美元理赔，高于前 10 年均值》，蓝鲸财经，2019年 1 月 2 日，http://cnsoe.com.cn/bx/28441.jhtml。

必再担心再保险人的信用风险。投资者购买这类证券的风险与其他风险资产无关，即飓风或地震这类巨灾风险与债券收益率或股票市场波动这样的金融市场风险无关，意味着实现资产多样化，即分散投资者的资产组合风险，并有机会获得高的收益率。在 20 世纪 90 年代后期，大多数这类证券的收益率超过类似资信级别的公司债券，通常以高 3 ~ 4 个百分点的收益定价。中介人则可从安排和销售这类证券中获得服务费和佣金收入。

保险连接证券市场可以根据指数、补偿和参数触发条件分为巨灾和非巨灾风险证券两大类。巨灾债券可以按照飓风、地震和其他低损失频率、高损失程度的自然灾害细分，每种巨灾债券或份额又可以根据单种或多种损失原因而细分。非巨灾风险证券可以按照气温、残值、抵押贷款违约、贸易信用等细分。其主要作用是实现风险由保险市场向资本市场的转移。

1. 巨灾债券

巨灾债券（catastrophe bonds）是通过发行收益与指定的巨灾损失相连接的债券，债券公开发行后，未来债券本金及债息的偿还与否，完全根据巨灾损失发生情况而定。即买卖双方通过资本市场债券发行的方式，一方支付债券本金作为债券发行的承购，另一方则约定按期支付高额的债息给另一方，并根据未来巨灾损失发生与否，作为后续付息与否及期末债券清偿与否的根据。这样就将保险公司承担的部分巨灾风险转移给了债券投资者。巨灾债券是在资本市场上，需要通过专门的中间机构（SPRVS）来确保巨灾发生时保险公司可以得到及时的补偿，以及保障债券投资者获得与巨灾损失相连接的投资收益。其重要条件是有条件的支付，即所谓的赔偿性触发条件和指数性触发条件。

第一只巨灾债券在 1994 年由汉诺威再保险公司发起，在 1997 年有 5 个巨灾债券交易完成。截至 2007 年底，共发行了 116 只巨灾债券，已发行但尚未到期的债券总额达到 138 亿美元。到 2019 年末，已发行的巨灾债券有 407 亿美元①。虽然由于各国面临的巨灾风险种类不同，资本市场发达程度也不同，各国巨灾债券在巨灾风险的承担方和触发机制上也存在差异，但是，预计未来几十年，以自然灾害为连接对象的巨灾债券仍然是保险连接证券发行市场上的主要形式，而且其保险责任范围在不断扩大，表 10 - 2 列示了巨灾债券的主要巨灾风险类别。

---

① 中债研发中心：《从国际趋势探索国内巨灾债券发展》，中国金融信息网，2020 年 3 月 17 日，https：// wap. eastmoney. com/news/info/detail/202003171421087242。

表 10 - 2   保险连接证券的巨灾风险类别

风险类别	地域
地震	加利福尼亚、美国中西部、日本、法国和摩纳哥
飓风	美国东北部和大西洋地区、美国墨西哥湾、波多黎各、夏威夷、日本
风暴	欧洲
雹灾	欧洲

资料来源：许谨良：《风险管理》，上海财经大学出版社 2016 年版，第 227 页。

2. 多种巨灾损失原因保险连接证券和按份额区分损失原因的保险连接证券

在有些情况下，安排保险连接证券来处理多种巨灾损失，例如发生在世界不同地区的地震和飓风。这类多种损失原因保险连接证券不必进行每种指定损失原因的单独交易，从而给分出公司带来最大的灵活性和效用。虽然这类证券对分出公司具有吸引力，但对一些投资者来说，评估这样复杂的一揽子风险却显得困难重重。多种损失原因保险连接证券以补偿、指数或参数触发条件和单个或多个份额的方式发行。最早的多种损失原因保险连接证券出现在 1999 年，后来其发行规模在逐渐增长。例如，瑞士再保险公司发行 SR 巨灾债券，承保法国的风暴和佛罗里达及波多黎各的飓风。它通过两种单独但又相互连接的证券来承保：如果一个损失原因发生，那么对另一损失原因的赔偿限额可以转移补偿已经发生的损失原因所造成的损失。法国保险人 AGF 发行了一种债券承保欧洲风暴和法国地震。承保欧洲这两种事件所造成的损失，以 65% 的成数分保；承保第一种损失事件风暴造成的损失，以 35% 的成数分保。2009 年 10 月，墨西哥政府在世界银行协助下成功发行了 2.9 亿美元多种损失原因的巨灾债券，承保风险除地震外还包括飓风，承保期限 3 年。将飓风中心气压作为触发条件，并调低了地震的触发震级。

多种损失原因保险连接证券有别于承保独特损失原因的多种份额债券。如前所述，在多种损失原因保险连接证券中，投资者购买的是单一证券。在多种份额债券中，投资者购买的是注明一个特定损失原因的证券，即是按份额区分损失原因，因此，其风险不混合，投资者无须评估多种损失原因证券的复杂的风险。

（六）应急资本工具

应急资本工具是合同约定的在企业损失事件发生后提供筹资的工具，是一种筹资工具或证券交易，是对资产负债表和现金流量的一种安排，而不具有保险、再保险合同和证券的色彩。应急资本工具主要包括两类：应急债务和应急股票。

1. 应急债务

（1）承诺资本约定。承诺资本约定（committed capital facilities）是应急债务中最普通的形式之一，它是在损失发生之前安排提供资本方案，当约定的触发事件发生时才能获得资本。在典型的承诺资本约定中，企业制定一个筹资计划，规定当触发事件发生时发行特定的债券，内容包括优先权、期限、偿还明细表和息票。作为资本提供者的保险人和再保险人在触发事件发生时取得该企业所发行的债券来提供资金。第一个触发条件是隐含的，除非该期权具有价值，否则不会执行。事实上，只有当一次损失发生，而该企业不能从其他来源获得更廉价的筹资时，该期权才具有价值。第二个触发条件一般与企业所面临的风险有关，但这个特定的触发事件是该企业不可能控制的。

承诺资本约定一般有一个固定的期限日期，其目的是作为一种筹资形式，而不是风险转移。其价格大致等同于期权费和附加费用。如果该期权没有执行，一部分期权费要返还。承诺资本约定包含一些用来保障双方权益的惯例，包括重大逆变化条款、控制权变化、财务实力和比率等。其目的是确保当执行这个约定时提供资金的保险人和再保险人的地位不次于其他银行放款人。在更复杂的安排中，签订应急期权协议的保险人和再保险人可以让一家银行或银团提供资金，这会减轻保险人和再保险人的筹资负担，让更适合的金融机构分担。然后由银行选择持有这项筹资工具或者销售给机构投资者。

（2）应急盈余票据。应急盈余票据（contingent surplus notes）是另一种形式的应急债务筹资，常由保险公司和再保险公司发行，对其业务中的异常损失提供保障。在典型的应急盈余票据中，保险人与一家金融中介机构签订一份投资信托的合同，它是通过发行支付增额收益的信托票据，由外部投资者来提供资本。该信托机构把收入投资在高级别的债券上。如果保险人发生了预定的损失事件，就向该信托机构发行应急盈余票据。该信托机构把高级别债券变现，把现金交给保险人。作为提供最初承诺和应急资本的回报，投资者取得高于类似级别公司债券的总括收益。保险人事先以一个合理价格获得损后筹资承诺，保险人支付给该信托机构的承诺费可被视为期权费。

（3）应急贷款。应急贷款（contingency loan）是承诺资本约定的一个变种，它是银行的一种信贷业务，在损失发生之前安排，只有损失事件发生才发放贷款。与传统的信贷业务不同，只有当规定的损失事件发生时，才可以用应急贷款来弥补损失。既然发放此种贷款的概率很小，企业支付银行的费用也较传统的信贷业务要少，而且可以取得大的借款金额。如同承诺资本约定，应急贷款也事先规定了最高金额、固定利率或浮动利率、期限、偿还明细表、触发条件等条款。

2. 应急股票

并非所有的应急资本工具都是用举债来筹资的。在有些情况下，一家企业还可以普通股或优先股形式筹资，这样可以使企业的损后筹资不增加其债务负担，对财务杠杆比率不会发生消极影响。然而，新的股票发行会导致股权收益减少，而且股权资本筹资较债务资本筹资的费用开支更大。应急股票（contingency stocks）有多种具体形式，本书仅介绍应急股票中的一种——损失股票出售期权。

损失股票出售期权（loss equity put）有时称为巨灾股票出售期权，在预定的触发条件发生时发行新的股票。典型的损失股票出售期权的机制类似于前述的承诺资本约定，但它是股票而不是债务。一家企业向一个中介机构购买股票出售期权，在合同期内当一个特定的损失触发条件发生时，该中介机构授权该企业出售一定金额的股票，它通常采用直接销售的方式。作为回报，该企业支付中介机构期权费。既然股票出售期权的条件（发行股票数额和结算价格）是确定的，这种损后筹资也是在损失发生之前安排和做出承诺的。当执行期权时，该企业向该中介机构发行新的股票，并支付包销费，取得约定的收入。为了避免新普通股发行引起的股权收益减少损失，经常采取发行优先股的形式。如果采用可转换的优先股形式发行，企业可以在转换日期之前回购，以免股权收益减少损失。

损失股票出售期权的条款和条件包括执行事件、股票形式、执行时发行股票的最低金额、合同期限、发行股票最长时间的规定、结算价格和特别保证事项。这些保证事项有执行时的最低资本净值或法定资本、控制权变化、最低财务比率等。为了减少道德危险因素，损失股票出售期权通常规定两个触发条件：第一个触发条件是企业股票价格，它必须低于结算价格；第二个触发条件是特定的损失事件发生。事实上，这两个触发条件是相互关联的，如果企业遭受巨大损失，其股票价格势必会跌破结算价格。因此，损失股票出售期权是以指数或参数为触发条件的。

除了以预定价格获得损后筹资这个明显好处外，损失股票出售期权还至少具有两个其他优点：（1）债务筹资通常有一项重大逆变化条款，在市场或分出公司出现混乱的情况下可禁止或限制筹资。除了保持最低资本净值外，损失股票出售期权没有这类限制，这意味着企业在需要时获得资金具有确定性。（2）损失股票出售期权的成本比标准的再保险合同更节约。期权的购买者仍然必须具有相当的财务实力才能获得筹资，而标准的再保险合同并非如此，即使分出公司破产，再保险人仍必须履行其分保义务。如果期权购买者的最低资本净值低于一个预定界限，就不能执行该期权。

（七）保险衍生品

保险衍生品是非传统风险转移市场上所使用的第三种主要金融工具。既然衍生品允许使用者转移特定风险，那么它自然适合非传统风险转移市场使用。这一点使它有别于保险合同，保险合同是以可保利益为基础的，不能用它来产生投资利润。虽然衍生品可用于投资，但许多企业却用它来规避风险，使之成为一种重要的损失筹资工具。这是因为衍生品可以使企业承担较多风险，从而大大减少了道德风险因素，因此使它成为一种廉价的风险管理工具。

保险衍生品分为上市交易的衍生品和场外交易的衍生品。上市交易的衍生品种类包括：期货、期权、期货期权；场外交易的衍生品种类有：期货、掉期或互换、期权。表 10-3 列出了上市交易与场外交易衍生品之间的主要区别。

表 10-3　　　　　　　上市交易与场外交易衍生品之间的主要区别

项目	上市交易	场外交易
条款	标准化	定制
交易平台	中央交易所（现场或电子）	场外交易（电话或电子）
价格透明度	好	差或一般
流动性	强	有限或一般
信用风险	忽略不计	除非有担保，否则较为明显
保证金	要求有	除非协商，否则无
结算	售完	一般持有到期满时
监管	全面	从部分到全面

资料来源：许瑾良：《风险管理》，上海财经大学出版社 2016 年版，第 259 页。

1. 上市交易的保险衍生品

上市交易的保险衍生品均使用标准合同条款，使所有参加者以相同工具交易，从而具有较大的流动性，紧缩出价与报价的价差。与最具流动性的参考短期和长期利率、汇率、股票指数、黄金等商品的重要金融指数的上市交易衍生品相比，与保险有关风险的上市交易衍生品的数量仍很少，且交易不活跃。但这类衍生品在前些年已经出现，大部分是有关财产和意外巨灾风险以及非巨灾的气温风险。例如，2007 年，安信农业保险公司推出了我国首个天气指数保险，即西瓜天气指数保险，提供强降雨与连阴雨的保险保障。2012 年 8 月，瑞士再保险公司与鼎和财产保险公司合作，为广东梅雁水电股份有限公司提供国内首例降水发电指数保险方案，这也是国内首次将天气指数保险应用到能源企业。又如，2019 年中国人民财产保险有限公司浙江分公司推出的茶叶低温气象指数保险，根据不同的早茶品种确定不同的保险责任期间。近年来，天气指数保险在我国农业领域已获得了广泛应用。

2. 场外交易的保险衍生品

场外交易市场的特点是其灵活性，因此最具有创新的保险衍生品不断通过场外交易市场开发和交易。事实上，对交易的量身定做使得场外交易市场对管理保险风险更具有活力。那些需要通过衍生品进行巨灾风险管理的企业必须使用场外交易市场，因为正规交易所中已把原上市的巨灾衍生品除名。

场外交易的保险衍生品主要有巨灾再保险掉期（catastrophe reinsurance swaps）和纯粹巨灾互换（pure catastrophe swaps）两类产品。

（1）巨灾再保险掉期。巨灾再保险掉期是用一笔承诺费换取根据巨灾损失发生的应急支付金额，借此可以获得许多与再保险和保险连接证券相同的好处，而减少了交易结构复杂性和成本。在巨灾再保险掉期中，保险人向再保险人支付伦敦银行同业拆放利率（LIBOR）加上一个多年期价差以换取一定的应付风险的能力。假如与指定指数、补偿、参数挂钩的条件发生，造成损失，再保险人向保险人提供补偿，并取得代位求偿权。如果没有发生此类事件，该笔交易便终止。

（2）纯粹巨灾互换。互换是交易双方统一交换资产或现金流的合约。纯粹巨灾互换允许交换互不关联的巨灾风险，它可以通过再保险协议提供，因此它显得更像再保险风险互换，而不是一种真正的衍生品。既然互换的风险是不相关的，参与的保险人则可以取得更广泛的业务分散。互换的交易单位根据地区和风险种类的不同来分类，采用等价的标准化风险单位。

三、整体化风险管理计划的制定

现代企业不再考虑是否对其面临的风险提供保障，而是要确定以什么特定方式对哪些风险提供保障。整体化风险管理计划并不是适用于所有企业的理想方案，而是在制定风险管理战略时要考虑该计划的相关成本和效益后才做出决定的。

（一）战略考虑

一家企业在制定一个整体化风险管理计划前必须制定一个风险战略，确定风险与企业目标（包括财务杠杆作用、经济资本、破产概率等财务目标）、收入、市场份额等的关系，以及愿意把多少财务资源投入风险管理。大多数企业追求企业价值最大化总目标。企业风险战略能确定实现这一目标过程中的障碍，有助于建立目标与贯彻执行之间的联系。一旦风险战略制定，就可着手制定整体化风险管理计划。企业要根据企业和行业状况以及竞争因素制定整体化风险管理的战略，即整体化风险管理计划将如何影响企业的市场地位，将产生哪些竞争优势和劣势，给企业经营带来什么约束或灵活性，会出现什么问题，由谁负责，等等。通过制定战略，企业可以将其实际风险承受水平具体化。整体化风险管理计划不仅是管理风险的方案，而且也是有关最终改善企业盈利能力的决策。因此，整体化风险管理有别于将重点放在风险转移或风险中和的传统风险管理方法。

假定一家企业制定与其战略相一致的整体化风险管理计划，并发现其效益大于潜在成本，它就要安排整体化风险管理计划的结构和运作方式。企业将会在整体基础上考虑一个多年期的损失控制、损失筹资和风险减少方案，并以联合的自留额、保险、限额等最有效的手段来管理风险。成立一个单独的团队负责所有的金融风险和纯粹风险事务是一个明智的决策。对企业的各个部门也要一体化运营。有些企业指定某些部门实现企业价值最大化的特定目标。这些部门所采取的行动分别来看与企业目标相一致，但从更宽泛的角度来看，却与企业目标不相一致。例如，一个有货币风险的部门对该风险进行套期交易，但另一个部门却有相反的风险。这样做使企业的套期交易过度，从而不能实现企业价值最大化。企业各部门之间的协调是至关紧要的，各项活动的一体化应是一个目标，这就要求整体化风险管理人员与企业部门经理、高级管理人员的职责和权利分明。

整体化风险管理计划经常采取渐进步骤。一家以前没有从事风险管理经验的企业不会贸然决定制定一个整体化风险管理计划。较为普遍的做法是，企业吸取以前金融风险和纯粹风险的风险管理经验来设计一个范围更广的计划。例如，开始阶段可以在分离的基础上管理风险，并不断处理新产生的风险。一旦这一阶段结束，企业就会发现自己有机会从整体上来审查和管理风险。于是进入第二阶段，识别其资产负债表上资产方产生的所有风险，发现这些资产风险之间的相关性，采取某些资产分散化的风险管理技术。在最后阶段，企业可以审查其全部资产、负债和意外事件，对风险的相互依存性进行彻底的分析，以便制定最有效的整体化风险管理计划。

关于整体化风险管理计划的贯彻执行可以采取不同方式，这取决于企业的结构和特点，以及所管理风险的性质。对一家规模大且跨国经营的企业来说，采用统一识别风险和协调的方式，而且由当地贯彻执行，是一种恰当的方式。当一家企业的经营集中在一个国家或市场，那么采取统一识别风险、协调和集中贯彻执行的方式是可取的。为了确保计划的一致性，采用统一识别风险和协调方式是必要的。有些大公司委任首席风险执行官，作为首席执行官和董事、部门经理、独立风险经理之间的联络人，帮助以统一方式执行风险战略，指出哪些风险处理必须集中，哪些可以分散到各个部门。

（二）计划程序

整体化风险管理计划一般是由企业与来自保险或银行业的专家一起制定的。下面提供一份该种计划的程序，它适用于不同的企业、行业和风险。

（1）识别风险。该计划以识别会影响企业的所有风险来源为开端。企业应该组成一支专业人员队伍来精确识别所有的风险来源，包括金融和经营风险、纯粹和投资风险、可保和不可保风险。在识别风险阶段要把识别的风险按优先顺序排列，要区分轻重缓急，不能同等对待。对于一些对收益和资产负债表结构有重大影响的风险来源必须优先识别。

（2）分别识别风险。对每种风险必须分别识别，以便进行风险分析。在许多情况下这是相当容易办到的，在另一些情况下因风险交叉而有一定困难。

（3）分别识别风险的定量分析。为了确定每种分别识别的风险对企业总体风险及现金流量和资产负债表的影响，必须进行定量分析。定量分析可采取多种方法，包括财务分析、模拟、精算技术、风险价值（VaR）分析、回归分析等。对于外生的金融风险的定量标准已相当完善，但对纯粹风险来说未必如此。因为有一些纯粹风险是内生的，对其进行衡量在很大程度上取决于企业内部数据。因此，企业要使用自己的历史损失数据库来对纯粹风险进行定量分析。关于整体风险衡量的一种方法是 VaR 分析，这种方法最初被银行用来衡量金融风险，后来也被其他企业用来衡量所有种类风险。VaR 分析分别建立单种风险的概率分布，并以各种组合估计在不同概率水平下的损失风险，可以得出特定时期以给定概率水平的最大预期损失的数值，以衡量风险对企业的全部影响。其一个明显的优点是考虑了不同种类风险之间的相关性，这种相关性可以调节风险对企业总的影响。

（4）风险关联图。通过关联分析可使企业确定每种风险来源是怎样相互影响的，其最终结果是编制显示特定风险来源如何影响企业总体经营状况的关联图，据此可以用来分析风险的相互依存性。

（5）减少风险成本。有了图示的风险相互依存的信息后，企业可考虑使用分散化技术来减少其总的风险成本。这一般都使用不相关或负相关的风险来产生风险最小的组合。至关重要的是，公司要考虑低损失频率、高损失程度事件造成损失的影响，其风险转移的成本可能远高于假设的收益。因此，采用模拟分析可以表明在不同情况下的成本和收益是如何变化的。

（6）制订一份整体化计划。企业的最终目的是制订一份低风险成本的整体化风险管理计划，否则就不能提升企业价值。例如一家企业通过与专业顾问合作完成了一份计划。计划的主要内容如下：设立一家专业自保公司自留某些核心业务风险，设计一份承保财产和意外风险、利息率风险、信用风险和环境责任风险的综合保单，使用衍生品合同完全规避货币风险，安排一种应急资本工具来获得损后筹资。由此可见，整体化风险管理计划非常灵活，在编制计划时很少存在障碍。

（7）计划的贯彻执行。一旦计划制定，就必须在企业内部加以贯彻执行。这可能涉及风险管理部门和其他部门的职能、职责和权利的调整，也可能要求加强数据库建设。如果对计划不认真加以贯彻执行，最好的计划也会在实践中失败。

（8）计划的监督检查。当计划贯彻执行时，整体化风险管理的过程并未终止。风险管理过程是动态的，它受内外部事件的影响，这要求对整体化风险管理计划的检查也必须是动态的。为了测定计划的绩效，应配备适当的工具和标准，进行例行的审计和检查。如果发现计划存在缺点、新增风险、市场变量转变、企业经营战略发生变化等情况，也必须对计划做出相应的调整。图 10-4 总结了整体化风险管理计划的制定程序。

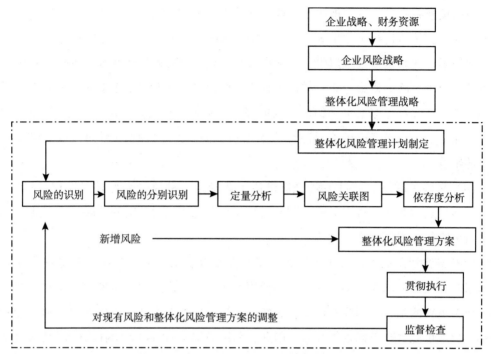

图 10 - 4　整体化风险管理计划的制定程序

资料来源：许谨良：《风险管理》，上海财经大学出版社 2016 年版，第 250 页。

四、整体化风险管理的未来展望

自从 20 世纪 90 年代后期以来，整体化风险管理已初步形成，并处于稳步发展阶段。一旦公司高级管理人员和董事们认识到需要进行积极的风险管理，并且规定风险战略和容限度，就会全方位考虑风险。一些面临复杂风险的大公司已开始以整体化方案管理其风险，但做法很不统一。各种调查结果显示：在北美洲、欧洲、亚洲的许多公司，高级管理人员接受整体化风险管理的观念，但大多数仍停留在理论或概念上，而不是处在实践阶段。不难理解他们迟疑不决的态度，因为整体化风险管理过程开始前的准备阶段的工作是复杂的，需要投入，配备资源，进行缜密分析，甚至要求公司结构发生变动。这种情况仍将在一定时期内继续下去，但保险经纪人和其他风险管理顾问的介入会推动整体化风险管理的发展。由于会给企业带来成本节约和经营效益的提高，从中期来看，对各种非传统风险转移产品的需求会急剧增加，整体化风险管理有着强劲发展的趋势。不过，在可以预见的将来，这种发展仍然局限于大公司。

非传统风险转移产品的出现不会取代传统的商业保险，它只是对传统的商业保险无法提供有效解决方案时的一种补充。目前保险市场的传统产品相对来说还具有吸引力，并以较低的价格水平提供保单，再保险市场对地震、飓风等自然灾害的承保能力仍然是充足的。只有当传统保险产品的价格升高且某些保险产品变得不容易获得时，非传统风险转移产品才会显现其真正价值。因此，除了专业自保公司之外的其他非传统风险转移产品在整个财产和意外保险市场上只占据一小部分。非传统风险转移产品是整体化风险管理的重要工具，是根据整体化风险管理的需要而开发。因此，整体化风险管理代表着风险管理发展的新方向，但它尚未形成相对完整的理论和方法体系，一时难以取代传统风险管理的理论和方法。纯粹风险依然是风险管理的主要对象，保险仍将是风险管理的重要手段。

【思考与练习】

1. 风险管理措施可以分为哪几种类型？每种类型的风险管理措施包含哪些内容？

2. 控制型风险管理措施有哪些？各自适用于哪些情况？

3. 融资型风险管理措施有哪些？各自适用于哪些情况？

4. 保险在风险管理中的作用是什么？

5. 什么是自保公司？自保公司有哪些优势与劣势？

6. 什么是整体化风险管理？整体化风险管理措施有哪些？

风险管理实践

第十一章　风险管理的组织

【本章概要】

风险管理是一个系统工程，需由主体内的一个有机的组织来实施并执行各自的职责，才能实现风险管理的目标。对于风险管理的组织构成层级及范围没有统一的标准，同时，各个企业大小不等、规模不一，风险管理组织也会有较大的区别。但现代风险管理的理念是，在一个主体内，风险管理必须由最高层从战略上把控，而在基层组织，风险管理人人有责。本章重点探讨了如何构建企业风险管理的组织体系、如何架设企业风险管理防线以及各组织体系在企业风险管理中的职责设计等问题。

【本章学习目标】

1. 理解风险管理组织与组织体系的含义；

2. 掌握企业风险管理组织体系的构成及各部分的主要职责；

3. 能够根据企业的实际情况进行风险管理组织体系设计；

4. 了解风险管理计划书的内容。

引　言

【导读案例】中信泰富巨亏案例

中信泰富有限公司于 1990 年在香港注册成立，是一家在香港交易所上市的综合企业公司，并为恒生指数成分股之一。

2008 年 10 月 20 日，中信泰富发布公告称，公司为减低西澳洲铁矿项目面对的货币风险，签订若干杠杆式外汇买卖合约而引致亏损，实际已亏损 8.07 亿港元。至 10 月 17 日，仍在生效的杠杆式外汇合约按公平价定值的亏损为 147 亿港元。换言之，相关外汇合约导致已变现及未变现亏损总额为 155.07 亿港元。

2008 年 10 月 21 日，中信泰富的股价暴跌 55%，该公司此前承认其手中的杠杆货币头寸有可能导致近 20 亿美元的损失。这家颇具声誉的公司在两个交易日中市值蒸发掉了三分之二，成为在全球金融危机中首批中箭落马的中国企业。

分析该事件的原因，主要有以下几个方面：

1. 风险评估：投资风险的评估不足

中信泰富对远期合约风险评估不足是这次投资巨额亏损的第一个原因。这类杠杆式外汇买卖合约交易者只需支付一定比例的保证金，就可进行数十倍的额度交易，本质上属于高风险金融交易，外汇价格正常的波动会因杠杆放大。

因为每份合约当达到公司可收取的最高利润时（幅度介于 150 万美元至 700 万美元之间），合约就将终止。如果澳元大幅升值，过低的合约终止价格使得中信泰富声称的"套期保值"作用相当有限，但是如果澳元走软，中信泰富必须不断以高汇率接盘，理论上亏损可以无限大。过于乐观对澳元汇率的判断，使得中信泰富这种半投机性质的衍生金融工具使用，在全球金融危机下付出了惨痛的代价。

2. 授权审批：无授权审批下的投机

从中信泰富的公告中指出，这批导致 147 亿港元损失的远期合约投资竟然没有通过公司董事会授权审批。授权审批作为公司内部控制中最基本的一个控制原则，应该在所有公司重大的决策行为中加以执行，更不用说是如此巨大的衍生金融工具的使用和投资行为。正是中信泰富在这最基本内部控制原则上的缺失，使得这笔远期合约合同的投资行为无法在事前得到有效的管理控制。

3. 没有遵守远期合约风险对冲政策

如果单纯出于避险的目的进行类似外汇保证金交易，那么这类可赎回远期合约亏损基本在可控范围内。如果跟未来的实际交易行为做对冲，以最简单的"锁汇"为例，交易者损失的上限即为已支付的保证金金额。然而，中信泰富的财务主管没有遵循远期合约的风险政策和尽到应尽的职责，使得远期合约的风险无限放大。

4. 内部监控失效

中信泰富作为最早在香港证券交易所上市的大型国有控股公司其应该建立完善的重大事项对外信息披露制度，明确规定重大信息的范围和内容，确保在成本效益原则的基础上披露所有重要信息，以保障投资者的利益。然而，现实情况是中信泰富在发现问题 6 个星期之后才进行相应的信息披露，从一定程度上使得我们对于中信泰富整个内部控制体系的设置和执行的有效性产生了巨大的怀疑，中信泰富的内部控制体系和公司治理机制可能存在重大缺陷。

资料来源：李若山、吴益冰：《企业如何管理衍生金融工具投资风险——基于中信泰富外汇合约巨亏港元案例分析》，载于《审计与理财》2009 年第 2 期，第 5 ~ 7 页。

中信泰富巨亏事件反映了该公司管理层风险意识淡薄，企业风险管理的组织和组织架构存在严重缺陷。因此，我们需要强化企业管理层的风险意识，健全企业风险管理架构，因为企业管理层特别是管理高层是企业风险管理决策的核心，健全的风险管理架构是风险管理的基础。在最新版 ISO 31000 框架轮中，最核心的内容就是"领导力与承诺"，强化了领导层在风险管理工作中的角色和职责。

第一节 风险管理组织与组织体系

任何一项管理工作的圆满完成都需要通过落实管理分工与责任达到的，风险管理工作也不例外。风险管理组织则是通过企业设置专职的风险管理组织机构或确定相关职能部门履行全面风险管理的职责，并与其他部门一起形成风险管理组织体系，在明确风险管理责任的同时使风险管理有了统筹的安排，将风险管理责任落实到每一个岗位，从而保证风险管理工作的顺利进行。因此，可以说，风险管理组织体系是风险管理的组织保证。

一、风险管理组织的含义

（一）风险管理组织及组织架构体系

风险管理的组织是用来解决风险管理的治理结构问题的，即由谁来管理，权责如何划分等。因此，如果从广义的角度说，风险管理组织是指风险主体为实现风险管理目标而设置的内部管理层次及管理机构，包括有关风险管理组织结构、组织活动以及两者相互关系的规章制度。风险管理组织活动则是指风险管理专职机构制定和执行风险管理计划的全过程，包括为制定风险管理目标，并为实现目标而进行的风险的识别、衡量、处理及效果评价等活动。体现风险管理组织结构与组织活动相互关系的规章制度则包括风险主体风险管理的指导思想、政策纲要、方针策略以及有关的管理、监督条例和规定。而如果从狭义的角度讲，风险管理组织则主要是指实现风险管理目标的组织架构，具体包括组织机构、管理体制和领导机构。如果没有一个稳定、合理、健全的组织结构，整个风险管理活动就会陷入混乱无序，甚至毫无效果的境地。

风险管理组织架构体系是指组织管理系统中与风险管理有关的要素集合，主要包括规范的公司法人治理结构，风险管理职能部门、内部审计部门和法律事务部门以及其他有关职能部门、业务单位的组织领导机构及其职责。风险管理组织职能通过企业设置专职的风险管理组织机构或确定相关职能部门履行全面风险管理的职责，与其他部门一起形成风险管理组织架构体系。在明确风险管理责任的同时使风险管理有了统筹的安排，将风险管理责任落实到每一个岗位，从而保证风险管理工作的顺利进行。《中央企业全面风险管理指引》指出，风险管理组织架构体系是企业风险管理体系之一，是风险管理的组织保证。构建科学高效、多层次、相互衔接、有效制衡的风险治理架构体系可提高自身对全面风险的控制能力，充分考虑风险之间的关联性，审慎评估各类风险之间的相互影响有效防范企业面临的跨境、跨业各类风险。

（二）风险管理组织的特点

风险管理组织的特点是由风险管理对象在风险主体中具有相对集中性和分散性的特征决定的。因为风险的利害关系影响着整个风险主体，所以风险管理具有集中性。而所谓相对分散性则突出表现为在实行高度专业分工和普通分权的情况下，风险主体范围内众多的风险都存在于组成风险主体整体的各部门和各环节，也就是说，随着风险主体组织系统的分解则风险单位也相对分散。

集中性和分散性的特征决定了风险管理既有集中管理的要求，又有分散管理的要求，也决定了保证管理活动得以进行的风险管理组织也应适应集中管理和分散管理的要求。这些要求说明了风险管理组织的性质和特征。在实践中，为适应管理的需要，风险管理组织既可以是集中型，也可以是分散型，还可以是介于集中与分散之间的类型。

一般地，在集中管理的情况下，风险管理组织隶属于风险主体的一个主管部门，直接对风险主体最高决策层和领导层负责；在分散管理的情况下，风险主体内部的子系统、分支机构或分厂分别有相应的风险管理机构或风险管理人，直接对上级主管部门负责。

（三）构建风险管理组织和组织架构体系的意义

风险管理组织架构体系对于一个风险主体开展风险管理活动，对于整个社会的风险管理运动都具有重大的意义。一方面，风险主体必须依靠社会风险管理组织的力量；另一方面，社会风险管理组织的宗旨是为了使包括众多风险主体在内的全社会的风险管理取得最大成效。因此，各组织机构之间存在着内在的必然的联系。只有相互合作、相互促进，才能使风险主体风险管理进而使整个社会风险管理真正取得成效。

构建风险管理组织和组织架构体系的意义具体表现为以下几方面：

1. 明确风险管理职能，协调部门间关系

根据组织管理学说，不同的组织地位、组织结构决定了不同的职能。完成一定的职能，需要有相应的组织保证。风险管理组织的建立，可以明确风险管理部门及管理人员的职责范围，并且作为一个独立的、特殊的专职管理部门也能够与风险主体其他职能部门进行良好的协调与合作。而明确风险管理部门与其他部门的关系，将直接影响风险主体风险管理活动全面、有效地展开。

2. 明确风险管理的地位和作用

随着风险管理运动在西方发达国家的发展，从早期的安全管理人员到保险经理，进而过渡到风险经理，不仅显现出风险管理的职责和范围在不断扩大，而且也反映了风险管理组织在风险主体中不断得到认同。在我国，风险管理相对落后，如果从思想认识上高度重视风险管理，从组织保证上强化风险管理，对于深入、有效地开展风险主体风险管理，乃至推动全社会的风险管理都有极为重要的意义。

3. 促进风险管理方案的实施，保证风险管理效果

没有风险管理组织或者组织不健全，将会直接影响风险管理计划的实施。只有有了组织保证，才能达到预期的效果。

二、风险管理组织架构的构建

企业实施风险管理的效果和效率依赖于企业风险管理组织架构的建立和完善。企业管理者应当将风险管理组织架构的设计作为风险管理的重要内容来加以落实，确保其职责明确、上下沟通顺畅、分工细化，只有这样才能保障风险管理的组织完善有效。在风险管理实践中，企业业务部门风险属性跟风险管理部门的属性存在着不一致的情况，这就要求管理者在进行风险管理组织架构设计时，紧密结合本单位管理实际和特点，完善自身风险管理机制，最大程度发挥风险管理部门的效用。

（一）风险管理组织架构的设计原则

企业在进行风险管理组织架构的设计时，需要依据以下几个方面的原则来实施：

（1）全员参与原则。企业风险管理涉及的面比较广，影响因素也比较多，要确保风险管理的实施效果就需要企业全员职工的积极参与。将企业所有职员都作为风险管理的影响者以及参与者，在整个企业范围内进行风险管理的配合及协调工作。同时在进行风险管理组织架构设计时还需要充分结合各个部门、各个层级的定位和职能发挥，通过编写风险管理手册来进一步明确责任，切实将风险具体细化，落实到位。

（2）权责明确原则。确保权责明确是实施风险管理的关键点。在权责的划分明确上一般会涉及部门职工积极性发挥和主动性以及权利限制等。在这一方面要确保不相容职务相分离，杜绝人为操纵现象的出现；合理分工，减少职责的重复和遗漏；对权限层级进行明确划分，严格规定风险管理层级限额并加以贯彻落实。同时，还需要确保报告线的完整性，需要根据企业管理关系以及自身业务的复杂程度合理安排报告线的长短，确保企业管理者能够及时获得本单位风险管理情况。

（3）信息畅通原则。在设计风险管理组织架构时，需要确保信息畅通无阻，并减少信息流动成本。下级组织应当能够向上级沟通风险暴露情况以及政策执行情况，上级组织应当可以及时向下级传达相关政策和策略，各个部门之间应当保持信息畅通，加强信息共享。要避免信息流动的复杂化，减少信息流动干扰。

（4）灵活性原则。在设计风险管理组织架构时，应考虑整体业务规划和发展目标，保证风险管理目标与其相一致。不同规模、生命周期、行业、地区与所有制的企业，所面临的风险的种类、规模、复杂性有着很大的差别，风险偏好以及用于管理风险的资源也有很大差异，企业应当从自身情况出发，灵活选择风险管理组织架构，合理配置各主体在风险管理中的作用与地位。每个企业总是处于不同发展变化状态之中，所处生命周期的不同发展阶段，使得其风险管理组织体系并非一成不变，也应当根据生命周期不同而适时调整。

除此之外，构建风险管理组织架构体系需要考虑企业自身组织架构，在不同的企业组织架构下，风险管理部门的组织机构以及起到的作用也不尽相同。

（二）企业的组织架构

企业的组织架构就是一种决策权的划分体系以及各部门的分工协作体系。组织架构需要根据企业总目标，把企业管理要素配置在一定的方位上，确定其活动条件，规定其活动范围，形成相对稳定的科学的管理体系。

没有组织架构的企业将是一盘散沙，组织架构不合理会严重阻碍企业的正常运作，甚至导致企业经营的彻底失败。相反，适宜、高效的组织架构能够最大限度地释放企业的能量，使组织更好发挥协同效应，达到"1+1>2"的合理运营状态。

企业组织架构的基本形式通常有如下五种：

1. 直线制组织架构

直线制组织架构是指，企业的一切管理工作均由企业领导人直接指挥和管理，即垂直领导，不设专门的职能机构，只设协助人员。

这种架构的管理机构简单明了，相应的管理费用较低。运行过程中，命令统一，能迅速决策，效率较高，并且责权明确。但正因为统一的命令是领导人直接决策，所以管理效果主要依赖于领导者的知识、经验和才能，且无法处理复杂的风险。

2. 职能制

职能制组织架构是指采用专业分工的管理者代替直线制的全能管理者，在组织内部设立职能部门，各职能机构在自己的业务范围内有权向下级下达命令和指示，各级负责人除服从上级行政领导的指挥外，还要服从上级职能部门在其专业领域的指挥。

职能制组织架构分工细腻，由于具有专业知识，能够弥补行政领导的不足。但这种架构形式容易造成多头领导，有时会使下级无所适从，从而削弱统一指挥，造成秩序紊乱，效率较低。

3. 直线—职能制

直线—职能制组织结构也叫生产区域制，或直线参谋制。它是在直线制和职能制的基础上，取长补短，吸取这两种形式的优点而建立起来的。目前，我们绝大多数企业都是采用这种组织结构形式。

这种组织结构形式是把企业管理机构和人员分为两类，一类是直线领导机构和人员，按命令统一原则对各级组织行使指挥权；另一类是职能机构和人员，按专业化原则，从事组织的各项职能管理工作。直线领导机构和人员在自己的职责范围内有一定的决定权和对所属下级的指挥权，并对自己部门的工作负全部责任。而职能机构和人员，则是直线指挥人员的参谋，不能对直接部门发号施令，只能进行业务指导。

直线—职能制组织架构既保证了集中统一指挥，又能发挥各种专家业务管理的作用。高层领导由于有专业人员帮助，可以较为正确地进行风险处理；由于相对集权，企业可以在统一领导下进行经营活动，达到有条不紊。这种组织架构是一种为各企业普遍接受的形式。这种组织架构存在的问题是各职能单位自成体系，不重视信息的横向沟通；若授权职能部门过大，易干扰直线指挥命令系统；职能部门缺乏弹性，对环境变化反应迟钝；会增加管理费用。

4. 事业部制（斯隆模型；联邦分权化）

事业部制组织架构是在一个企业内对具有独立产品市场、独立责任和利益的部门实行分权管理（独立核算、自负盈亏的利润中心），总公司只保留预算、重要人事、方针战略等重大权力。

这种组织架构形式便于统一管理，适合多种经营的企业，或者专业化分工明确的单位。但这种形式对分权领导人要求较高，同时也存在各部门协调问题，以及分权部门的机构设置与总公司设置重复的问题。

5. 矩阵组织架构（非长期固定性组织）

矩阵组织架构形式是在直线职能制垂直形态组织系统的基础上，再加上一种横向的领导系统。

这种组织架构非常具有灵活性，反应迅速，富有弹性。由于包含垂直和横向的关系，能加强各部门协作，但也容易产生多头领导的状态。

不同组织架构有自己各自的特点和适用的情况，如表 11–1 所示。

表 11 -1　　　　　　　　　　　企业各种组织架构形式的特点

类型	特点	适用	优点	缺点
直线制	垂直领导，由企业领导人全权负责，不设职能机构，只设协助人员	小型企业	简单明了，责权分明，效率较高	对领导者素质要求较高，无法处理复杂风险
职能制	有职能机构，在自己的业务范围内有权下达指令	大中型企业	风险管理水平提高	多头领导
直线－职能制	多级行政，对上负责对下管理，职能机构是参谋	广泛采用	风险处理能力强，相对集权，高效率	协作能力要求高

（三）风险管理的组织架构形式

在不同的企业组织架构中，风险管理职能部门的位置及领导力也略有不同，从而决定了其风险管理组织架构形式也不尽相同。常见的风险管理组织架构形式有以下四种（以建筑工程企业为例）：

（1）小型规模风险管理组织，如图 11 -1 所示。

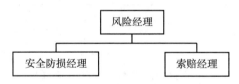

图 11 -1　小型规模风险管理组织形式

（2）中型规模风险管理组织，如图 11 -2 所示。

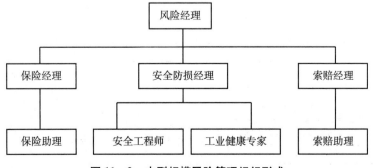

图 11 -2　中型规模风险管理组织形式

（3）大型规模风险管理组织，如图 11-3 所示。

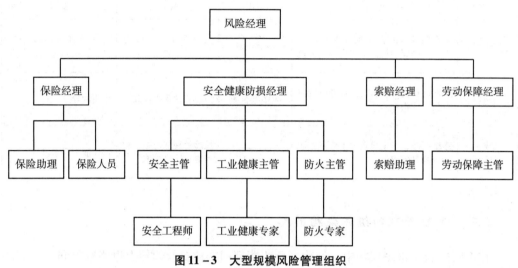

图 11-3 大型规模风险管理组织

（4）选择型风险管理组织，如图 11-4 所示。

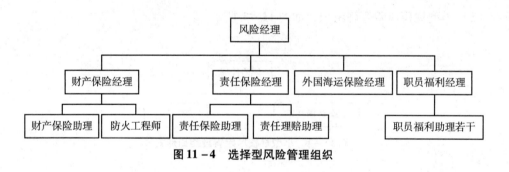

图 11-4 选择型风险管理组织

在不同的企业组织架构中，风险管理职能部门的位置及领导力也略有不同，具体如表 11-2 所示。

表 11-2　　　　　　各种组织架构形式下的风险管理部门的位置及领导力

分类	特点	适用范围	风险管理部在企业组织中的位置
直线制	垂直领导，企业领导人全权负责；不设职能机构，只设协助员	中小企业	厂长或经理是风险管理的总负责人，设少数专职负责； 管理效果主要依赖于领导者

续表

分类	特点	适用范围	风险管理部在企业组织中的位置
职能制	除主管领导人外，设若干职能机构，部分职能下放；其有权向下级下达命令和指示	大中型企业	专门设有风险管理部门，配备专职人员，且有权向下级下达命令。 优点：适用专业人才；管理水平提高。 缺点：多头管理
直线—职能	各级行政领导人对上级负责，对下级有指挥权，风险管理部门协助企业高层领导	广泛采取	风险管理部门起咨询作用，对下级无命令权，既可以正确进行风险处理，又使权力相对集中

（四）风险管理组织架构下的部门职责

我国国资委 2006 年 6 月发布的《中央企业全面风险管理指引》将风险管理组织职能体系作为一个相对独立的部分，对董事会、风险管理委员会、总经理、风险管理专职部门以及内部审计等部门进行了明确的定位，对这些部门在风险管理工作上的职责进行了清晰地划分和详细的阐述。

1. 风险管理委员会

（1）风险管理委员会构成。具备条件的企业，董事会可下设风险管理委员会。风险管理委员会通常由 3~5 名董事组成，该委员会的召集人应由不兼任总经理的董事长担任；董事长兼任总经理的，召集人应由外部董事或独立董事担任。该委员会成员中需有熟悉企业重要管理及业务流程的董事，以及具备风险管理监管知识或经验、具有一定法律知识的董事。

（2）风险管理委员会职责。风险管理委员会对董事会负责，主要履行以下职责：

①提交全面风险管理年度报告；

②审议风险管理策略和重大风险管理解决方案；

③审议重大决策、重大风险、重大事件和重要业务流程的判断标准或判断机制，以及重大决策的风险评估报告；

④审议内部审计部门提交的风险管理监督评价审计综合报告；

⑤审议风险管理组织机构设置及其职责方案；

⑥办理董事会授权的有关全面风险管理的其他事项。

企业总经理对全面风险管理工作的有效性向董事会负责。总经理或总经理委托的高级管理人员，负责主持全面风险管理的日常工作，负责组织拟订企业风险管理组织机构设置及其职责方案。

2. 风险管理职能部门

企业应设立专职部门或确定相关职能部门履行全面风险管理的职责。风险管理部受风险管理委员会领导。

（1）组织构架。风险管理部组织架构如图 11 –5 所示。

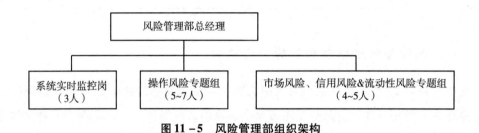

图 11 – 5　风险管理部组织架构

（2）部门职责。风险管理职能部门对总经理或其委托的高级管理人员负责，主要履行以下职责：

①研究提出全面风险管理工作报告；

②研究提出跨职能部门的重大决策、重大风险、重大事件和重要业务流程的判断标准或判断机制；

③研究提出跨职能部门的重大决策风险评估报告；

④研究提出风险管理策略和跨职能部门的重大风险管理解决方案，并负责该方案的组织实施和对该风险的日常监控；

⑤负责对全面风险管理有效性的评估，研究提出全面风险管理的改进方案；

⑥负责组织建立风险管理信息系统；

⑦负责组织协调全面风险管理日常工作；

⑧负责指导、监督有关职能部门、各业务单位以及全资、控股子企业开展全面风险管理工作；

⑨办理风险管理的其他有关工作。

（3）岗位职责。应赋予风险管理职能部门经理足够的授权、人力资源及其他资源配置等。风险管理职能部门经理也很可能介入一个公司很多方面的活动，例如，为雇员建立养老基金和医疗保险，调查影响收购兼并和公司收益的风险因素，购买保险以转移某一类型的风险。风险经理指导其他部门的经理与之一起做出共同的风险决策，并共同承担决策的结果是风险经理的基本任务。

风险经理的职责有：

①指导其他部门的经理与之一起做出共同的风险决策，并共同承担决策的结果是风险经理的基本任务。

②识别、衡量风险、拟订、选择、实施风险处理方案，并评价其效果。

③取得各部门的协调。

④帮助高层领导制定正确的风险政策，计划组织风险管理；整合部门的各项资源，使其发挥最大的效能。

⑤建立风险管理网络，使之具有一定的灵活性。

⑥帮助高层领导在企业中形成一种"安全第一"的思想观念。

⑦与高层领导共同决定企业自保和投保的程度。

风险经理地位的影响因素包括企业环境和高层领导的态度。

3. 审计委员会

企业应在董事会下设立审计委员会，企业内部审计部门对审计委员会负责。内部审计部门在风险管理方面，主要负责研究提出全面风险管理监督评价体系，制定监督评价相关制度，开展监督与评价，出具监督评价审计报告。

（五）业务部门的风险管理职责

虽然风险管理主要是由风险管理部来完成的，但由于产生损失的原因多种多样，所以从理论上来说，风险管理的整个过程不可能由风险管理部独立完成，而是和公司其他主要部门一起完成的。

1. 企业风险管理部门与其他部门之间的关系

（1）会计部门。会计部门掌握着许多的会计信息，可以为风险管理部门提供风险分析资料，帮助风险经理做出正确的决策。会计部门还可以通过在企业各部门之间分配风险管理成本，帮助风险经理监督风险计划的执行情况。但是会计部门自身也会产生值得注意的风险。

（2）财务部门。财务部门是企业进行资金管理的部门，它筹集、投放、分配资金，使资金发挥最大潜能，为企业创造最大的利润。风险管理决策的实施需要资金支持，所以需要财务部门和风险管理部门相互合作。

（3）购销部门。购销部门常会使企业面临风险损失。风险管理部门在进行损失控制时，需要购销部门的合作，以便分析识别损失原因，从而使损失降至最低。

就销售活动而言，其最大的风险是产品责任索赔，夸大产品或服务的功能可能会使客户有过高的期望。因此，销售过程及有关文字说明应由风险管理人员、销售人员和法律人员共同参与。

在销售活动的过程中，可以获得很多与产品有关的风险信息，以及处理这些信息的方法。例如，客户的投诉，即使不会引起诉讼，也应该是一个信号，说明风险的存在，对此有必要进行调查并加以修正。

（4）生产部门。对制造产品或提供服务的企业而言，制造产品或提供服务的部门存在很多风险源，使企业员工人身安全、企业财产、产品责任、环境责任等常常暴露在相关风险中。例如，在绝大多数工业企业中，生产部门的员工很容易遭受工伤，由于生产设备遭到破坏而引起生产中断，由于生产问题而使产品对用户造成伤害。因此，风险管理人员应紧密地与生产人员合作，通过企业的成本会计、产品定价及风险管理成本分配系统准确地了解损失的成本和原因，有效地识别可能导致损失的风险，指导他们如何防止、避免风险或为他们消除风险。也就是说，识别风险、减少损失和降低成本等基本工作应由生产人员和风险管理人员共同完成。

（5）人事部门。人事部门与风险管理部门共同设计，安排和管理雇员福利计划。此外人事部门还可以帮助风险管理部门分析处理企业的某些风险。

对于风险经理而言，人事记录十分重要，尤其是企业关键员工的人事记录。作为一种风险控制手段，人事部门应当事先寻找合适的人选，以便当关键的员工因死亡、残疾或其他原因不能工作时，可以经过培训暂时或永久地接替这个关键员工。

一旦员工因死亡、残疾或其他原因不能工作时，他们的家庭或企业就会遭受损失。为了对付这类风险所造成的损失，人事部门和风险管理部门可合作举办员工福利计划。

有时，人员风险也会产生于人事部门自身的活动中。例如，有关记录受到损坏、保存的机密信息被篡改或失窃等。对人事数据不恰当地使用可能会侵犯员工的隐私权而导致企业承担赔偿责任。企业在招聘、提升、培训或其他人事活动中可能因为某些失误或违反政府法规而迫使企业承担某些责任。因此，风险管理部门和人事部门应当共同研究这些风险，并努力设法进行控制。

（6）法律部门。企业的法律人员或企业外部的法律咨询机构是解决大多数责任风险的主要力量。这些法律部门的人员首先是识别和分析责任风险的专家，其次是在发生任何责任事故时作为维护企业权益的法律代表。其职责是保证企业的所有生产经营活动和其他业务活动合法合规。

法律专家的任何疏忽都有可能给企业带来极大的损失。俗话说，法律是一把"双刃剑"。当法律人员忘了告诉企业根据政府规定必须承担某些责任，由于疏忽而未使企业履行合同的义务，或者没有在最后期限前纳税，法律不但不会保护企业，反而会给企业带来损失。为了减少责任风险可能带来的损失，法律人员、风险管理人员和企业的其他员工在处理法律事件时必须通力合作。

法律专家可以根据以往的、现在的和打算进行的经营活动，帮助风险管理人员分析法律风险。例如，在一家消费品制造厂家中，法律人员应当保证产品标记中内容的合法性，一旦因产品责任问题引起诉讼，他们就应帮助制定相应的对策。此外，法律人员还须提供董事会的诉讼记录、向股东的报告和与有关监管部门进行交往等信息，以便更好地识别责任风险。

包括动产和不动产在内所有财产的转让是风险管理人员必须与法律人员合作的另一个方面。有关不动产的购买、出售和租赁的法律记录是相关风险的主要信息来源。因此，在所有本企业签订的合同中，特别在含有责任条款和产权转让条款的合同中，法律部门和风险管理部门对使用的语言应取得一致意见。

（7）数据处理部门。价值昂贵的计算机、庞大的数据库和复杂的信息管理系统在很多企业中越来越起到重要的作用。这些企业的日常经营以及决策需要具备高速处理大量信息的能力。因此，就风险管理的角度而言，也十分需要一个数据处理部门，它可以解决很多问题。

计算机中心的损坏将毫无疑问地引起巨大的财产损失、净收入的减少。由于计算机的错误输出而制定不正确的决策也会造成损失。所有这些风险都在管理范围之内，并需要与数据处理人员合作共同防范。这种合作应当建立在数据处理人员对计算机设备的弱点和可能出现的错误的鉴定，以及风险管理部门关于这些错误对企业的不利影响评估的基础之上。

计算机在处理损失风险时可以提供很重要的辅助作用。这种辅助作用来自计算机对企业经营和损失风险的数据编辑和分析功能，对不同损失可能的模仿功能，根据过去的损失经验数据研究将来的损失的预测功能，对备选的风险控制和风险筹资方法的成本和收益的比较功能，以及收集损失信息以演示风险管理计划的成果或指出缺陷。总之，计算机已成为现代管理的工具，要跟上现代管理的步伐，风险经理一定要利用计算机来提高风险管理能力。

2. 业务部门的风险管理职责

企业其他职能部门及各业务单位在全面风险管理工作中，应接受风险管理职能部门和内部审计部门的组织、协调、指导和监督，主要履行以下职责：

（1）执行风险管理基本流程；

（2）研究提出本职能部门或业务单位重大决策、重大风险、重大事件和重要业务流程的判断标准或判断机制；

（3）研究提出本职能部门或业务单位的重大决策风险评估报告；

（4）做好本职能部门或业务单位建立风险管理信息系统的工作；

（5）做好培育风险管理文化的有关工作；

（6）建立健全本职能部门或业务单位的风险管理内部控制子系统；

（7）办理风险管理其他有关工作。

但是，对于风险管理的组织构成层级及范围没有统一的标准，同时，各个企业大小不等规模不一，风险管理组织也会有较大的区别。这取决于高层管理者对风险管理的认识及需求。图11-6反映了一个典型的风险管理部门与其他部门之间的关系。

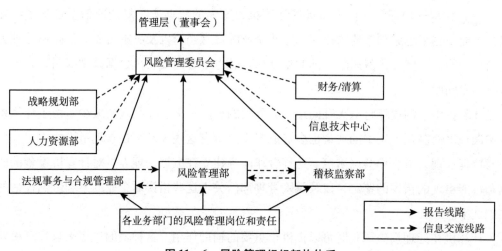

图11-6 风险管理组织架构体系

（六）与风险管理有关的外部组织

企业的风险管理除了需要企业内部各层级、各部门的大力支持和配合外，还需要外部组织的监督和帮助。

外部组织是指不属于某个风险主体组织但能够而且可以给风险主体提供有关风险管理服务的专职部门和机构。这些部门和机构成为全社会风险管理组织的有机成分。

在实际生活中，很多风险主体，尤其是一些规模较小的风险主体，由于受各种条件的限制，在风险主体内部设置专门的风险管理机构常常存在较大的困难，因此，利用风险主体外部风险管理组织的力量处理风险是非常必要的。也就是说，风险主体的风险管理不仅要依靠风险主体内部的风险管理机构来实现，而且还应借助风险主体外部的风险管理机构的帮助实现。即使条件优越的风险主体拥有自己专门的风险管理机构，但是有效地利用外部组织的力量也是十分有益的，甚至在某些情况下也是必不可少的。

风险主体外部的风险管理机构可以是：保险公司、风险管理咨询机构以及有关的信息部门、政府的相关职能部门等。这些机构一方面可以为风险主体提供风险调查、风险政策咨询、风险事故诊断和设计风险处理方案等服务，另一方面也可以对风险主体的可保风险进行保险，提供防损安全服务。

1. 风险管理咨询机构

这种咨询机构可以为风险主体提供风险调查、风险政策的咨询，也可以提供风险事故诊断及设计风险处理方案等服务。咨询机构通常是由一些专家、学者和技术顾问组成的协会和团体，有公认的正式机构，也有非正式的机构，有官方的，也有民间性质的，甚至还有一些私人咨询机构。如美国的"RIMS"就是一个由大学教师、保险管理人员和有关专家、学者共同组成的具有民间性质的咨询机构，该协会为美国开展风险管理运动做出了巨大的贡献。在我国，目前也有众多的具有风险管理性质的协会或团体，如中国保险学会、中国消防协会、中国地震学会、中国国际减灾十年活动委员会，等等。

2. 保险公司

保险公司是专门经营和管理风险的商业风险主体，其承担的风险具有广泛的代表性，因而保险公司具有为风险主体提供有关风险管理的信息服务和技术服务的优越性。同时，购买保险常常是风险主体处理风险最为有效的手段，因此，风险主体开展风险管理，不可避免地要与保险部门打交道，并进行密切合作。在美国，保险公司、保险代理人、保险经纪人为风险主体提供的风险管理技术服务有着显著的地位，这些技术服务包括：（1）风险主体风险的识别和估测；（2）处理风险的建议；（3）帮助选择最好的保险人；（4）损失控制服务；（5）索赔理算服务；（6）提供有关法律要求方面的协助等。

3. 专职管理部门

这里所说的专职管理部门是指社会各界与风险主体风险管理有关的政府职能部门或技术部门，如消防管理部门、交通运输管理部门、气象监测部门、地震监测部门、公安部门等，此外，还有面向全社会专门从事风险管理服务的专业技术部门。这些职能部门和技术部门拥有对某一方面风险处理技术的权威性，可以为风险主体提供较好的服务。

第二节　风险管理的绩效评价

一、风险管理绩效评价综述

（一）风险管理绩效评价的概念

风险管理绩效评价是指对风险管理措施和处理手段的科学性、收益性和适用性进行分析、检查和评估。

它有助于减少风险事故的发生，提高风险决策管理的水平，也可以根据实际情况改进风险管理措施，提高风险管理的收益。

应该指出，风险管理绩效评价与风险评价是不同的：

（1）评价的阶段不同。风险评价是风险管理实施过程中的评价，属于风险管理实施前或实施中的风险管理行为；风险管理绩效评价则是对风险管理方案实施结果的评价，是风险管理实施阶段的风险管理行为。

（2）评价的作用不同。风险评价的作用是为风险决策管理提供依据，其评价结论直接影响着风险决策管理；风险管理绩效评价是风险管理决策执行情况的信息反馈，是对风险管理效果的综合评价。

（3）风险评价的依据是风险识别或者风险评估的结果。经过风险识别或风险评估，风险管理单位对风险因素、风险源的状况更加明确，属于事前评价；风险管理绩效评价的依据是在实施风险管理措施以后风险事故发生的状况，属于事后评价。

（二）风险管理绩效评价的原则

（1）全面性。对影响风险管理效果的各种因素进行多层次多角度的分析评判，避免以偏概全。

（2）客观性。充分体现风险的特征，依照统一的行业风险管理标准，公正的评判风险管理的成果和状况。

（3）效益性。以考察风险管理收益为重点，真实反映风险管理单位的管理能力和水平。

（4）发展性。在综合反映风险管理成本和收益的基础上，客观评价风险管理的成果，科学预测风险管理未来的发展趋势。

（三）风险管理绩效评价的作用

（1）评价收益。通过风险管理绩效评价检查已实施的方案是否达到了预期的效果。如果达到预期效果，则进一步实施该方案；如果没有达到预期效果，则应调整和修改风险管理方案。

（2）分析偏差产生的原因。通过分析方案执行过程中产生偏差的原因，找出产生偏差的这个原因是产生于风险识别、风险评价或分析管理技术选择中的哪个阶段，是产生于方案制订阶段还是执行阶段，进而有效解决偏差问题。

（3）总结经验教训。通过总结经验教训，不仅可以提高风险管理的有效性，充分有效地利用资源，而且能够有效地减少风险事故的发生。

二、风险管理绩效评价的程序和内容

（一）风险管理绩效评价的程序

（1）制定风险管理绩效评价计划。

（2）搜集整理有关风险管理资料。对风险管理有关资料的搜集工作是一项涉及面广、缜密细致的工作。这些资料主要包括：

①风险管理实施前有关资料，包括风险评价报告、风险管理方案、方案实施可行性报告、成本预算、管理方式等。

②措施实施后的资料，包括风险管理实施后的状况报告、执行情况、反馈意见书、风险管理成本与收益等。

③国家有关政策与规定，包括同风险管理有关的国家法律法规等。

④有关部门的相关规定，主要是相关部门对于风险管理措施评价方法的规定。

⑤其他资料，如风险管理技术资料、设备运行情况的资料。

（3）编制风险管理绩效报告。

（二）风险管理绩效评价的内容

（1）评价风险管理的效果；

（2）评价风险管理的科学性；

（3）评价风险管理者的管理方式和水平；

（4）评价风险管理的执行情况。

三、风险管理绩效评价的方法

风险管理的绩效评价主要采取两种方式进行，一种是定量评价，另一种是定性评价。

（一）定量评价

定量评价是指风险管理单位在一定时期内可以用金额、百分比、损失或索赔次数等来加以评价。具体包括：

（1）资料搜集法，包括实地调查法、抽样调查法和专题调查法。

（2）过程评价法，即将风险管理措施从计划、决策到实施各个环节的实际情况，都进行评价的方法。

（3）指标对比法，即通过风险管理措施实施后的实际数据或实际情况同风险管理措施实施前的实际数据或实际情况进行比较的方法。

（4）因素分析法，即通过对影响风险管理措施实施后的各种技术指标进行分析，进而进行风险管理效果评价的一种方法。其对影响风险管理效果的各种因素加以分析，寻求影响绩效的主要原因。

（二）定性评价

定性评价是在定量评价的基础上，通过采取专家评议的方式，对一定时期内的风险管理水平进行定性分析与综合评判。

四、风险管理的绩效评价

（一）评价标准

风险管理绩效评价的标准有两种：

一种是结果定向标准，如年产量 10 万吨。结果定向标准关注的是工作业绩，并不关心工作中所付出的努力。

另一种是行为定向标准，如每天拜访 10 个客户。行为定向标准关注的是工作中所付出的努力，这种努力最终导致目标的实现。

不论结果定向标准，还是行为定向标准，在具体运用时都需要使它具有可操作性，即可以被测定。

（二）评价结果

绩效评定的结果有三种情况：符合标准、没有达到标准、超过标准。

（1）风险管理绩效符合标准。一般来说，这种情况表明所设的业绩标准是合适的，而风险管理部门的业绩也是令人满意的。但有时，风险经理却可能认为这种标准已不能激发出更好的业绩了，那就需要进一步改进标准。

（2）风险管理绩效不能达标。应根据具体情况，查找原因，采取对策，适时调整风险管理计划，使之与企业实际情况相符合。如果发现不达标的原因是标准过高，那就应该降低标准使之更具现实性。事实上，一项过分高要求以至于脱离现实的标准，往往只会使人们产生消极的情绪。只有稍高于人们实际能力的标准，才会激发出人们的积极性。如果标准是合理的，只是由于人们工作上的原因才导致不能达标的，则应该对其采取相应的措施，督促他们达标。

（3）风险管理绩效超过标准。这种情况下，一般说来应给予适当的奖励，这样可以鼓励人们创造更好的业绩。但是，如果风险管理绩效大大超过标准，则需要仔细地考察研究，看看标准设定是否太低或不全面。通过这样的绩效评定，企业可以适时适当地调整风险管理计划，使之不断完善，与企业实际情况更为契合，并为企业提供更好更有效的保障。

第三节　制订风险管理计划方案

"凡事预则立，不预则废。"有了计划，工作就有了明确的目标和具体的步骤，就可以协调大家的行动，增强工作的主动性，减少盲目性，使工作有条不紊地进行。同时，计划本身又是对工作进度和质量的考核标准，对大家有较强的约束和督促作用。所以计划对工作既有指导作用，又有推动作用。

风险管理计划是指一个能够提供、调动资源，以抵消、减少偶然损失所带来的不利影响的系统。也就是说，风险管理计划是在明确风险管理目标之后，根据本单位的风险管理组织体系，充分协调各部门资源，使风险管理工作顺利开展，以应对风险的一个计划书。

制定有效的管理计划方案是风险管理工作的成败之关键，它直接决定管理的效率和效果。

一、风险管理计划的作用

风险管理计划对于整个组织来说，可以建立整个风险管理的目标，定义风险管理部门责权地位，协调企业各分支机构，对风险暴露单位的风险级别进行评定，建立提高现有的交流网络和管理信息系统保证风险计划的持续性，能将风险管理目标和要求传达给企业的每一位员工。

在全面分析评估风险因素的基础上，制定有效的管理计划方案是风险管理工作成败之关键，它直接决定管理的效率和效果。因此，翔实、全面、有效成为风险管计划方案的基本要求，其内容应包括风险管理方案的制定原则和框架、风险管理的措施、风险管理的工作程序等。

二、风险管理计划的制定原则

（一）可行、适用、有效性原则

管理方案首先应针对已识别的风险源，制定具有可操作的管理措施，适用有效的管理措施能大大提高管理的效率和效果。

（二）经济、合理、先进性原则

管理方案涉及的多项工作和措施应力求管理成本的节约，管理信息流畅、方式简捷、手段先进才能显示出高超的风险管理水平。

（三）主动、及时、全过程原则

项目的全过程建设期分为前期准备阶段（可行性研究阶段、勘察设计阶段、招标投标阶段）、施工及保修阶段、生产运营期。对于风险管理，仍应遵循主动控制、事先控制的管理思想，根据不断发展变化的环境条件和不断出现的新情况、新问题，及时采取应对措施，调整管理方案，并将这一原则贯彻项目全过程，才能充分体现风险管理的特点和优势。

（四）综合、系统、全方位原则

风险管理是一项系统性、综合性极强的工作，不仅其产生的原因复杂，而且后果影响面较广，所需处理措施综合性强。例如项目的多目标特征（投资、进度、质量、安全、合同变更和索赔、生产成本、利税等目标）；因此，要全面彻底地降低乃至消除风险因素的影响，必须采取综合治理原则，动员各方力量，科学分配风险责任，建立风险利益的共同体和项目全方位风险管理体系，才能将风险管理的工作落到实处。

三、制订风险管理计划的步骤

（1）明确风险管理的目标。风险管理的成功与否很大程度上取决于是否预先有一个明确的目标，因此，组织在一开始就要权衡风险与收益，表明对风险的态度。

（2）确定风险管理人员的责任以及与其他部门的合作关系。按照国务院国资委

《中央企业全面风险管理指引》中对风险管理职能部门的职责要求，明确企业风险管理人员的职责及其与董事会、风险管理委员会、财务、法务、人事以及其他部门的合作关系。

（3）列出具体进度计划表。把各项工作的具体进度安排以月或季度明确表示出来。

【专栏 11 - 1】华能部署：2019 年度全面风险管理工作安排

一、深刻认识防范化解重大风险的极端重要性和紧迫性

1. 提高政治站位。各部门、各单位要从讲政治的高度充分认识防范化解重大风险的极端重要性和紧迫性，把防范化解重大风险作为树牢"四个意识"、坚定"四个自信"、践行"两个维护"的具体行动。自觉从政治和大局上辨析各类风险的本质，坚决把思想和行动统一到习近平总书记重要讲话精神和党中央决策部署上来，统一到国资委和集团公司工作要求上来。

2. 强化风险意识。要始终绷紧风险防范这根弦，深刻认识国有企业风险的复杂性和严峻性，将风险意识贯穿于企业经营、发展、改革、党建的全过程和各环节，不回避矛盾问题，切实在风险可控的前提下开展工作。深入开展全面风险理念的教育宣贯，真正把风险意识传导到每一名员工。

3. 落实防控责任。要压实各项风险的防控责任，做到业务开展到哪里，风险防控就延伸到哪里，做到每一项业务的风险都清清楚楚，每一项风险的防控责任都清清楚楚，每一项防控责任的责任人都清清楚楚。要实现风险防控与业务工作同部署、同落实、同检查。

二、全面落实防范化解重大风险各项工作任务

1. 全面深入梳理风险清单。各部门、各单位要以年度全面风险管理报告为基础，对本部门、本单位范围内的重大风险进行再梳理、再分析、再评估。要结合实际，进一步细化风险清单，针对每一个风险点，梳理排查哪些重点地区、重点领域、重点单位、重点工程、重点事项存在风险点描述的情况，将重大风险情况掌握得更全面、更透彻、更准确。

2. 进一步细化风险防范化解方案。针对梳理出的每一个风险点和相关情况，细化风险防控措施，以及风险一旦发生后的应急处置和化解措施，形成重大风险防范化解方案，统筹有序抓好落实，确保全面防范、有效应对。

3. 完善风险研判机制。

开展月度风险研判工作，结合经济活动分析，重点对安全生产、经营发展等领域风

险趋势进行研判。

开展季度风险研判工作，建立完善风险量化指标体系，重点对影响 EVA、归母净利润和新能源发展等质量和效益目标的风险因素和苗头，加强动态监测和预警。

开展半年度风险研判工作，对年初确定的重大风险进行全面系统的再分析、再评估，对风险防控措施进行再优化、再完善。

4. 建立决策风险评估机制。做任何重大决策前要把风险评估作为必经程序，在提交决策会议的审议材料中要有风险评估报告或专门的风险评估章节，并将风险评估情况提供风险管理归口部门。要将重大决策是否经过风险评估作为一项重要内容，纳入单位决策事项台账记录范围。

5. 建立风险防控协同机制。总部部门在评估风险时，要了解掌握基层一线风险的具体情况，有针对性地制定风险防控措施；同时要加强对口业务指导，帮助基层一线更好地排查、分析和评估相关领域风险。各单位要及时汇报风险隐患、风险变动、风险损失等具体情况，及时调整完善防控措施和化解预案。实现集团总部和所属单位风险信息互通共享，防控方案协同制定，防控措施协调推进。

6. 提升内控体系有效性。各单位要按照"四个全覆盖"的要求（即各级单位全覆盖、管理领域全覆盖、业务流程全覆盖、风险点全覆盖），以规范流程、消除盲区、有效运行为重点，开展本单位内控手册修编工作。要严格依据集团公司内控标准的总体框架、流程目录、风险点和控制措施，针对本单位近年来巡视、内外部审计、内控测评、检查中发现的具体问题，修订完善内控手册，要在确保有效控制风险的前提下，进一步优化控制程序、控制措施和测评方式，提升内控管理效率效果，推动风险防控管用、有效。

7. 提升风险防控信息化水平。进一步深化风险管理信息化应用，建立风险数据库，更广泛、更精准、更及时地收集掌握风险信息。充分运用大数据、人工智能等新技术，在风险信息收集共享、识别分析、协同评估、预警监控、应急处置等方面进一步探索创新，全面提升风险防控数字化智能化水平。

8. 完善风险管理制度体系。修订集团公司《全面风险管理办法》，系统梳理各项配套制度，将防范化解重大风险的各项最新要求，用制度的形式固化下来，持续推动防范化解重大风险工作常态化制度化。

9. 加强风险防控考核问责。把防范化解重大风险工作纳入党建工作责任制，加强考核评价，对于因风险防控不到位造成严重后果的单位和个人，要严肃问责。

10. 健全风险防控组织体系。强化风险管理的集团管控，发挥总部风险防控中心作用。二级单位、基层企业要落实风险管理归口部门，设置专职风险管理岗位，补齐风管理机构短板，配齐建强风险管理队伍。

三、切实加强风险防控工作组织领导和监督保障

1. 各单位要更好发挥党委在防范化解重大风险中的领导作用和基层党组织的战斗堡垒作用，党委对重点领域、关键环节、突出隐患的风险防控要发挥好把方向、管大局、保落实作用。

2. 各单位主要负责同志要担负起风险管理第一责任人职责，亲自部署防范化解重大风险工作，亲自把关重大方案，亲自协调关键环节，亲自督办落实情况。分管负责同志、职能部门要组织具体防控工作。风险管理和内部控制领导小组要统筹协调风险管理中的重大问题。

3. 坚决反对防范化解重大风险工作中的形式主义、官僚主义，着力整治表态多调门高、行动少落实差等突出问题。深入推进党风廉政建设和反腐败斗争，紧盯重大工程、重点领域、关键岗位，为防范化解重大风险工作营造风清气正的良好环境。

资料来源：中国华能集团有限公司网站，http：//www. chng. com. cn/。

四、风险管理计划的常用手段

(一) 风险管理策略报告

风险管理策略报告是制定风险管理计划中最常用的手段。报告以纲领性文件的形式列举企业风险管理的目标及处理风险的措施，促使高层管理者关注风险管理的过程，给予风险经理更多的权限，给出风险经理绩效的评价标准。风险管理策略报告是针对风险管理工作细节部分的陈述，可依据需要随时调整。一般包含风险管理政策的基本陈述和风险管理部门各专业人员职责的陈述。

(二) 风险管理手册

风险管理手册是公司风险管理目标与方向的说明，不宜随时变更。手册详细描述企业风险管理计划，这将有助于对即将加入计划的新员工进行培训。通过制定手册还能使风险经理精确描述自己的职责、目标及采用的技术。手册包含了许多重要的信息，比如在紧急情况下的处理措施。风险管理手册的基本条目包括：

1. 风险管理策略和程序

（1）风险管理策略报告。

（2）执行总裁对风险管理报告的批准。

（3）影响风险管理的企业策略。

（4）风险管理。

①企业。

②报告要求。

③关系。

④成本分摊程序。

2. 风险估算

（1）风险估算程序、策略、文件。

（2）财产暴露。

（3）时间因素暴露。

（4）责任暴露。

（5）人力资本暴露。

（6）风险、理赔、损失信息。

3. 风险控制

（1）损失防范计划表。

（2）理赔：报告、程序、策略。

（3）财产损失控制计划。

（4）责任损失控制计划。

（5）人力资本损失控制计划。

4. 风险融资

（1）自留风险策略。

（2）承担风险策略。

（3）使用免赔额、自留风险限额说明。

（4）从属保险文件。

（5）保险合同目录。

（6）租约、合同和非保险风险转移。

（7）风险管理功能的财务结构、解释成本分摊体系。

5. 说明风险管理项目审查项目评价以及评价程序

6. 附录

（1）保险进程表。

（2）风险暴露检查单。

（3）再就业项目指南。

（4）经常询问的问题。

（5）灾难管理计划策略和程序。

第四节　风险管理方针书的编制

一份好的风险管理方针书不仅是一项企业内部各层级间进行有效沟通的工具，还将有助于企业整体目标的实现。

一、风险管理方针书的优点

在把企业看作一个整体的前提下，风险管理方针书可以有助于完成以下工作：

（1）在企业内部为风险管理职能设定一般目标。

（2）规定风险管理部门的权力和责任关系。

（3）在企业的各分支机构（如地区、分公司或部门）之间，在合理的基础上协调对损失风险的处理。

（4）建立与完善沟通渠道和信息管理系统。

（5）在风险管理部门的人员发生变动时，保持风险管理计划的连续性和顺利过渡。

而对于风险经理及其工作人员来说，该方针书则可以帮助完成以下工作：

（1）为评估损失风险控制和筹资的方法提供框架。

（2）强调风险管理职能的重要性。

（3）指出风险管理部门在整个企业组织中的地位。

二、风险管理方针书的内容

由于各个企业并不相同，因此，风险管理方针书应按企业特点编制。

一份风险管理方针书的开始部分首先应该是对风险管理的简要介绍，同时阐明风险管理在企业中的重要性。其简要介绍应包括风险管理部门在整个企业组织中的地位和风险管理报告关系。风险管理方针书中还应该包括风险管理部门的内部结构。

在任何情况下，风险管理方针书都要清楚地写明企业高层领导采取适当的风险控制和风险筹资方案的目标，以及说明对不同的风险管理方案所采取的决策原则。

【专栏 11 -2】某化学公司风险管理方针书

1. 基于在出现巨灾损失时保护企业资产或提供财务补偿和支付保护费用的需要，风险管理应成为本公司各项管理中的一个重要组成部分。

2. 风险管理是在评价原有计划和制定新计划的过程中，通过意外事件出现的可能性，对损失风险进行识别、分析、评价和制定备选方案，并进行决策管理的一门专门的学科。在这些管理领域中，本公司将从内部员工和外部咨询人员中物色合格的风险管理专家从事这项业务。

3. 本公司将运用以下风险管理方案：

（1）识别。识别功能是指对经营中所有损失风险进行鉴别、分析和评价。就本公司而言，当有 25000 美元以上的损失可能存在时，就表示存在此所指的损失风险。

（2）避免。企业对设想的任何损失风险所希望获得的财务回报应大于潜在的损失，或大致相等。本公司在签订合同时应避免产生不匹配的损失风险。对所有新项目都要详细评估．对已经存在的项目也要定期重新评估以决定是否可以避免损失风险。

（3）防损。一旦决定保留或转移风险，而不是避免风险，公司的方针就是在考虑成本的基础上尽可能地使用防损措施。公司的原则是在考虑其他处理损失风险的方案之前，优先使用防损措施。

损失减少的多少首先取决于对所有操作、设备和设施的仔细检查，以识别潜在风险并把它们消除或减少到最低程度。这种检查必须是持续进行的，在设计、建造和经营过程中，所有高层管理人员必须参与。这些检查的关键部分是根据改进建议不断地消除隐患。

（4）自留。通常，本公司在下述情况下会自留损失风险：

①当每年潜在的损失金额很小，以至于可以用日常营业费用支出处理时。

②当损失的可能性（损失频率）非常高或者说损失几乎肯定要发生时，当保险或其他转移方法的费率过高时，当潜在的损失在企业财务承受能力范围之内时，或者当附带的保险服务不能提供时。

③当损失发生的可能性非常小，以至于一般谨慎的企业家都不会购买保险时。

④当保险不可取得，或者只能以很高的费用取得时。

（5）非保险方式的转移。在所有合同关系中，本公司将把相应的损失风险转移给他方。这就意味着在以合同方式向他方转移损失风险之前，本公司必须考虑受转让方承担损失风险的能力、控制风险的能力，以及受转让方的传统和习惯及所在产业。如果受转让方缺乏足够的财力应付潜在的损失，受转让方必须购买保险并出具相应的证明。

（6）保险方式的转移。在下述情况下，本公司将购买保险：

①根据法律或合同的规定。

②当潜在损失的金额很大，企业难以自留时（用资产、营业收入、利润和现金流量来衡量）。

③当每年风险成本的变化很大，而又有条件适合的保险可以取得时。

④当保险能够更好并经济地提供附带服务时，如检查、理赔和防损服务。

（7）综合运用保险方式的转移和自留。本公司可以综合运用保险和自留两种方式，如使用免赔额、相对免赔额、超额损失保险和使用追溯费率计划等，这样公司就可以安全地自留相对较低的损失金额的风险。

【思考与练习】

1. 简述企业风险管理组织的重要性。

2. 结合实践尝试建立某一类型企业的风险管理组织体系。

3. 简述风险管理架构体系各部门的职责。

4. 简述风险管理绩效评价的意义、程序和方法。

5. 简述风险管理计划的内容。

第十二章　风险管理决策

【本章概要】

风险管理决策是在未来不确定性的基础上制定出来的，不同的决策只能从长期的角度进行比较。度量长期结果的重要指标之一就是期望值。期望损益决策模型就是以期望损失或期望收益作为评价指标的。但是，期望损益是建立在绝对的期望损失额或期望收益额的基础上的，没有考虑到不同的决策者面对相同的结果可能有不同的价值判断，因此，它有一定的局限性，期望效用决策模型是解决这一问题的有效手段。马尔可夫风险决策模型和随机模拟则是获得不同决策下损益概率分布的方法。

【本章学习目标】

1. 理解风险管理决策的评价标准；

2. 掌握期望损益决策模型的应用；

3. 掌握期望效用决策模型的应用；

4. 掌握马尔可夫风险决策模型的应用；

5. 理解随机模拟的应用。

引　言

【导读案例】一个企业的风险管理决策

英国某一小型多层防织品厂的厂房总面积2500平方米，资产密度是200英镑/平方米，资产总价值50万英镑。在总面积2500平方米的纺织品厂房内发生火灾的年概率为0.12。为了避免火灾给企业造成损失，该企业面临多个方案的选优问题：（1）是否安装自动喷淋设备，而这又涉及喷淋设备的购置成本和损失成本问题；（2）是否通过投保来规避风险，而对于投保的选择又有一个是足额投保还是不足额投保的问题，当然，这也存在一个支付保费多少（企业成本）的问题。为此，财务人员对相关成本费用进行了如下测算（如下表），以帮助企业决策者进行决策选择。

	自担风险量	每次火灾中平均自负担成本	年自负担成本	每次火灾中平均保险费用	年保险费用	年总成本期望值
有喷淋	全额投保	—	—	2200	1250	1490
	50000	1400	168	800	455	863
	100000	1700	204	500	284	728
	全额自保	2200	264	—	—	504
无喷淋	全额投保	—	—	17700	3250	3250
	50000	10000	1200	7700	1414	2614
	100000	13100	1572	4600	845	2417
	全额自保	17700	2124	—	—	2124

资料来源：田玉敏：《引入火灾保险后消防投资经济性的评价模型》，载于《灾害学》2005 年第 4 期，第 31 页。

根据上表中的数据，不同风险态度的决策者分别提出了自己的"合理决策"。

上述案例告诉我们，风险管理决策是一个十分复杂的问题，不同风险偏好的决策者运用不同的决策原则、不同的决策方法（模型）会提出不同的合理决策方案。本章主要介绍期望损益、期望效用、马尔可夫和随机模拟等四种决策模型及其决策原则。

第一节　风险管理决策概述

一、风险管理决策的含义

风险管理决策是风险管理的核心问题，是继风险识别、风险分析、风险估测和风险管理技术选择之后又一重要的风险管理环节。它是指组织或个人为达到一定的风险管理目的，在对风险进行识别和分析的基础上，依据一定的准则通过合理选择风险管理技术，进而制定管理风险的整体方案和行动措施的过程。

二、风险管理决策的特点

虽然风险管理决策是决策的一种，但它与其他决策相比，具有以下特点：

（1）风险管理决策是以风险可能造成的损失结果为对象，根据成本和效益的比较原则，选择成本最低而安全保障效益最大的风险处理方案。

（2）风险管理决策是一种科学与艺术相结合，是技术与主观能力的有机结合。由于风险管理决策属于不确定情况下的决策，因此，概率分布成为风险管理决策的客观依据，同时，决策者对风险的主观态度构成了风险管理决策的主观依据。

（3）风险管理决策做出后需要定期评估、适时调整。由于风险具有随机性和多变性，在决策过程中，随时可能出现新的情况和新的问题。因此，必须定期评价决策效果并适时进行调整。

（4）风险管理决策的绩效在短期内难以实现，由于风险较为抽象和隐蔽，其严重性只有在事件发生后才能清楚地反映出来，所以整个风险管理过程比较复杂，并且在短时间里效果不一定明显。

三、风险管理决策的程序

1. 确定风险管理目标

风险管理的总目标和基本准则是以最小的成本获得最大的安全保障。在进行风险管理决策时，决策者必须根据不同的风险情况，诸如自身的经济状况和面临的风险类型，来确定风险管理的目标。

2. 设计风险处理方案

风险处理方案是所选择的风险处理手段的有机结合，对于某一特定的手段也只是在特定的风险和特定的条件下才能体现出其最直接也最有效的效果。离开了特定的风险和特定的条件来设计风险处理方案是毫无意义的。

3. 选择风险处理最佳方案

在设计了风险管理方案后，风险管理者就需要通过比较分析主要的风险处理手段、次要的风险处理手段和补充的风险处理手段，以及每一种手段和措施的特点，来进行选择和决策，并寻求各种处理手段的最佳组合。

第二节　期望损益决策模型

【专栏 12 - 1】Safety 供应公司的损失控制决策

在出货给分销商前，Safety 供应公司需要为存放在仓库中的大量货物提供安全设备，安装防止高温和烟雾的喷水装置将可以降低发生火灾的可能损失。安装喷水装置的主要收益包括由于降低期望火灾损失而降低的期望现金流出和增加的期望现金流入。为简单起见，我们假设不涉及雇员和其他人员的伤害，只关注与财产损失有关的成本和收益。

安装喷水装置的主要收益包括：（1）降低了直接财产损失和营业中断损失的火灾保险费；（2）降低了当每次发生额小于火灾安全保险免赔额和可能的营业中断损失超过保险金额上限时的期望损失。Safety 可以从保险经纪人那里获得对节省保费百分比的较为精确的估计，还可以通过假设保费随时间的增长率来估计节省的保费。Safety 可以通过对公司自身或行业的历史分析来估计未投保损失的减少额，或者是通过对如果该公司购买更多的完全保险所需要增加的保费的分析来估计未投保损失的减少额。Safety 同样可以主要依靠判断来估计未投保损失的减少额。

安装喷水装置的决策主要涉及两项成本：第一，Safety 将承担设备和安装费用；第二，喷水装置需要日常维护和维修。购买和安装装置的直接成本是已知的，而日常维护和维修成本可以依据与卖主的讨论得出合理的估计，同样也可以知道维护协议的持续时间。

和许多损失控制决策或其他更常见的商业投资决策一样，安装喷水装置包括设备和安装是一个相当大的初始投资。以减少保险费和未保险损失为形式的收益以及维护和维修成本，都将在喷水装置的使用寿命期内逐步实现。为了判断投资于喷水装置是否能增加公司的价值，Safety 需要通过用一个适当的资本成本对预期现金流折现，并对期望收益和损失进行权衡。

资料来源：斯科特·E. 哈林顿，格里高利·R. 尼豪斯著，陈秉正，王珺，周伏平译：《风险管理与保险》，清华大学出版社 2005 年版，第 187 页。

和 Satety 公司考虑是否应该投资安装喷水装置的损失控制决策一样，绝大多数的风险经理都必须面对同样一个问题，那就是他必须在众多的可供选择的风险管理技术中，确定其中一种或者一组技术组合来处理风险，也就是他必须做出一个最佳的风险管理决策。

一、期望损益决策模型的原理及应用

一项决策的效果取决于两方面的因素：一是决策者所选择的行动方案；二是决策者所无法控制的客观因素。前者通常称为决策变量，后者称为自然状态。

风险管理决策的对象是未来的不确定性，即风险，它由概率分布来量化，是决策者根据几种不同自然状态可能发生的概率所进行的决策。由于任何一个行动方案都会遇到一个以上自然状态所引起的不同后果，因此，不同方案实施的效果往往无法直接比较。

更为重要的一点是，风险管理措施只能从概率的意义上来说是最优选择，或者说从长期的角度来讲是最优的，但对一次具体的实际情况来说，不能保证事先的行为最佳。这是风险管理中一个非常重要的认识。例如，一幢建筑物面临火灾风险，为了降低火灾的损失幅度，在建筑物内安装了价格不菲的自动喷淋系统。如果从长期的角度来说，安装自动喷淋系统比什么都不做地承受火灾风险要更合算，但从短期来看也许并不是这样，如果下一年没有发生火灾，安装自动喷淋系统就是不合算的。度量长期结果的重要指标之一就是期望值。绝大多数风险管理决策都建立在对期望值进行比较的基础上。

期望损益决策模型是在损益概率无法确定情形下的决策目标和方法，它也是常用的风险管理决策模型之一。它以收益和损失矩阵为依据，分别计算各可行方案的期望值，选择其中期望收益值最大（或期望损失值最小）的方案作为最优方案。

运用期望损益决策模型进行决策的程序是，首先要分析和估计项目风险概率和项目风险可能带来的损失（或收益）大小，然后将二者相乘求出项目风险的损失（或收益）期望值，并使用项目损失期望值（或收益）去度量项目风险。下面就如何运用期望损失准则和期望收益准则分别对期望损失决策问题进行详细阐述。

二、期望损失准则

期望损失准则一般适用于纯粹风险，它以不同方案的期望损失作为择优的标准，选择期望损失最小的方案为最优方案。

这里，设有 m 个可行方案，记为 A_i，（$i = 1, 2, \cdots, m$）。方案所面临的自然状态有 n 种，每一种自然状态用 θ_j 表示，（$j = 1, 2, \cdots, n$），其发生的概率为 $P(\theta_j)$。可行方案 A_i 在自然状态 θ_j 下的损失值为 a_{ij}，则可行方案 A_i 的损失期望值为：

$$E(A_i) = \sum_{j=1}^{m} a_{ij} P(\theta_j) \qquad (12-1)$$

然后我们选择其中的最小损失期望值，即 $\min\{E(A_i)\}$ 为最优决策方案。

其具体决策步骤如下：

（一）建立损失矩阵

运用损失期望值分析法来做出最佳风险管理决策的第一步，是把各种可行方案 A_i，自然状态 θ_j，及其发生的概率 $p(\theta_j)$、损失值 a_{ij} 在同一张表上表示出来，即建立损失矩阵（loss matrix）（见表 12-1）。

表 12-1　　　　　　　　　　　　　　损失矩阵

行动方案	θ_1	θ_2	$\cdots$	θ_n
	$p(\theta_1)$	$p(\theta_2)$	$\cdots$	$p(\theta_n)$
A_1	a_{11}	a_{12}	$\cdots$	a_{1n}
A_2	a_{21}	a_{22}	$\cdots$	a_{2n}
$\vdots$	$\vdots$	$\vdots$	$\vdots$	$\vdots$
A_m	a_{m1}	a_{m2}	$\cdots$	a_{mn}

损失矩阵是指用以反映特定风险在多种处理方案下的损失额和费用额的一种表示。建立损失矩阵是描述众多风险处理方案及其复杂成本内容，进而据以决策的有效途径。

（二）计算损失期望值

在建立好损失矩阵（见表 12-1）的基础上，我们可以运用损失期望值计算公式（12-1）来计算各个行动方案的损失期望值，并在此基础上对各个风险损失矩阵进行汇总，以便于比较。

（三）确定标准做出决策

在不考虑风险所有者忧虑成本的情况下，损失期望值决策方法的最后一步就是确定决策标准，即选择各行动方案下计算的最小损失期望值（即 $\min\{E(A_i)\}$）为最优决策。而如果考虑到风险管理者的忧虑成本，哪个方案最优还需要进一步讨论。

【例 12-1】企业有一套生产设备，假设其只面临一种风险——火灾。该设备最大可保损失为 1000 万元，不存在不可保损失。针对火灾风险，可供风险经理选择的风险应对方案如下：

（1）自留风险；

（2）自留风险，同时安装一套自动灭火装置；

（3）购买保额为 1000 万元的保险，需支付保费 63 万元；

（4）购买保额为 400 万元的保险，需支付保费 45 万元；

（5）购买保额为 1000 万元的保险，同时，自负额 100 万元，需支付保费 48 万元；

（6）购买保额为 1000 万元的保险，同时，自负额 100 万元，并安装自动灭火器一套，此时需支付保费 40 万元。

在是否安装自动灭火器的情形下，火灾损失分布如表 12-2 所示。

表 12-2 火灾损失分布

指标		0	100 万元	500 万元	1000 万元
损失概率	无自动灭火装置	0.8	0.1	0.08	0.02
	有自动灭火装置	0.8	0.1	0.09	0.01

同时帮助风险经理进行决策的资料还有：

（1）购买一台自动灭火装置的成本为 20 万元，使用年限为 20 年，年折旧 1 万元，如果火灾造成生产设备损失达到 500 万元时，自动灭火装置将全损，否则不造成损失；

（2）在购买保险时，自动灭火装置并不在承保范围之内。

那么，风险经理应该如何做出最佳风险管理决策呢？

解：首先，建立风险损失矩阵。

（1）行动方案 1，即 A_1：自留风险。

在此方案下，有 4 种自然状态：θ_1 为没有损失，θ_2 和 θ_3 为部分损失（分别为 100 万元和 500 万元），θ_4 为全损；在没有安装自动灭火装置的情形下，4 种自然状态下相应的损失概率：$p^1(\theta_1)=0.8$，$p^1(\theta_2)=0.1$，$p^1(\theta_3)=0.08$，$p^1(\theta_4)=0.02$；4 种情形的损失值为：$a_{11}=0$ 万元，$a_{12}=100$ 万元，$a_{13}=500$ 万元，$a_{14}=1000$ 万元。其损失矩阵

如表 12 - 3 所示。

表 12 - 3 行动方案 1 下的损失矩阵

行动方案	θ_1	θ_2	θ_3	θ_4
	$p^1(\theta_1) = 0.8$	$p^1(\theta_2) = 0.1$	$p^1(\theta_3) = 0.08$	$p^1(\theta_4) = 0.02$
A_1：自留风险	$a_{11} = 0$	$a_{12} = 100$	$a_{13} = 500$	$a_{14} = 1000$

（2）行动方案 2，即 A_2：自留风险，同时安装一套自动灭火装置。

在 A_2 这种行动方案下，同样是 4 种自然状态：θ_1，θ_2，θ_3，θ_4。由于安装自动灭火装置使火灾损失分布发生变化，4 种自然状态下相应的损失概率：$p^2(\theta_1) = 0.8$，$p^2(\theta_2) = 0.1$，$p^2(\theta_3) = 0.09$，$p^2(\theta_4) = 0.01$；4 种情形下的损失值：a_{21} 为 0 万元的生产设备损失和 1 万元的自动灭火装置折旧费，a_{22} 为 100 万元的生产设备损失和 1 万元的自动灭火装置折旧费，a_{23} 为 500 万元的生产设备损失和 20 万元的自动灭火装置损失，a_{24} 为 1000 元的生产设备损失和 20 万元。其损失矩阵如表 12 - 4 所示。

表 12 - 4 行动方案 2 下的损失矩阵

行动方案	θ_1	θ_2	θ_3	θ_4
	$p^2(\theta_1) = 0.8$	$p^2(\theta_2) = 0.1$	$p^2(\theta_3) = 0.09$	$p^2(\theta_4) = 0.01$
A_2：自留风险同时安装灭火装置	$a_{21} = 1$	$a_{22} = 101$	$a_{23} = 520$	$a_{24} = 1020$

（3）行动方案 3，即 A_3：购买保险，保额为 1000 万元，支付保费 63 万元。

在 A_3 这种行动方案下，仍然有 4 种自然状态，θ_1，θ_2，θ_3，θ_4。由于没有安装自动灭火装置，因此这 4 种自然状态下相应的损失概率同行动方案 A_1；4 种情形下的损失值：a_{31}、a_{32}、a_{33} 和 a_{34} 均为 63 万元的保费支出。其损失矩阵如表 12 - 5 所示。

表 12 - 5 行动方案 3 下的损失矩阵

行动方案	θ_1	θ_2	θ_3	θ_4
	$p^1(\theta_1) = 0.8$	$p^1(\theta_2) = 0.1$	$p^1(\theta_3) = 0.08$	$p^1(\theta_4) = 0.02$
A_3：购买全额保险	$a_{31} = 63$	$a_{32} = 63$	$a_{33} = 63$	$a_{34} = 63$

（4）行动方案 4，即 A_4：购买保险，保额为 400 万元，支付保费 45 万元。

在 A_4 这种行动方案下，自然状态和损失概率同行动方案 A_1 和 A_3；4 种情形下的损失值：a_{41} 和 a_{42} 均为 45 万元的保费支出，a_{43} 为 45 万元的保费支出和需要自负的 100 万元（500 - 400）生产设备损失，a_{44} 为 45 万元的保费支出和需要自负的 600 万元（1000 - 400）生产设备损失。其损失矩阵如表 12 - 6 所示。

表 12 - 6　　　　　　　　　　行动方案 3 下的损失矩阵

行动方案	θ_1	θ_2	θ_3	θ_4
	$p^1(\theta_1) = 0.8$	$p^1(\theta_2) = 0.1$	$p^1(\theta_3) = 0.08$	$p^1(\theta_4) = 0.02$
A_4：不足额保险	$a_{41} = 45$	$a_{42} = 45$	$a_{43} = 145$	$a_{44} = 645$

（5）行动方案 5，即 A_5：购买保险，保额为 1000 万元，支付保费 48 万元，自负额为 100 万元。

在 A_5 这种行动方案下，自然状态和损失概率同行动方案 A_1、A_3 和 A_4；4 种情形下的损失值：a_{51} 为 48 万元的保费支出，a_{52}、a_{53} 和 a_{54} 均为 48 万元的保费支出和需要自负的 100 万元生产设备损失。其损失矩阵如表 12 - 7 所示。

表 12 - 7　　　　　　　　　　行动方案 5 下的损失矩阵

行动方案	θ_1	θ_2	θ_3	θ_4
	$p^1(\theta_1) = 0.8$	$p^1(\theta_2) = 0.1$	$p^1(\theta_3) = 0.08$	$p^1(\theta_4) = 0.02$
A_5：自负额保险	$a_{51} = 48$	$a_{52} = 148$	$a_{53} = 148$	$a_{54} = 148$

（6）行动方案 6，即 A_6：安装自动灭火装置，同时购买保险，保额为 1000 万元，保费 40 万元，自负额为 100 万元。

在 A_6 这种行动方案下，自然状态和损失概率同 A_2；4 种情形下的损失值：a_{61} 为 40 万元的保费支出和 1 万元的自动灭火装置折旧费，a_{62} 为 40 万元的保费支出和 1 万元的自动灭火装置折旧费以及需要自负的 100 万元生产设备损失，a_{63} 和 a_{64} 均为 40 万元的保费支出、20 万元的自动灭火装置损失和需要自负的 100 万元生产设备损失。其损失矩阵如表 12 - 8 所示。

表 12 – 8   行动方案 6 下的损失矩阵表

行动方案	θ_1	θ_2	θ_3	θ_4
	$p^2(\theta_1) = 0.8$	$p^2(\theta_2) = 0.1$	$p^2(\theta_3) = 0.09$	$p^2(\theta_4) = 0.01$
A_6：安装自动灭火装置同时购买保险	$a_{61} = 41$	$a_{62} = 141$	$a_{63} = 160$	$a_{64} = 160$

在对上述 6 种方案进行综合分析的基础上，结合表 12 – 3 至表 12 – 8，可建立损失矩阵汇总表，如表 12 – 9 所示。

表 12 – 9   火灾风险损失矩阵汇总表

行动方案	θ_1	θ_2	θ_3	θ_4
	$p^1(\theta_1) = 0.8$	$p^1(\theta_2) = 0.1$	$p^1(\theta_3) = 0.08$	$p^1(\theta_4) = 0.02$
	$p^2(\theta_1) = 0.8$	$p^2(\theta_2) = 0.1$	$p^2(\theta_3) = 0.09$	$p^2(\theta_4) = 0.01$
A_1	$a_{11} = 0$	$a_{12} = 100$	$a_{13} = 500$	$a_{14} = 1000$
A_2	$a_{21} = 1$	$a_{22} = 101$	$a_{23} = 520$	$a_{24} = 1020$
A_3	$a_{31} = 63$	$a_{32} = 63$	$a_{33} = 63$	$a_{34} = 63$
A_4	$a_{41} = 45$	$a_{42} = 45$	$a_{43} = 145$	$a_{44} = 645$
A_5	$a_{51} = 48$	$a_{52} = 148$	$a_{53} = 148$	$a_{54} = 148$
A_6	$a_{61} = 41$	$a_{62} = 141$	$a_{63} = 160$	$a_{64} = 160$

其次，计算各行动方案下的损失期望值。

$$E(A_i) = \sum_{j=1}^{m} a_{ij} P(\theta_j)$$
$$= a_{11} \cdot p^1(\theta_1) + a_{12} \cdot p^1(\theta_2) + a_{13} \cdot p^1(\theta_3) + a_{14} \cdot p^1(\theta_4)$$
$$= 0 \times 0.8 + 100 \times 0.1 + 500 \times 0.08 + 1000 \times 0.02$$
$$= 70 \ (万元)$$

同理，计算可得其余 5 种行动方案下的损失期望值，如表 12 – 10 所示。

表 12 – 10 6 种行动方案下的损失期望值

行动方案 A_i	损失期望值 $E(A_i)$
A_1	$E(A_1) = 0 \times 0.8 + 100 \times 0.1 + 500 \times 0.08 + 1000 \times 0.02 = 70$（万元）
A_2	$E(A_2) = 1 \times 0.8 + 101 \times 0.1 + 520 \times 0.09 + 1020 \times 0.01 = 67.9$（万元）
A_3	$E(A_3) = 63 \times 0.8 + 63 \times 0.1 + 63 \times 0.08 + 63 \times 0.02 = 63$（万元）
A_4	$E(A_4) = 45 \times 0.8 + 45 \times 0.1 + 145 \times 0.08 + 645 \times 0.02 = 65$（万元）
A_5	$E(A_5) = 48 \times 0.8 + 148 \times 0.1 + 148 \times 0.08 + 148 \times 0.02 = 68$（万元）
A_6	$E(A_6) = 41 \times 0.8 + 141 \times 0.1 + 160 \times 0.09 + 160 \times 0.01 = 62.9$（万元）

最后，比较做出最优行动决策。根据表 12 – 10 列出的 6 种方案的损失期望值进行比较，很显然，损失期望值最小者即方案 6（A_6）为最优行动方案。

三、期望收益准则

期望收益决策方法，一般适用投机风险，因为有获利可能，所以它以不同方案收益作为择优的标准，选择期望收益最大的方案最优方案。其期望收益的计算过程与损失期望值的计算过程相同，只是选择决策的标准不同。

【例 12 – 2】某化工厂为扩大生产能力，拟定了三种扩建方案以供决策：（1）大型扩建；（2）中型扩建；（3）小型扩建。如果大型扩建，遇产品销路好，可获利 200 万元，销路差则亏损 60 万元；如果中型扩建，遇产品销路好，可获利 150 万元，销路差可获利 20 万元；如果小型扩建，遇产品销路好，可获利 100 万，销路差可获利 60 万元（见表 12 – 11）。根据历史资料，预测未来产品销路好的概率为 0.7，销路差的概率为 0.3，试做出最佳扩建方案决策。

表 12 – 11 某化工厂扩建问题决策表

行动方案 A	销路好 θ_1	销路差 θ_2
	$0.7(p_1)$	$0.3(p_2)$
大型扩建 A_1	$200(a_{11})$	$-60(a_{12})$
中型扩建 A_2	$150(a_{21})$	$20(a_{22})$
小型扩建 A_3	$100(a_{31})$	$60(a_{32})$

解：根据期望值公式（12−1）可知，各方案的期望收益值为：

大型扩建：$E(A_1) = 0.7 \times 200 + 0.3 \times (-60) = 122$ （万元）

中型扩建：$E(A_2) = 0.7 \times 150 + 0.3 \times 20 = 111$ （万元）

小型扩建：$E(A_3) = 0.7 \times 100 + 0.3 \times 60 = 88$ （万元）

根据计算结果，大型扩建方案能获利 122 万元，中型扩建方案能获利 111 万元，小型扩建方案能获利 88 万元。可见，选择大型扩建方案是最优决策方案。

四、忧虑成本及其影响因素

在【例 12−1】中，我们在没有考虑企业忧虑成本的情况下，选择了方案 6 为最优决策方案，而实际上，风险管理者对于所选择的风险处理方案是否能达到预期的目标，以及一旦出现最不利的后果会给生产经营目标的顺利实现带来什么样的影响，总存在着或多或少的担心和忧虑，这些担心和忧虑在风险管理决策的过程中，尤其是运用损失模型进行数理分析的时候，须以价值形态即货币价值额进行反应，这就形成了忧虑成本和忧虑成本额的概念。

忧虑成本是对人们关于风险事故所致后果不确定性担忧的一种货币衡量。在对风险处理方案比较和选择时，如能考虑忧虑的因素，则风险管理决策会更为完善、更合乎实际情况。

（一）忧虑成本的确定

关于忧虑成本的量化，有两种具体办法。

（1）把忧虑成本看成是风险管理者为了消除损失的不确定性，而愿意在期望损失之外付出的最大金额。

【例 12−3】在【例 12−1】的基础上，如果我们考虑不确定性引起的忧虑成本，如自留风险，忧虑成本为 10 万元；如安装自动灭火装置，则忧虑成本将减少 3 万元，如购买含自负额的保险，则忧虑成本均减少 5 万元；如购买全额保险，则忧虑成本减少为零。

在此情况下，假设忧虑成本分别为 W_1、W_2、W_3、W_4、W_5、W_6，则 $W_1 = 10$ 万元，$W_2 = 7$ 万元，$W_3 = 0$ 万元，$W_4 = W_5 = 5$ 万元，$W_6 = 2$ 万元，因此，在考虑到忧虑成本后，6 种行动方案的损失期望值如表 12−12 所示。

表 12－12　　　　　　　　　　　　考虑忧虑成本后的损失期望值

行动方案 A_i	损失期望值 $E(A_i)$
A_1	$E(A_1) = 70 + W_1 = 70 + 10 = 80$ （万元）
A_2	$E(A_2) = 67.9 + W_2 = 67.9 + 7 = 74.9$ （万元）
A_3	$E(A_3) = 63 + W_3 = 63 + 0 = 63$ （万元）
A_4	$E(A_4) = 65 + W_4 = 65 + 5 = 70$ （万元）
A_5	$E(A_5) = 68 + W_5 = 68 + 5 = 73$ （万元）
A_6	$E(A_6) = 62.9 + W_6 = 62.9 + 2 = 64.9$ （万元）

由以上分析结果可见，在考虑风险管理者的忧虑成本因素后，最优决策方案就由原来的方案 6 变成了方案 3，即支付保费 63 万元，购买保额为 1000 万元的保险。

（2）不必明确地给出忧虑成本的数额，而只需确定是否超过了一个定值，这个值取决于实质性期望损失的计算。

以【例 12－3】的三个期望值为例，其期望损失分别为 $E_1 = 70$，$E_2 = 67.9$，$E_3 = 63$，其忧虑成本分别为 W_1、W_2、W_3，$W_3 = 0$，W_1、W_2 待定，现以方案 3 为基础作比较，进行以下讨论：

①如果 $W_1 > E_3 - E_1$，且 $W_2 > E_3 - E_2$，那么应选择第三方案。

对【例 12－3】，这两个不等式总是成立，因为 $W_1 > 0$，$W_2 > 0$，而 $E_3 - E_1 = 63 - 70 < 0$；$E_3 - E_2 = 63 - 67.9 < 0$，因此，【例 12－3】的结论是方案 3 为最佳。

②如果 $W_1 > E_3 - E_1$，且 $W_2 \leqslant E_3 - E_2$，那么应选用方案 2；或者如果 $W_1 < E_3 - E_1$，但 $W_2 > E_3 - E_2$，则应选择方案 1。

③如果 $W_1 > E_3 - E_1$，且 $W_2 \leqslant E_3 - E_2$，那么，方案 1 和方案 2 都比方案 3 更优，因此，必须在方案 1 和方案 2 中进行选择；如果 $W_1 - W_2 > E_2 - E_1$，那么应选用方案 2。

这种方法不需要预先确定忧虑成本，而只要考虑忧虑成本或者两个忧虑成本的差是否超过了规定的数额，因此可大大减少工作量。

（二）影响忧虑成本的因素

忧虑因素具有高度主观性，因此将其货币化是非常困难的。影响和决定忧虑成本的主要因素一般包括：

1. 损失的概率分布状况

损失的概率分布状况可以反映风险事件在未来时期出现的损失频率和损失幅度，揭示出风险损失的大小。一般来说，风险越大，忧虑程度越高；风险越小，忧虑程度越低。

2. 风险管理者对风险的把握程度

如果风险管理者对某一风险事件的把握性较大，忧虑程度较低；相反，如果把握性不大或者根本没有把握，即使采取了必要的应对措施，尤其是采取非保险措施时，忧虑程度仍不会改变。

3. 风险管理目标

风险管理目标决定着企业管理者对待风险的态度，不同的目标影响和决定决策者的忧虑程度。如企业以稳定收益为最终目标，那么对影响收益水平的各种风险损失，决策人会持更加谨慎的态度，则忧虑程度增大；相反，如果企业以维护生存为目标，那么对有同样影响的风险损失，决策者不会引起高度警惕，只要这一风险损失不是导致企业破产、倒闭的灭顶之灾，此时忧虑程度较小。

4. 决策者个人的胆略

一个敢于冒险、富于创造的决策者对其选择的风险处理方案所具有的忧虑程度应当会小于一个渴求稳妥、谨小慎微的决策者。

（三）忧虑成本对决策方案的影响

一般来说，决策者的忧虑程度越高，忧虑成本额越大，则越倾向于保守方案的选择。反之，忧虑程度越低，忧虑成本额越小，则越倾向于对积极方案的选择。

所谓"保守"是指对损失的反应很敏感，而对收益的反应则相对迟缓。购买保险可以算得上最能减轻决策者忧虑程度、最为稳妥可行的方案了。因为，以少量的保险费支出可以使损失的不确定性化为相对的确定性。在采用保险进行风险管理时，可以视忧虑成本为零。

所谓"积极"是指对收益的反应很敏感，而对损失的反应则相对迟缓。如果企业自己承担风险，则需充分考虑忧虑成本因素的影响。企业自己承担风险后常常面临着两种可能的结果，即或者风险事件发生，企业遭受损失，或者风险事件不发生，企业不发生损失。因此，用一个适当的忧虑成本额来代替遭受严重损失的可能或不遭受任何损失的可能，则是很有意义的。

上述分析表明，除非企业完全购买保险，否则，都必须考虑忧虑成本的存在及其影响。

第三节 期望效用决策模型

【专栏 12 –2】圣彼得堡悖论及启示

圣彼得堡悖论是数学家丹尼尔·伯努利（Daniel Bernoulli）的表兄尼古拉·伯努利（Daniel Bernoulli）在 1738 年提出的一个概率期望值悖论，它来自一种掷币游戏，即圣彼得堡游戏（如下表）。设定掷出正面或者反面为成功，游戏者如果第一次投掷成功，得奖金 2 元，游戏结束；第一次若不成功，继续投掷，第二次成功得奖金 4 元，游戏结束；这样，游戏者如果投掷不成功就反复继续投掷，直到成功，游戏结束。如果第 n 次投掷成功，得奖金 2^n 元，游戏结束（见表 12 –13）。

表 12 –13 圣彼得堡游戏

n	P(n)	奖金（元）	期望奖金（元）
1	1/2	2	1
2	1/4	4	1
3	1/8	8	1
⋮			
9	1/512	512	1
10	1/1024	1024	1
⋮			
n	$1/2^n$	2^n	1

按照概率期望值的计算方法，将每一个可能结果的得奖值乘以该结果发生的概率即可得到该结果奖值的期望值。游戏的期望值即为所有可能结果的期望值之和。随着 n 的增大，以后的结果虽然概率很小，但是其奖值越来越大，每一个结果的期望值均为 1，

所有可能结果的得奖期望值之和，即游戏的期望值，将为"无穷大"。按照概率的理论，多次试验的结果将会接近于其数学期望。但是实际的投掷结果和计算都表明，多次投掷的结果，其平均值最多也就是几十元。正如法国哲学家耶恩·哈金（Ian Hacking，1980）所说："没有人愿意花 25 元去参加一次这样的游戏。"这就出现了计算的期望值与实际情况的"矛盾"，问题在哪里？实际在游戏过程中，游戏的收费应该是多少？决策理论的期望值准则在这里还成立吗？这是不是给"期望值准则"提出了严峻的挑战？正确认识和解决这一矛盾对于人们认识随机现象、发展决策理论和指导实际决策无疑具有重大意义。

圣彼得堡问题对于决策工作者的启示在于，许多悖论问题可以归为数学问题，但它同时又是一个思维科学和哲学问题。悖论问题的实质是人类自身思维的矛盾性。从广义上讲，悖论不仅包括人们思维成果之间的矛盾，也包括思维成果与现实世界的明显的矛盾性。对于各个学科各个层次的悖论的研究，历来是科学理论发展的动力。圣彼得堡悖论所反映的人类自身思维的矛盾性，首先具有一定的哲学研究的意义；其次它反映了决策理论和实际之间的根本差别。人们总是不自觉地把模型与实际问题进行比较，但决策理论模型与实际问题并不是一个东西；圣彼得堡问题的理论模型是一个概率模型，它不仅是一种理论模型，而且本身就是一种统计的"近似的"模型。在实际问题涉及无穷大的时候，连这种近似也变得不可能了。

资料来源：崔书英、马谦杰：《圣彼得堡悖论的消解与决策学意义反思》，载于《西南师范大学学报》（人文社会科学版）2004 年第 5 期。

期望损益决策模型没有考虑决策者面对相同的结果可能有不同价值判断，尽管加入忧虑成本使情况有所好转，但难以有效地表现主观态度的不同。而效用期望值决策既在效用函数中反映了决策者对风险的态度，又在求期望值 E_i 时考虑到了各个状态的出现概率，因而是一种比较合理的决策方法。

一、效用与效用理论

（一）效用的基本概念

所谓效用是衡量人们对某种事物的主观价值态度、偏爱、倾向等的一种指标。在决策理论中，效用代表决策者对待定风险事件的态度。效用值以量化的指标来反映决策者的这种态度和胆略，一般可将效用值界定在 0 与 1 之间，即 0≤效用值≤1。

效用的概念是丹尼尔·伯努利在解释圣彼得堡悖论时提出的，目的是挑战以金额期望值作为决策的标准。

按照伯努利对圣彼得堡悖论的解释，效用主要包括两条原理：一是边际效用递减原理，即一个人对于财富的占有多多益善，即效用函数一阶导数大于零；随着财富的增加，满足程度的增加速度不断下降，效用函数二阶导数小于零。二是最大效用原理，即在风险和不确定条件下，个人的决策行为准则是为了获得最大期望效用值而非最大期望金额值。

（二）效用理论

效用理论是领导者进行决策方案选择时采用的一种理论。决策往往受决策领导者主观意识的影响，领导者在决策时要对所处的环境和未来的发展予以展望，对可能产生的利益和损失做出反应。在管理科学中，把领导者这种对于利益和损失的独特看法、感觉、反应或兴趣，称为效用。效用实际上反映了领导者对于风险的态度。高风险一般伴随着高收益。对待数个方案，不同的领导者会采取不同的态度和抉择。运用心理测定方法，可以测量出领导者对于各种收益和损失的效用值，并画出相应的效用曲线。一种类型的领导者对收益反应迟钝，对损失反应敏感，怕担风险，不求大利，谨慎小心。而另一种类型的领导者对损失反应迟钝，对获利非常敏感，追求大利，不怕风险，大胆决策。还有一种属于中间类型的领导人，完全以损益率的高低作为选择方案的标准。

效用理论按对效用的衡量方法分为基数效用论和序数效用论。基数效用是指按 1，2，3，…基数来衡量效用的大小，这是一种按绝对数衡量效用的方法，这种基数效用分析方法为边际效用分析方法。序数效用是指按第一、第二、第三等序数来反映效用的序数或等级，这是一种按偏好程度进行排列顺序的方法。基数效用采用的是边际效用分析法，序数效用采用的是无差异曲线分析法。

（三）效用函数

效用函数是指决策者在某种条件下，对不同的期望值所具有的不同的效用值。如果某个随机变量 X 以概率 P_i 取值 X_i，$i = 1$，2，…，n，而某人在确定地得到 X_i 时的效用为 $U(X_i)$，那么，该随机变量给他的效用值便是：

$$E[U(X)] = P_1 \cdot U(X_1) + P_2 \cdot U(X_2) + \cdots + P_n U(X_n)$$

其中，$E[U(X)]$ 表示关于随机变量 X 的期望效用。因此 $U(X)$ 称为期望效用函数。

【例 12 - 4】有 A、B 两个方案，A 方案有 0.5 的概率可获得 200 元，0.5 的概率损失 100 元；B 方案一定可以获得 25 元。试做出最优的决策方案选择。

A 方案的期望收益值为：$0.5 \times 200 + 0.5 \times (-100) = 50$（元）

B 方案的期望收益值为：$1.0 \times 25 = 25$（元）

从期望收益值来看，A 方案的期望收益值为 50 元，比 B 方案（25 元）大，有的人会选择方案 A，有的人会选择方案 B，有的人认为无所谓，他们不同的风险态度反映了同一风险的效用对他们是不同的。

根据效用值的定义，假定 A、B 方案中获得 200 元的效用值为 1，损失 100 元的效用值为 0，$U(X)$ 为效用值函数，即 $U(200) = 1$，$U(-100) = 0$，再假定 $U(25) = 0.6$，那么，$E[U(200)] = 0.5 \times 1.0 = 0.5$，$E[U(-100)] = 0.5 \times 0 = 0$，$E[U(25)] = 1.0 \times 0.6 = 0.6$。由此可知，A 方案所具有的期望效用值为 $E[U(200)] + E[U(-100)] = 0.5 + 0 = 0.5$；B 方案所具有的期望效用值为 $E[U(25)] = 0.6$。

（四）效用曲线

效用可以用效用值 u 表示。效用值介于 0 和 1 之间。在一个决策问题中，一般把最大收益值的效用定义为 1，把最小收益值的效用定义为 0。在平面直角坐标系中，用横坐标表示收益值，纵坐标表示效用值，则可把决策者对收益值的态度绘成一条曲线，这条曲线称为这个决策者的效用曲线，如图 12 - 1 所示。

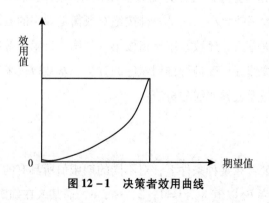

图 12 - 1　决策者效用曲线

不同的决策者有不同的效用曲线，代表着不同的风险偏好。有些效用曲线甚至是一条直线。决策者效用曲线通常有三种基本类型，如图 12 - 2 所示。

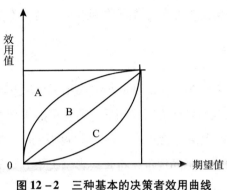

图 12 – 2　三种基本的决策者效用曲线

第一类为保守型（A 型，上凸），此类决策者对损失反应比较敏感而对收益反应比较迟缓；

第二类为中间型（B 型，直线），此类决策者认为收益的增长与效用值的增长成等比例关系；

第三类为保守型（C 型，下凸），此类决策者对损失反应比较迟缓，而对于收益反应比较敏感。

二、期望效用决策模型

（一）效用理论的运用

风险管理决策的实质在于对风险损失结果的比较和选择，一般没有考虑到风险收益结果。

1. 关于效用值的确定

0≤效用值≤1，通常可以将可能出现的最小损失结果的效用值定为 0，将可能出现的最大损失结果的效用值定为 1。

2. 关于效用曲线的确定

在图 11 – 3 中，曲线 A 代表风险回避者，曲线 B 代表风险中立者，曲线 C 代表风险偏好者。所谓风险回避者就是指愿意支付高于损失期望值的费用作为转移风险的代价，而所谓风险偏好者是指常常愿意支付低于损失期望值的费用作为转移风险的代价，至于风险中立者，是指通常愿意支付等于损失期望值的费用作为转移风险的代价。

3. 关于风险管理目标

若以最大损失结果的效用值为 1，以最小损失结果的效用值为 0，其决策目标是以损失期望效用值最小的方案为最佳方案。相反，若将可能出现的最小损失结果的效用值定为 1，最大损失结果的效用值定为 0，其决策目标则以损失期望效用值最大的方案为最佳方案。可见，对效用值的不同规定，将直接影响决策方案的选择标准。

（二）案例分析

【例 12 - 5】某生物制药公司有一生产车间可保损失为 10 万元，假设没有间接损失等不可保损失，风险经理可能的行动有三种：

（1）承担风险；

（2）将可保价值中的一半投保，保费 640 元；

（3）完全投保，保费 710 元。损失矩阵如表 12 - 14 所示：

表 12 - 14　　　　　　　　　　损失矩阵表

风险方案	0	500 元	1000 元	10000 元	50000 元	100000 元
	0.8	0.1	0.08	0.017	0.002	0.001
承担风险	0	500	1000	10000	50000	100000
部分投保	640	640	640	640	640	640
完全投保	710	710	710	710	710	710

根据表 12 - 14 的资料，决策可按下列步骤进行。

第一步，建立效用函数关系。设最大可保损失 100000 元的效用值为 1，损失 0 元的效用值为 0，然后以询问的方式了解决策者个人的主观偏好。

（1）假设决策者愿意支付 60000 元的费用以转移概率为 0.5 的 100000 元的损失，则损失 60000 元的效用值为 $0.5 \times 1.0 = 0.5$；

（2）假设决策者愿意支付 35000 元的费用以转移概率为 0.5 的 60000 元的损失，则损失 35000 元的效用值为 $0.5 \times 0.5 = 0.25$；

（3）假设决策者愿意支付 20000 元的费用以转移概率为 0.5 的 35000 元的损失，则损失 20000 元的效用值为 $0.5 \times 0.25 = 0.125$。

如此继续下去，通过一系列询问可以求得效用函数表，如表 12-15 所示。

表 12-15　　　　　　　　　　　　效用函数表

（a） 潜在损失（元）	（b） 概率	（c） 最大转移费用（元）	（d） 最大转移费用的效用值
100000	0.5	60000	0.5
60000	0.5	35000	0.25
35000	0.5	20000	0.125
20000	0.5	11000	0.0625
11000	0.5	6000	0.0312
6000	0.5	3500	0.0156
3500	0.5	2000	0.0078
2000	0.5	1100	0.0039
1100	0.5	600	0.0020
600	0.5	350	0.0010

根据（c）、（d）的数据，效用曲线如图 12-3 所示。

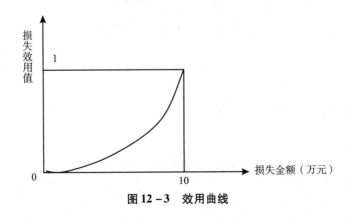

图 12-3　效用曲线

第二步，计算行动方案的预期损失效用，即损失效用的期望值。

方案一：承担风险（见表 12-16）。

表 12 –16　　　　　　　　　　　　　损失效用的期望值（1）

损失金额（元）	期望值	概率	损失效用期望值	损失金额期望值（元）
0	0	0.8	0	0
500	0.0016	0.1	0.00016	50
1000	0.0035	0.08	0.00028	80
10000	0.0563	0.017	0.00957	170
50000	0.4000	0.002	0.00080	100
100000	1.0000	0.001	0.00100	100
			合计：0.01181	合计：500

注：500 的效用值可用直线插值法依效用函数表求出：
$(500-350)/(600-350) \times (0.002-0.001) = 0.0006$。
500 的效用值为 $0.001+0.0006 = 0.0016$。

其他同理可得。

方案二：部分投保（见表 12 –17）。

表 12 –17　　　　　　　　　　　　损失效用的期望值（2）

损失金额（元）	期望值	概率	损失效用期望值	损失金额期望值（元）
640	0.0022	0.999	0.0022	640
50640	0.4064	0.001	0.00041	51
			合计：0.00261	合计：691

方案三：完全投保（见表 12 –18）。

表 12 –18　　　　　　　　　　　　损失效用的期望值（3）

损失金额（元）	期望值	概率	损失效用期望值	损失金额期望值（元）
710	0.0024	1.0	0.0024	710

最后的结果是，如果选择损失效用期望值最小者为最佳行动方案，应选择方案三，

即完全投保。如果按照损失金额期望值最小，则选择方案一，即承担风险为最好。

【例12-6】某建筑物面临火灾风险，有关风险的资料如表12-19所示。如果不购买保险，当较大的火灾发生后会导致信贷成本上升，这种由于未投保造成的间接损失与火灾造成直接损失的关系也在下表中。

表12-19　　　　　　　　　　　　　火灾损失金额及概率

损失金额（元）		概率
直接损失	间接损失	
0	0	0.75
1000	0	0.20
10000	0	0.04
50000	2000	0.007
100000	4000	0.002
200000	8000	0.001

注：当直接损失为150000时，间接损失6000元。

风险管理者面临6种方案，如表12-20所示。

表12-20　　　　　　　　　　　　　6种风险管理备选方案

序号	方案
1	完全自留风险
2	购买全额保险，保费2200元
3	购买保额为5万元的保险，保费1500元
4	购买带有1000元免赔额、保额为20万元的保险，保费1650元
5	自留5万元及以下损失风险，将10万元和20万元的损失风险转移给保险人，保费600元
6	自留1万元及以下的损失风险，将剩余风险转移，保费1300元

拥有或失去不同价值财产的效用值如表12-21所示，其他价值可以通过线性插值计算。

表 12 – 21 拥有或失去不同价值财产的效用值

拥有财产（千元）	拥有效用	损失财产（千元）	损失效用
200	100.00	200	100.00
198	99.90	170	75.00
194	99.80	120	50.00
190	99.60	100	25.00
185	99.20	75	12.50
180	98.40	50	6.25
170	96.80	30	3.20
150	93.75	20	1.60
125	87.50	15	0.80
100	75.00	10	0.40
80	50.00	6	0.20
30	25.00	2	0.10
0	0.00	0	0.00

解：本例题针对的是纯粹风险的问题，因此应用期望效用损失最小的方案。各方案的损失模型及期望损失如表 12 – 22 ~ 表 12 – 27 所示。

表 12 – 22 方案 1 损失模型数据表

损失额（直接 + 间接）	效用损失	概率
0	0	0.75
1000	0.05	0.2
10000	0.4	0.04
50000 + 2000	6.75	0.007
100000 + 4000	30	0.002
200000 + 8000	100	0.001

期望效用损失：$0 \times 0.75 + 0.05 \times 0.2 + 0.4 \times 0.04 + 6.75 \times 0.007 + 30 \times 0.002 + 100 \times 0.001 = 0.233$

表 12 - 23　　　　　　　　　　　　方案 2 损失模型数据表

损失额（直接 + 间接）	效用损失	概率
2200	0.105	1

期望效用损失：0.105

表 12 - 24　　　　　　　　　　　　方案 3 损失模型数据表

损失额（直接 + 间接）	效用损失	概率
1500	0.075	0.997
$100000 - 50000 + 2000 + 1500 = 53500$	7.125	0.002
$200000 - 50000 + 6000 + 1500 = 157500$	68.75	0.001

期望效用损失：$0.075 \times 0.997 + 7.125 \times 0.002 + 68.75 \times 0.001 = 0.158$

表 12 - 25　　　　　　　　　　　　方案 4 损失模型数据表

损失额（直接 + 间接）	效用损失	概率
$0 + 1650$	0.0825	0.75
$1000 + 1650 = 2650$	0.11625	0.25

期望效用损失：$0.0825 \times 0.75 + 0.11625 \times 0.25 = 0.091$

表 12 - 26　　　　　　　　　　　　方案 5 损失模型数据表

损失额（直接 + 间接）	效用损失	概率
$0 + 600$	0.03	0.75
$1000 + 600 = 1600$	0.08	0.20

续表

损失额（直接+间接）	效用损失	概率
10000 + 600 = 10600	0.448	0.04
50000 + 2000 + 600 = 52600	6.9	0.007
100000 − 100000 + 600 = 600	0.03	0.002
200000 − 200000 + 600 = 600	0.03	0.001

期望效用损失：$0.03 \times 0.75 + 0.08 \times 0.2 + 0.448 \times 0.04 + 6.9 \times 0.007 + 0.03 \times 0.003 = 0.089$

表 12 − 27　　　　　　　　　　方案 6 损失模型数据表

损失额（直接+间接）	效用损失	概率
0 + 1300	0.065	0.75
1000 + 1300 = 2300	0.1075	0.20
10000 + 1300 = 11300	0.52	0.04
50000 − 50000 + 100000 − 100000 + 200000 − 200000 + 1300 = 1300	0.065	0.01 = 0.007 + 0.002 + 0.001

期望效用损失：$0.065 \times 0.75 + 0.1075 \times 0.2 + 0.52 \times 0.04 + 0.065 \times 0.01 = 0.0918$

以上六个方案，方案 5 期望效用损失最小，因此，选择方案 5，自留 5 万元及以下的损失风险，将 10 万元和 20 万元的损失风险转移给保险人，保费 600 元。

【例 12 − 7】一个投资者现有财产 $w = 10$，他拥有财产的效用函数为 $u(x) = x - 0.02x^2$。他想用资金 5 来投资，设 X 表示投资的随机收益，$X \sim \begin{bmatrix} 20 & 0 \\ 0.5 & 0.5 \end{bmatrix}$，这项投资是否有利？

解：如果投资的期望效用收益大于不投资的期望效用收益，则投资就是有利的。

$$E[u(x - X - 5)] = 0.5u(10 + 20 - 5) + 0.5u(10 - 5)$$
$$= 0.5 \times (25 - 0.02 \times 25^2) + 0.5 \times (5 - 0.02 \times 5^2)$$
$$= 8.5$$

$$u(w) = 10 - 0.02 \times 10^2 = 8$$

因为 $8.5 > 8$，所以投资是有利的。

第四节　马尔可夫风险决策模型

马尔可夫（Андрей Андреевич Марков）风险决策模型是以俄国数学家马尔可夫名字命名的数学方法，在自然科学和社会科学领域（如水文、气象、地质及市场、经营管理、人事管理、项目选址等）的预测决策方面得到广泛应用。

一、基本概念

（一）状态与状态转移

定义：在一系列实验中，某系统出现可列个两两互斥的事件 E_1，E_2，…，E_n，而且一次试验只出现其中的一个 E_i，$(i = 1, 2, …, n)$，E_i 就称为状态。

定义：系统所有状态组成的集合称为状态空间。

状态空间可以记为 $I = \{1, 2, …, n\}$。

定义：从一个状态变为另一个状态，称为状态转移。如果某种状态经过 n 步转移到另一个状态，则称为 n 步转移。

（二）概率向量与概率矩阵

定义：在一个行向量中，如果每一个分量均非负且和为 1，则称此向量为概率向量。

由概率向量组成的矩阵称为概率矩阵。

（三）转移概率与转移概率矩阵

定义：系统由状态 i 经过 n 步转移到状态 j 的概率，称为 n 步转移概率，记为 $P_j^{(n)}$。

由 n 步转移概率组成的矩阵称为 n 步转移概率矩阵，简称 n 步转移矩阵，记为 $P^{(n)}$。

$$P^{(n)} = \begin{bmatrix} p_{11}^{(n)} & p_{12}^{(n)} & \cdots & p_{1N}^{(n)} \\ p_{21}^{(n)} & p_{22}^{(n)} & \cdots & p_{2N}^{(n)} \\ \cdots & \cdots & \cdots & \cdots \\ p_{N1}^{(n)} & p_{N2}^{(n)} & & p_{NN}^{(n)} \end{bmatrix}$$

转移矩阵具有如下性质：

（1）$P^{(n)} = P^{(n-1)} P^{(1)}$；

（2）$P^{(n)} = [P^{(1)}]^n$。

（四）马尔可夫链

定义：如果系统在状态转移过程中满足以下条件，则称此系统的状态转移过程为马尔可夫链：

（1）系统的状态空间不变；

（2）系统的转移矩阵稳定；

（3）系统的状态转移仅受前一状态影响（无后效性）；

（4）经过一段较长时期后，系统逐渐趋于稳定状态（系统处于各种状态的概率保持不变），而与初始状态无关。

现实生活中，很多风险的动态变化都是一个马尔可夫链，或者近似看作马尔可夫链。

二、马尔可夫模型

设系统共有 N 个状态，系统的初始状态（$n = 0$）已知，n 步转移概率矩阵为 $P^{(n)}$，系统经过 $n - 1$ 步转移后的概率向量为：

$$S^{(n-1)} = (S_1^{(n-1)} \quad S_2^{(n-1)} \quad \cdots \quad S_N^{(n-1)})$$

其中，$S_i^{(n-1)}$ 表示经过 $n - 1$ 步转移后处于状态 i 的概率。则系统从初始状态起经过 1 步转移后的概率向量为：

$$S^{(1)} = (S_1^{(1)} S_2^{(1)} \cdots S_N^{(1)}) = S^{(0)} P^{(1)}$$

$$= (S_1^{(0)} S_2^{(0)} \cdots S_N^{(0)}) \begin{bmatrix} P_{11}^{(1)} & P_{12}^{(1)} & \cdots & P_{1N}^{(1)} \\ P_{21}^{(1)} & P_{22}^{(1)} & \cdots & P_{2N}^{(1)} \\ \cdots & \cdots & \cdots & \cdots \\ P_{N1}^{(1)} & P_{N2}^{(1)} & \cdots & P_{NN}^{(1)} \end{bmatrix}$$

同理，$S^{(2)} = S^{(1)} P^{(1)} = S^{(0)} [P^{(1)}]^2, \cdots, S^{(n)} = S^{(0)} [P^{(1)}]^n$

等式 $S^{(n)} = S^{(0)} [P^{(1)}]^n$ 称为马尔可夫模型。

【例 12 - 8】假设有一台机器，设状态 1 表示"无故障"，状态 2 表示"有故障"，其 1 步（由第 i 天到第 i + 1 天）转移矩阵为：

$$P^{(1)} = \begin{bmatrix} 0.7 & 0.3 \\ 0.6 & 0.4 \end{bmatrix}$$

这个机器的状态转移过程是一个马尔可夫链吗？

解：马尔可夫链的前三个条件显然满足。

即：系统状态空间不变；

系统转移矩阵稳定；

系统状态转移仅受前一状态的影响（无后效性）。

$$P^{(2)} = [P^{(1)}]^2 = \begin{bmatrix} 0.7 & 0.3 \\ 0.6 & 0.4 \end{bmatrix} \begin{bmatrix} 0.7 & 0.3 \\ 0.6 & 0.4 \end{bmatrix} = \begin{bmatrix} 0.67 & 0.33 \\ 0.66 & 0.34 \end{bmatrix}$$

$$P^{(3)} = P^{(2)} P^{(1)} = \begin{bmatrix} 0.67 & 0.33 \\ 0.66 & 0.34 \end{bmatrix} \begin{bmatrix} 0.7 & 0.3 \\ 0.6 & 0.4 \end{bmatrix} = \begin{bmatrix} 0.667 & 0.333 \\ 0.666 & 0.334 \end{bmatrix}$$

$$\lim_{n \to \infty} P^{(n)} = \begin{bmatrix} \dfrac{2}{3} & \dfrac{1}{3} \\ \dfrac{2}{3} & \dfrac{1}{3} \end{bmatrix}$$

当初始状态为 1 时：

$$\lim_{n \to \infty} S^{(n)} = S^{(1)} \lim_{n \to \infty} P^{(n)} = (1 \quad 0) \begin{bmatrix} \dfrac{2}{3} & \dfrac{1}{3} \\ \dfrac{2}{3} & \dfrac{1}{3} \end{bmatrix} = \begin{bmatrix} \dfrac{2}{3} & \dfrac{1}{3} \end{bmatrix}$$

当初始状态为 2 时：

$$\lim_{n \to \infty} S^{(n)} = S^{(2)} \lim_{n \to \infty} P^{(n)} = (0 \quad 1) \begin{bmatrix} \dfrac{2}{3} & \dfrac{1}{3} \\ \dfrac{2}{3} & \dfrac{1}{3} \end{bmatrix} = \begin{bmatrix} \dfrac{2}{3} & \dfrac{1}{3} \end{bmatrix}$$

即经过一段较长时期后，系统逐渐趋于稳定状态 $\left[\begin{array}{cc} \frac{2}{3} & \frac{1}{3} \end{array}\right]$，而与初始状态无关。

因此，这个机器系统的状态转移过程是一个马尔可夫链。

三、马尔可夫链的稳定状态

(一) 稳定状态的概率向量

稳定状态是指经过一段时期后，状态向量开始趋于稳定，即：

$$S^{(n)} = S^{(n-1)}$$

根据马尔可夫模型求出系统稳定状态：

由 $S^{(n)} = S^{(n-1)} P^{(1)}$ 得出 $S^{(n)} = S^{(n)} P^{(1)}$

$$(S_1^{(n)} S_2^{(n)} \cdots S_N^{(n)}) = (S_1^{(n)} S_2^{(n)} \cdots S_N^{(n)}) \begin{bmatrix} p_{11}^{(1)} & p_{12}^{(1)} & \cdots & p_{1N}^{(1)} \\ p_{21}^{(1)} & p_{22}^{(1)} & \cdots & p_{2N}^{(1)} \\ \cdots & \cdots & \cdots & \cdots \\ p_{N1}^{(1)} & p_{N2}^{(1)} & \cdots & p_{NN}^{(1)} \end{bmatrix}$$

按照矩阵乘法：

$$S_1^{(n)} = p_{11}^{(1)} S_1^{(n)} + p_{21}^{(1)} S_2^{(n)} + \cdots + p_{N1}^{(1)} S_N^{(n)}$$

$$S_2^{(n)} = p_{12}^{(1)} S_1^{(n)} + p_{22}^{(1)} S_2^{(n)} + \cdots + p_{N2}^{(1)} S_N^{(n)}$$

$$\vdots$$

$$S_N^{(n)} = p_{1N}^{(1)} S_1^{(n)} + p_{2N}^{(1)} S_2^{(n)} + \cdots + p_{NN}^{(1)} S_N^{(n)}$$

$$S_1^{(n)} + S_2^{(n)} + \cdots + S_N^{(n)} = 1$$

即：

$$\begin{bmatrix} p_{11}^{(1)} - 1 & p_{21}^{(1)} & \cdots & p_{N1}^{(1)} \\ p_{12}^{(1)} & p_{22}^{(1)} - 1 & \cdots & p_{N2}^{(1)} \\ \vdots & \vdots & \vdots & \vdots \\ 1 & 1 & \vdots & 1 \end{bmatrix} \begin{bmatrix} S_1^{(n)} \\ S_2^{(n)} \\ \vdots \\ S_N^{(n)} \end{bmatrix} = \begin{bmatrix} 0 \\ 0 \\ \vdots \\ 1 \end{bmatrix}$$

则：

$$(S_1^{(n)} S_2^{(n)} \cdots S_{N1}^{(n)})' = \begin{bmatrix} p_{11}^{(1)} - 1 & p_{21}^{(1)} & \cdots & p_{N1}^{(1)} \\ p_{12}^{(1)} & p_{22}^{(1)} - 1 & \cdots & p_{N2}^{(1)} \\ \vdots & \vdots & \vdots & \vdots \\ 1 & 1 & \vdots & 1 \end{bmatrix}^{-1} \begin{bmatrix} 0 \\ 0 \\ \vdots \\ 1 \end{bmatrix}$$

$(S_1^{(n)} S_2^{(n)} \cdots S_{N1}^{(n)})$ 即为系统在稳定状态下处于各状态的概率。根据稳定状态时各状态概率，求出此时的期望值，即可进一步应用期望损益决策模型或期望效用模型进行决策。

（二）试用范围

（1）系统具有多个周期或多个观察时刻；

（2）系统是个动态系统，即系统所可能达到的状态不止一个，而且不同状态之间可以转移；

（3）备选方案实施影响到系统在不同状态间的转移概率；

（4）在不同状态实施不同的行动方案伴随着经济利益的变化，或者获利，或者发生损失。

需要知道的信息：

（1）系统所可能达到的全部不同状态；

（2）系统处于每个状态 i 时可供选择的行动方案；

（3）根据长期观测资料得到的系统在不同状态之间的转移概率。

【例 12 – 9】A、B、C 三家公司生产同一种产品。A 为扩大市场进行一系列广告。现在要在两个广告方案中选择一个，A 先在两个地区进行了试验。已知这两个地区该产品的市场占有率为 A 公司 30%，B 公司 40%，C 公司 30%。这两个地区的用户使用此种产品的转移矩阵为：

$$p^{(1)} = \begin{bmatrix} 0.6 & 0.3 & 0.1 \\ 0.2 & 0.7 & 0.1 \\ 0.1 & 0.1 & 0.8 \end{bmatrix}$$

实验中，在地区 1 采用了广告方案（1），在地区 2 采用了广告方案（2）。经过一段时间后，观察到这两个地区用户的转移矩阵为：

$$p_1^{(1)} = \begin{bmatrix} 0.7 & 0.2 & 0.1 \\ 0.2 & 0.7 & 0.1 \\ 0.1 & 0.1 & 0.8 \end{bmatrix}, \quad p_2^{(1)} = \begin{bmatrix} 0.8 & 0.1 & 0.1 \\ 0.1 & 0.8 & 0.1 \\ 0.2 & 0.1 & 0.7 \end{bmatrix}$$

如果这两个广告的费用相同，在稳定状态下，A 公司应选用哪个方案？

解：分别求出在两个广告方案作用下的稳定状态，选择 A 公司产品市场占有率可能较高的那个方案。

地区达到稳定状态时的概率向量为：

$$(S_1^{(n)} S_2^{(n)} S_3^{(n)})' = \begin{bmatrix} -0.3 & 0.2 & 0.1 \\ 0.2 & -0.3 & 0.1 \\ 1 & 1 & 1 \end{bmatrix}^{-1} \begin{bmatrix} 0 \\ 0 \\ 1 \end{bmatrix} = \begin{bmatrix} \dfrac{1}{3} & \dfrac{1}{3} & \dfrac{1}{3} \end{bmatrix}'$$

即从长远来看，A 公司产品在地区 1 的市场占有率将达到 1/3。

在广告方案（2）的作用下，地区 2 达到稳定状态时的概率向量为：

$$(S_1^{(n)} S_2^{(n)} S_3^{(n)})' = \begin{bmatrix} -0.2 & 0.1 & 0.2 \\ 0.1 & -0.2 & 0.1 \\ 1 & 1 & 1 \end{bmatrix}^{-1} \begin{bmatrix} 0 \\ 0 \\ 1 \end{bmatrix} = \begin{bmatrix} \dfrac{5}{12} & \dfrac{4}{12} & \dfrac{3}{12} \end{bmatrix}'$$

即从长期看，A 公司产品在地区 1 的市场占有率将达到 5/12。

因此，广告方案（2）优于广告方案（1）。

【例 12 – 10】某建筑公司的施工队长期分布在甲、乙、丙三地。施工所需的大型建筑设备由公司统一调配。已知此大型建筑设备在三地转移矩阵为：

$$p^{(1)} = \begin{bmatrix} 0.8 & 0.2 & 0 \\ 0.2 & 0 & 0.8 \\ 0.2 & 0.2 & 0.2 \end{bmatrix}$$

若公司欲建设备修理厂，则应建在何处？

解：当系统处于稳定状态后，此大型设备处于三地的概率为：

$$(S_1^{(n)} S_2^{(n)} S_3^{(n)})' = \begin{bmatrix} -0.2 & 0.2 & 0.2 \\ 0.2 & -1 & 0.8 \\ 1 & 1 & 1 \end{bmatrix}^{-1} \begin{bmatrix} 0 \\ 0 \\ 1 \end{bmatrix} = \begin{bmatrix} \dfrac{1}{2} & \dfrac{5}{18} & \dfrac{2}{9} \end{bmatrix}'$$

即该大型设备处于甲地的概率最大，因此，设备修理厂应该建在甲地。

第五节 随 机 模 拟

随着计算机技术和精准测量仪器功能的增强，随机模拟已经成为企业管理风险和进行决策的宝贵工具。由《财富》评选出的 100 家公司中，75% 以上的公司都在使用随机模拟。它们多用于解决那些高费用、长耗时或难以用分析方法来解决的风险决策问题。

一、随机模拟简介

模拟是建立系统或决策问题的数学或逻辑模型，并以该模型进行试验，以获得对系统行为的认识或帮助解决决策问题的过程。随机模拟又称蒙特卡罗模拟（Monte Carlo Simulation），它是一种基于随机试验和统计计算的数值方法，也称计算机随机模拟方法或统计模拟方法。其数学基础是概率论中的大数定律和中心极限定理，目的在于估计若干概率输入变量而定的结果的概率分布，常用于估计策略变动的预期影响和决策所涉及的风险。

下列情形适合运用随机模拟来解决：

（1）在费用和时间上均难以对风险系统进行大量实验；

（2）由于实际风险系统的损失后果严重而不能进行实测；

（3）难以对复杂的风险系统构造精确的解析模型；

（4）用解析模型不易求解；

（5）为了对解析模型进行验证。

【**例 12 - 11**】凯迪糖果店是一家专门出售巧克力和糖果的小商店。每年的情人节，商店都提前几周向供应商订购专门包装的巧克力。一种心形的巧克力每盒的购入价是 7. 50 美元，售价 12 美元。假设在 2 月 14 日后未售出的任何一盒巧克力都打 5 折，且总是容易售出。过去每年的售出盒数介于 40 盒至 90 盒之间，没有明显的增加和减少趋势。因此，为了简化问题，假设销售量以相同的概率取 40、50、60、70、80 和 90，凯迪糖果店应该为情人节的顾客预订多少这种心形巧克力？[①]

解：因为销售量是不确定的，所以，无论订购多少糖果都会面临风险，如果订货量超过需求量，则超过的部分就会导致损失，而如果订货量少于需求量，则又将会失去获利机会。

设 Q 为订购数量，D 为销售数量。那么，在两种不同的情况下销售此种巧克力的利润为：

$$\begin{cases} 12D + 6(Q-D) - 7.50Q & \text{如果 } Q \geqslant D \\ 12Q - 7.50D & \text{如果 } Q < D \end{cases}$$

---

① Evan, J. R. and Olson, D. L., *Introduction to Simulation and Risk Analysis*, Prentice - Hall, 1998.

可以利用随机模拟来确定订购数量。进行模拟时，在上述利润表达式的基础上，需要输入两个变量：

（1）订购数量 Q；

（2）销售数量 D。

在某一个订购数量下，销售数量是不确定的，但根据假设可知它的概率分布。模拟和分析方法的区别就在如何利用这个概率分布上。模拟是假设现实情况一次次发生，然后从最终的结果中总结出规律。我们可以找到一个和需求变量的概率性质相同的模型：掷骰子。掷骰子出现的六个点数也具有相同的概率，在掷骰子和销售数量之间可以建立一种对应关系，如表 12 - 28 所示。

表 12 - 28　　　　　　　　掷骰子与销售数量之间的对应关系

项目	对应关系					
骰子点数	1	2	3	4	5	6
销售数量	40	50	60	70	80	90

模拟时，每掷一次骰子，就可以利用这种对应关系假设一种情况发生。如果掷出一个 2 点，就假设销售数量为 50，再掷出一个 5 点，就假设销售数量为 80。

对于订购数量 Q = 40，该蒙特卡罗模拟的过程如下：

（1）掷骰子；

（2）根据上表确定销售数量 D；

（3）利用这个 D 和 Q = 40，计算此时的利润。

例如，掷出一个 4 点，意味着销售数量为 70，根据利润公式，此时的利润为（12 × 60 - 7.50 × 60）= 270 美元，这就是一次模拟结果，按照这样的程序重复若干次（如 500 次）。对于其他的销售数量，也照此方法模拟。最后，计算各销售数量对应的模拟结果的均值和标准差，综合考虑平均利润以及利润的变化进行比较。

以上就是随机模拟的基本过程，不同的问题可能会有不同的分析内容，但基本的程序是不变的。随机模拟的基本程序为：

（1）建立所研究的系统或问题的理论模型；

（2）设计实验方法；

（3）从一个或多个概率分布中重复生成随机数；

（4）分析结果。

二、随机数的产生

在【例12-11】中，用掷骰子的结果来模拟服从等概率离散分布的销售数量，这种方法虽然比较直观，但并不适合实际的模拟使用。一是这样做会耗费大量时间；二是并不是所有的问题都服从这样的离散型分布，还有许许多多其他类型的离散分布以及连续型分布。因此，对于所要模拟的问题中的不确定变量，必须要有一种通用的、便捷的对应方式，这就是随机数（random number）。

（一）均匀分布的随机数

在计算机支持的随机模拟中，用随机数来对应概率分布确定的随机变量。模拟的基础是0和1之间均匀分布的随机变量，其他分布的随机数都在此基础上利用某种函数变换产生。由于应用广泛，很多计算机软件大都生成一系列独立的0与1之间均匀分布的随机数的功能，如Excel中的RAND（）函数。

应该注意的是，计算机上的随机数在技术上是伪随机数，一般被看作是近似随机的。

（二）产生均匀分布随机数的方法

产生均匀分布随机数的方法主要有三类：检表法、物理方法和数学方法。

（1）检表法：早期由于计算机技术的限制，很多模拟都是手工进行的，随机数从事先编号的随机数读取。

（2）物理方法：为了获得真正的随机数，有人在研究中将具有随机性质的物理过程转换为随机数，如将某种放射性物质和计算机相连，将放射粒子的某种性质视为随机数。但这种方法费用较高，很难普及。

（3）数学方法：即通过某种算法，用一个数字递推出一系列随机数。这种方法的使用成本低、简单易行，所以成为现在生成随机数使用的主要方法。

（三）产生其他分布随机数的方法

得到0和1之间的随机数，就可以在此基础上模拟服从其他各种分布的随机变量，进而模拟各种复杂的实际系统。常用的方法主要有以下几种。

1. 反函数法

反函数法亦称标准模拟法。它是一种模拟连续型随机变量，产生服从连续型分布规律随机数的数学方法。

设 u 来自均匀分布总体 $[0, 1]$，随机变量 X 的分布函数为 $F(x)$，求与 X 具有相同分布的随机数。

如果 X 的分布函数 $F(x)$ 有反函数 $F^{-1}(x)$，令随机变量 $F^{-1}(U)$，则 X 的分布函数为：

$$P\{X < x\} = P\{F^{-1}(U) < x\} = P\{F(F^{-1}(U)) < F(x)\}$$
$$= P\{U < F(x)\} = F(x)$$

因此，$x = F^{-1}(u)$，则 x 即为所要求的随机数。

【例 12 – 12】试用反函数法生成服从指数分布的随机数。

解：指数分布的分布函数为 $F(x) = 1 - \exp(-\lambda x)$，$x > 0$，$\lambda > 0$，其反函数为：

$F^{-1}(y) = -\dfrac{1}{\lambda}\ln(1 - y)$，生成一个随机数 $u \sim U[0, 1]$，令 $x = F^{-1}(u) = -\dfrac{1}{\lambda}\ln(1 - u)$

即可得到一个服从参数为 u 的指数分布随机数。因为 $1 - u$ 也服从 0 和 1 之间均匀分布，因此，也可以令 $x = -\dfrac{1}{\lambda}\ln u$。

2. 中心极限定理法

利用中心极限定理可以生成服从标准正态分布的随机数。

首先，生成 n 个服从 0 与 1 之间均匀分布的随机数 u_1，u_2，$\cdots$，u_n。这些随机数的和的均值为 $n/2$，方差为 $n/12$。由中心极限定理可知，随机变量

$$x = \frac{\sum_{i=1}^{n} U_i - \dfrac{n}{2}}{\sqrt{\dfrac{n}{12}}}$$

在 n 足够大时近似服从标准正态分布。

3. 区间法

区间法适用于生成离散型随机变量。

设离散型随机变量 X 的概率分布为 $P\{X = x_i\} = p_i$，$i = 1$，2，$\cdots$，n，其中 $p_i > 0$，

并且设 $x_1 \leqslant x_2 \leqslant \cdots \leqslant x_n$。

将 [0, 1] 区间分成长度为 p_i 的若干个子区间，生成一系列服从 0 和 1 之间均匀分布的随机数 u_1，u_2，$\cdots$，对于任何一个 u_i，规定：

$$y_i = \begin{cases} x_1, & 0 \leqslant u_1 \leqslant p_1 \\ x_2, & p_1 \leqslant u_1 \leqslant p_1 + p_2 \\ \cdots, & \cdots \\ x_i, & p_1 + \cdots + p_{i-1} \leqslant u_i \leqslant p_1 + \cdots + p_i \\ \cdots, & \cdots \end{cases}$$

则 y_1，y_2，$\cdots$ 即为 X 的随机样本。

三、模拟样本的容量

模拟样本的容量或模拟试验的次数对随机模拟结果的质量影响很大。模拟样本的大小决定于概率分布的形式和对估计值精确度的要求。一般来说，对估计值精确度的要求越高，样本容量的要求就越大。在一定的精确度要求下，样本容量应该达到多少呢？

当模拟的对象是某个变量的平均值时，可以利用抽样分布的性质。

由统计学可知，多个来自某一总体的容量为 n 的样本的平均值会形成一个分部，称为该平均值的抽样分布。例如，对【例 12 - 8】中凯迪糖果店销售心形巧克力的利润进行 100 次模拟，得到一个平均利润值，再进行 100 次模拟，又可以得到一个平均利润值。重复多次后，这个平均利润值就将形成一个分布，即平均值的抽样分布。

平均值的变异程度与模拟次数有关，次数越多，变异越小。样本平均值的变异性用平均标准误差（standard error of mean）来度量，平均标准误差的计算公式如下：

$$平均标准误差 = \frac{\sigma}{\sqrt{n}}$$

其中，σ 为样本观测值的标准差，n 是每次获得模拟样本时重复的次数。

如果将置信区间的宽度视为在估计均值时希望获得的精确度，如希望估计值能以 $100(1-\alpha)\%$ 的置信水平精确在 $\pm A$ 之间，置信区间的半径就被设为 A，即：

$$\frac{z_{\alpha/2}\sigma}{\sqrt{n}} = A$$

则：

$$n = \frac{z_{a/2}^2 \sigma^2}{A^2}$$

当上式中的 σ 未知时，可以用样本标准差来估计。

第六节　风险管理决策效果评价

风险管理决策的效果评价是指对风险处理手段的效益性和适用性进行分析、检查、评估和修正。风险管理决策效果评价是以风险管理措施实施后的实际资料为依据的，分析风险管理的实际收益。这就会产生双重作用：一方面有助于评估是否减少了风险事故的发生，提高风险管理决策水平；另一方面可以根据风险管理中存在的问题提出一些建设性意见，改进风险管理措施，提高风险管理的收益。

风险管理决策所导致失误偏差的程度，这不仅可以提高风险管理决策的有效性，充分有效地利用资源，而且可以防止或者减少风险事故的发生。

一、评价的内容

风险管理决策效果评价的任务是客观地评价风险管理决策方案，总结风险管理工作的经验和教训，分析风险管理决策效果的评价包括以下几方面的内容：

（一）评价风险管理决策的效果

风险管理决策效果评价主要评价风险管理措施是否降低了风险事故发生的频率，是否降低了风险事故造成的损失，这是风险管理决策效果评价的首要任务。如果已经采取的风险管理措施对于防止、减少损失发挥了很大的作用，则采取的风险管理措施是可行的；反之，则是不可行的。

（二）评价风险管理决策的科学性

风险管理决策是否科学，需要风险管理的实践来检验。如果企业的风险管理决策有助于降低风险事故造成的损失，有助于促进企业的进一步发展，如降低能源消耗、治理环境污染等，则其风险管理决策是有效的。

（三）评价风险管理者的管理水平

风险管理者的知识结构、经验和业务水平是否适合风险管理的需要，风险管理是否适合风险管理单位经营活动，通过风险管理决策效果评价可以得到。

（四）评价风险管理决策的执行情况

风险管理措施的执行情况，直接影响风险管理决策的效果。风险管理措施执行中的任何偏差，都有可能导致风险管理的失败。因此，评价风险管理决策的执行情况是风险管理决策效果评价的重要方面，不仅有助于风险管理决策措施的实施，而且还有助于改进风险管理决策执行中的失误，强化风险管理措施的执行。

二、评价的程序

风险管理项目的内容、投资额、管理方式、执行情况等方面的评价大致需要经过以下几个步骤：

（一）制定风险管理决策效果评价计划

制定风险管理决策效果评价计划是风险管理效果评价的首要任务。风险管理决策效果评价的单位可以是国家有关管理部门、企业风险管理部门、保险公司等。风险管理决策效果评价机构应当根据风险单位的具体特点，确定风险管理决策效果评价的对象、范围、目标和方法，据此制定风险管理决策评价计划，评价计划应该能够较好地反映风险管理单位的管理绩效。

（二）搜集与整理有关资料

风险管理决策效果评价单位根据风险管理决策效果评价计划搜集有关资料，根据资料评价风险管理决策的效果。风险的特点决定了风险管理决策的效果在短期内是难以考察、评价的，需要长期的观察和大量的风险管理资料的支持。这一阶段需要搜集的资料包括以下几个方面：

（1）风险管理的有关资料。这方面的资料主要包括风险管理意见书、风险管理措施的可行性报告、风险评价报告、设立风险管理设施的成本概算以及其他有关的合同文件。

（2）风险管理措施实施后的有关资料。这方面的资料主要包括风险管理措施实施后的运行状况、风险管理决策的成本、风险管理决策的收益状况等，这类资料可以通过风险管理决策实施前后发生风险的概率及其以此为依据计算出的技术指标的对比中获得。如果风险事故的发生呈现出上升的趋势，则应该分析产生问题的原因，对以往的风险管理决策效果做出评价，并提出调整建议。

（3）国家有关政策与规定方面的资料。这方面的资料主要包括同风险管理措施有关的国家政策、法规等，评价风险管理措施是否符合国家的政策和法规。

（4）有关部门制定的风险管理措施评价的方法。风险管理决策效果评价不仅要求充分的数据资料，而且还同风险管理决策效果的评价方法有很大关系。风险管理决策效果的评价应该符合风险管理单位的具体情况，兼顾风险管理单位的管理目标。

（5）其他有关资料。根据风险管理决策的具体特点与风险管理目标的要求，还要搜集其他有关的资料，如风险管理技术资料、设备安全运行情况资料等，为风险管理决策效果评价提供参考。

（三）编制风险管理决策效果评价报告

评价报告是风险管理决策效果评价的最终成果。风险管理决策效果评价人员应当根据国家有关部门制定的评价格式，将风险管理效果分析结果汇总，编制出风险管理决策效果评价报告，并提交委托单位和被评价的单位。风险管理决策效果评价报告的编制必须坚持客观、公正和科学的原则。

三、评价的方法

风险管理决策效果评价应坚持成本效益原则，具体方法主要有以下几种：

（一）资料搜集法

资料搜集是项目评价的重要基础工作，其质量与效率直接关系到风险管理决策评价报告的质量和编制进度，因而是风险管理决策效果评价的重要步骤。搜集资料的方法很多，主要有以下几种：

（1）专家意见法。有关人员通过听取专家意见来搜集资料的方法。运用该方法进行资料搜集的一般程序为：①由资料收集人员编制意见征询表，将所要征询的内容一一列于表中；②将征询意见表分别送给所选择出的专家；③由资料收集人员将填好的意见征询表进行汇总整理，最后提出结论性意见。这种方法的优点是费用较低，可以在较短的时间内获得有益的信息。

（2）实地调查法。有关人员深入到实际中，通过现场考察，进而搜集资料的一种方法。如通过实地调查，对风险管理措施进行实地考察，与有关专业人员进行交谈，这是一种简单易行的办法。该办法的优点是收集的资料信息量大，真实可靠。

（3）抽样调查法。根据随机的原则，在全体（总体）调查对象中，随机选择其中的一部分进行调查，从而推算出全体的一种调查方法。抽样调查法主要包括以下几种：简单随机抽样法、分层随机抽样法和分群随机抽样法。

（4）专题调查法。通过召开专题调查会议的方式进行资料搜集的一种方法。通过召开有关人员参加会议，可以广泛地吸取风险管理中对某一问题的不同意见，有利于克服片面性，例如，调查风险管理决策绩效的研究报告、风险管理决策成本对比的报告等，对于风险管理决策效果的评价具有重要意义。

（二）过程评价法

过程评价法是指将风险管理措施从计划、决策到实施各个环节的实际情况进行管理。发现风险管理中存在的问题，将风险管理措施实施的各阶段同风险管理目标进行比较，分析问题产生的原因，进而进行风险管理决策效果评价的一种方法。通过分析可以确定风险管理决策成败的关键因素，可以为以后的风险管理决策提供有益的借鉴。

（三）指标对比法

指标对比法是指通过风险管理措施实施后的实际数据或实际情况重新预测，同风险管理措施实施以前的实际数据或者实际情况进行比较的方法。例如，将风险管理措施实施后发生风险事故的实际损失同以往发生风险事故的实际损失进行对比，可以发现风险管理的效果，也可以为未来的风险管理决策提供依据。

（四）因素分析法

因素分析法是指通过对影响风险管理措施实施后的各种技术指标进行分析，进而进行风险管理决策效果评价的一种方法。风险管理决策效果评价的过程中，评价人员应该将影响风险管理效果的各种因素加以分析，寻找出主要的影响因素，并具体分析各影响因素对主要技术指标的影响程度。

以上各种风险管理决策效果评价方法各有特点，密切联系，在风险管理效果的实际评价中，可以将各种方法有机地结合起来，对风险管理决策措施进行系统的分析和评价，才能达到评价风险管理决策的目的。

【思考与练习】

1. 设某企业有一建筑物面临火灾风险。该建筑物价值 1000 万元，其中可保价值 750 万元（已扣除土地及地基价格 250 万元），假定如果火灾发生，必导致建筑物全损，同时引起间接损失 280 万元，针对这一情况，风险管理者拟订了三个处理方案：

(1) 风险自留；

(2) 风险自留与风险控制综合考虑——通过安装消防设备（价值 100 万元，预计可用 10 年，若遇火灾则设备全损）来实现，采用控制手段后可保损失下降 1/3，间接损失下降 1/2；

(3) 购买保险，保险费 6 万元。

假定火灾发生的概率为 5%，如安装消防设备后火灾发生的概率则降至 3%。试就此按期望值分析法进行风险管理决策，选择哪种方案最佳？

2. 设某企业有一面临火灾风险的建筑物，其最大可保损失为 100 万元，设其无不可保损失。风险管理者经过风险衡量，得到该建筑物的火灾风险损失分布如下：

损失金额（万元）	0	0.5	1	10	50	100
概率	0.8	0.1	0.08	0.017	0.002	0.001

现拟订处理火灾风险备选方案三个：

(1) 完全自留；

(2) 部分投保，部分自留，计划购买保险 50 万元，保费 0.64 万元；

(3) 全部投保，须支付保费 0.71 万元。

假设决策者的效用函数如下，试对这三个方案进行比较做出决策。

损失（万元）	效用值 U(x)	损失（万元）	效用值 U(x)
100	1	1	1/128
60	1/2	0.8	1/256

续表

损失（万元）	效用值 U(x)	损失（万元）	效用值 U(x)
40	1/4	0.7	1/512
20	1/8	0.6	1/1024
12	1/16	0.5	1/2048
8	1/32	0	0
3	1/64		

3. 某冷饮厂拟确定今年夏天某种冷饮的月计划产量。该种冷饮每项成本为 100 元，售价 200 元，每箱销售后可获利润 100 元。如果当天销售不出去，每剩一箱就要由于冷藏费用及其他原因而亏损 60 元，通过统计分析和市场预测，确认当年市场销售情况如下：

日销售量（箱）	200	210	220	230
概率	0.3	0.4	0.2	0.1

试应用期望收益原则确定，该厂今年夏天每日产量应该是多少才能使利润最大化？

4. 一个投资者现有财产 $w=1$，他拥有财产的效用函数为 $u(x)=\sqrt{x}$。这个投资者要把他的财产投资到下面两个项目之一：

（1）8 年后，其财产可能变成 $X \sim \begin{bmatrix} 0 & 1 & 5 & 10 \\ 0.1 & 0.4 & 0.3 & 0.2 \end{bmatrix}$

（2）固定收益率，年利率为 i。

当年利率 i 为何值时，投资者认为这两个项目收益相当？

第十三章 风险管理信息系统

【本章概要】

风险管理信息系统的最终目的是减少风险决策的不确定性，它的应用范围可以包括业务处理、标准风险管理报告和提供数据库的随机存取及支持风险管理决策的定量分析。本章对企业风险管理信息系统的概念、构成、基本功能、监理原则、建立步骤、实施及应用进行了阐述。

【本章学习目标】

1. 要求学生了解掌握企业风险管理信息系统的组成与优缺点；

2. 理解我国企业建立风险管理信息系统的现状和必要性；

3. 熟悉风险管理信息系统的基本功能与构建原则；

4. 掌握风险管理信息系统的设计步骤及各步骤下的设计内容；

5. 风险管理信息系统的三层架构；

6. 掌握风险管理信息系统的实施步骤及实施中的问题克服，并结合案例和实践提出适合某一企业风险管理实际的风险管理信息系统设计和应用方案。

引 言

【导读案例】全面风险管理助国电电力行稳致远

2017 年 6 月 28 至 29 日，国电电力发展股份有限公司全面风险管理体系建设与应用通过国电集团风险管理验收，国电电力成为集团公司首家通过全面风险管理验收的单位。

经过两年多的探索实践，国电电力全面风险管理已嵌入到了全部业务板块和业务流程中，用风险理念思考和解决问题逐渐成为共识。扎实、系统的全面风险管理，让国电电力走得更加稳健，更加坚实。

顶层设计，搭建全面风险管理体系

随着我国经济发展进入新常态，电力改革的不断深入，企业面临着更为复杂的经营环境，各类风险隐患集聚，不利因素叠加。在这样的环境下，要想掌握主动，把风险发生的可能性和影响力控制在可接受的范围内，就必须加强风险管理，提高自身预测风险和抗击风险的能力。2015 年 1 月，国电电力全面风险管理工作帷幕正式拉开。他们的具体做法是：

（1）健全组织体系。国电电力全面风险管理实施"一把手"负责制，各单位均成立了以总经理为组长的领导小组，构建了横向到边、全业务参与，纵向到端、全级次覆盖的组织体系；明确提出增强"一个意识"，提升"三种能力"，即增强全员风险防范意识，提升防控、预警、服务三种能力。

（2）健全制度体系。2015 年，国电电力按照战略、财务、市场、运营、法律五大风险类别，首先在本部搭建了公司级、业务级、流程级、岗位级的四级风险框架体系，建立了涵盖全部业务的 153 个风险预警指标库、131 类典型风险事件库和 54 类风险案例库，并制定了《全面风险管理办法》《内部控制基本制度》《全面风险管理操作手册》和《内部控制手册》。

（3）健全流程体系。国电电力建立了风险信息收集、评估、应对、监控预警、监督与改进等风险管理工作流程，编制了风险识别与控制文档，形成了系统的管理流程。

（4）健全管控体系。结合自身行业特点、业务范围、战略规划和发展情况等，国电电力建立了月度分析机制、通报机制和考核机制，力争管控体系实现闭环，促进制度体系优化和工作流程标准化。该公司将年度风险监控指标正常率低于 85% 的单位纳入目标责任制考核，有效促进了日常工作的落实。

（5）培育风险文化。国电电力建立了风险管理宣传和培训常态化机制，不断创新培训方式，由原先"请进来"变为"自己来"，由本部风险管理人员自行授课培训。两年来，该公司已经组织开展了 5 次视频培训。同时，该公司在《审计信息》上开设了风险管理专栏，基层各单位借助网站、刊物、展板、微信等载体，开展风险文化宣传，营造了人人"知风险、懂防控"的风险文化氛围。

三道防线，打造一流风控能力

2016 年 1 月，国电电力召开全面风险管理推广会，明确了风险管理"三道防线"及风险管理职责，构建了流程化的风险防控体系，建立了多层次、差异化、全覆盖的事前、事中、事后风险管理链条，三线相互依托，互为保障，保证了风险管控体系的稳定运行。

（1）筑牢第一道防线，切实履行风险管理主体责任。业务部门是企业生产经营的最前端，对风险的嗅觉最灵敏，国电电力风险管理体系采取条线化、矩阵式管理模式，将风险管理职能嵌入到业务部门，并由业务部门与风险管理部门共同搭建风控标准，落实风控措施，将风险管理前置，建立起了第一道防线。

（2）坚持齐抓共管，加强重大风险防控。从2015年至今，国电电力连续三年组织各部门、各单位开展风险评估工作。2017年，该公司系统4224人参加了风险评估，公司领导层100%参与，并确定了电力产业经营、煤炭产业经营、政策变化等十项重大风险，相关部门制定了重大风险管理策略及解决方案，建立了重大风险事前、事中、事后全过程管控机制。

（3）坚持问题导向，强化专项风险治理。面对制约公司发展、影响公司提质增效的重难点问题，国电电力重点加强专项风险防控，每月召开专题会议跟进专项风险治理，全力推进重点难点风险解决。针对低效无效资产处置、治亏脱困、新能源补贴追收等重难点工作，该公司成立了18个重难点工作推进组，各组分别由公司领导挂帅，明确责任部门，制定解决措施，限定完成时限。

（4）筑牢第二道防线，切实增强风险体系建设责任。该公司风险管理部门坚持从整体层面把握风险目标，加强风险预警提示，对涉及企业经营发展的电力、资金、煤炭市场变化尤为关注，对风险监控指标正常率偏低、连续报警频次偏高、安全生产风险事件频发单位下发风险预警函、提示函，并督促落实应急措施。

（5）持续完善风险管理体系。2016年，该公司在集团公司风险指标的基础上，不断优化监控指标，新增了供电煤耗完成率、风能利用率、风电限电比例等16个监控指标，有力提升了风险管控成效。同时，国电电力开展了内部控制流程梳理、更新信息库等工作，实现了风险信息库与内部控制手册的有效对接，形成了完整的风险管理信息系统。

（6）筑牢第三道防线，切实落实风险管理监督责任。作为风控第三道防线的国电电力审计、纪检监察部门充分发挥监管职能，通过风险监控预警，对业务部门、风险管理部门执行风险管理流程情况及风控措施的有效性进行监督评价，促进了风险管理水平持续提升。2016年，该公司审计部在资金管理审计中，发现个别单位热费回收指标报警，便开展重点审计，提出了专项审计建议，有效促进了账款清收。

国电电力积极推动风险管理、内部控制与内部审计工作的有机融合，进一步完善企业监督管理体系，要求将风险管理、内控评价成果应用到审计过程中，充分发挥内部巡视、内部审计在风险监督方面的作用，促进风险管理持续优化，筑牢国有资产流失防线，确保国有资产保值增值。

国电电力"三道防线"合力发挥作用，实现了风险管理的一体化运作、专业化分工、多层次协调、多角度防控，企业风险可控在控。

风险应对，覆盖全流程管理链条

2016年1月，国电电力将全面风险管理提到了前所未有的高度，把实现"一流的风险管控能力"纳入"十三五"总体规划，风险管理工作进入了制度化、常态化建设的新时期。

截至2016年5月，国电电力将该公司系统83家单位纳入了风险管理体系，实现了风险管理的全覆盖。同时，该公司按照匹配性、全覆盖、独立性、有效性等原则，建立了多层次、差异化、全覆盖的事前、事中、事后风险管理链条。

2016年下半年，国电电力发现火电企业入厂入炉煤热值差指标连续三个月报警，于是立即开展市场动态分析，提前研判到了煤价市场异动风险，及时采取行动，紧急制定采购策略，控制采购节奏和数量，在全国煤炭价格上涨223元/吨的情况下，国电电力累计入厂标煤单价同比仅上涨23.48元/吨，最大程度降低了发电成本。

（1）事前预防，未雨绸缪。风险管理的首要环节就是风险识别。国电电力结合政策、市场、环境变化，每年年初开展风险评估，确定年度重大风险，并对短期内存在的风险因素及可能造成的影响分析预判，做出风险提示，通过强化预警提示有效防范风险。仅2017年，该公司就确定了电力产业经营、煤炭产业经营、政策变化等10项重大风险。

（2）事中控制，防患未然。该公司每月都要编制风险分析报告，总结分析本月风险管控情况、重要风险表现情况，及时跟进风险解决进度，评估风险影响，适时调整管理策略和应对措施，并对下月风险提前预报。他们将风险监控预警分为公司本部、区域分（子）公司和基层单位三个层面，其中公司本部监控预警指标153个，区域分（子）公司和基层单位监控预警指标83个。各业务部门和各单位实时关注指标动态，按月开展风险预警指标监控；风险管理部门对连续多月报警指标变动情况和风险事件变化趋势深入剖析，定期通报，并按季度向公司党委汇报。

（3）事后改进，亡羊补牢。国电电力以风险为导向，重点关注报警频繁、风险事件频发、内控缺陷较多的领域，建立了风险事件迅速响应机制和危机应急处理预案，对突发风险事件，综合分析内外部环境和资源，全面分析可能造成的直接和间接损失，尽量将风险损失控制在最小范围内。

该公司还对风险项目进行综合评价和排序，及时将质量和效益前景不佳的项目列入处置项目清单。2014 年至今，该公司通过资产处置共收回投资 8.85 亿元，获得转让收益 1.99 亿元，投资增值 24.83%。

通过全面风险管理体系建设，国电电力探索建立健全了适合自身特点的风险管理体系，实现了从被动应对风险向主动管理风险转变，增强了企业竞争力，促进了企业持续、健康、稳定的发展，实现了国有资产的保值增值。

资料来源：莫冰、杨鹏科：《国电电力：全面风险管理助企业行稳致远》，中电新闻网，2017 年 7 月 17 日，http://www.cpnn.com.cn/fdpd/zxun/201707/t20170719_985030.html。

第一节　风险管理信息系统概述

一、风险管理信息系统的概念

风险管理活动的最终目的是为了企业对于任何风险的发生，均能预先通过各种方案，以最小的代价来达到管理风险的最大效益，而获得企业经营的安全。所谓风险管理信息系统（risk management information system，RMIS），简单地说，就是运用信息技术对企业组织中各类风险进行收集、分析与规划管理的系统。它是管理信息系统的重要组成部分，管理人员可借用信息技术工具嵌入业务流程，实时收集相关信息，从而对风险进行识别、分析、评估、预警，识别并制订对应的风险管控策略，处理现实的或者潜在的风险，控制并降低风险所带来的不利影响。

需要指出的是，风险管理信息系统可以减少的不是损失的不确定性，而是减少做出有关决策的不确定性。这是建立风险管理信息系统的最终目的。因此，风险管理信息系统是为整个经济单位及其每个损失暴露单位而设置的工具，它对于风险管理全过程乃至经济单位的全部活动都起着十分重要的作用。

风险管理信息系统的应用范围包括业务处理、标准风险管理报告和提供数据库的随机存取及支持风险管理决策的定量分析。

风险管理信息系统的概念早在 20 世纪 60 年代末就在国外的企业里出现了，迄今共经历了五个阶段，即简单事务处理阶段、标准风险管理报告阶段、数据直接调用阶段、风险管理决策支持阶段和网际网络应用阶段。

（一）简单事务处理阶段（20 世纪 60 年代末至 70 年代初）

简单事务处理（transactions processing）阶段是计算机在风险管理中的最早应用，它还仅限于管理保险损失和保费。该应用技术由一些保险公司开发，以帮助被保险人记录可保损失，并对一些常见事故的原因列出清单以便于根据客户的风险大小计算保险费率，控制风险。该阶段的风险管理信息系统有两个明显的缺陷：

（1）过分集中于保险业务，没有充分注意到经济单位整体的风险成本。这就难以充分有效的向管理整个企业的高级管理决策层传达风险管理的核心内容。

（2）由于计算技术尚不发达，系统不能及时获得准确的数据。而不准确和过时的信息对风险管理决策来说就失去了实质意义。

（二）标准风险管理报告阶段（整个 20 世纪 70 年代）

标准风险管理报告（standard risk management reporting）阶段，风险成本的概念已被广为接受，风险管理人员开始利用计算机做辅助计算和控制本企业的风险成本。系统对于风险管理者和整个经济单位管理人员之间的交流起到了非常重要的作用。此阶段的应用已提升到批次（Batch）处理的层次。各种标准的定期报表（月、季、年）广泛地被使用，扩大了信息的流通且有助于组织内部管理层的沟通。但是，该阶段仍存在两个方面的缺陷：

（1）由于许多基本数据来自承保人而非企业内部，因此致使数据不完整；

（2）承保人提供的大量报告时常会使企业风险管理部门感觉被置于计算机数据报告的海洋中，但有用的管理信息却很少。

（三）数据直接调用阶段（20 世纪 70 年代末至 80 年代中期）

数据直接调用（random data access）阶段，为了避免陷入许多数据中，投保人、保险经纪人、保险人开发出更为灵活的风险管理信息系统，使他们不仅能够设计自己特定的报告，而且能够任意调用他们自己的风险管理数据。随机存取数据使得风险管理人员能够编制自己的报表，并能对高级经理和其他管理人员的信息需求做出反应。这种根据需要就能以任何格式提取数据的能力对风险管理至少具有以下益处：

（1）通过与风险管理数据库的互访，提高风险管理数据库与客户之间的互动性，可以增加对风险管理重要性的认识。

（2）因为满足了风险管理人员的信息需求，从而获得了他们对风险管理的支持。

（3）随着风险管理人员监控风险能力的提高，企业内部关于风险管理的沟通和通信也得以改善，因此增加了风险管理人员对其他管理人员所提问题的快速反应能力。

（四）风险管理决策支持阶段（20世纪80年代中至90年代）

风险管理决策支持（risk management decision support）阶段，交互式风险管理决策支持的核心是计算机可以利用已有数据库中的数据预测风险管理人员提出的各种可供选择方案的可能结果，并做出最佳选择。

交互式风险管理决策支持的关键是计算机应具有对"what-if"查询的反应能力，通过数据库中数据来预测风险管理人员建议的各种行动方案的可能结果，因此要求开发各种分析模型，用于进行损失预测、风险成本分配和经济的预测。

该阶段，风险管理信息系统开始提供分析性的模块以协助客户进行风险成本的分析，包括风险的衡量、风险成本和效益分析、预测整体风险成本随风险要素变化的情形、估计年度总损失以及记录每次非预期损失幅度与频率等。

一旦证实了这些预测模型和决策支持能力之间的关系，风险管理人员便可在大量的风险管理工作中运用它们。其运用范围包括：预测一种特定的风险管理措施的成本和效益；预测企业内部风险成本的变化及各组成部分的变化；选择企业每年的总的风险自留水平；把实际采取的安全措施与事故发生频率和损失程度联系起来；测试各种损失准备金充足与否。

该阶段的风险管理信息系统可以存取更为广义上的数据库，特别是通过调制解调器和电话线把本企业的内部计算机与金融市场、经济动态及有关法规等外部的数据源连接起来，可以增强风险管理信息系统作为决策支持的使用价值，这主要是因为做出决策所依据的数据将更为可靠，以及计算机辅助决策的类型将更为多样化。

（五）网际网络应用阶段（20世纪90年代以来）

网际网络（Internet）是指在广域网与广域网之间互相连接的网络，包括不同类型的协议的网络的互联，比如TCP/IP网络和X. 25网络的互联。随着网际网络的兴起、计算机价格逐渐下降以及计算能力的提升，RMIS逐渐向主从式（Client/Server）架构发展，并提供通过网络让远端计算机方便存取数据库的功能，以快速反应并处理风险管理的问题。网络的发展也使银行/保险公司与客户间的互动增加，并向着全球化（Global）的目标发展。

二、风险管理信息系统的基本构成

风险管理信息系统（RMIS）主要由以下几个部分构成：数据库；收集、操作数据产生信息的程序——软件；计算机设备——硬件；运行 RMIS 的人员。

（一）数据库

数据库是风险管理信息系统的核心，是储存基本信息的记忆库。像所有的管理信息系统的数据一样，计算机化的风险管理信息系统输出的数据应该是有序的，而且数据必须是完备、正确、一致、相关和及时的，否则就会出现垃圾数据。

在风险管理信息系统中，数据常被分为损失数据、风险暴露单位数据、法律数据、风险筹资数据、管理数据和风险控制数据。

（1）损失数据。损失数据是对企业过去损失的细节描述，常占风险管理数据的大部分，如事故/理赔等清单、理赔准备金、毁损记录、理赔对象情况记录、赔付记录等。有关风险管理者可以从中得到损失频率、损失程度、损失原因及最后处理结果的信息。因此，一个良好的风险管理损失数据库能为风险管理者预测未来损失、确定适合的风险管理手段奠定良好的基础。

（2）风险暴露单位数据。这类数据相当广泛且种类繁多。熟悉这类与潜在损失相关的数据对企业风险管理人员和保险公司有关人员来说十分重要。风险暴露单位数据一般与一个企业的总体特征有关，如企业财产及其主要供应商、客户以及本企业员工的业务运行关系等。具体来说，风险暴露单位数据一般包括净收入记录，关键人物，普通员工记录，生产经营记录，各类建筑物、设备，存货，运输工具，货币和有价证券，各类重要文件，办公用品，应收账款记录，等等。

（3）法律数据。数据库中的法律信息应该包括该企业的合同义务方面的详细记录。另外，一旦企业因违反法律而可能招致某种法律索赔时，数据库应当为确定和跟踪这些索赔提供信息。

（4）风险筹资数据。风险管理信息系统数据库中的风险筹资数据提供了收入、费用、现金流量、债务、借贷计划、生产水平、其他资金来源，使用的现行数据及预测数据，如资本、费用、债务、财务报表，等等。

（5）管理数据。这类数据包括企业的组织结构图，风险管理的计划和目标，风险管理的措施和方案，风险管理人员，风险管理实施的情况和跟踪反馈信息，保险合同的相关信息，风险管理知识、风险管理手册及相关教育资料。如果一个企业的结构是多变的，这类数据可能会涉及多个部门、若干附属机构和分散在不同地区的成本中心。那么，数据库就应当能反映这种层次结构，并能将风险管理数据分离开来以反映其多变性。

（6）风险控制数据。作为风险管理信息系统（RMIS）数据库的补充部分，风险控制数据有助于评估企业损失预防措施的质量以及由此带来的财务效益。也就是说，一方面，为了有助于评价企业防损工作质量，数据库还应包含行业范围内的各种事故发生的频率和严重程度的统计信息，以及关于操作安全、产品安全和环境保护方面的信息；另一方面，为了估计风险控制的财务效益，数据库也应当包含有关员工福利计划、财产成本、汽车维修成本及医疗保健费用等信息，这些成本费用信息可以用来证明防止事故发生和索赔所带来的效益。通过这类数据补充风险管理信息系统数据库。

（二）软件

风险管理信息系统的软件主要包括数据库管理软件、分析软件和通信软件三部分。

（1）数据库管理软件用来增加、修改企业数据库的数据。

（2）分析软件执行统计、分析功能。

（3）通信软件在计算机之间、企业之间进行信息传输。

风险管理信息系统所需软件，部分可以直接购买，大部分的软件功能还需要自行开发与集成。在选购已编好的 RMIS 软件或雇用其他软件公司编制或经济单位自己编制 RMIS 软件时，风险管理人员需要考虑如下几方面的问题：①可行性；②友好的用户界面；③灵活性；④综合性；⑤容错性；⑥兼容性；⑦分析能力；⑧安全性。

（三）硬件

硬件是指计算机化的风险管理信息系统的物理设备，包括计算机本身、服务器等。硬件的选择主要取决于用户的需要。硬件所要求的两个重要特性是可靠性和可扩展性。一般来说，风险管理信息系统要求的数据库越大，其所需要的计算机和服务器功能就应越强大。另外，工作站的数量也是选择计算机、服务器和网络时应考虑的因素。以往最常见的做法是几个人共享一个计算机终端，但现在倾向于每个用户一个终端。如果同时使用的终端用户越多，服务器功能就应越强大。

（四）网络

以往企业信息化的运行平台是局域网，大多采用客户—服务器结构。随着技术的发展，越来越多的企业开始以 Internet 为平台，采取浏览器—服务器结构。网络的速度和质量决定着用户抓取信息的速度和数量。

（五）人事

风险管理信息系统中人是最重要的，人提供和解释数据，设计、组建、安排并维修硬件。由人来操作风险管理信息系统，并使用风险管理信息系统的信息来支持其决策。人员同时也是风险管理信息系统中成本最高的一部分，其费用由人员工资和一些附加费用构成。操作一个风险管理信息系统所需要的人数取决于系统的大小和需求，一般来说，一个风险管理信息系统的建立与运作需要由一组专家共同完成，包括计算机程序员、分析员、软硬件专家等。

三、企业风险管理信息系统的优缺点

企业级风险管理信息系统极为复杂，具有多向交互式、智能化的特点，能够及时、广泛地采集所需要的各种风险信息和数据，并对这些信息进行集中海量处理，以辅助业务部门和风险管理人员做出正确决策。一个好的风险管理信息系统可以给企业带来效益，使得企业能够更好地控制风险，但也存在着一些局限性。

（一）企业风险管理信息系统的优点

（1）提高效率。无纸化操作与信息流动的高效性，可以节省风险管理人员用于决策的时间，从而可以提高其分析能力，使得决策更加科学、合理、可行。

（2）降低成本。风险管理信息系统的采用可以使得因手工处理的减少而带来的错误的减少和人员费用的减少，以达到节省企业费用的目的。

（3）改善通信。通过计算机网络和共享的数据库，计算机内的信息很容易被企业内外的许多人所同时存取。而且，计算机在对数据的排序、操纵、合并、概括、传播上具有极快的速度。因此，一个好的风险管理信息系统通过对正确合理的信息分析，能向高级管理人员提出一些简洁明了的建议；当与企业的多个管理信息系统集成起来时，将有助于风险管理人员参与企业的战略决策。通过管理信息系统，企业各部门之间的信息能够迅速交流，并及时收到风险管理部门关于日常活动的有关建议。

（4）提高风险管理的可信度。通过计算机既可以进行科学运算，也可以进行仿真模拟，其所产生的文档材料似乎比其他形式的材料更具可信性，更容易让人接受。

（5）高质量的决策信息。因为在企业数据和产生模型上具有优势，计算机能够从数据中获得大量信息，所以提供了更多、更高质量的决策信息。数据的管理可以产生出用以支持管理决策的高质量的信息统计模型。

（二）企业风险管理信息系统的缺点

因为计算机只能按照程序执行，也只能存取已给的数据，因此，任何计算机化的风险管理信息系统的性能都是有限的。计算机化 RMIS 只能分析而不会制定决策，计算机能对问题做出精确的回答，但只有人才能发现问题，提供所需要的数据。

四、企业建立风险管理信息系统的必要性

随着人类社会进入知识经济时代，信息技术的高度发达及在管理领域的广泛和深入应用，使得企业的经营环境和经营模式不断变化。中国企业因在对外担保、对外投资、资产重组等经营过程中不注重风险的管理与控制，频频出现的经营危机甚至破产，都说明企业在加强风险管理方面的重要性和紧迫性。鉴于企业所面临的风险日趋多样化、复杂化及所涉及的工作量越来越大的特点，仅仅依靠传统的、一般的风险应对技术已不能适应企业和市场发展的要求。因此，运用信息技术建立企业全面风险管理信息系统，从而提高企业风险管理的水平，进而提高管理效率，是适应新形势发展的必然要求。

（1）企业风险管理信息系统的建立，将大幅度提高企业风险管理的技术水平。随着市场经济特别是经济全球化趋势的加强，企业所面临风险的复杂性、多样性决定了仅靠纸面文件形式进行风险的管理是不够的。从风险影响因素的搜集到识别，再到风险的评估及程度计量，直到风险控制方法的决策，数量关系复杂，技术性强，不运用信息技术，风险管理的效率是很低的，甚至会根本无法完成。因此，企业风险管理信息系统的建立是降低企业成本的重要举措，是增强市场应变能力的必要条件，是加强企业管理、堵塞管理漏洞的有效手段，是企业风险管理的技术保障。

（2）企业风险管理信息系统的建立，有利于提高企业的风险管理效率，增强企业风险管理的科学性。企业对各种风险进行管理都需要经过风险因素的搜集、分析、计量等环节。其计量的方法各不相同，有的牵涉多个指标，其中的数量关系也比较复杂，技

术性强，仅靠人力来解决这些复杂问题，风险管理的效率是很低的，并且很多工作仅靠人工也是根本无法完成的。另外，建立风险管理信息系统，对各种风险都要经过因素分析、风险识别、风险估测、风险控制等环节进行程序化的科学管理，即使个别无法用量化指标进行测度的风险，也将根据此类风险的特殊性设定一些定性指标，按照严格的程序对其进行科学控制。因此，建立企业风险管理信息系统将大大提高风险管理效率，增强其风险管理的科学性。

（3）企业风险管理信息系统的建立，将复杂、零散的风险因素纳入统一的信息系统中，更加有利于企业风险的防范。企业的全面风险管理，是对企业各个层次的业务单位、各种类型风险的通盘管理，强调的是全员参与、全程实时管理。与此需求相适应所建立起来的风险管理信息系统，会将各种风险及包含这些风险的各种资产与资产组合，以及承担这些风险的各个业务单位纳入统一的体系中，再对各类风险依据相应的标准进行测量和汇总，并根据全部业务的相关性对风险进行控制和管理。这样，相关部门就能随时全面地掌握企业面临风险的可能性及程度，以便更好地进行风险防范。

第二节　企业建立风险管理信息系统的基本要求与构建原则

风险管理信息系统的建设需要纳入统一的 IT 规划蓝图之中。鉴于当前我国企业风险管理信息系统的基础还相当薄弱，因此可先从相应业务及流程的信息系统建设入手，配合优化的风险管理政策制度和流程设计，在逐步完善数据积累和学习使用先进的风险管理工具和模型的同时，引入具有前瞻性的风险管理信息系统。通过集成企业应用平台，监理通行的信息数据仓储、使用商用智能工具等，有规划、分批次、分步骤地整合企业各类风险管理信息系统，谋求在企业范围内整合和分享这些相互关联的风险信息。

一、企业风险管理信息系统的基本要求

信息系统为风险管理提供数据，RMIS 储存于风险相关的数据并允许进行数据检索。该系统可以为报告的编制提供输入信息，肩负着存放与企业风险相关的所有当前和历史信息的作用。其中，存放的信息包括风险识别文件（通过使用模板文件）、风险定性和定量评估文件、合同可交付成果（如果适用）以及其他风险报告。风险管理办公室将使用该系统的信息，编制提交给高级管理层的报告并检索日常风险管理所需要的信息。

通过使用风险管理模板文件，每个风险项目都可以编制一套标准的报告，用以定期汇报使用，并且能够针对特殊要求编制特殊报告。该信息与失败报告信息和经验教训信息系统息息相关。

具体来说，风险管理信息系统的基本功能应该包括以下 6 个方面：

（1）企业应将信息技术应用于风险管理的各项工作，建立涵盖风险管理基本流程和内部控制系统各环节的风险管理信息系统，包括信息的采集、存储、加工、分析、测试、传递、报告、披露等。也就是说，系统必须涵盖风险管理基本流程和内部控制系统各环节。

（2）企业应采取措施确保向风险管理信息系统输入的业务数据和风险量化值的一致性、准确性、及时性、可用性和完整性。对输入信息系统的数据，未经批准，不得更改。

（3）风险管理信息系统应能够进行对各种风险的计量和定量分析、定量测试；能够实时反映风险矩阵和排序频谱、重大风险和重要业务流程的监控状态；能够对超过风险预警上限的重大风险实施信息报警；能够满足风险管理内部信息报告制度和企业对外信息披露管理制度的要求。

（4）风险管理信息系统应实现信息在各职能部门、业务单位之间的集成与共享，既能满足单项业务风险管理的要求，也能满足企业整体和跨职能部门、业务单位的风险管理综合要求。

（5）企业应确保风险管理信息系统的稳定运行和安全，并根据实际需要不断进行改进、完善或更新。

（6）已建立或基本建立企业管理信息系统的企业，应补充、调整、更新已有的管理流程和管理程序，建立完善的风险管理信息系统；尚未建立企业管理信息系统的，应将风险管理与企业各项管理业务流程、管理软件统一规划、统一设计、统一实施、同步运行。

二、企业风险管理信息系统的构建原则

风险管理是一个涉及多个学科、涵盖方方面面的系统工程，由此构建的 RMIS 框架应该是一个多维的、立体的、连续的管理方案和过程。要构建这样一个管理框架，必须要遵循以下原则：

（一）　一般原则

1. 规范系统开发过程

信息系统的建设是一项系统工程，必须按照软件工程的规律来阻止系统的开发，必须建立严格的软件工程控制办法，要求开发组的每一个人都要遵守软件工程规范。没有规范就不可能开发出用户满意的系统。

2. 正确的开发策略与方法

为了保证信息系统的开发质量，降低开发费用，提高系统开发的成功率，必须借助于正确的开发策略和科学的开发方法。管理信息系统的开发方法主要有以下几种：结构化生命周期法、快速原型法、企业系统规划法、战略数据规划法、信息工程法和面向对象法等，其中最常用的是结构化生命周期法和快速原型法。

（1）结构化生命周期法。它是把系统的建立看作一种生命物种的成长过程，其过程由 6 个开发阶段组成：系统定义⇨需求分析⇨系统设计⇨编写代码⇨安装调试⇨系统维护。

结构化生命周期法的优点是把管理信息系统开发的全过程按其生存周期分成若干阶段，每个阶段有相对独立的任务，然后逐步完成各个阶段的任务。在每一阶段的开始与结束都规定了严格的标准。前一个阶段的结束标准就是后一阶段开始的标准，而每个阶段任务相对独立而且比较简单，便于不同人员分工协作，从而降低了整个软件工程开发的困难程度。同时，由于在每个阶段结束之前都从技术与管理两个角度进行严格审查，合格之后才开始下一阶段工作，这就使得软件开发全过程以一种有条不紊的方式进行，保证了软件质量，提高了软件的可维护性。这样不仅可以大大提高软件开发的成功率，软件开发的生产率也会明显地提高，且简单明了，结构清晰。此外，结构化生命周期法还把文档资料作为每个阶段的产品之一，而且加以标准化，作为每个阶段结束的重要标准。它保证了在系统开发结束时有一个完整准确的软件配置交付使用。这是因为，文档资料是通讯的工具，它清楚地说明了到目前为止关于该项工程已经知道或做了什么，同时确定了下一步的工作基础；文档资料也起着备忘录的作用，如果文档不完整或与上一阶段的文档不相衔接则在工作上一定有不完整的地方；文档资料的另一重要作用是有利于与用户交流，检查错误，用户评价。文档资料也是系统维护的依据，通过每一阶段生成的文档资料，使得开发人员和用户易于使用维护。

但这种方法也有不足，具体表现在：一是阶段回溯不可避免，延长系统开发的时间。结构化生命周期法并没有解决软件开发研制时间过长的严重危机。因为计算机硬软件技术及通讯技术的发展日新月异，很容易使刚建立起来的管理信息系统迅速变得陈旧，生命周期很短，所以系统开发周期过长将导致系统运行时间变短。二是使用过程化语言，没有从根本上改变个体手工编程的工作方式。三是专业开发人员开发用户使用的系统开发模式，开发人员与用户都要花时间去掌握对方专业领域的知识以期产生共同语言，导致用户系统分析不充分，理解不透彻，或表达的二义性，造成软件生命周期中越早潜入的错误发现越晚，系统分析时引入的错误往往要到运行时才发现，而且其修正的代价是相当昂贵的。四是用户热情没有彻底调动，没有从根本上解决让用户参加系统开发的问题。如此一来，系统维护就变得十分困难。且文档资料缺乏实用价值，特别是早期的系统规格说明——专业知识的缺乏使得用户难以理解文档的内容，使得文档资料不但没有起到应有的作用，反而延长了开发时间。

（2）快速原型法（简称原型法）。它是指快速地创建出管理信息系统的测试版（可用来演示和评估），借助这种测试版本挖掘用户的需求，然后在此版本的基础上再进行修改、增强。它由4个开发阶段组成：确认基本需求➪开发原型系统➪使用原型系统➪修改增强原型。

这一方法的突出优点在于一个"快"字。在采用结构化生命周期法作系统分析时要反复和用户讨论，这种讨论费时费力，而且终究是"纸上谈兵"。而原型法则是"真枪实弹"，能够使用户立刻与想象中的目标系统做出比较。开发人员向用户提供一个"样品"，用户可以迅速向开发人员做出反馈，以提高系统的质量。快速原型法要求在获得一组基本的用户需求后，快速地实现新系统的一个"原型"，可以说是以用户需求为中心，又不完全依赖于用户需求。它对用户需求的定义采用启发的方式，引导用户在对系统逐渐加深理解的过程中做出响应，鼓励用户参与到系统的设定与开发中去，更加便于系统的维护和使用。但是，这一方法存在的不足是，只能适用于中小型企业的管理信息系统开发，因为大型企业的管理信息系统本身十分复杂，各种不确定性因素多变。因此，对那些简单的数据操作和记录管理的应用比较适合用原型法开发，而对那些批处理或大量计算和有着复杂过程逻辑的系统一般不适合用原型法处理。如果要用原型法对大型系统进行开发，就需将其分成几部分，一部分一部分地分别建立原型。如果缺乏用传统方法进行透彻的需求分析，就无法对大型系统进行划分，因为一开始很难分辨系统各部分之间存在哪些相互的影响。如果冒昧使用快速原型法，将会导致管理信息系统出现漏洞。

对于风险管理信息系统的开发，可以采取复合的开发策略，将结构生命周期法与快速原型法相结合，以原型法作为系统开发的过程模型；以面向功能开发方法为主，结合面向对象和基于结构的方法进行开发，在系统分析、设计与实现中借鉴项目管理的管理思想。

3. 整体性原则

企业风险管理信息系统是相互联系、相互作用的诸要素组成的综合体，必须从整体和各组成部分的相互关系来考察企业的风险，从整体目标和功能出发，正确处理个风险管理子系统之间及子系统内部各组成部分之间的相互关系和作用。为了使这一大系统能够协调运行，前提条件就是所有子系统的信息要素必须有统一的规定，有一套公认的标准和规范。

4. 分解—协调原则

企业经营和业务的特殊性决定了其所面临的风险在种类、风险因素的来源上的差异性和复杂性。分解—协调原则，就是要求在建立信息系统时，把复杂问题转化为若干相对简单的子问题以求方便求解。在处理各类子问题时，还必须根据整个系统的整体功能和目标，协调各子系统的行为、功能和目标，以保证整体功能目标的实现。

5. 目标优化原则

所谓目标优化原则，对简单系统来说是求最优解，对复杂系统来说求的则是满意解。鉴于目前在理论领域某些风险还不能用准确的量化指标加以衡量，所以，有些风险即使在理论上已经有了评估模型，也可能由于现实的数据问题还不能实现准确量化。因此，企业风险管理信息系统的建立，应在当前环境条件下最大可能地去实现风险的管控，即达到目前所能达到的最满意的风险管理目标。

（二）特殊原则

1. 易用的原则

风险管理信息系统不同于财务、人事等业务软件那样只需要少数人经过培训掌握使用方法即可，它是涉及多个部门、多个岗位、多个人员的工作。因此，构建企业风险管理信息系统时，应在保证全面、完整的基础上，做到系统的容易操作、简单易用。

2. 整体性保障原则

企业风险管理信息系统是企业风险管理的数字神经系统，所以，影响到企业经营与发展的每一风险要素都应纳入此系统。因此，也就需要企业风险管理信息系统与各项业务系统有畅通的信息接口，以充分利用各业务系统中的信息资源。虽然各业务系统具有独立的功能模块，也可以独立升级、增添或自行设计开发，但必须保证满足风险管理信息系统对企业风险管理的整体需求。

3. 实用性与适应性原则

由于风险管理的复杂性，所以构建的风险管理信息系统必须更加注意使其具有较强的实用性，以确保为企业的风险管理提供技术支撑。这是因为，许多风险是不可预知的，随着企业与环境的发展，新的风险随时可能出现，所以企业风险管理信息系统的设计，从一开始就应该考虑到其需适应于多种运行环境，并具有较强的应变能力，以适应未来变化的环境和需求。

4. 先进性与发展性原则

企业风险管理信息系统是以业务信息系统为基础建立起来的。企业的各项业务信息是在业务活动中产生并通过业务信息系统采集处理的。其搜集和提供的信息既有企业经营管理中产生的内源信息，也有社会经济的外部信息，这些信息不仅在企业内部交流传递，而且还在企业之间、企业与社会之间进行交换。因此，要保证风险管理信息系统能够获得足够的基础数据信息进行分析处理，必须建立一个快速有效的风险信息收集网络。为此，从长远考虑，企业需要采用当代最新技术，建立一种新的、开放的现代风险管理系统。

第三节　风险管理信息系统的设计

一、风险管理信息系统设计步骤

为挖掘风险管理信息系统的潜在效益、避免潜在缺陷，需要对风险管理信息系统进行恰当的设计以满足企业风险管理的需要。风险管理信息系统的设计需要经历需求分析、确定信息流、可行性研究、软硬件购买或租赁四个阶段。

（一）需求分析

需求分析的目的在于识别风险管理信息系统的用户，了解他们各自的需求，以及组织目前可能满足这些需求的资源。为找出风险管理信息系统所有可能用户及他们各自的信息需求和企业能够满足这些需求的现有资源，在需求分析中就需要执行以下四个步骤：

1. 确定用户

虽然风险管理信息系统的大部分用户是风险管理部门，但也有少部分是其他部门甚至是企业的外部人员。有些是向风险管理部门提供数据信息的，有的是从风险管理部门获取信息的。在确定用户的过程中，一般有以下部门的代表：企业内部的员工健康安全部、管理信息系统部、风险管理部、法律部、会计部、采购部、高级管理部门领导等。企业外部有保险经纪人、保险代理人、保险公司、风险管理咨询企业、律师事务所、外部索赔管理人员或理算师、行业协会、当地政府官员等。

2. 采样调查

进行调查或访问时，可以根据每个被采访者的情况设计一张调查表，目的在于使大家都能实现对下列问题的认识和了解：（1）正在收集的数据的收集原因和程序；（2）在现有的数据中想要得到的另外一些附加数据和信息；（3）难以收集和分析或成本较大的数据以及从该数据中可得到的信息；（4）当前收集、分析数据及传播结果信息的程序所存在的问题。

3. 分析访问结果

分析每一个被访问者的观点可以得出关于整个企业的需求、资源和改善信息流以及提高风险管理决策能力的观点。了解当前和将来的信息流对以上分析来说都是基础性的工作。

4. 准备报告或建议书

准备报告或建议书就是将上述的所有分析最终形成一个需求分析报告书。

（二）确定信息流

信息流应当用一张流程图和相应的文字叙述来描述。流程图能够简洁地表明信息流是如何从一个部门流向另一部门的。这些流程图及其叙述通常可以揭示基础数据是如何被收集的，如何被处理以产生所需要的信息的。

（三）可行性研究

一个理想的风险管理信息系统所需要的资源可能很多，计算风险管理信息系统的成本时需要管理信息系统和风险管理人员的共同努力，将所有的成本项目找出来，并预测系统生命周期前三年的费用，然后在考虑货币的时间价值的基础上将成本加总。效益的预测和计算也是如此。通过这样计算出来的成本和效益值才能告知财务经理和其他经理以最确切的信息，并由他们评估这一风险管理信息系统在财务上是否可行。

（四）购买、租赁和建造的决策

一旦高级管理人员决定建设风险管理信息系统和配置相应的软硬件及人员，接下来就是如何获得软硬件的问题了——购买，租赁，还是自行设计？

1. 软件决策

最基本的软件决策是应该从销售商那里直接购买还是自行设计。在做出该项决策时应考虑系统能否满足以及在多大程度上满足企业的需求。除此之外还要考虑预算限制、使软件运行需要的时间，以及与企业内现有软件的相容性。

2. 硬件决策

最基本的是购买或租赁决策。在一个没有管理信息系统的企业里，做出购买或租赁决策时应考虑以下几个方面的因素：（1）在设备预计的生命周期内，购买或租赁在现金流量的净现值上的差异；（2）企业所面临的各种损失风险（包括物质上的损失和技术上的过失）；（3）当企业和计算机技术进行更新时，购买或租赁来的硬件在可预见的将来更新其风险管理信息系统或管理信息系统时的灵活性的大小。

租赁可以避免大量资金流出和技术过时的风险，一般仅适用于大型主机和服务器设备。

3. 人员决策

在为风险管理信息系统配备人员时，一般应考虑以下基本因素：（1）应具备能够操作风险管理信息系统所需要的管理信息技术；（2）了解和熟悉企业及其对风险管理信息系统的需求情况；（3）遵守系统操作规程，诚实守信；（4）对计划外风险管理信息需求的反应能力较强；（5）人员的工薪费用。

二、风险管理信息系统总体架构

一般的管理信息系统包括应用结构、数据结构和技术结构三个部分，风险管理信息系统亦如此。

（一）风险管理信息系统架构

风险管理信息系统在架构上包括应用层、数据层和技术层三个重要部分。

（1）应用层架构提供企业所需风险管理信息系统相关的功能。

（2）数据层架构定义应用系统所需的资料及存取界面，应考虑资料库建造与资料的完整性。

（3）技术层架构定义系统运行的软硬件环境，建造时应确保系统的安全性。其中，技术结构涉及的主要是技术环境所涵盖的硬件平台和相关基础设施，需满足客户服务、业务范围、数据服务这三个层次的应用要求。

系统提供对综合业务系统的信用风险、市场风险、运营风险、流动性风险等风险的量化和控制，完成在业务系统中的风险衡量和评估、风险监管和汇总，从而为企业在资产组合管理和全面风险控制的基础上完成内部资金定价，资本、资产分配和企业业绩评估等提供数据支持和决策辅助。根据上述讨论以及企业的风险管理信息系统缩影实现的相关功能，构架风险管理信息系统，如图 13－1 所示。

应用层

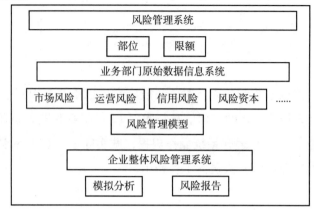

数据层

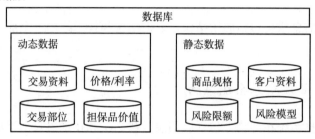

技术层

图 13 - 1 风险管理信息系统架构

（二）风险管理信息系统的功能界定

1. 风险管理信息系统应用层架构设计

对于企业风险管理信息系统应用层架构的设计，应该考虑到企业各层级目前与未来可能的风险管理功能要求。其原则说明如下：

（1）应用层架构的功能应包括市场、经营与信用风险等管理，资本配置，资产负债管理，绩效评估及相关管理报表等。

（2）使用者应参与风险管理信息系统的功能设计与系统测试，以确保满足风险管理的需求。

（3）除界定功能外，亦需确认构建风险管理信息系统所采用的解决问题方法的可行性。

2. 风险管理信息系统的功能分配

企业所使用的风险管理信息系统，需根据组织内的控管层级，明确规范及分配集中式风险控制处理及个别业务单位分散式风险控制处理的形态与层级。原则说明如下：

（1）风险管理信息系统与企业的风险控制处理组织架构及控管方式相搭配。

（2）风险管理信息系统应采用集中式（中央层级向下分派）信息管理方式，以确保跨部门与跨产品间所采用的计算方法与模型及资料的一致性。

（3）企业若采用分散式的风险管理信息系统架构，必须注意不同单位间所使用的分析方法与市场资料是否具有一致性。

（4）选择集中式或分散式风险管理信息系统，取决于企业对于风险管理信息系统功能的要求、控制程度的要求，以及集中式系统执行的可行性。

3. 信息传送频率

企业建立风险管理信息系统框架时，应考虑不同风险报告书显示的频率、对象与格式。原则说明如下：

（1）产生及时的信息是风险管理信息系统的最终目的，但是实际产生的频率仍应参照使用者的需求而定；针对不同的使用者，应有不同的信息内涵与报告格式。

（2）信息呈现方式可以是报表或线上查询，而线上查询的格式则可由使用者自己定。

（3）有必要时，风险管理信息系统，亦可考虑包含以下功能：交易前风险评估流程、交易前情景分析及相关交易之后的资料及时更新等。

（三）数据库的建立与数据的完整性

1. 数据库的建立

企业建造数据库时应考虑数据结构、数据明细与数据存放地址。建立数据库的关键要素有：

（1）按照企业的决策目标，选择需要包含的数据类别及每种数据类别所应搜集的数量，这些数据类别的多少及数量取决于经济单位认为是否能够满足决策；

（2）决定数据的格式、类型及执行 RMIS 预期功能所要求的随机存取、直接调用能力；

（3）修改和定期检查实际数据。

数据库的建立原则说明如下：

（1）数据库基本框架应考虑风险信息传输的格式与频率，也要减少重复数据以提高效率。

（2）选择数据应考虑数据的形态，数据形态可分为动态资料与静态资料两类。动态资料是指与交易相关及必须定期更新的资料，包括交易资料和交易部位及价格等方面的资料。静态资料则是指更新频率不高的相关资料，如产品类型、客户资料、风险限额与风险模型等方面的资料。

（3）建立规则时还应考虑资料储存的详细程度、分析方法的复杂程度、数据库系统本身的效能。这些因素将影响资料库的执行效率。

2. 数据的完整性与所有权

企业应经过验证与确认的程序，以确保风险信息的完整性与正确性，并规定相关资料的所有权与维护责任。原则说明如下：

（1）经过使用者端系统与管理中心系统，进行资料完整性确认。对于使用者端系统，必须确保风险信息来源的正确性与完整性，于信息更新时进行自动检查；对于管理中心系统，应确认风险信息整合建立在一致性基础上，特别是业务单位对获利及损失的信息必须与会计部门的资料一致。

（2）为了确认风险管理程序所使用资料的正确性，必须指派专职部门负责资料维护与更新工作。

（四）技术架构的建造与系统的安全性

1. 信息技术搭配

企业建造风险管理信息系统技术框架时，应确认该系统与企业原有信息平台的相容性。其框架应包含硬件平台、作业系统、数据库管理系统与通信基础架构等。原则说明如下：

（1）风险管理信息系统技术框架应包括：①硬件平台；②作业系统；③通信基础框架；④数据管理系统；⑤风险控制软件；⑥图形化使用者界面。

（2）风险管理信息系统技术框架的设计，其复杂程度与本身需求相关，应考虑未来技术发展趋势、外购需要及新产品与新业务未来的扩展性。

2. 系统与模型的安全性

企业建造的风险管理技术框架必须规范所需的安全程度，以确保企业信息、系统与模型的完整性与机密性。完整性相关领域包括存取权限、使用者控管、线路安全性与模型安全性。

3. 系统备份，恢复和紧急应变措施

企业通讯设备故障时系统应仍能正常运行；对事故的处理应有完整的紧急应变措施。主要范围应包括灾难恢复、容错、备份与应对策略。

4. 风险管理信息专业人才

为使企业风险管理信息系统正常运行，企业应配备专职的信息人员从事风险管理信息系统的开发与维护工作。

5. 信息技术的开发

企业的风险管理信息系统不论是自行开发还是外部购买，都应处于可管理的状态下，注意其功能的实用性、可扩充性和可执行性。无论是选购现成的，或是雇用其他软件企业编制，抑或企业自行编制 RMIS 软件时，风险管理人员都需要考虑如下问题：系统的可靠性，有好的用户界面，灵活性，综合性，容错性，兼容性，分析能力，安全性，系统功能的完整性、开放程度，供应商或开发商的专业能力及支援能力，等等。

三、风险管理信息系统的功能需求分析

风险管理系统是对企业资产和负债总体的全面、动态和前瞻性的综合平衡管理，并产生独立的损益报表、损益评估、资金缺口分析和风险暴露报告等，为企业风险的衡量、报告和控制提供了精确、可靠和及时的信息。

（一）整体系统需求分析

1. 功能性

（1）能够与自行开发的系统或财务会计管理信息系统结合；

（2）提供与其他信息系统或数据库沟通的界面以取得数据；

（3）产生即时的风险暴露信息供参考；

（4）综合管理历史数据与预测未来的数据。

2. 弹性

（1）支持临时性的报表；

（2）有能力处理随时加入的数据；

（3）允许使用者自行定义查询与排序方法。

3. 扩充性

（1）系统本身可新增额外的功能以应对未来需求的变化；

（2）能与其他不同功能的风险管理系统相沟通；

（3）具有数据转出与转进的能力。

（二）使用者界面需求

（1）图形化的使用者界面（GUI）；

（2）提供及时正确的信息供决策参考；

（3）提供内部与外部网络直接操作的界面；

（4）避免不必要的中断使用者的操作连贯性；

（5）必须有容错的功能，可预测使用者所犯的错误且容易更正；

（6）系统的逻辑与排列必须一致；

（7）提供线上辅助功能，适时地协助使用者操作系统；

（8）具警示功能以免使用者在未经警告下采取有破坏性的行为；

（9）线上及时取得信息功能；

（10）多功能的环境，即运算的同时也能执行其他功能；

（11）提供图形化的或非数字的信息呈现方式；

（12）系统的反应时间要够快；

（13）避免要求使用者输入冗长或复杂的数据。

（三）风险控制系统功能需求分析

企业风险管理信息系统的核心是风险控制系统，是对于风险相关的信息进行收集、整理、分析、处理、做出预警显示和提出应付风险的基本策略的一个动态管理体系。它主要包括以下几点：

（1）风险信息的收集加工；

（2）提供各部门的资产部位明细及多种风险衡量与分析方法；

（3）针对不同的风险，提供不同的风险管理策略；

（4）评估不同的风险管理策略，产生报表或建议书；

（5）产生风险分析报告及损益表；

（6）提供压力测试（stress test）与各种情景模拟功能；

（7）提供返回测试（back test）功能以验证风险计算模型的准确性。

对应上述的系统功能需求，可归纳如表 13 –1 所示。

表 13 –1　　　　　　　　　　　风险控制系统功能需求表

1. 交易监控功能	（1）提供各部门的资产明细与市值
	（2）动态监控部门是否超过限额
	（3）提供交易对手的评估资料
	（4）产生个别或者整体部门的风险报告
	（5）提供人性化报表（customized report）的设计功能
2. 风险衡量功能	（1）计算个别或整体部门的风险值并存储于数据库
	（2）依据商品特性，提供不同的风险计算方法
3. 动态消防控管功能	（1）根据风险偏好及计算的风险值，提供风险管理策略
	（2）提供多种避险策略作为决策参考与比较
4. 情景分析	针对不同的风险情景进行模拟与分析
5. 模式验证	提供返回测试已验证模型的效果

四、风险管理信息系统的功能模块

风险管理信息系统通常包括以下四个模块:

(一) 信息数据仓库和相应的数据管理方案模块

用于收集和累积风险管理信息。主要负责对与风险相关的所有当前和历史信息进行收集、加工与存储。就企业而言,其信息源主要包括六个部分,即国家政策和法律、市场、行业、竞争对手、供应商、用户和企业自身。该模块主要搜集对企业可能产生负面影响的信息,且要分门别类将这些信息进行加工、整理,在加工整理过程中判定信息的真伪和虚实,达到信息过滤的目的。通过所建立的数据库和知识库,能够找出企业风险之所在及引起风险的主要因素,并通过专业的模型库对其后果作出定性分析。

(二) 风险分析工具模块

用于建立风险模型设计及实施,包括内部评级、可预见损失、不可预见损失、压力测试、风险值及风险资本平衡收益率等方面的模型。

主要是根据第一模块中提供的风险信息,认定风险的来源和类型,并对其进行充分的评估,确定其轻重缓急。做好定性分析和定量分析相结合,在系统中对共性的东西采用统一模块处理,对个性的东西采用设置参数的方法来定制。在此基础上确定企业风险产生的可能性、影响范围、影响程度以及周期,最终提出风险点。

因为企业每一种风险的大小究竟如何,必须依赖一定的数据指标,构建测算风险程度的计量模型。所以,所构建的风险管理系统必须有相应的模型库和方法库,通过二者的协同运算,对可能出现的风险概率及其风险程度做出定量评估,对某些不确定因素确定其变化范围。

(三) 业务管理系统模块

该板块可以实现业务风险决策的电子化和自动化,确保业务得到及时处理,并有效监控相关风险。业务管理系统模块主要是针对第二模块中提出的风险点进行对策研究。具体而言,包括:(1) 把握风险可能产生的真正原因;(2) 把握因风险影响可能使企业遭受的损失;(3) 进行风险策略的制定;(4) 消除风险所需的经营资源及重新配置;(5) 实施策略与监督;(6) 效果的评价与反馈。该板块可根据信息系统提供的定性分析和定量分析的数据支持,提出企业风险控制和防范的对策;也可由企业外部人士分析,建立储备有一定专业的知识库。通过该模块,企业风险管理部可以据此编写相关的风险管理报告并可以检索日常管理所需要的信息。

(四) 在线数据分析及报表处理模块

实现组合层面的风险管理、收益测算、定价、对资本充足率(含压力测试)的分析。

需要说明的是,企业风险管理信息系统包括各类型风险管理的子系统,每个子系统都具备以上基本功能板块。

图 13-2 是以上市公司银行企业为背景的风险管理信息系统的功能模块,不同的企业其具体功能模块有所不同,但都必须具备以上基本功能模块。

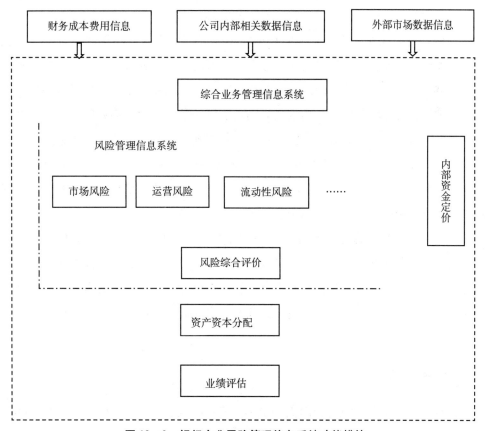

图 13-2 银行企业风险管理信息系统功能模块

五、风险管理信息系统建设的瓶颈

（一）数据问题

系统开发中常会遇到以前开发建设的业务、管理信息系统的数据是否能够支持风险管理信息系统数据需求的问题。一般来说，如果信息系统的数据元素、编码、数据库标准等不一致，信息系统之间的信息就很难共享。数据问题，其实是信息系统的管理规划问题，是数据规划没有做好。

虽然 RMIS 的发展已有 40 多年之久，但是在美国以外的地区，如欧洲，目前风险管理信息系统仍处于起步阶段，一些大型保险企业的风险管理信息系统仍然依赖美国厂商。但是，由于国情的不同，许多风险资料并不能直接引用美国的数据。因此，做好以下三个方面的工作是提高企业风险管理水平的关键。

（1）做好数据规划，建立完善的数据收集体系。企业从来都不缺少数据，但往往开发建立分析模型或管理信息系统时，才发现没有足够的数据可用。一方面是积累的数据大量冗余，另一方面却是信息的大量缺失。其根本原因在于数据规划没有做好，没有站在全企业的、历史的和发展的角度做好信息资源的整合，没有将数据按需求演变成信息。企业应该根据自身的业务发展需求尽早进行规划，构建完善的数据收集体系。

（2）构建统一的信息交流和共享平台。由于业务的不断发展，只有构建统一的信息标准才能有效地实现信息共享，建立统一的信息交换和共享平台，才能有助于实现业务处理和风险控制的自动化，提高企业的风险管理水平。

（3）充分开展数据库建设和提升数据挖掘技术。应加强客户和业务信息管理，不断完善数据库，实现基于数据库的决策分析支持系统。利用数据挖掘技术积极进行客户利润贡献度分析、风险控制分析和资产负债管理预测分析，使企业的风险管理由事后反映转变为事前预测，实现经营风险的自动预警，全面提升企业分析、使用信息和管理风险的能力。

（二）基本原则

风险的计量涉及企业的方方面面，交易业务、非交易业务、银行账户、交易账户、时间范围、情景假设、风险计量和比较基准等一些基本原则性的问题。现在人们对有些概念的理解并不一致，例如，有些银行将 1 年期内的短期存贷款业务记入交易账户，还有银行对风险分析时间范围的选取不一致，或者，商业银行的置信水平的取值（是99%，97%，还是95%），等等。对于这些基本原则性问题，根据目前我国风险管理现状，为了便于监管，也为了风险计量的一致性和可比性，都有必要进一步给出明确的指导意见和实施细则。

（三）人才问题

风险管理信息系统建设对于国内企业来讲，应该算是新课题。全面了解风险管理体系的人不多，既懂风险管理又懂管理信息系统开发建设知识的人才更是少之又少。

第四节 风险管理信息系统的实施及应用

风险管理信息系统建设重要的不仅是其设计开发过程，更重要的是其应用实施过程。在风险管理信息系统实施过程中的不同阶段、不同方面都面临着许多问题，如果没有有效的管理控制，将无法达到预期目标。

一、风险管理信息系统实施的任务、方法和手段

（一）风险管理信息系统实施的基本任务

风险管理信息系统实施的基本任务是使管理业务规范化、标准化、程序化，促进业务协调运作。对基础数据进行严格的管理，要求基础数据标准化，传递程序和方法使用正确，保证信息的准确性、一致性。确定信息处理过程的标准化，统一数据和报表的标准格式，以便建立一个集中、统一、共享的数据库。高效率地完成日常事务和业务，优化分配各种资源，包括人力、物力、财力等。充分利用已有的信息资源，运用各种管理模型，对数据进行加工处理，支持管理和决策工作，以便实现组织目标。

（二）风险管理信息系统实施的方法和手段

实施风险管理信息系统是一个环环相扣的工作过程，包括技术手段和管理手段。通过技术手段，帮助用户了解系统的使用运行，为系统实施提供便利条件；通过管理手段为系统的成功实施和应用提供制度保障和组织保障。

1. 减少初始抵抗

为了尽可能避免初始抵抗，风险管理人员应该做好以下工作：

（1）将风险管理信息系统实施作为企业管理的一项基础工作，督促企业领导加以足够重视，增强其对系统的认同感。向每一个员工解释风险管理信息系统将帮助他实现自己的管理目标，并与风险管理信息系统实施过程中的操作人员保持经常交流。

（2）各管理部门有明确的职责分工并协调工作，信息中心积极与各业务部门配合，并接受他们的指导；制定相应的管理制度，保证信息及时准确，使风险管理信息系统融为信息管理的有机组成部分；推进企业制度的改变，使传统工作方法、习惯、观念、办事原则的转变符合信息时代的管理工作要求。

（3）用户自始至终地参与系统建设。设计并实施一个培训计划，目的是让每一个相关人员适应风险管理信息系统及其应用程序；设置及时"帮助"设施，便于及时解决风险管理信息系统实施应用过程中可能出现的各种问题。

2. 平衡地影响日常事物

风险管理人员应该对一些基本工作制订一个实施计划和目标，制订详细的系统实施方案，有步骤、有计划地推进系统的应用。

为了保证新的风险管理信息系统能达到预期目标，风险管理人员应该对数据和系统操作的正确性加以考虑。因此，需要风险管理人员制订一个可以接受的测试计划和测试标准。

3. 对新系统实施后产生的变化做出迅速反应

实施一个新的风险管理信息系统将对一些人的角色、责任和报告关系产生一些变化，也将导致处理过程的变化。对间接信息使用者来说，从风险管理信息系统上得到的信息的形式和内容也将发生潜在的变化。风险管理人员必须随时对严重影响风险管理信息系统平稳工作的不利因素做出反应，如经过培训的人员晋升或离职，管理者应把不利影响降到最低限度。

二、风险管理信息系统实施的步骤与问题

(一) 风险管理信息系统的实施步骤

风险管理信息系统的实施应该采用分阶段、分步骤、按业务功能区域（子系统）分头推进策略。每个业务功能区域实施按照如下步骤推进：

（1）模拟运行。在该阶段可以发现软件设计中存在的不合理现象，磨合工作中各环节的相互联系，熟悉新的工作方式，明确使用人员的工作职责和权力，对使用人员进行培训，消除陌生和不信任感，检查数据处理是否合理。

（2）应用培训。通过全方位不断培训各部门业务人员，使他们熟悉系统的管理模式，并与具体的计算机应用相结合。制定风险管理信息系统运行的规章制度和业务规范，对体现管理模型的软件必须有配套的规章制度和工作流程；还应建立完整的数据责任体系、数据授权等级表、数据转换规范、系统运行维护规范，等等。

（3）数据标准建立及稽核、整理录入。通过实施过程管理，建立严格的数据编码标准，以便用户可以顺利地将以往零散、纸面的数据，按照规范的输入、稽核过程转换到数据库中，形成准确、及时、完整的具有管理价值的信息。

(二) 克服操作中的问题

当新的风险管理信息系统被接受后，操作当中还可能出现许多问题。这些问题可能涉及数据、系统、硬件、软件和相关人员，理应引起企业风险管理者的注意。

1. 数据问题

一个企业的风险管理信息系统在运行中面临的数据问题主要有三个，即数据的完整性、数据的所有权和数据不全等问题。

（1）数据完整性。为确保数据的完整性，输入到风险管理信息系统的数据必须做到：①由风险管理人员对大的数据项目的变动加以核实和确定；②限制有权输入数据、修改数据或输出数据的人员数量；③对风险信息记录和系统中其他信息进行定期审计，保证一些错误数据得到及时修正或删除。

（2）数据所有权。当一个风险管理信息系统的基本数据来源于许多渠道时将产生所有权问题。这里要区分程序所有权和利用此程序所获信息所有权。对于程序所有权问

题，要明确输入、修改、删除有关数据的操作人员的责任；对于所获信息的所有权，要遵守国家相关法律。

（3）数据不全。通常风险管理信息系统都采用系统模型，这就要求系统中有足够的数据满足模型预测要求，否则将无法得到满意的结果。而收集和加工整理适用的数据就要付出一定的成本，这时，就需要企业的管理者对收集处理数据所需要的成本与因数据不全所带来的预测效果不佳之间做出取舍。

2. 系统问题

除了数据和硬件不匹配问题之外，由于系统本身不能满足需要，该企业风险管理信息系统的硬件和软件也可能达不到期望效果。因此，在应用企业风险管理信息系统时，要严格限制操作人员对原系统的随意改动。

3. 硬件问题

出现硬件问题主要是由于设备失灵和技术过时。设备失灵应由有资质的技术人员进行维修；技术过时则应及时更新设备。

4. 软件问题

软件也可能由于过时或者不能满足企业改变风险管理信息系统需要而产生问题。前面的章节已经提及，由于企业所处的经济环境发生变化，企业原先的风险管理手段（控制型的和财务型的）也需进行相应的改变。因此，风险管理信息系统也需做出调整。如果软件功能比较差，就无法满足企业对系统进行调整的要求，使信息系统形同虚设。所以，企业的风险管理人员应及时更换支持风险管理信息系统的软件，使之适应企业随时调整系统的需要。

三、成功实施的关键在于人

影响风险管理信息系统实施成功的因素主要是人、数据、技术。而其中的关键因素是人。对风险管理信息系统实施有影响的人包括企业领导、项目经理、实施人员、具体业务人员、实施咨询顾问等。

企业领导是风险管理信息系统实施的决策者；项目经理是系统实施的组织者；实施人员是系统实施的执行者；具体业务人员是系统实施中的操作者；咨询顾问是系统实施

的指导者。没有企业领导的认可，企业也就无法实施风险管理信息系统；没有项目经理的组织协调，就很难保证系统实施的顺利进行；没有各岗位实施人员的相互配合和出色工作，就不可能实现系统各模块信息的无缝集成；没有具体业务人员及时准确地录入各种基础信息，风险管理信息系统的输出就成了"垃圾"；没有咨询顾问的正确指导，系统的实施就可能会走弯路，甚至失败。

（一）企业领导

（1）企业领导要对系统有比较全面的了解。只有在全面了解风险管理信息系统的基础上，才能进行科学合理的可行性分析，才能对项目投资收益有一个正确的估计。

（2）企业领导要有实施系统的信息和决心。系统的实施会使企业的权力"重新洗牌"，使得某些人的灰色利益变得透明，因此会受到某些人的抵制与反对。企业领导如果对风险管理信息系统的实施没有足够的信心和决心，将会影响到系统实施的速度和效率。

（3）企业领导对风险管理信息系统的支持。尤其是企业一把手（包括各部门一把手）的支持是系统实施成功与否最为关键的因素。

（二）项目经理

项目经理作为系统实施队伍的领导和负责人，是系统实施成功的关键人物。项目经理应既懂经营管理又熟悉计算机和网络信息技术，对系统的实施有深入的了解和丰富的经验，对企业的情况有全面、细致的掌握。项目经理还应具备很强的领导才能与处理人际关系的能力，包括协调企业与 RMIS 软件厂商或咨询企业的关系；协调企业内部各部门的关系；协调部门内部实施人员间的关系。

（三）咨询顾问

作为一个资深顾问，必须对 RMIS 相当了解，有一定的 RMIS 实施的经验，既懂管理知识，又熟悉计算机网络信息技术，必须具备专家的技能、教师的胸怀和领导的艺术。合格的顾问能为用户提供优秀的管理建议、解决方案，指导用户进行系统设置、二次开发，为用户解决实施中遇到的各种疑难问题。

（四）企业实施人员

首先，实施人员必须熟悉 RMIS 系统，并有实施经验；其次，实施人员必须对企业的经营运作（包括企业的物流、资金流、信息流）尤其是自己负责的范围有一个透彻的理解；再次，实施人员必须具有很强的团队精神，在 RMIS 实施过程中相互学习，相互交流，团结协作。

四、风险管理信息系统的应用

风险管理信息系统是涉及多个工作管理部门和单位、多个管理目标和业务、多项高新技术应用、多项复杂动态因素的复杂系统。结合管理信息系统建设的实践，总结如下几点：

（1）风险管理信息系统不是一个单纯的计算机软件系统，而是风险管理、人、计算机的集成。成功的风险管理信息系统必须是在科学规范的高素质人员基础上建立起来的。

（2）风险管理信息系统不仅是存储、检索、查询风险管理信息的数据库，而且是风险管理的工具，必须体现相应的管理思想和不同的用户群（部门）之间的协同工作关系。系统各部分数据的依赖关系体现在各部门协同工作的基础上。

（3）风险管理信息系统的建设过程不仅是计算机软件开发的过程，更重要的是风险管理逐步完善深化的过程，因此，风险管理信息系统建设不可能一蹴而就。尽管如此，也不能坐等所有的风险管理工作规范完善后再进行风险管理信息系统建设，而应通过系统建设促进风险管理工作的改善和人员素质的提高，并由此推进系统建设。

（一）损失预测

一个风险管理信息系统可用概率分析或回归分析来预测损失频率和损失程度，而且可同时考虑几个概率分布或回归关系。就某企业一定时期内的工伤赔偿预测来说，一个风险管理信息系统中的预测程序若采用以下方案将有许多益处。

（1）在企业过去的活动水平和它的损失频率之间建立一个统计（回归）关系，如工伤赔偿。

（2）为企业以后 3~5 年的工作水平制定一个规划，将这个规划水平应用到回归方程中去预测员工们 3~5 年的受伤频率。

（3）规划这些损失的全部成本，首先规划全部平均损失成本，然后把每笔赔偿价值乘以员工因受伤或招致其他损失的数量。

（4）计划这个企业由于这些赔偿再支出的年度总现金流量。考虑到每一笔赔偿都要花费几年时间才能解决，一年支付赔款占其成本的小部分。这些计算可产生事故或赔款的期望成本，实际赔款成本可能或高或低。因此，风险管理信息系统的程序应该考虑到计划和实际损失之间的差异，以利于将来计划的改进，提高后续预测的精确度。

（二）检查和选择风险应对技术

风险管理决策过程中有两个步骤需认真考虑：（1）用于解决一个特定损失风险单位的各种控制型或财务型风险应对技术，在规划时要考虑其可能的操作或财务后果。（2）在每一种方法当中或在几种方法结合之时，选择时要考虑其净现金价值流量或决策标准。在这种情况下，在风险管理决策过程中，一个可计算的风险管理信息系统的财务模型通常会被采用，此模型用于分析可以选择的自留水平和用于系统安全性分析。

1. 财务模型

这种模型可以对集中风险管理方案的财务状况进行预测，因此，这个模型的最重要之处在于它可以改进企业的管理方法。在一些给定假设下，此模型可以定期使企业的财务状况处于安全状态。当管理人员在试图做出重大风险管理决策和选择风险应对技术时，使用这种模型是非常有帮助的。

2. 自留水平的分析

这种财务模型经常用于确定一个企业对某一损失应该自留多少金额或多大比例，目的在于使企业能够控制它的全部成本而不至于自留过多金额。为此，风险管理信息系统程序中应对各种自留水平和保险限额做出假设，模拟各种损失频率和损失程度大小，计算出全部自留损失和保险费成本。可以预测一定时期全部风险财务成本和与这一成本有关的各项支出的幅度，每一支出幅度以其可能发生的概率来表示，以便高级经理人员对各种可能支出结果有一定了解，从而对自留水平做出选择。该风险管理信息系统的财务模型能使决策人员对自己决策的后果有所警觉，并且有利于对此决策做出最优化处理。

3. 安全性分析

风险管理信息系统一个最直接和最有价值的用途是分析一个企业的损失和赔款的细节信息，并且把它们分门别类，使负有直接责任的人员采取适当的防损措施。这种分析的基础是对造成事故和索赔的环境、原因、人员和行为进行细节信息处理，以便计算机能够根据变量（地点、发生时间、天气状况、有关人员等）对数据进行分析，从而找出可用于风险控制的数据模型。以工伤事故风险为例，风险管理信息系统的安全性分析步骤大致如下：

（1）对工伤的原因进行分析以发现最为常见的原因，并加以防范；

（2）对事故和伤亡经常发生的地点进行分析，以便风险管理人员对这些地点加强安全措施；

（3）对前期事故发生频率进行比较，从这些比较中发现变化趋势，并采取正确应对措施。

（三）经过选择的技术实施

一旦一个企业已经选择了特定风险控制和风险筹资方案，它就可以通过风险管理信息系统软件来实施保单管理、赔款管理以及常规文件的准备等工作。

1. 保单管理和报告

购买保险和取得保险赔款的诸多方面处理可以完全计算机化，把保险责任范围、保费交付、保险人对被保险人的赔款支付的各项记录都存储在系统中，使这些基本数据在任何一种风险管理信息系统中都可以获得。现在大为流行的保单管理和报警风险管理信息系统则更进一步，例如，对保险人的准备金、赔款支付和某一特定索赔或对保险责任范围的费用调整的数据进行编辑处理。

2. 赔款处理

每一个企业在年度、季度或月度内都有可能遭受一些财产、责任、净收入和人员方面的损失，这些损失由企业本身、保险人或者由一个非保险方式的风险财务转移合同下有义务的一方来承担。赔款管理计划对这些损失的赔款支付和控制方面做出了规定，每一笔赔款或分期付款方式的支付可以长达几年或几十年。对一些财产损失方面的赔款来说，这些赔款支付的时间和金额是相当确定的。而对有些损失来讲，尤其是涉及一个受伤的员工能否康复的赔偿，全部医疗费用和收入损失的赔偿是难以预计的，它将使目前赔款准备金难以保持适当金额。只要最终成本较低，对每年可能发生的 10~20 次索赔的处理都可以提高其索赔的速度，这些赔款支付取决于每一索赔案中是否有基本数据的赔款管理软件包。如果一笔赔款涉及法律诉讼，计算机化的处理可包括有关各方的法律代表信息、司法管辖权，以及每一诉讼案件最终的法律和财务后果。当风险管理信息系统能明确分辨出这些索赔当中哪些是由企业自留的，哪些是由其他方支付的，系统可以采集和处理各种赔款，以相同信息方式表现，而不管谁是付款人。

3. 准备常规文件

无论是风险控制还是风险筹资活动，一个完善的风险管理计划要求准备一些常规文件，诸如事故报告单、安全检查表格、保险单证和由国家及地方安全委员会和环境保护当局要求提供的报表。在风险管理信息系统没有应用之前，这些文件和标准报表都是用手工或打字及制作出来的。通过计算机化处理能编制所要求的表格，并且可以增加一些必要信息，提高常规文件处理的效率。

（四）监控执行结果

为了跟踪一个风险管理计划，找出其存在的优缺点，风险管理信息系统在这方面有许多用途。其中重要的两个用途是编制管理报告和在企业各部门之间分配风险管理成本。

1. 编制管理报告

评价某一风险管理计划是否达到预期目标，要求把实际效果同预期效果或作业标准加以比较。风险管理信息系统的数据库在这方面是一个非常有用的工具，因为它可以收集实际效果的数据，编制预期效果和作业标准，在对两者比较时进行必要计算。当经营或经济环境发生变化时，计算机还提供了自动发觉和调整标准。这些信息结果必须向风险管理人员报告，以便于他们对此做出反应。通过对这类信息进行分析处理，一般可以提高风险管理报告的精确程度。

2. 成本分配

在一个企业的各个部门之间对风险成本进行分配是刺激这些部门的人员采用风险控制技术的一个很重要的工具。这样一个系统的根本特性就是各个部门特定的风险是可以被识别的。在这些部门的预算中加进风险成本可以使这些经理人员了解风险管理的责任。在设计和实施成本分配时，风险管理信息系统的支援是不可缺少的，其作用表现在以下几个方面：

（1）利用风险管理信息系统程序在各部门之间分配成本，并且为经理人员提供一个机会来检查这种预定分配，以此来赢得各部门经理人员对此分配系统的理解和支持。

（2）风险管理信息系统在分配成本时是公正的，因为它是按照固定的计算机程序在各部门之间进行成本分配的。

（3）风险管理信息系统计算和分配成本是相当迅速的，它可以促使某一部门经理对风险控制立即做出反应。

五、风险管理信息系统潜在损失的风险管理

在信息技术应用能够有效地提升企业的风险管理水平的同时，也产生了相应的信息系统风险。信息系统的风险是指软件开发过程中及软件产品本身可能造成的伤害或损失。其主要表现在以下三个方面：

1. 数据的安全性风险

现代信息技术的应用，使企业业务数据化，股东与企业的资产及客户与企业之间的交易都可以数据形式存储于业务系统中，因此，数据是企业最重要的资产，数据的损失是企业非常重大的损失。而由于信息技术本身的不完善或企业管理的不到位，企业的计算机环境和业务数据系统存在被自然灾害或人为破坏的可能，应用系统、操作系统、硬件平台与复杂的网络结构任何一个方面出现问题或受到破坏，都有可能危及数据的安全。

2. 系统的稳定性风险

现代企业风险管理高度依赖信息技术，然而任何技术都可能存在这样或那样的缺陷，信息系统的任何一个环节包括主机设备、存储设备、网络设备、操作系统、数据库系统、应用系统或通信线路都有可能出现故障，一旦这个缺陷和故障爆发出来，就很可能影响到企业业务系统的正常运行。

3. 外部技术支持的风险

企业的信息化建设更新快、投入大、专业技术要求高。目前企业的很多风险管理应

用系统都是多种复杂技术的组合,企业不可能每项技术都自主开发,因而借助外部技术支持不可避免,而外部技术的风险也就随之产生。其包括信息安全、硬件设备、软件系统等。

如果信息系统的上述风险得不到应有的重视,将会对企业风险管理产生广泛而深远甚至是灾难性的影响。因此,企业必须做好以下两个方面的风险控制:一是从预测性、预防性、侦察性、矫正性等四个方面进行信息安全控制;二是做好信息系统和信息技术的控制。其控制类型如表13-2、表13-3所示。

表 13-2 　　　　　　　　　　　信息系统风险控制——信息安全控制

类型	具体类型	描述
一般控制	人员控制	涉及人员招募、训练和监管的人员控制,例如,企业应立即停止已离职人员的所有访问权限
	逻辑访问控制	逻辑访问控制对未经授权的访问提供了安全保护。最常用的是使用密码登录
	设备控制	设备控制是对计算机设备进行物理保护,如为计算机设备设立专门存放处和设立报警系统
	业务连续性控制	在系统故障、设备操作系统、程序或数据丢失和损坏的情况下,可确保信息系统中关键业务信息的恢复
应用控制	输入控制	包括输入数据的核对、输入格式的限定和输入内容的合理检查
	过程控制	过程控制确保过程的发生按照公司要求进行。最常见的控制是交易记录、分批平衡和总量控制系统
	输出控制	要确保输入和处理活动被执行,而且生成的信息可靠并分发给用户。主要的输出控制形式是交易清单和例外报告等

表 13-3 　　　　　　　　　　　信息系统风险控制——信息技术控制

类型	具体类型	描述
软件控制和软件盗版		软件控制可防止制作或安装未经授权的软件,以防因非法使用而遭受法律处罚和经济损失

续表

类型	具体类型	描述
网络控制	防火墙	它是一套控制程序，包括相应的软件和硬件。即允许公众访问公司信息系统的某些部分，同时限制其访问其他部分
	数据加密	通过技术加密可以使数据只能被匹配的解密接收器读取
	授权	客户须通过身份证和密码进行注册才能登录系统
	病毒防护	使用病毒检测和防护软件对病毒进行扫描、查杀

【思考与练习】

1. 什么是风险管理信息系统？它有哪些作用？

2. 风险管理信息系统的发展经历了哪些阶段？各有何特点？

3. 风险管理信息系统由哪些部分组成？

4. 风险管理信息系统有哪些基本功能？

5. 建立企业风险管理信息系统需遵循哪些原则？

6. 风险管理信息系统架构包括哪些层面？各有何内容？

7. 风险管理信息系统的功能模块有哪些？各有何作用？

8. 风险管理信息系统的实施包含哪些步骤？可能遇到哪些问题？

9. 风险管理信息系统本身可能会带来哪些潜在风险？

附录 I　中国人死亡率表（经验生命表，2010~2013 年）

年龄	非养老类业务一表		非养老类业务二表		养老类业务表	
	男（CL1）	女（CL2）	男（CL3）	女（CL4）	男（CL5）	女（CL6）
0	0.000867	0.000620	0.000620	0.000455	0.000566	0.000453
1	0.000615	0.000456	0.000465	0.000324	0.000386	0.000289
2	0.000445	0.000337	0.000353	0.000236	0.000268	0.000184
3	0.000339	0.000256	0.000278	0.000180	0.000196	0.000124
4	0.000280	0.000203	0.000229	0.000149	0.000158	0.000095
5	0.000251	0.000170	0.000200	0.000131	0.000141	0.000084
6	0.000237	0.000149	0.000182	0.000119	0.000132	0.000078
7	0.000233	0.000137	0.000172	0.000110	0.000129	0.000074
8	0.000238	0.000133	0.000171	0.000105	0.000131	0.000072
9	0.000250	0.000136	0.000177	0.000103	0.000137	0.000072
10	0.000269	0.000145	0.000187	0.000103	0.000146	0.000074
11	0.000293	0.000157	0.000202	0.000105	0.000157	0.000077
12	0.000319	0.000172	0.000220	0.000109	0.000170	0.000080
13	0.000347	0.000189	0.000240	0.000115	0.000184	0.000085
14	0.000375	0.000206	0.000261	0.000121	0.000197	0.000090
15	0.000402	0.000221	0.000280	0.000128	0.000208	0.000095

续表

年龄	非养老类业务一表		非养老类业务二表		养老类业务表	
	男（CL1）	女（CL2）	男（CL3）	女（CL4）	男（CL5）	女（CL6）
16	0.000427	0.000234	0.000298	0.000135	0.000219	0.000100
17	0.000449	0.000245	0.000315	0.000141	0.000227	0.000105
18	0.000469	0.000255	0.000331	0.000149	0.000235	0.000110
19	0.000489	0.000262	0.000346	0.000156	0.000241	0.000115
20	0.000508	0.000269	0.000361	0.000163	0.000248	0.000120
21	0.000527	0.000274	0.000376	0.000170	0.000256	0.000125
22	0.000547	0.000279	0.000392	0.000178	0.000264	0.000129
23	0.000568	0.000284	0.000409	0.000185	0.000273	0.000134
24	0.000591	0.000289	0.000428	0.000192	0.000284	0.000139
25	0.000615	0.000294	0.000448	0.000200	0.000297	0.000144
26	0.000644	0.000300	0.000471	0.000208	0.000314	0.000149
27	0.000675	0.000307	0.000497	0.000216	0.000333	0.000154
28	0.000711	0.000316	0.000526	0.000225	0.000354	0.000160
29	0.000751	0.000327	0.000558	0.000235	0.000379	0.000167
30	0.000797	0.000340	0.000595	0.000247	0.000407	0.000175
31	0.000847	0.000356	0.000635	0.000261	0.000438	0.000186
32	0.000903	0.000374	0.000681	0.000277	0.000472	0.000198
33	0.000966	0.000397	0.000732	0.000297	0.000509	0.000213
34	0.001035	0.000423	0.000788	0.000319	0.000549	0.000231
35	0.001111	0.000454	0.000850	0.000346	0.000592	0.000253
36	0.001196	0.000489	0.000919	0.000376	0.000639	0.000277
37	0.001290	0.000530	0.000995	0.000411	0.000690	0.000305
38	0.001395	0.000577	0.001078	0.000450	0.000746	0.000337
39	0.001515	0.000631	0.001170	0.000494	0.000808	0.000372
40	0.001651	0.000692	0.001270	0.000542	0.000878	0.000410

续表

年龄	非养老类业务一表		非养老类业务二表		养老类业务表	
	男（CL1）	女（CL2）	男（CL3）	女（CL4）	男（CL5）	女（CL6）
41	0.001804	0.000762	0.001380	0.000595	0.000955	0.000450
42	0.001978	0.000841	0.001500	0.000653	0.001041	0.000494
43	0.002173	0.000929	0.001631	0.000715	0.001138	0.000540
44	0.002393	0.001028	0.001774	0.000783	0.001245	0.000589
45	0.002639	0.001137	0.001929	0.000857	0.001364	0.000640
46	0.002913	0.001259	0.002096	0.000935	0.001496	0.000693
47	0.003213	0.001392	0.002277	0.001020	0.001641	0.000750
48	0.003538	0.001537	0.002472	0.001112	0.001798	0.000811
49	0.003884	0.001692	0.002682	0.001212	0.001967	0.000877
50	0.004249	0.001859	0.002908	0.001321	0.002148	0.000950
51	0.004633	0.002037	0.003150	0.001439	0.002340	0.001031
52	0.005032	0.002226	0.003409	0.001568	0.002544	0.001120
53	0.005445	0.002424	0.003686	0.001709	0.002759	0.001219
54	0.005869	0.002634	0.003982	0.001861	0.002985	0.001329
55	0.006302	0.002853	0.004297	0.002027	0.003221	0.001450
56	0.006747	0.003085	0.004636	0.002208	0.003469	0.001585
57	0.007227	0.003342	0.004999	0.002403	0.003731	0.001736
58	0.007770	0.003638	0.005389	0.002613	0.004014	0.001905
59	0.008403	0.003990	0.005807	0.002840	0.004323	0.002097
60	0.009161	0.004414	0.006258	0.003088	0.004660	0.002315
61	0.010065	0.004923	0.006742	0.003366	0.005034	0.002561
62	0.011129	0.005529	0.007261	0.003684	0.005448	0.002836
63	0.012360	0.006244	0.007815	0.004055	0.005909	0.003137
64	0.013771	0.007078	0.008405	0.004495	0.006422	0.003468
65	0.015379	0.008045	0.009039	0.005016	0.006988	0.003835

续表

年龄	非养老类业务一表		非养老类业务二表		养老类业务表	
	男（CL1）	女（CL2）	男（CL3）	女（CL4）	男（CL5）	女（CL6）
66	0.017212	0.009165	0.009738	0.005626	0.007610	0.004254
67	0.019304	0.010460	0.010538	0.006326	0.008292	0.004740
68	0.021691	0.011955	0.011496	0.007115	0.009046	0.005302
69	0.024411	0.013674	0.012686	0.008000	0.009897	0.005943
70	0.027495	0.015643	0.014192	0.009007	0.010888	0.006660
71	0.030965	0.017887	0.016106	0.010185	0.012080	0.007460
72	0.034832	0.020432	0.018517	0.011606	0.013550	0.008369
73	0.039105	0.023303	0.021510	0.013353	0.015387	0.009436
74	0.043796	0.026528	0.025151	0.015508	0.017686	0.010730
75	0.048921	0.030137	0.029490	0.018134	0.020539	0.012332
76	0.054506	0.034165	0.034545	0.021268	0.024017	0.014315
77	0.060586	0.038653	0.040310	0.024916	0.028162	0.016734
78	0.067202	0.043648	0.046747	0.029062	0.032978	0.019619
79	0.074400	0.049205	0.053801	0.033674	0.038437	0.022971
80	0.082220	0.055385	0.061403	0.038718	0.044492	0.026770
81	0.090700	0.062254	0.069485	0.044160	0.051086	0.030989
82	0.099868	0.069880	0.077987	0.049977	0.058173	0.035598
83	0.109754	0.078320	0.086872	0.056157	0.065722	0.040576
84	0.120388	0.087611	0.096130	0.062695	0.073729	0.045915
85	0.131817	0.097754	0.105786	0.069596	0.082223	0.051616
86	0.144105	0.108704	0.115900	0.076863	0.091239	0.057646
87	0.157334	0.120371	0.126569	0.084501	0.100900	0.064084
88	0.171609	0.132638	0.137917	0.092504	0.111321	0.070942
89	0.187046	0.145395	0.150089	0.100864	0.122608	0.078241
90	0.203765	0.158572	0.163239	0.109567	0.134870	0.086003

续表

年龄	非养老类业务一表		非养老类业务二表		养老类业务表	
	男（CL1）	女（CL2）	男（CL3）	女（CL4）	男（CL5）	女（CL6）
91	0.221873	0.172172	0.177519	0.118605	0.148212	0.094249
92	0.241451	0.186294	0.193067	0.127985	0.162742	0.103002
93	0.262539	0.201129	0.209999	0.137743	0.178566	0.112281
94	0.285129	0.216940	0.228394	0.147962	0.195793	0.122109
95	0.309160	0.234026	0.248299	0.158777	0.214499	0.132540
96	0.334529	0.252673	0.269718	0.170380	0.234650	0.143757
97	0.361101	0.273112	0.292621	0.183020	0.256180	0.155979
98	0.388727	0.295478	0.316951	0.196986	0.279025	0.169421
99	0.417257	0.319794	0.342628	0.212604	0.303120	0.184301
100	0.446544	0.345975	0.369561	0.230215	0.328401	0.200836
101	0.476447	0.373856	0.397652	0.250172	0.354803	0.219242
102	0.506830	0.403221	0.426801	0.272831	0.382261	0.239737
103	0.537558	0.433833	0.456906	0.298551	0.410710	0.262537
104	0.568497	0.465447	0.487867	0.327687	0.440086	0.287859
105	1.000000	1.000000	1.000000	1.000000	1.000000	1.000000

资料来源：《中国保监会关于发布〈中国人身保险业经验生命表（2010-2013）〉的通知》，http：//xizang. circ. gov. cn/web/site0/tab5168/info4054990. htm。

附录 II 致残程度等级标准

1. 一级	**1.1 颅脑、脊髓及周围神经损伤** 1）持续性植物生存状态； 2）精神障碍或者极重度智能减退，日常生活完全不能自理； 3）四肢瘫（肌力3级以下）或者三肢瘫（肌力2级以下）； 4）截瘫（肌力2级以下）伴重度排便功能障碍与重度排尿功能障碍。
	1.2 颈部及胸部损伤 1）心功能不全，心功能IV级； 2）严重器质性心律失常，心功能III级； 3）心脏移植术后，心功能III级； 4）心肺联合移植术后； 5）肺移植术后呼吸困难（极重度）。
	1.3 腹部损伤 1）原位肝移植术后肝衰竭晚期； 2）双肾切除术后或者孤肾切除术后，需透析治疗维持生命；肾移植术后肾衰竭。
	1.4 脊柱、骨盆及四肢损伤 1）三肢缺失（上肢肘关节以上，下肢膝关节以上）； 2）二肢缺失（上肢肘关节以上，下肢膝关节以上），第三肢各大关节功能丧失均达75%； 3）二肢缺失（上肢肘关节以上，下肢膝关节以上），第三肢任二大关节均强直固定或者功能丧失均达90%。

	2.1 颅脑、脊髓及周围神经损伤 1）精神障碍或者重度智能减退，日常生活随时需有人帮助； 2）三肢瘫（肌力3级以下）； 3）偏瘫（肌力2级以下）； 4）截瘫（肌力2级以下）； 5）非肢体瘫运动障碍（重度）。
	2.2 头面部损伤 1）容貌毁损（重度）； 2）上颌骨或者下颌骨完全缺损； 3）双眼球缺失或者萎缩； 4）双眼盲目5级； 5）双侧眼睑严重畸形（或者眼睑重度下垂，遮盖全部瞳孔），伴双眼盲目3级以上。
2. 二级	2.3 颈部及胸部损伤 1）呼吸困难（极重度）； 2）心脏移植术后； 3）肺移植术后。
	2.4 腹部损伤 1）肝衰竭晚期； 2）肾衰竭； 3）小肠大部切除术后，消化吸收功能丧失，完全依赖肠外营养。
	2.5 脊柱、骨盆及四肢损伤 1）双上肢肘关节以上缺失，或者一上肢肘关节以上缺失伴一下肢膝关节以上缺失； 2）一肢缺失（上肢肘关节以上，下肢膝关节以上），其余任二肢体各有二大关节功能丧失均达75％； 3）双上肢各大关节均强直固定或者功能丧失均达90％。
	2.6 体表及其他损伤 1）皮肤瘢痕形成达体表面积90％； 2）重型再生障碍性贫血。

	3.1 颅脑、脊髓及周围神经损伤 1）精神障碍或者重度智能减退，不能完全独立生活，需经常有人监护； 2）完全感觉性失语或者混合性失语； 3）截瘫（肌力3级以下），伴排便或者排尿功能障碍； 4）双手全肌瘫（肌力2级以下），伴双腕关节功能丧失均达75%； 5）重度排便功能障碍伴重度排尿功能障碍。
	3.2 头面部损伤 1）一眼球缺失、萎缩或者盲目5级，另一眼盲目3级； 2）双眼盲目4级； 3）双眼视野接近完全缺损，视野有效值≤4%（直径≤5°）； 4）吞咽功能障碍，完全依赖胃管进食。
	3.3 颈部及胸部损伤 1）食管闭锁或者切除术后，摄食依赖胃造口或者空肠造口； 2）心功能不全，心功能Ⅲ级。
3. 三级	**3.4 腹部损伤** 1）全胰缺失； 2）一侧肾切除术后，另一侧肾功能重度下降； 3）小肠大部分切除术后，消化吸收功能严重障碍，大部分依赖肠外营养。
	3.5 盆部及会阴部损伤 1）未成年人双侧卵巢缺失或者萎缩，完全丧失功能； 2）未成年人双侧睾丸缺失或者萎缩，完全丧失功能； 3）阴茎接近完全缺失（残留长度≤1.0cm）。
	3.6 脊柱、骨盆及四肢损伤 1）二肢缺失（上肢腕关节以上，下肢膝关节以上）； 2）一肢缺失（上肢腕关节以上，下肢膝关节以上），另一肢各大关节均强直固定或者功能丧失均达90%； 3）双上肢各大关节功能丧失均达75%；双下肢各大关节均强直固定或者功能丧失均达90%；一上肢与一下肢各大关节均强直固定或者功能丧失均达90%。

4. 四级	4.1 颅脑、脊髓及周围神经损伤 1）精神障碍或者中度智能减退，日常生活能力严重受限，间或需要帮助； 2）外伤性癫痫（重度）； 3）偏瘫（肌力3级以下）； 4）截瘫（肌力3级以下）； 5）阴茎器质性勃起障碍（重度）。
	4.2 头面部损伤 1）符合容貌毁损（重度）标准之三项者； 2）上颌骨或者下颌骨缺损达1/2； 3）一眼球缺失、萎缩或者盲目5级，另一眼重度视力损害； 4）双眼盲目3级； 5）双眼视野极度缺损，视野有效值≤8%（直径≤10°）； 6）双耳听力障碍≥91dBHL。
	4.3 颈部及胸部损伤 1）严重器质性心律失常，心功能Ⅱ级； 2）一侧全肺切除术后； 3）呼吸困难（重度）。
	4.4 腹部损伤 1）肝切除2/3以上； 2）肝衰竭中期； 3）胰腺大部分切除，胰岛素依赖； 4）肾功能重度下降； 5）双侧肾上腺缺失； 6）永久性回肠造口。
	4.5 盆部及会阴部损伤 1）膀胱完全缺失或者切除术后，行永久性输尿管腹壁造瘘或者肠代膀胱并永久性造口。
	4.6 脊柱、骨盆及四肢损伤 1）一上肢腕关节以上缺失伴一下肢踝关节以上缺失，或者双下肢踝关节以上缺失； 2）双下肢各大关节功能丧失均达75%；一上肢与一下肢各大关节功能丧失均达75%； 3）手功能丧失分值达150分。
	4.7 体表及其他损伤 1）皮肤瘢痕形成达体表面积70%； 2）放射性皮肤癌。

5. 五级	5.1　颅脑、脊髓及周围神经损伤 1）精神障碍或者中度智能减退，日常生活能力明显受限，需要指导； 2）完全运动性失语； 3）完全性失用、失写、失读或者失认等； 4）双侧完全性面瘫； 5）四肢瘫（肌力4级以下）； 6）单肢瘫（肌力2级以下）； 7）非肢体瘫运动障碍（中度）； 8）双手大部分肌瘫（肌力2级以下）； 9）双足全肌瘫（肌力2级以下）； 10）排便伴排尿功能障碍，其中一项达重度。
	5.2　头面部损伤 1）符合容貌毁损（重度）标准之二项者； 2）一眼球缺失、萎缩或者盲目5级，另一眼中度视力损害； 3）双眼重度视力损害； 4）双眼视野重度缺损，视野有效值≤16%（直径≤20°）； 5）一侧眼睑严重畸形（或者眼睑重度下垂，遮盖全部瞳孔），伴另一眼盲目3级以上； 6）双耳听力障碍≥81dBHL； 7）一耳听力障碍≥91dBHL，另一耳听力障碍≥61dBHL； 8）舌根大部分缺损； 9）咽或者咽后区损伤遗留吞咽功能障碍，只能吞咽流质食物。
	5.3　颈部及胸部损伤 1）未成年人甲状腺损伤致功能减退，药物依赖； 2）甲状旁腺功能损害（重度）； 3）食管狭窄，仅能进流质食物； 4）食管损伤，肠代食管术后。
	5.4　腹部损伤 1）胰头合并十二指肠切除术后； 2）一侧肾切除术后，另一侧肾功能中度下降； 3）肾移植术后，肾功能基本正常； 4）肾上腺皮质功能明显减退； 5）全胃切除术后； 6）小肠部分切除术后，消化吸收功能障碍，部分依赖肠外营养； 7）全结肠缺失。
	5.5　盆部及会阴部损伤 1）永久性输尿管腹壁造口； 2）尿瘘难以修复； 3）直肠阴道瘘难以修复； 4）阴道严重狭窄（仅可容纳一中指）； 5）双侧睾丸缺失或者完全萎缩，丧失生殖功能； 6）阴茎大部分缺失（残留长度≤3.0cm）。
	5.6　脊柱、骨盆及四肢损伤 1）一上肢肘关节以上缺失； 2）一肢缺失（上肢腕关节以上，下肢膝关节以上），另一肢各大关节功能丧失均达50%或者其余肢体任二大关节功能丧失均达75%； 3）手功能丧失分值≥120分。

6. 六级	6.1 颅脑、脊髓及周围神经损伤 1）精神障碍或者中度智能减退，日常生活能力部分受限，但能部分代偿，部分日常生活需要帮助； 2）外伤性癫痫（中度）； 3）尿崩症（重度）； 4）一侧完全性面瘫； 5）三肢瘫（肌力 4 级以下）； 6）截瘫（肌力 4 级以下），伴排便或者排尿功能障碍； 7）双手部分肌瘫（肌力 3 级以下）； 8）一手全肌瘫（肌力 2 级以下），伴相应腕关节功能丧失 75% 以上； 9）双足全肌瘫（肌力 3 级以下）； 10）阴茎器质性勃起障碍（中度）。
	6.2 头面部损伤 1）符合容貌毁损（中度）标准之四项者； 2）面部中心区条状瘢痕形成（宽度达 0.3cm），累计长度达 20.0cm； 3）面部片状细小瘢痕形成或者色素显著异常，累计达面部面积的 80%； 4）双侧眼睑严重畸形； 5）一眼球缺失、萎缩或者盲目 5 级，另一眼视力≤0.5； 6）一眼重度视力损害，另一眼中度视力损害； 7）双眼视野中度缺损，视野有效值≤48%（直径≤60°）； 8）双侧前庭平衡功能丧失，睁眼行走困难，不能并足站立； 9）唇缺损或者畸形，累计相当于上唇 2/3 以上。
	6.3 颈部及胸部损伤 1）双侧喉返神经损伤，影响功能； 2）一侧胸廓成形术后，切除 6 根以上肋骨； 3）女性双侧乳房完全缺失； 4）心脏瓣膜置换术后，心功能不全； 5）心功能不全，心功能Ⅱ级； 6）器质性心律失常安装永久性起搏器后； 7）严重器质性心律失常； 8）两肺叶切除术后。
	6.4 腹部损伤 1）肝切除 1/2 以上； 2）肝衰竭早期； 3）胰腺部分切除术后伴功能障碍，需药物治疗； 4）肾功能中度下降； 5）小肠部分切除术后，影响消化吸收功能，完全依赖肠内营养。
	6.5 盆部及会阴部损伤 1）双侧卵巢缺失或者萎缩，完全丧失功能； 2）未成年人双侧卵巢萎缩，部分丧失功能； 3）未成年人双侧睾丸萎缩，部分丧失功能； 4）会阴部瘢痕挛缩伴阴道狭窄； 5）睾丸或者附睾损伤，生殖功能重度损害； 6）双侧输精管损伤难以修复； 7）阴茎严重畸形，不能实施性交行为。

6. 六级	**6.6 脊柱、骨盆及四肢损伤** 1）脊柱骨折后遗留 30°以上侧弯或者后凸畸形； 2）一肢缺失（上肢腕关节以上，下肢膝关节以上）； 3）双足跗跖关节以上缺失； 4）手或者足功能丧失分值≥90 分。
	6.7 体表及其他损伤 1）皮肤瘢痕形成达体表面积 50%； 2）非重型再生障碍性贫血。
7. 七级	**7.1 颅脑、脊髓及周围神经损伤** 1）精神障碍或者轻度智能减退，日常生活有关的活动能力极重度受限； 2）不完全感觉性失语； 3）双侧大部分面瘫； 4）偏瘫（肌力 4 级以下）； 5）截瘫（肌力 4 级以下）； 6）单肢瘫（肌力 3 级以下）； 7）一手大部分肌瘫（肌力 2 级以下）； 8）一足全肌瘫（肌力 2 级以下）； 9）重度排便功能障碍或者重度排尿功能障碍。
	7.2 头面部损伤 1）面部中心区条状瘢痕形成（宽度达 0.3cm），累计长度达 15.0cm； 2）面部片状细小瘢痕形成或者色素显著异常，累计达面部面积的 50%； 3）双侧眼睑重度下垂，遮盖全部瞳孔； 4）一眼球缺失或者萎缩； 5）双眼中度视力损害； 6）一眼盲目 3 级，另一眼视力≤0.5； 7）双眼偏盲； 8）一侧眼睑严重畸形（或者眼睑重度下垂，遮盖全部瞳孔）合并该眼盲目 3 级以上； 9）一耳听力障碍≥81dBHL，另一耳听力障碍≥61dBHL； 10）咽或者咽后区损伤遗留吞咽功能障碍，只能吞咽半流质食物； 11）上颌骨或者下颌骨缺损达 1/4； 12）上颌骨或者下颌骨部分缺损伴牙齿缺失 14 枚以上； 13）颌面部软组织缺损，伴发涎漏。
	7.3 颈部及胸部损伤 1）甲状腺功能损害（重度）； 2）甲状旁腺功能损害（中度）； 3）食管狭窄，仅能进半流质食物；食管重建术后并发反流性食管炎； 4）颏颈粘连（中度）； 5）女性双侧乳房大部分缺失或者严重畸形； 6）未成年或者育龄女性双侧乳头完全缺失； 7）胸廓畸形，胸式呼吸受限； 8）一肺叶切除，并肺段或者肺组织楔形切除术后。

	7.4 腹部损伤 1）肝切除 1/3 以上； 2）一侧肾切除术后； 3）胆道损伤胆肠吻合术后，反复发作逆行性胆道感染； 4）未成年人脾切除术后； 5）小肠部分（包括回盲部）切除术后； 6）永久性结肠造口； 7）肠瘘长期不愈（1 年以上）。
7. 七级	7.5 盆部及会阴部损伤 1）永久性膀胱造口； 2）膀胱部分切除术后合并轻度排尿功能障碍； 3）原位肠代膀胱术后； 4）子宫大部分切除术后； 5）睾丸损伤，血睾酮降低，需药物替代治疗； 6）未成年人一侧睾丸缺失或者严重萎缩； 7）阴茎畸形，难以实施性交行为； 8）尿道狭窄（重度）或者成形术后； 9）肛管或者直肠损伤，排便功能重度障碍或者肛门失禁（重度）； 10）会阴部瘢痕挛缩致肛门闭锁，结肠造口术后。
	7.6 脊柱、骨盆及四肢损伤 1）双下肢长度相差 8.0cm 以上； 2）一下肢踝关节以上缺失； 3）四肢任一大关节（踝关节除外）强直固定于非功能位； 4）四肢任二大关节（踝关节除外）功能丧失均达 75％； 5）一手除拇指外，余四指完全缺失； 6）双足足弓结构完全破坏； 7）手或者足功能丧失分值≥60 分。
8. 八级	8.1 颅脑、脊髓及周围神经损伤 1）精神障碍或者轻度智能减退，日常生活有关的活动能力重度受限； 2）不完全运动性失语；不完全性失用、失写、失读或者失认； 3）尿崩症（中度）； 4）一侧大部分面瘫，遗留眼睑闭合不全和口角歪斜； 5）单肢瘫（肌力 4 级以下）； 6）非肢体瘫运动障碍（轻度）； 7）一手大部分肌瘫（肌力 3 级以下）； 8）一足全肌瘫（肌力 3 级以下）； 9）阴茎器质性勃起障碍（轻度）。

8. 八级	**8.2 头面部损伤** 1）容貌毁损（中度）； 2）符合容貌毁损（重度）标准之一项者； 3）头皮完全缺损，难以修复； 4）面部条状瘢痕形成，累计长度达 30.0cm；面部中心区条状瘢痕形成（宽度达 0.2cm），累计长度达 15.0cm； 5）面部块状增生性瘢痕形成，累计面积达 15.0cm²；面部中心区块状增生性瘢痕形成，单块面积达 7.0cm² 或者多块累计面达 9.0cm²； 6）面部片状细小瘢痕形成或者色素异常，累计面积达 100.0cm²； 7）一眼盲目 4 级； 8）一眼视野接近完全缺损，视野有效值≤4%（直径≤5°）； 9）双眼外伤性青光眼，经手术治疗； 10）一侧眼睑严重畸形（或者眼睑重度下垂，遮盖全部瞳孔）合并该眼重度视力损害； 11）一耳听力障碍≥91dBHL； 12）双耳听力障碍≥61dBHL； 13）双侧鼻翼大部分缺损，或者鼻尖大部分缺损合并一侧鼻翼大部分缺损； 14）舌体缺损达舌系带； 15）唇缺损或者畸形，累计相当于上唇 1/2 以上； 16）脑脊液漏经手术治疗后持续不愈； 17）张口受限Ⅲ度； 18）发声功能或者构音功能障碍（重度）； 19）咽成形术后咽下运动异常。
	8.3 颈部及胸部损伤 1）甲状腺功能损害（中度）； 2）颈总动脉或者颈内动脉严重狭窄支架置入或者血管移植术后； 3）食管部分切除术后，并后遗胸腔胃； 4）女性一侧乳房完全缺失；女性双侧乳房缺失或者毁损，累计范围相当于一侧乳房 3/4 以上； 5）女性双侧乳头完全缺失； 6）肋骨骨折 12 根以上并后遗 6 处畸形愈合； 7）心脏或者大血管修补术后； 8）一肺叶切除术后； 9）胸廓成形术后，影响呼吸功能； 10）呼吸困难（中度）。
	8.4 腹部损伤 1）腹壁缺损≥腹壁的 1/4； 2）成年人脾切除术后； 3）胰腺部分切除术后； 4）胃大部分切除术后； 5）肠部分切除术后，影响消化吸收功能； 6）胆道损伤，胆肠吻合术后； 7）损伤致肾性高血压； 8）肾功能轻度下降； 9）一侧肾上腺缺失； 10）肾上腺皮质功能轻度减退。

8. 八级	8.5　盆部及会阴部损伤 1）输尿管损伤行代替术或者改道术后； 2）膀胱大部分切除术后； 3）一侧输卵管和卵巢缺失； 4）阴道狭窄； 5）一侧睾丸缺失； 6）睾丸或者附睾损伤，生殖功能轻度损害； 7）阴茎冠状沟以上缺失； 8）阴茎皮肤瘢痕形成，严重影响性交行为。
	8.6　脊柱、骨盆及四肢损伤 1）二椎体压缩性骨折（压缩程度均达 1/3）； 2）三个以上椎体骨折，经手术治疗后； 3）女性骨盆骨折致骨产道变形，不能自然分娩； 4）股骨头缺血性坏死，难以行关节假体置换术； 5）四肢长骨开放性骨折并发慢性骨髓炎、大块死骨形成，长期不愈（1 年以上）； 6）双上肢长度相差 8.0cm 以上； 7）双下肢长度相差 6.0cm 以上； 8）四肢任一大关节（踝关节除外）功能丧失 75% 以上； 9）一踝关节强直固定于非功能位； 10）一肢体各大关节功能丧失均达 50%； 11）一手拇指缺失达近节指骨 1/2 以上并相应掌指关节强直固定； 12）一足足弓结构完全破坏，另一足足弓结构部分破坏； 13）手或者足功能丧失分值≥40 分。
	8.7　体表及其他损伤 1）皮肤瘢痕形成达体表面积 30%。
9. 九级	9.1　颅脑、脊髓及周围神经损伤 1）精神障碍或者轻度智能减退，日常生活有关的活动能力中度受限； 2）外伤性癫痫（轻度）； 3）脑叶部分切除术后； 4）一侧部分面瘫，遗留眼睑闭合不全或者口角歪斜； 5）一手部分肌瘫（肌力 3 级以下）； 6）一足大部分肌瘫（肌力 3 级以下）； 7）四肢重要神经损伤（上肢肘关节以上，下肢膝关节以上），遗留相应肌群肌力 3 级以下； 8）严重影响阴茎勃起功能； 9）轻度排便或者排尿功能障碍。

9. 九级	**9.2　头面部损伤** 1）头皮瘢痕形成或者无毛发，达头皮面积 50%； 2）颅骨缺损 25.0cm^2 以上，不宜或者无法手术修补； 3）容貌毁损（轻度）； 4）面部条状瘢痕形成，累计长度达 20.0cm；面部条状瘢痕形成（宽度达 0.2cm），累计长度达 10.0cm，其中至少 5.0cm 以上位于面部中心区； 5）面部块状瘢痕形成，单块面积达 7.0cm^2，或者多块累计面积达 9.0cm^2； 6）面部片状细小瘢痕形成或者色素异常，累计面积 30.0cm^2； 7）一侧眼睑严重畸形；一侧眼睑重度下垂，遮盖全部瞳孔；双侧眼睑轻度畸形；双侧眼睑下垂，遮盖部分瞳孔； 8）双眼泪器损伤均后遗溢泪； 9）双眼角膜斑翳或者血管翳，累及瞳孔区；双眼角膜移植术后； 10）双眼外伤性白内障；儿童人工晶体植入术后； 11）一眼盲目 3 级； 12）一眼重度视力损害，另一眼视力≤0.5； 13）一眼视野极度缺损，视野有效值≤8%（直径≤10°）； 14）双眼象限性视野缺损； 15）一侧眼睑轻度畸形（或者眼睑下垂，遮盖部分瞳孔）合并该眼中度视力损害； 16）一眼眶骨折后遗眼球内陷 5mm 以上； 17）耳廓缺损或者畸形，累计相当于一侧耳廓； 18）一耳听力障碍≥81dBHL； 19）一耳听力障碍≥61dBHL，另一耳听力障碍≥41dBHL； 20）一侧鼻翼或者鼻尖大部分缺损或者严重畸形； 21）唇缺损或者畸形，露齿 3 枚以上（其中 1 枚露齿达 1/2）； 22）颌骨骨折，经牵引或者固定治疗后遗留功能障碍； 23）上颌骨或者下颌骨部分缺损伴牙齿缺失或者折断 7 枚以上； 24）张口受限Ⅱ度； 25）发声功能或者构音功能障碍（轻度）。
	9.3　颈部及胸部损伤 1）颈前三角区瘢痕形成，累计面积达 50.0cm^2； 2）甲状腺功能损害（轻度）； 3）甲状旁腺功能损害（轻度）； 4）气管或者支气管成形术后； 5）食管吻合术后； 6）食管腔内支架置入术后； 7）食管损伤，影响吞咽功能； 8）女性双侧乳房缺失或者毁损，累计范围相当于一侧乳房 1/2 以上； 9）女性一侧乳房大部分缺失或者严重畸形； 10）女性一侧乳头完全缺失或者双侧乳头部分缺失（或者畸形）； 11）肋骨骨折 12 根以上，或者肋骨部分缺失 4 根以上；肋骨骨折 8 根以上并后遗 4 处畸形愈合； 12）心功能不全，心功能 I 级； 13）冠状动脉移植术后； 14）心脏室壁瘤； 15）心脏异物存留或者取出术后； 16）缩窄性心包炎； 17）胸导管损伤； 18）肺段或者肺组织楔形切除术后； 19）肺脏异物存留或者取出术后。

	9.4 腹部损伤 1）肝部分切除术后； 2）脾部分切除术后； 3）外伤性胰腺假性囊肿术后； 4）一侧肾部分切除术后； 5）胃部分切除术后； 6）肠部分切除术后； 7）胆道损伤胆管外引流术后； 8）胆囊切除术后； 9）肠梗阻反复发作； 10）膈肌修补术后遗留功能障碍（如膈肌麻痹或者膈疝）。
9. 九级	**9.5 盆部及会阴部损伤** 1）膀胱部分切除术后； 2）输尿管狭窄成形术后； 3）输尿管狭窄行腔内扩张术或者腔内支架置入术后； 4）一侧卵巢缺失或者丧失功能； 5）一侧输卵管缺失或者丧失功能； 6）子宫部分切除术后； 7）一侧附睾缺失； 8）一侧输精管损伤难以修复； 9）尿道狭窄（轻度）； 10）肛管或者直肠损伤，排便功能轻度障碍或者肛门失禁（轻度）。
	9.6 脊柱、骨盆及四肢损伤 1）一椎体粉碎性骨折，椎管内骨性占位； 2）一椎体并相应附件骨折，经手术治疗；二椎体压缩性骨折； 3）骨盆两处以上骨折或者粉碎性骨折，严重畸形愈合； 4）青少年四肢长骨骨骺粉碎性或者压缩性骨折； 5）四肢任一大关节行关节假体置换术后； 6）双上肢前臂旋转功能丧失均达75％； 7）双上肢长度相差6.0cm 以上； 8）双下肢长度相差4.0cm 以上； 9）四肢任一大关节（踝关节除外）功能丧失50％以上； 10）一踝关节功能丧失75％以上； 11）一肢体各大关节功能丧失均达25％； 12）双足拇趾功能丧失均达75％；一足5 趾功能均完全丧失； 13）双足跟骨粉碎性骨折畸形愈合； 14）双足足弓结构部分破坏；一足足弓结构完全破坏； 15）手或者足功能丧失分值≥25 分。
	9.7 体表及其他损伤 1）皮肤瘢痕形成达体表面积10％。

10. 十级	**10.1　颅脑、脊髓及周围神经损伤** 1）精神障碍或者轻度智能减退，日常生活有关的活动能力轻度受限； 2）颅脑损伤后遗脑软化灶形成，伴有神经系统症状或者体征； 3）一侧部分面瘫； 4）嗅觉功能完全丧失； 5）尿崩症（轻度）； 6）四肢重要神经损伤，遗留相应肌群肌力4级以下； 7）影响阴茎勃起功能； 8）开颅术后。
	10.2　头面部损伤 1）面颅骨部分缺损或者畸形，影响面容； 2）头皮瘢痕形成或者无毛发，面积达40.0cm²； 3）面部条状瘢痕形成（宽度达0.2cm），累计长度达6.0cm，其中至少3.0cm位于面部中心区； 4）面部条状瘢痕形成，累计长度达10.0cm； 5）面部块状瘢痕形成，单块面积3.0cm²，或者多块累计面积5.0cm²； 6）面部片状细小瘢痕形成或者色素异常，累计面积10.0cm²； 7）一侧眼睑下垂，遮盖部分瞳孔；一侧眼睑轻度畸形；一侧睑球粘连影响眼球运动； 8）一眼泪器损伤后遗溢泪； 9）一眼眶骨折后遗眼球内陷2mm以上； 10）复视或者斜视； 11）一眼角膜斑翳或者血管翳，累及瞳孔区；一眼角膜移植术后； 12）一眼外伤性青光眼，经手术治疗；一眼外伤性低眼压； 13）一眼外伤后无虹膜； 14）一眼外伤性白内障；一眼无晶体或者人工晶体植入术后； 15）一眼中度视力损害； 16）双眼视力≤0.5； 17）一眼视野中度缺损，视野有效值≤48%（直径≤60°）； 18）一耳听力障碍≥61dBHL； 19）双耳听力障碍≥41dBHL； 20）一侧前庭平衡功能丧失，伴听力减退； 21）耳廓缺损或者畸形，累计相当于一侧耳廓的30%； 22）鼻尖或者鼻翼部分缺损深达软骨； 23）唇外翻或者小口畸形； 24）唇缺损或者畸形，致露齿； 25）舌部分缺损； 26）牙齿缺失或者折断7枚以上；牙槽骨部分缺损，合并牙齿缺失或者折断4枚以上； 27）张口受限Ⅰ度； 28）咽或者咽后区损伤影响吞咽功能。
	10.3　颈部及胸部损伤 1）颏颈粘连畸形松解术后； 2）颈前三角区瘢痕形成，累计面积达25.0cm²； 3）一侧喉返神经损伤，影响功能； 4）器质性声音嘶哑； 5）食管修补术后； 6）女性一侧乳房部分缺失或者畸形； 7）肋骨骨折6根以上，或者肋骨部分缺失2根以上；肋骨骨折4根以上并后遗2处畸形愈合； 8）肺修补术后； 9）呼吸困难（轻度）。

	10.4 腹部损伤 1）腹壁疝，难以手术修补； 2）肝、脾或者胰腺修补术后； 3）胃、肠或者胆道修补术后； 4）膈肌修补术后。
	10.5 盆部及会阴部损伤 1）肾、输尿管或者膀胱修补术后； 2）子宫或者卵巢修补术后； 3）外阴或者阴道修补术后； 4）睾丸破裂修补术后； 5）一侧输精管破裂修复术后； 6）尿道修补术后； 7）会阴部瘢痕挛缩，肛管狭窄； 8）阴茎头部分缺失。
10. 十级	**10.6 脊柱、骨盆及四肢损伤** 1）枢椎齿状突骨折，影响功能； 2）一椎体压缩性骨折（压缩程度达1/3）或者粉碎性骨折；一椎体骨折经手术治疗后； 3）四处以上横突、棘突或者椎弓根骨折，影响功能； 4）骨盆两处以上骨折或者粉碎性骨折，畸形愈合； 5）一侧髌骨切除； 6）一侧膝关节交叉韧带、半月板伴侧副韧带撕裂伤经手术治疗后，影响功能； 7）青少年四肢长骨骨折累及骨骺； 8）一上肢前臂旋转功能丧失75%以上； 9）双上肢长度相差4.0cm以上； 10）双下肢长度相差2.0cm以上； 11）四肢任一大关节（踝关节除外）功能丧失25%以上； 12）一踝关节功能丧失50%以上； 13）下肢任一大关节骨折后遗创伤性关节炎； 14）肢体重要血管循环障碍，影响功能； 15）一手小指完全缺失并第5掌骨部分缺损； 16）一足拇趾功能丧失75%以上；一足5趾功能丧失均达50%；双足拇趾功能丧失均达50%；双足除拇趾外任何4趾功能均完全丧失； 17）一足跟骨粉碎性骨折畸形愈合； 18）一足足弓结构部分破坏； 19）手或者足功能丧失分值≥10分。
	10.7 体表及其他损伤 1）手部皮肤瘢痕形成或者植皮术后，范围达一手掌面积50%； 2）皮肤瘢痕形成达体表面积4%； 3）皮肤创面长期不愈超过1年，范围达体表面积1%。

资料来源：最高人民法院、最高人民检察院、公安部、国家安全部、司法部关于发布《人体损伤致残程度分级》的公告。

主要参考文献

1. ［美］马里奥·F. 特里奥拉著，刘新立译：《初级统计学（第 8 版)》，清华大学出版社 2004 年版。

2. 戴维·德兰诺夫著，李国芳译：《你的生命价值多少?》，中国人民大学出版社 2004 年版。

3. 董克用、王燕：《养老保险》，中国人民大学出版社 2000 年版。

4. 范宝俊主编：《中国自然灾害与灾害管理》，黑龙江教育出版社 1998 年版。

5. 房绍坤主编：《侵权行为法案例教程》，北京大学出版社 2004 年版。

6. 《风险管理》编写组：《风险管理》，西南财经大学出版社 1994 年版。

7. 国家科委全国重大自然灾害综合研究组：《中国重大自然灾害及减灾对策（总论)》，科学出版社 1994 年版。

8. 李仁玉：《英美侵权法严格责任的产生》，载于《中国法学》1987 年第 3 期。

9. 卢有杰、卢家议：《项目风险管理》，清华大学出版社 1998 年版。

10. 姜付仁、向立云、刘树坤：《美国防洪政策演变》，载于《自然灾害学报》2000 年第 3 期。

11. 姜守明、耿亮：《西方社会保障制度概论》，科学出版社 2002 年版。

12. 吕志勇、李茹兰：《中国养老保险基金投资风险管理》，经济科学出版社 2013 年版。

13. 施兵超、杨文泽：《金融风险管理》，上海财经大学出版社 1999 年版。

14. 宋明哲：《现代风险管理》，中国纺织出版社 2003 年版。

15. 王春峰：《金融市场风险管理》，天津大学出版社 2001 年版。

16. 王胜明主编：《中华人民共和国侵权责任法释义》，法律出版社 2010 年版。

17. 吴晓明、王利明主编：《侵权责任法热点与疑难问题解答》，人民法院出版社 2010 年版。

18. 谢志刚、韩天雄：《风险理论与非寿险精算》，南开大学出版社 2000 年版。

19. 许谨良主编：《风险管理（第五版）》，中国金融出版社 2015 年版。

20. 徐念慈、郭宝柱主编：《资产评估理论与实务》，中南工业大学出版社 1997 年版。

21. 杨燕绥：《企业年金理论与实务》，中国劳动社会保障出版社 2003 年版。

22. 张新宝：《中国侵权行为法（第二版）》，中国社会科学出版社 1998 年版。

23. 赵苑达：《日本的家庭财产地震保险制度》，载于《中国保险报》2003 年 8 月 21 日。

24. 赵苑达主编：《再保险》，中国金融出版社 2003 年版。

25. 刘新立：《风险管理》，北京大学出版社 2014 年版。

26. 国务院国有资产监督管理委员会：《中央企业全面风险管理指引》。

27. 2018 版 ISO31000《风险管理指南》标准（中文版）。

28. COSO2017 正式版：《企业风险管理框架》。

29. Athearn, J. L., *Risk and Insurance*, New York：West Publishing Co., 1977.

30. Ben Wisner, Piers Blaikie, Terry Cannon, and Ian Davis, At Risk：Natural Hazards, *Geographical Journal*, Volume173, Issue2, June 2007, pp. 189 – 190.

31. C. Arthur Williams, Jr., Michael L. Smith, Peter C. Young, *Risk Management and Insurancer* 8th ed., New York：Irwin/McGraw – Hill Inc., 1998.

32. Chicken, J. C. and Posner, T., *The Philosophy of Risk*, London：Thomas Telford, 1998.

33. Covello, V. T., and J. Mumpower, Risk Analysis and Risk Management：an Historical Perspective, *Risk Analysis*, Vol. 5, No. 1, 1985.

34. DavidDranove, *What's Your Life Worthy? Health Care Rationing. Who Lives? Who Dies? And Who Decides?* Pearson Education, Inc., 2003.

35. Doherty, N. A., *Corporate Risk Management：A Financial Exposition*. New York：McGraw – Hill, 1985.

36. Doherty, N. A., *Integrated Risk Management：Techniques and Strategies for Reducing Risk*, New York：McGraw – Hill, 2000.

37. Douglas, M., *Risk Acceptability According to the Social Sciences*. London：Routledge & Kegan Paul, 1985.

38. Emmett J. Vaughan, *Risk Managemen*. New York：John Wiley & Sons, Inc., 1997.

39. Emmett J. Vaughan, Therese M. Vaughan, *Fundamentals of Risk and Insurance*, 8th, New York: John Wiley & Sons, Inc. , 1999.

40. Froot, K. , The Evolving Market for Catastrophe Risk, *Risk Management and Insurance Review*, No. 2, 1999, pp. 1 – 28.

41. George O. Rogers, The Dynamics of Risk Perception: How does Perceived Risk Respond to Risk Events? *Risk Analysis*, Vol. 17, No. 6, 1997.

42. Harold D. Skipper, *International Risk and Insurance*, *An Environmental Managerial Approach*, McGraw – HiU Inc. , 1998.

43. Head, George L. , and Stephen Horn, *Essentials of Risk Management*, 3rd, Vols. 1 and 2, Malvern, PA. : Insurance Institute of America, 1997.

44. Hogg, R. V. andKlugman, S. A. , *Loss Distributions*, New York: Wiley, 1984.

45. H. Wagne Snider, Risk Management: a Retrospective View, *Risk Management*, No. 4, 1990.

46. H. W. Heinrich, *Industrial Accident Preventiont*, 4th, New York: McGraw – Hill Co. , 1959.

47. Jaffee, D. , Russell, T. , Catastrophe Insurance, Capital Markets, and Uninsurable Risks, *Journal of Risk and Insurance*, No. 64, 1997, pp. 205 – 230.

48. Jorion P. , *Value at Risk: the New Benchmark for Controlling Market Risk*, New York: McGraw – Hill Inc. , 1997.

49. J. P. Morgan, *Risk Metrics Technical Documentt*, 4th, New York: Morgan Guaranty Trust Company, 1996.

50. Lupton, D. , *Risky*, London: Routledge, 1999.

51. Megill, A. , Introduction: Four Senses of Objectivity. In: Megill A. ed. , *Rethinking Objectivity*, Durham and London: Duke University Press, 1994, pp. 1 – 15.

52. Peter, L. Bernstein, *Against the Gods: The Remarkable Story of Risk*, John Wiley & Sons, Inc. , 1996.

53. Press, S. J. , *Bayesian StatisticsPrinciplesy Models and Applications*, John Wiley & Sons, Inc. , 1989.

54. Renn, O. , Concepts of Risk: a Classification, In: Krimsky, S. and Golding D. ed. , *Social Theories of Risky Westport*. Praeger, 1992, pp. 53 – 83.

55. Scott E. Harrington and Gregory R. Niehaus, *Risk Management and Insurancey*, 2nd

ed. , New York: Ir – win/McGraw – Hill Inc. , 2004.

56. S. Kaplan and B. J. Garrick, On the Quantitative Definition of Risk, *Risk Analysis*, Vol. 1, No. 1, 1981.

57. S. Kaplan, The Words of Risk Analysis, *RiskAnalysist*, Vol. 17, No. 4, 1997.

58. William A. Glasser, *Health Insurance in Practice – International Variations in Financings Benefits, and Problems*, Sanfrancisco: Jossey – Bass Publishers, 1991.

59. William J. Petak, Arthur A. Atkisson, *Natural Hazard Risk Assessment and Public Policy*. Springer – Verlag New York Inc. , 1982. pp. 27 – 29.

60. Yacov Y. Haimes, et al. , When and How can You Specify a Probability Distribution When you don't Know Much? *Risk Analysis*, 1994, 14 (5).